高等政法院校法学主干课程教材

知识产权法

（第七版）

司法部法学教材编辑部 审定

主　编　吴汉东
撰稿人　（以撰写章节先后为序）
　　　　吴汉东　胡开忠　张　今
　　　　马　燕　张　耕　肖志远

中国政法大学出版社

2022·北京

图书在版编目（CIP）数据

知识产权法/吴汉东主编. —7版. —北京：中国政法大学出版社，2022.3
ISBN 978-7-5764-0325-1

Ⅰ.①知…　Ⅱ.①吴…　Ⅲ.①知识产权法－中国　Ⅳ.①D923.4

中国版本图书馆CIP数据核字(2022)第013368号

书　　名　　知识产权法（第七版）　Zhi Shi Chan Quan Fa（Di Qi Ban）
出 版 者　　中国政法大学出版社
地　　址　　北京市海淀区西土城路25号
邮　　箱　　fadapress@163.com
网　　址　　http://www.cuplpress.com（网络实名：中国政法大学出版社）
电　　话　　010-58908435(第一编辑部) 58908334(邮购部)
承　　印　　北京联兴盛业印刷股份有限公司
开　　本　　787mm×1092mm　1/16
印　　张　　24.75
字　　数　　557千字
版　　次　　2022年3月第7版
印　　次　　2022年3月第1次印刷
印　　数　　1~10000册
定　　价　　66.00元

作者简介

吴汉东 法学博士，中南财经政法大学知识产权研究中心主任、教授、博士生导师，兼任教育部社会科学委员会委员、中国法学会知识产权法研究会会长、中国法学会民法学研究会副会长。主持国家社科基金重点项目、教育部人文社科重大攻关项目等国家级科研项目多项。出版专著《著作权合理使用制度研究》《知识产权多维度解读》《知识产权基本问题研究（总论）》等十部，在《中国社会科学》《法学研究》《中国法学》等国内外学术刊物上发表论文一百余篇。论文、论著曾获首届全国优秀博士论文奖、首届中国出版政府奖图书奖、司法部优秀科研成果一等奖、教育部优秀人文社科成果二等奖等。

马　燕 法学博士，中国政法大学副教授、硕士研究生导师，中国法学会环境资源法学研究会常务理事、北京市法学会环境法分会副会长。长期从事环境资源法、知识产权法、科技法等法律学科的教学和研究工作，先后发表数十篇学术论文，主编或参编多部学术著作和教材，主持或参加多项省部级科研项目。

张　今 法学博士，中国政法大学教授、博士研究生导师，中南财经政法大学知识产权研究中心兼职研究员，中国法学会知识产权法研究会副秘书长、北京仲裁委员会仲裁员。著有《著作权法》《版权法中私人复制问题研究》《知识产权新视野》《市场竞争法概论》《技术贸易壁垒与我国应对战略》等。

张　耕 法学博士，西南政法大学民商法学院副院长、教授、博士研究生导师，司法部国家司法考试命题委员会委员，重庆仲裁委员会仲裁员，中国知识产权法学研究会常务理事，重庆市知识产权法学研究会副会长，在《中国法学》《现代法学》《比较法研究》《法学》等刊物上公开发表学术论文 50

余篇，出版专著、译著、教材等著作 20 余部。曾获四川省优秀教学成果一等奖、国家级优秀教学成果二等奖。

胡开忠　法学博士，中南财经政法大学知识产权研究中心副主任、教授、博士研究生导师，中国法学会知识产权法学研究会常务理事，湖北省法学会知识产权法学研究会副会长，出版有《无形财产权制度研究》（合著）、《权利质权制度研究》《知识产权法比较研究》等著作，在《法学研究》等国内外学术刊物上发表学术论文七十余篇，曾获司法部法学教材和法学科研优秀成果奖一等奖、武汉市科技进步奖二等奖。

肖志远　法学博士，中南财经政法大学副教授，法学院副院长，知识产权研究中心专职研究员，中国知识产权法学研究会理事，国家版权局国际版权研究基地研究员，集成电路联盟知识产权咨询专家。出版有《知识产权权利属性研究：一个政策维度的视角》等多部著作，在国内外学术刊物上发表学术论文二十余篇。

出版说明

　　本套教材是根据国家教育部关于普通高校法学专业开设专业主干课程的通知要求，由国家司法部法学教材编辑部组织全国政法院校和实践部门一流的法学教授和专家合力编写而成的。

　　初版教材在编写过程中认真总结了改革开放以来法学教材编写中的正反经验，充分吸取了国家教育部高等学校法学学科教学指导委员会专家对法学教材论证的意见，立足中国高等法学教育的现状，建立了适合中国国情的全新的教材体例。在内容选择上，注意吸收国内外法学教育、科研的最新成果，面向 21 世纪的法学教育，注重知识性、理论性、实践性的统一，对中国法学教育的发展起到了非常重要的推动作用，并已成为高等政法院校师生首选的主力教材，受到广大读者的欢迎和法学界、法律界的高度评价。

　　教材是一定时期学术发展和教学、科研成果的系统反映。所以，随着科研的不断进步、教学实践的不断发展，必然导致教材的不断修订。国际上许多经典教材都是隔几年修订一次，一版、五版、二十版，使其与时俱进、不断成熟、日臻完善、成为经典广为流传。这已成为教材编写的一种规律。

　　进入 21 世纪，随着我国法制建设的不断完善，法学研究及法学教育等方面都有了很大发展。为了适应这一形势，为了迎接新时代的挑战，尤其是我国加入 WTO 带来的各种新的法律问题，我们结合近年来法制建设的新发展，吸收国内外法学研究和法学教育的新成果、新经验，对这套主干课教材进行了全面修订。我们相信，重修之主干课教材定能对广大师生提供更有效的帮助。

司法部法学教材编辑部

第七版说明

加入世界贸易组织以来，我国的知识产权保护水平有了相当的提升。我们组织了长期从事知识产权教学研究的专家学者撰写了本书。呈现给读者的这部教材，既是我们进行知识产权研究的成果，也是二十多年来教学经验的总结。

在习近平法治思想的科学指引下，《中华人民共和国民法典》颁行，这是中华人民共和国成立以来第一部以"法典"命名的法律，是新时代我国社会主义法治建设的重大成果。本书第六版问世以来，我国知识产权政策有了重大调整，适时修订了《商标法》《反不正当竞争法》《专利法》和《著作权法》等法律。第七版反映了上述立法上的重大变化，修订了本书相关内容。

本书第七版修订工作由主编吴汉东负责，肖志远副教授参与部分章节撰写和统稿工作。

本书撰稿人如下（以撰写章节为序）：吴汉东（第一编），胡开忠（第二编），张今（第三编），马燕（第四编），张耕（第五编），肖志远（第六编）。

编　者

2021 年 10 月

第六版说明

为了适应我国社会主义现代化建设和实施依法治国方略对法律人才的需求，全面提高法律人才的素质，根据原国家教委关于普通高等学校法学专业开设 14 门专业主干课程的通知要求，我们邀请政法院校和实务部门的法学教授及专家编写出版了这批教材。

这批教材以邓小平理论为指导，按照原国家教委高等学校法学学科教学指导委员会专家论证的意见，吸收国内外法学教育的最新成果，面向 21 世纪的法学教育，正确阐述本学科的基本理论、基础知识，坚持理论联系实际的原则，努力做到科学性、系统性和实践性的统一。

《知识产权法》是法学主干课程教材之一，由吴汉东教授任主编。原书撰稿人如下（以撰写章节为序）：吴汉东、胡开忠、马燕、张今、张耕、蔡军。第五版问世后，我国于 2010 年再次修改了《著作权法》。同年 2 月修订后的《专利法实施细则》开始施行。此外，商标法领域亦出台了重要的司法解释和指导性文件。为此，本书第六版对相关内容进行了调整。全书由主编修改、定稿，肖志远博士为统稿做了许多工作。

编　者
2012 年 3 月

第一编 总 论

■**第一章 知识产权法概述** / 1
  第一节 知识产权的概念与范围 / 1
  第二节 知识产权的性质与特征 / 5
  第三节 知识产权的主体 / 8
  第四节 知识产权的客体 / 11
  第五节 知识产权的保护 / 16
  第六节 知识产权法的概念、体系与地位 / 20

第二编 著作权法律制度

■**第二章 著作权法律制度概述** / 24
  第一节 著作权的概念及演变 / 24
  第二节 著作权制度的产生与发展 / 25
  第三节 我国近现代著作权制度的发展与变革 / 28
  第四节 著作权的性质 / 33
  第五节 著作权与相关民事权利的区别 / 35

■**第三章 著作权客体** / 37
  第一节 著作权法保护的作品 / 37
  第二节 民间文学艺术作品的法律保护 / 41
  第三节 计算机软件的法律保护 / 43

■**第四章 著作权主体** / 48
  第一节 著作权主体的概念及分类 / 48
  第二节 著作权的原始主体——作者 / 49

第三节 著作权的继受主体——其他著作权人 /51
第四节 特殊作品的著作权主体 /52

■第五章 著作权内容 /57
第一节 著作人身权 /57
第二节 著作财产权 /60

■第六章 著作权取得和期限 /67
第一节 著作权的取得方式 /67
第二节 著作权的保护期限 /69

■第七章 相关权 /72
第一节 相关权概述 /72
第二节 出版者的权利 /74
第三节 表演者的权利 /76
第四节 录音录像制作者的权利 /79
第五节 广播组织的权利 /81

■第八章 著作权限制 /83
第一节 合理使用 /83
第二节 法定许可 /86
第三节 强制许可 /87

■第九章 著作权利用 /90
第一节 著作权转让 /90
第二节 著作权许可使用 /91
第三节 著作权合同 /92

■第十章 著作权管理 /96
第一节 著作权行政管理 /96
第二节 著作权集体管理 /97

■第十一章 著作权法律保护 /101
第一节 著作权侵权行为的认定 /101

第二节　著作权侵权行为的法律责任　/ 105

第三节　著作权纠纷的处理　/ 108

第三编　专利权法律制度

■第十二章　专利权法律制度概述　/ 110

第一节　专利、专利权与专利法　/ 110

第二节　专利制度的起源与发展　/ 112

第三节　我国专利制度的产生与发展　/ 114

第四节　专利制度的作用　/ 123

■第十三章　专利权客体　/ 126

第一节　发明　/ 126

第二节　实用新型　/ 128

第三节　外观设计　/ 129

第四节　不授予专利权的发明创造　/ 131

■第十四章　专利权主体　/ 135

第一节　专利权主体概述　/ 135

第二节　发明人或者设计人　/ 136

第三节　发明人或者设计人的工作单位　/ 138

第四节　外国人　/ 141

■第十五章　专利授权条件　/ 143

第一节　新颖性　/ 143

第二节　创造性　/ 148

第三节　实用性　/ 150

■第十六章　专利权取得　/ 153

第一节　专利申请　/ 153

第二节　专利申请的审查和批准　/ 161

■第十七章　专利权期限、终止和无效　/ 165

第一节　专利权的期限　　　　　　　　　　　　　　/ 165

第二节　专利权的终止　　　　　　　　　　　　　　/ 166

第三节　专利权的无效　　　　　　　　　　　　　　/ 167

■第十八章　专利权内容　　　　　　　　　　　　　　/ 170

第一节　专利权内容概述　　　　　　　　　　　　　/ 170

第二节　专利权人的权利　　　　　　　　　　　　　/ 171

第三节　专利权人的义务　　　　　　　　　　　　　/ 175

■第十九章　专利实施许可与专利权转让　　　　　　　/ 177

第一节　专利实施许可　　　　　　　　　　　　　　/ 177

第二节　专利权转让　　　　　　　　　　　　　　　/ 182

■第二十章　专利权限制　　　　　　　　　　　　　　/ 185

第一节　不视为侵犯专利权的使用行为　　　　　　　/ 185

第二节　专利实施的强制许可　　　　　　　　　　　/ 187

第三节　专利的强制推广应用　　　　　　　　　　　/ 190

■第二十一章　专利管理和专利代理　　　　　　　　　/ 192

第一节　专利管理　　　　　　　　　　　　　　　　/ 192

第二节　专利代理　　　　　　　　　　　　　　　　/ 194

■第二十二章　专利权法律保护　　　　　　　　　　　/ 200

第一节　专利权的保护范围　　　　　　　　　　　　/ 200

第二节　专利侵权行为　　　　　　　　　　　　　　/ 202

第三节　专利权的法律保护　　　　　　　　　　　　/ 204

第四编　商标权法律制度

■第二十三章　商标与商标法概述　　　　　　　　　　/ 211

第一节　商标的含义和特征　　　　　　　　　　　　/ 211

第二节　商标与其他商业标识　　　　　　　　　　　/ 214

第三节　商标的种类　　　　　　　　　　　　　　　/ 218

第四节　商标法概述　　　　　　　　　　　　/ 220

■第二十四章　商标的构成　　　　　　　　　　/ 224
　　第一节　可视性　　　　　　　　　　　　/ 224
　　第二节　显著性　　　　　　　　　　　　/ 226
　　第三节　非冲突性　　　　　　　　　　　/ 233

■第二十五章　商标权的取得　　　　　　　　　/ 236
　　第一节　商标权取得的方式　　　　　　　/ 236
　　第二节　商标注册的原则　　　　　　　　/ 240
　　第三节　商标注册的申请　　　　　　　　/ 242
　　第四节　注册申请的审查和核准　　　　　/ 245

■第二十六章　商标权　　　　　　　　　　　　/ 249
　　第一节　商标权的概念　　　　　　　　　/ 249
　　第二节　注册商标专用权　　　　　　　　/ 250
　　第三节　未注册商标的法律地位　　　　　/ 253
　　第四节　商标权的续展和终止　　　　　　/ 256
　　第五节　商标权的限制　　　　　　　　　/ 257

■第二十七章　商标注册的无效　　　　　　　　/ 262
　　第一节　商标注册无效的概念　　　　　　/ 262
　　第二节　因违反绝对条件而无效　　　　　/ 263
　　第三节　因违反相对条件而无效　　　　　/ 264
　　第四节　商标注册无效的程序　　　　　　/ 267

■第二十八章　商标权的利用　　　　　　　　　/ 271
　　第一节　注册商标的使用　　　　　　　　/ 271
　　第二节　商标的使用许可　　　　　　　　/ 273
　　第三节　注册商标的转让和移转　　　　　/ 276
　　第四节　商标权质押　　　　　　　　　　/ 278

■第二十九章　商标权的保护　　　　　　　　　/ 280
　　第一节　商标权的保护范围　　　　　　　/ 280

第二节 商标侵权行为 / 284

第三节 法律责任及执法措施 / 288

第四节 驰名商标的特殊保护 / 293

第五编 其他知识产权制度

■第三十章 反不正当竞争 / 298

第一节 不正当竞争行为的概念和特征 / 298

第二节 反不正当竞争法 / 299

第三节 与知识产权有关的不正当竞争 / 301

■第三十一章 商业秘密权 / 305

第一节 商业秘密的界定 / 305

第二节 商业秘密权 / 311

第三节 商业秘密权的法律保护 / 314

■第三十二章 厂商名称权 / 319

第一节 厂商名称的概念和构成要素 / 319

第二节 厂商名称权 / 320

第三节 厂商名称权的法律保护 / 323

■第三十三章 地理标志权 / 325

第一节 地理标志之界定 / 325

第二节 地理标志的立法保护 / 326

第三节 地理标志权 / 329

■第三十四章 集成电路布图设计权 / 332

第一节 集成电路布图设计的概念和特征 / 332

第二节 集成电路布图设计的立法保护 / 333

第三节 集成电路布图设计专有权 / 335

■第三十五章 植物新品种权 / 339

第一节 植物新品种保护制度概述 / 339

第二节 植物新品种权及其保护 / 340

第六编 知识产权国际保护

■第三十六章 知识产权国际保护概述 / 345

第一节 知识产权国际保护制度的产生 / 345

第二节 知识产权国际保护制度的发展与变革 / 346

第三节 知识产权国际保护的主要途径 / 348

■第三十七章 知识产权保护的主要国际组织 / 349

第一节 世界知识产权组织 / 349

第二节 世界贸易组织 / 351

■第三十八章 知识产权国际保护的主要公约 / 353

第一节 《保护工业产权巴黎公约》 / 353

第二节 《保护文学艺术作品伯尔尼公约》 / 355

第三节 《保护表演者、音像制品制作者和广播组织的公约》 / 357

第四节 《世界版权公约》 / 358

第五节 其他保护知识产权的国际公约 / 360

■第三十九章 知识产权国际保护的新制度 / 362

第一节 世界贸易组织的《知识产权协定》 / 362

第二节 世界知识产权组织的"因特网条约" / 369

第一编 总 论

第一章 知识产权法概述

■学习目的和要求

通过本编的学习，了解知识产权的概念和范围，理解知识产权的性质与特征、知识产权的主体范围与客体范围，掌握知识产权的保护制度，理解知识产权法的概念、体系和地位。

第一节 知识产权的概念与范围

一、知识产权的概念

知识产权（Intellectual Property）是人们对于自己的智力活动创造的成果和经营管理活动中的标记、信誉依法享有的权利。将一切来自知识活动领域的权利概括为"知识产权"，最早见之于 17 世纪中叶的法国学者卡普佐夫的著作。后来，这一概念被著名的比利时法学家皮卡第所发展。皮卡第认为，知识产权是一种特殊的权利范畴，它根本不同于对物的所有权。"所有权原则上是永恒的，随着物的产生与毁灭而发生与终止；但知识产权却有时间限制。一定对象的产权在每一瞬息时间内只能属于一个（或一定范围的人——共有财产），使用知识产品的权利则不限人数，因为它可以无限地再生。"[1] 知识产权学说后来在国际上广泛传播，得到世界上多数国家和众多国际组织的承认。在我国，法学界曾长期采用"智力成果权"的说法。1986 年《民法通则》[2]颁布后，开始正式使用"知识产权"的称谓。我国台湾地区则把知识产权称为"智慧财产权"。

知识产权有广义和狭义之分。

广义的知识产权包括著作权、邻接权、商标权、商号权、商业秘密权、产地标记

---

〔1〕〔苏〕E. A. 鲍加特赫等："资本主义国家和发展中国家的专利法"，载中国科学技术情报所专利馆编：《国外专利法介绍》（第 1 册），知识出版社 1981 年版，第 2 页。

〔2〕《民法通则》，即《中华人民共和国民法通则》，为表述方便本书中涉及的我国法律直接使用简称，省去"中华人民共和国"字样，全书统一，不再赘述。

权、专利权、集成电路布图设计权等各种权利。广义的知识产权范围，目前已为两个主要的知识产权国际公约所认可。1967 年签订的《建立世界知识产权组织公约》将知识产权的范围界定为以下类别：关于文学、艺术和科学作品的权利（即著作权）；关于表演艺术家的表演以及唱片和广播节目的权利（即邻接权）；关于人类一切活动领域内的发明的权利（即发明专利权及科技奖励意义上的发明权）；关于科学发现的权利（即发现权）；关于工业品外观设计的权利（即外观设计专利权或外观设计权）；关于商标、服务标记以及商业名称和标志的权利（即商标权、商号权）；关于制止不正当竞争的权利（即反不正当竞争权）；一切在工业、科学、文学或艺术领域内由于智力活动而产生的其他权利。1994 年关贸总协定缔约方签订的《与贸易有关的知识产权协定》（以下简称《知识产权协定》），划定的知识产权范围包括：著作权及其相关权利（即邻接权）；商标权；地理标记权；工业品外观设计权；专利权；集成电路布图设计权；未公开信息专有权（即商业秘密权）。

我国《民法通则》第五章"民事权利"，分列"财产所有权和与财产所有权有关的财产权""债权""知识产权""人身权"四节，其中第三节"知识产权"第 94～97 条明文规定了著作权、专利权、商标权、发现权、发明权以及其他科技成果权。

《民法典》第 123 条规定民事主体依法享有知识产权，并明文规定了知识产权的客体，包括：作品；发明、实用新型、外观设计；商标；地理标志；商业秘密；集成电路布图设计；植物新品种以及法律规定的其他客体。

二、知识产权的范围

从上述规定可以看出，《知识产权协定》关于知识产权的范围，大抵与 1886 年《保护文学和艺术作品伯尔尼公约》（以下简称《伯尔尼公约》）及 1883 年《保护工业产权巴黎公约》（以下简称《巴黎公约》）总括的类别相当；而《建立世界知识产权组织公约》所规定的知识产权范围较为宽泛，特别是包括了科技奖励制度中的发明权、发现权。我国《民法通则》所规定的知识产权基本类型同于《建立世界知识产权组织公约》。对此，我国学者存有争论。一种观点认为，上述发明权、发现权已为国际公约所承认，且我国民事立法专门对上述权利给予保护，因此将一切智力创造活动所产生的权利列入知识产权并无不当。[1] 另一种观点认为，科学发现不宜作为知识产权的保护对象，世界上绝大多数国家的法律及国际公约都没有对科学发现授予私权性质的财产权利。[2] 还有一种观点认为，该类发明权、发现权以及其他科技成果权并非对其智力成果的专有使用权，而是一种取得荣誉及获取奖励的权利，该项制度应归类于科技法。[3] 我们认为，我国《民法通则》在"知识产权"一节中所确认的发现权、发明权以及合理化建议、技术改进和科技成果推广的权利，都不具有"知识所有权"的专有财产权利性质。因此，在将来的民事立法中，有关知识产权的保护范围以不包括

---

[1] 刘春茂主编：《中国民法学·知识产权》，中国人民公安大学出版社 1997 年版，第 2~4 页。

[2] 刘春田主编：《知识产权法教程》，中国人民大学出版社 1995 年版，第 3 页。

[3] 吴汉东主编：《知识产权法》，中国政法大学出版社 1999 年版，第 2 页；张玉敏主编：《知识产权法学》，法律出版社 2017 年版，第 4~5 页。

上述科技成果权为宜。在 2020 年出台的《民法典》中已不再有"科技成果权"。

　　狭义的知识产权，即传统意义上的知识产权，应包括著作权（含邻接权）、专利权、商标权三个主要组成部分。一般来说，狭义的知识产权可以分为两个类别：一类是文学产权（Literature Property），包括著作权及与著作权有关的邻接权；另一类是工业产权（Industrial Property），主要是专利权和商标权。文学产权是关于文学、艺术、科学作品的创作者和传播者所享有的权利，它将具有原创性的作品及传播这种作品的媒介纳入其保护范围，从而在创造者"思想表达形式"的领域内构造了知识产权保护的独特领域。工业产权则是指工业、商业、农业、林业和其他产业中具有实用经济意义的一种无形财产权，确切地说，工业产权应称为"产业产权"。以工业产权一词来概括产业领域的智力成果专有权始于法国，即法文中的"Propriété industrielle"。1789 年的法国《人权宣言》将思想作为精神财产，视为"自然和不可废除的人权"，并确认"自由传达思想和意见是人的最高的权利之一"。根据《人权宣言》的精神，法国国民议会于 1791 年通过该国第一部专利法。在此以前，英国和法国都称专利权为"特权"或"垄断权"。当时法国专利法的起草人德布孚拉认为，"特权"或"垄断权"的提法可能会遭到资产阶级革命时期立法会和反封建特权人民的反对，因而提出了"工业产权"的概念。德布孚拉的工业产权理论在 1791 年的法国《专利法》中得到了充分的反映，"工业产权"一词后来为世界各国所接受，并以此作为专利权、商标权等各种专有权的统称。

　　文学产权（或说是著作权）与工业产权的区分是知识产权传统的基本分类。自 20 世纪 60 年代起，由于工业产权与著作权（版权）长期渗透和交叉，又出现了给予工业产品以类似著作权保护的新型知识产权，即工业版权。[1] 工业版权的立法动因，始于纠正工业产品外观设计享有专利法和著作权法重叠保护的弊端。此后，一些国家为了填补某些工业产品无法保护的空白和弥补单一著作权保护的不足，遂将集成电路布图设计等纳入工业版权客体的范畴。工业版权突破了以往关于著作权与工业产权的传统分类，吸收了两者部分内容，形成了亦此亦彼的"交叉权利"。这种权利的主要特点是：受保护对象必须具有新颖性（专利法要求）和独创性（著作权法要求）；实行工业产权法中的注册保护制和较短保护期；专有权人主要享有复制权和发行权，但没有著作权主体享有的那种广泛权利。

　　在精神领域的民事权利范围中，无形财产权（或无体财产权，Intangible Property）是知识产权的另一称谓。1875 年，德国学者科拉率先提出"无形财产权"的概念，批判了以往的学说将无形物品的权利说成是一种所有权的错误，而将其概括为区别于有形财产所有权的另类权利，即"无形财产权"（Immaterial Giiterrecht）。[2] 在一些西方国家，相关立法与学说曾以无形财产权来概括有关智力创造性成果的专有权利。自 1967 年签订《建立世界知识产权组织公约》后，知识产权的概念开始在国际上广泛使用，但有些西方学者仍继续沿用无形财产权的说法。其实，以知识产权名义所统领的

---

〔1〕 郑成思：《版权法》，中国人民大学出版社 1990 年版，第 20 页。

〔2〕 ［日］吉藤幸朔：《专利法概论》，宋永林、魏启学译，专利文献出版社 1990 年版，第 405 页。

各项权利，并非都是来自知识领域，亦非都是基于智力成果而产生。从权利本源来看，主要发生于智力创造活动与工商经营活动；从权利对象来看，则由创造性知识及商业性标记、信誉所构成。因此，以客体的非物质性为权利分类标准，概括出区别一般财产所有权的精神权利，"无形财产权"较之"知识产权"似乎具有更大的包容性。参照国内外经济界关于"无形资产"的类别划分，[1] 法律制度意义上的无形财产权可以包括以下三类：①创造性成果权。包括著作权、专利权、商业秘密权、集成电路布图设计权、植物新品种权等。该类权利保护的对象都是人们智力活动创造的成果，一般产生于科学技术、文化等知识领域，客体一定程度的创造性是其取得法律保护的必要条件。②经营性标记权。包括商标权、商号权、产地标记权、其他与制止不正当竞争有关的识别性标记权等。该类权利保护的对象为标示产品来源和厂家特定人格的区别标记，主要作用于工商经营活动之中。可区别性是该类客体的基本特征，法律保护的目的即防止他人对此类标记的仿冒。③经营性资信权。包括特许经营权、信用权、商誉权等。其权利保护的对象系工商企业所获得的优势及信誉，这种专营优势与商业信誉形成了特定主体高于同行业其他一般企业获利水平的超额盈利能力。该类权利客体所涉及的资格或信誉，包括明显的财产利益因素，但也有精神利益的内容。

在当代信息社会里，知识产权的范围有向"信息产权"扩充的趋势。以微机革命、网络革命和通信革命为主流的新技术革命，将人类社会推进到一个信息化时代，信息本身成为促进经济、技术及社会发展的重要资源，也成为人们不可或缺的无形财产。知识产权所涉及的对象可视为非物质形态的知识信息。专利法保护的"新的技术方案"提供了某一领域最新技术的信息；商标法保护的"识别性标记"，本身就是区别不同商品或服务的信息；而著作权法保护的"独创性表达"，通过报刊、书籍、广播电视、电脑网络等各种媒介的传播，成为人们最主要、最广泛的信息源。在这个意义上说，知识产权法可以称为信息保护法。[2] 但是，知识产权并不能简单地等同于信息产权。在信息财产中，有三种类型：①作为著作权、专利权、商标权所保护的知识信息；②原处于非专有领域的公共信息；③未公开披露而通过保密实现其价值的商业信息。后两者是以往的知识产权法不加以保护的。随着新的传播技术的出现，国际社会日益重视对各种信息财产的保护。1994年《知识产权协定》明确将"未公开的信息"纳入知识产权保护体系；1996年《欧洲议会与欧盟理事会关于数据库法律保护的指令》提出了保护无独创性的数据库的立法设想。这意味着一部分原属于公共领域的信息和依靠保密维系利益的信息，现在可以处于新的专门法的保护之下（前者的权利主体系信息的收集人，后者的权利主体系信息的所有人）。这种着力于信息财产的保护已经突破了传统知识产权的制度框架。

以上只是描述精神领域权利范畴的演变，无意褒贬"知识产权""无形财产权"与

---

〔1〕 蔡吉祥：《无形资产学》，海天出版社1999年版，第3页。

〔2〕 ［日］中山信弘："多媒体与著作权"，张玉瑞译，载《电子知识产权》1997年第5期；冯晓青："知识产权法基础理论若干问题研究（上）"，载湘潭大学法学院编：《湘江法律评论》（第4卷），湖南人民出版社2001年版。

"信息产权"这几类用语的优劣。鉴于相关国际公约、国内立法的规定与我国法学界的约定俗成，我们主张沿用"知识产权"的概念，并在权利范围上采用不包括属于科技奖励制度的发明权、发现权的"广义说"。

第二节 知识产权的性质与特征

一、知识产权的性质

知识产权是一种新型的民事权利，是一种有别于财产所有权的无形财产权。

权利本体的私权性是知识产权归类于民事权利范畴的基本依据。私权是与公权相对应的一个概念，指的是私人（包括自然人和法人）享有的各种民事权利。知识产权的产生、行使和保护，适用于民法的基本原则和基本制度。离开了民事权利体系，知识产权制度就会面目全非、无法存在，私权主体就会失去获取知识财产的民事途径。就知识产权立法例而言，少数国家将知识产权归入了民法典（如 1942 年《意大利民法典》、1995 年《越南民法典》），个别国家将知识产权单独编纂法典（如 1992 年《法国知识产权法典》），大多数国家则对知识产权采取单行立法的方法。尽管有上述立法差异，现代各国并不讳言知识产权的民事权利或私人财产权利的基本属性。正因如此，《知识产权协定》在其序言中强调有效保护知识产权的必要性时，要求各缔约方确认知识产权是一项"私权"。权利客体的非物质性是知识产权区别于财产所有权的本质特性。知识产权的客体即知识产品（或称为智力成果），是一种没有形体的精神财富，客体的非物质性是知识产权的本质属性所在。有的学者认为，知识产权与其他财产权利的根本区别在于其本身的无形性，而其他法律特征即独占性、时间性、地域性等皆由此派生而成。[1] 严格地讲，权利作为主体凭借法律实现某种利益所可以实施行为的界限和范围，概为无外在实体之主观拟制。正是在这个意义上，从罗马法学家到现代民法学家都将具有一定财产内容的权利（除所有权以外）称为无体物。因此，知识产权与相关权利的本质区别，不在于该项权利的无形性，而在于其权利客体即知识产品的非物质性特征。对此，我国台湾地区学者曾世雄先生有相同看法：财产权之有形或无形，并非指权利而言，而系权利控有之生活资源，即客体究竟有无外形。例如，房屋所有权，其权利本身并无有形无形之说，问题在于房屋系有体物；作为著作权，亦不产生有形无形问题，关键在于作品系智能产物，为非物质形态。[2]

知识产品之无形是相对于动产、不动产之有形而言的，它具有不同的存在、利用、处分形态：①不发生有形控制的占有。由于知识产品不具有物质形态，不占有一定的空间，人们对它的占有不是一种实在且具体的占据，而是表现为对某种知识、经验的认识与感受。知识产品虽具有非物质性特征，但它总要通过一定的客观形式表现出来，作为其表现形式的物化载体是有形财产权而不是知识产权。②不发生有形损耗的使用。知识产品的公开性是知识产权产生的前提条件。由于知识产品必须向社会公示、公布，

---

〔1〕 郑成思主编：《知识产权法教程》，法律出版社 1993 年版，第 45 页。

〔2〕 曾世雄：《民法总则之现在与未来》，台湾三民书局 1983 年版，第 151 页。

人们从中得到有关知识即可使用，而且在一定时空条件下，可以被若干主体共同使用。上述使用不会像有形物使用那样发生损耗，如果无权使用人擅自利用了他人的知识产品，亦无法适用恢复原状的民事责任形式。③不发生消灭知识产品的事实处分与有形交付的法律处分。知识产品不可能有实物形态消费而导致其本身消灭之情形，它的存在仅会因期间（即法定保护期）届满产生专有财产与社会公共财富的区别。同时，有形交付与法律处分并无联系，换言之，非权利人有可能不通过法律途径去"处分"属于他人而自己并未实际"占有"的知识产品。基于上述特征，国家有必要赋予知识产品的创造者以知识产权，并对这种权利实行有别于传统财产权制度的法律保护。

二、知识产权的特征

关于知识产权的基本特征，学者们多有阐述，这些特征的概括在各种著述中虽多少不等，但其基本特征概为"专有性""地域性""时间性"。其实，这些特征的描述，是与其他财产权特别是与所有权相对而言的，并非都是知识产权所独有的。

（一）知识产权的专有性

知识产权是一种专有性的民事权利，它同所有权一样，具有排他性和绝对性的特点。正是在这个意义上，法国一些学者认为知识产权就是"知识所有权"；而多数法国学者怀疑知识产权是否为真正的所有权，他们根据该项权利标的及内容的特点，将知识产权称为一种垄断权或独占权。[1] 日本学者亦认为，知识产权是一种"全新的特殊权利"，它分为独占权（如著作权、专利权等）和禁止权（如商品形象权、商誉权等）。[2] 我们认为，专有性即排他性和绝对性，虽是知识产权与所有权的共同特征，但其效力内容及表现形式是各不相同的。由于知识产品是精神领域的成果，知识产权的专有性有着其独特的法律表现：①知识产权为权利人所独占，权利人垄断这种专有权利并受到严格保护，没有法律规定或未经权利人许可，任何人不得使用权利人的知识产品。②对同一项知识产品，不允许有两个或两个以上同一属性的知识产权并存。例如，两个相同的发明物，根据法律程序只能将专利权授予其中的一个，而以后的发明与已有的技术相比，如无突出的实质性特点和显著的进步，就不能取得相应的权利。知识产权与所有权在专有性效力方面也是有区别的。一是，所有权的排他性表现为所有人排斥非所有人对其所有物进行不法侵占、妨害或毁损，而知识产权的排他性则主要是排斥非专有人对知识产品进行不法仿制、假冒或剽窃。二是，所有权的独占性是绝对的，即所有人行使对物的权利，既不允许他人干涉，也不需要他人积极协助，在所有物为所有人控制的情况下，且无地域和时间的限制。而知识产权的独占性则是相对的，这种垄断性往往要受到权能方面的限制（如著作权中的合理使用、专利权中的临时过境使用、商标权中的先用权人使用等），同时，该项权利的独占性只在一定空间地域和有效期限内发生效力。

（二）知识产权的地域性

知识产权作为一种专有权在空间上的效力并不是无限的，而要受到地域的限制，

---

〔1〕 尹田：《法国物权法》，法律出版社 1998 年版，第 86 页。

〔2〕 参见 ［日］小岛庸和：《无体财产权》，日本创成社 1998 年版，第 5~9 页。

即具有严格的领土性，其效力只限于本国境内。知识产权的这一特点有别于有形财产权。一般来说，对所有权的保护原则上没有地域性的限制，无论是公民从一国移居另一国时携带的财产，还是法人因投资、贸易从一国转入另一国的财产，都照样归权利人所有，不会发生财产所有权失去法律效力的问题。而知识产权则不同，按照一国法律获得承认和保护的知识产权，只能在该国发生法律效力。除有国际公约或双边互惠协定的以外，知识产权没有域外效力，其他国家对这种权利没有保护的义务，任何人均可在自己的国家内自由使用该知识产品，既无须取得权利人的同意，也不必向权利人支付报酬。

早在知识产权法律制度的雏形时期，地域性的特点就同知识产权紧密地联系在一起。在欧洲封建国家末期，原始著作权与专利权都是君主恩赐并作为特许权出现的，因此这种权利只可能在君主管辖地域内行使。随着近代资产阶级法的发展，知识产权才最终脱离了封建特许权的形式，成为法定的精神产权。但是，资本主义国家依照其主权原则，只对依本国法取得的知识产权加以保护，因此地域性作为知识产权的特点继续保留下来。在一国获得知识产权的权利人，如果要在他国受到法律保护，就必须按照该国法律规定登记注册或审查批准。从 19 世纪末起，随着科学技术的发展以及国际贸易的扩大，知识产权交易的国际市场也开始形成和发展起来。这样，知识产品的国际性需求与知识产权的地域性限制之间出现了巨大的矛盾，为了解决这一矛盾，各国先后签订了一些保护知识产权的国际公约，成立了一些全球性或区域性的国际组织，在世界范围内形成了一套国际知识产权保护制度。在国际知识产权保护中，国民待遇原则的规定是对知识产权地域性特点的重要补充。国民待遇原则使得一国承认或授予的知识产权根据国际公约在缔约国发生域外效力成为可能。但是，知识产权的地域性并没有动摇，是否授予权利、如何保护权利，仍须由各缔约国按照其国内法来决定。至 20 世纪下半叶，由于地区经济一体化与现代科学技术的发展，知识产权立法呈现出现代化、一体化的趋势，由此使得知识产权的严格地域性特征受到挑战：①跨国知识产权的出现。为了实现经济一体化的目标，某些国家和地区（如欧盟）正努力建立一个共同的知识产权制度，这就使得知识产权跨出一国地域的限制，从而在多个国家同时发生效力。②涉外知识产权管辖权与法律适用的发展。由于现代传播技术的发展，涉及知识产权的侵权行为可能在几个甚至十几个国家发生。为了便利诉讼和有效保护权利人的利益，一些国家正在酝酿跨地域管辖和新准据法原则。[1] 涉外知识产权纠纷的非专属管辖与知识产权法律适用的多元化，都会对这一权利的地域性特点带来重大影响。总之，在当今社会，知识产权在全球范围内依然保有地域性特征，但已受到挑战，这一自封建法到现代法固有的法律特征是否完全被打破，尚有待继续观察和研究。

（三）知识产权的时间性

知识产权不是没有时间限制的永恒权利。时间性的特点表明：知识产权仅在法律规定的期限内受到保护，一旦超过法律规定的有效期限，这一权利就自行消灭，相关知识产品即成为整个社会的共同财富，为全人类所共同使用。这一特点是知识产权与

---

〔1〕　刘家瑞、史威：“知识产权地域性冲突法评述”，载《中央政法管理干部学院学报》1998 年第 6 期。

有形财产权的主要区别之一。众所周知，所有权不受时间限制，只要其客体物没有灭失，权利即受到法律保护。依消灭时效或取得时效所产生的后果也只涉及财产权利主体的变更，而财产本身作为权利客体并不会发生变化。关于所有权的这一特征，罗马法学家将其概括为"永续性"，即"所有权命运与其标的物之命运相终始"。[1] 其实，所有权的永续性在许多情况下存在着"事实不能"，这是因为所有权的永续状态是以其标的物的存在为前提的，倘若该物发生灭失、毁损，原所有人就可能无所有权了。相反，知识产权的标的是一种非物质形态的智力产物，不可能发生灭失、毁损。其权利本体之所以不具有永续性，盖因为国家规定了保护期限，是为"法律不能"。知识产权在时间上的有限性，是世界各国为了促进科学文化发展、鼓励智力成果公开所普遍采用的原则。

建立知识产权的目的在于采取特别的法律手段调整因知识产品创造或使用而产生的社会关系，这一制度既要促进文化知识的广泛传播，又要注重保护知识产品创造者的合法利益，协调知识产权专有性与知识产品社会性之间的矛盾。知识产权时间限制的规定，反映了建立知识产权法律制度的社会需要。根据各类知识产权的性质、特征及本国实际情况，各国法律对著作权、专利权、商标权都规定了长短不一的保护期。著作权的保护期限，主要是对作者的财产权而言的，即作者只能在一定期限内享有对作品的专有使用权和获得报酬权。而对作者的人身权，有的国家规定为无限期永远存在（如法国），有的国家则规定其人身权与财产权保护期相同（如德国）。关于专利权的保护期限，各国专利法都作了长短不一的具体规定，其规定依据主要有二：①社会利益与权利人利益的协调；②发明技术价值的寿命。关于商标权的保护期限，各国也规定有不同的有效期间。其中，采取"注册原则"的国家，商标权有效期自注册之日起算；采取"使用原则"的国家，只有在商标使用后才能产生权利，因此其有效期自使用之日起算。在知识产权的时间性特点中，商标权与著作权、专利权有所不同，它在有效期届满后可以续展，通过不断地续展，商标权可以延长实际有效期。法律之所以这样规定，就在于文学艺术作品和发明创造对于社会科学文化事业的发展有着更重要的意义，因此必须规定一定的期限，使智力成果从个人的专有财产适时地变为人类公有的精神财富。

知识产权的上述特征，是与其他民事权利特别是所有权相比较而言的，是具有相对意义的概括和描述。但这并不意味着各类知识产权都具备以上全部特征，例如，商业秘密权不受时间性限制，产地标记权不具有严格的独占性意义。从本质上说，只有客体的非物质性才是知识产权所属权利的共同法律特征。

第三节　知识产权的主体

从权利的角度来看，知识产权的主体即为权利所有人，包括著作权人、专利权人、商标权人等；从法律关系的角度来看，知识产权关系的主体则为权利人及除权利人以

---

〔1〕　周枏：《罗马法原论》（上册），商务印书馆1994年版，第342页。

外的义务人。本书所称的权利主体即各类知识产权的所有人。这里所说的人，既可以是自然人，也可以是法人，在一定条件下还包括非法人单位以及国家。与一般民事主体制度不同，知识产权法中关于"人"的用语，都是自然人和法人的统称，所谓"著作权人""专利申请人""商标注册人"等，实际上都指享有此类权利的自然人和法人。

知识产权的主体需具备何种资格，他们享有何种权利，这都是由国家法律直接规定的。与一般财产权主体制度相比较，知识产权的主体制度具有以下特点：

一、原始取得

知识产权的原始取得，以创造者的身份资格为基础，以国家认可或授予为条件。原始取得，是指财产权的第一次产生或者不依靠原所有人的权利而取得财产权。一般财产所有权的取得，有生产、孳息、先占等方式。其原始取得概无主体的特定身份要求，除不动产及个别动产外，亦无需国家机关特别授权。

知识产权的原始取得则不同，其权利产生的法律事实包括创造者的创造性行为和国家机关的授权性行为。在知识产品的生产、开发活动中，创作行为或发明创造行为在本质上属于事实行为，任何人都可以通过自己的智力劳动取得知识产品创造者的身份。知识产权主体制度的身份原则具有两个特点：①创造者的身份一般归属于直接从事创造性智力劳动的自然人，但在有的情况下也可能归属于组织、主持创造活动并体现其意志或承担相应责任的法人；②创造者的身份与一般身份所依存的血缘关系、婚姻关系或其他社会关系无涉，它既是智力创造活动这一事实行为的结果，又是行为人取得知识产权的前提。此外，在知识产权的原始取得中，国家机关的授权行为是知识产权主体资格最终得以确认的必经程序。授权行为从其性质而言，是一种行政法律行为。它与创造性行为一样，对权利的原始取得具有重要意义。美国学者认为，创造性活动是权利产生的"源泉"（source），而法律（国家机关授权活动）是权利产生的"根据"（origin）。[1] 知识产权需要由国家机关依法确认或授予而产生，是由于其客体的非物质性所决定的。由于知识产品不同于传统的客体物，不可能进行有形的控制或占有，容易逸出创造者的手中而为他人利用。因此知识产权所有人不可能仅凭创造性活动的事实行为当然、有效、充分地取得、享有或行使其利益，而必须依靠国家法律的特别保护，即通过主管机关审批后授予专有权。当然，并非所有知识产权的原始取得都必须依据国家授权性行为，诸如著作权、商业秘密权、产地标记权等就无须经过国家机关的审查与批准，适用自动保护原则。

二、继受取得

知识产权的继受取得，往往是不完全取得或有限制取得，从而产生数个权利主体对同一知识产品分享利益的情形。

在民法学理论上，继受取得区别于原始取得有两个标准：①意志特征，即继受取得须根据物（或知识产品）的原所有人的意志才能发生；②权利来源，即继受取得是

---

〔1〕　L. Ray Patterson, Stanley W. Lindberg, *The Nature of Copyright: A Law of Users' Rights*, The University of Georgia Press, 1991, pp. 49~55.

以原所有人的权利为根据并通过权利移转方式才能发生。在财产所有权制度中，根据一物一权主义的原则，不能在一个物件上设立两个或数个内容相同的所有权。就继受取得来说，一方让渡了权利，即意味着丧失了权利主体资格；另一方继受了权利，则标志着其成为新的财产所有权人。此外，根据这一原则，一物之上虽可以存在数个物权（如用益物权或担保物权），但各个物权之间不得相互矛盾。换言之，就一个物件或该物件的某一部分而言，不能设定数个性质相同且彼此独立的物权。

在知识产权领域，基于继受取得的原因，同一知识产品之上存在若干权利主体的情形却普遍存在：①某类知识产权具有人身权和财产权双重属性，在发生权利移转时，继受主体不能继受专属于创造者的人身权利，而只能享有该类知识产权的财产利益，即人身权与财产权为不同主体所分享。②某类知识产权仅是不完全转让的，继受主体只能在约定的财产权项上享有利益，如同所有权与其权能分离一样，在原始主体依然存在的情况下，还会产生一个或数个拥有部分权利的不完全主体，即财产权的诸项权能为不同主体所分享。当然，这种权利与权能的分离，在知识产权与所有权中有着完全不同的意义。所有权的标的物概为独立的特定物，在一定时空条件下只能为某一特定主体所控制利用。所有权与其权能的分离，意味着占有人（即非所有人）是物件的实际支配者，而所有人只能是不直接控制物件的"空虚权利主体"。但知识产权的客体是非物质形态的精神产物，在一定时空条件下可能被多数主体利用，包括原始主体的自己使用与继受主体的授权使用。③某类知识产权的转让同时是在不同地域范围进行的，若干受让人只能在各自的有效区域内行使权利。原知识产权所有人虽丧失主体资格，但在不同的地域却可能产生若干相同的新的知识产权所有人，即各个继受主体彼此独立地对同一知识产品享有同一性质的权利。

三、外国人的主体资格

知识产权法对外国人的主体资格，主要奉行"有条件的国民待遇原则"，有别于一般财产法所采取的"有限制国民待遇原则"。

民事主体依国籍情况可以分为本国人和外国人。关于外国人的民事地位，古代国家采取不承认主义，即不认为他们享有本国人的权利能力。古罗马法认为，凡未沦为奴隶的外国人，虽然有自由人的身份，但不能享有市民法规定的各种权利。只是随着国际贸易的发展，各国才逐渐采取相互主义，即根据两国间的条约或法律，彼此相互承认对方的公民享有本国公民在对方国家所享有的权利。最早以国内法形式确定外国人享有平等民事地位的是 1804 年《法国民法典》，它规定："外国人，如其本国和法国订有条约允许法国人在其国内享有某些民事权利者，在法国亦得享有同样的民事权利。" 1829 年在古典自然法学派的影响下，《荷兰民法典》也转而采用平等主义，即对外国人原则上给予本国人同等的待遇。此后，各国法相继确认了国民待遇原则，但对外国人所享有的权利则有所限制，例如外国人不准取得土地权、采矿权、捕鱼权，不准从事只有本国公民才能从事的某种职业，这就是有限制的国民待遇。

各国知识产权法关于外国人的主体资格，有不同的规定。著作权法的通行规定是，外国人创作的作品在同一境内首先发表的，应当享受与该国公民作品同等的保护；不在该国境内首先发表的，则根据国家之间的双边条约或共同参加的国际公约，或在互惠基础上给予保护。工业产权法的通行规定是，在本国境内有经常居所或营业所的外国人享有与本国人同等的待遇；在境外的外国人，依照其所属国与本国缔结的双边条约或共同参加的国际公约，或按照互惠原则办理。这些规定说明，知识产权法主要采用有条件的国民待遇原则。只要符合上述规定的情形之一，外国人即可享有与本国人同等的权利，且在权利的范围和内容上不加限制。国民待遇原则是国际知识产权制度的基本原则。这一原则包括两个方面的含义：①在知识产权的保护上，国际公约的成员国必须在法律上给予其他成员国的国民以本国国民所享有的同样待遇；②对非成员国国民，只要其作品在该国境内首先发表（著作权法），或在该国有经常居所，或有实际从事工商业活动的营业所（工业产权法），也应当享有同该成员国国民相同的待遇。国民待遇原则打破了知识产权地域性效力的限制，使一国的权利人在其他国家也得到保护。允许外国人与本国人享有同等的民事地位，旨在保护本国人在国外的知识产权利益不受侵犯，同时也是为了吸引外国先进技术和优秀文化。因此，这一原则得到了世界各国的确认。

第四节　知识产权的客体

知识产权的客体，是指人们在科学、技术、文化等知识形态领域中所创造的精神产品，即知识产品。知识产品是与物质产品（即民法意义上的物）相并存的一种民事权利客体。

一、知识产品的概念

权利客体的范畴，或者说法律对何种对象予以保护，是由统治阶级的国家意志以及一定社会的物质生活条件所决定的。在民法发展的过程中，最初只有动产才可以作为私有权利的客体。早期罗马的"克里维特"所有制，保留土地公有制的外壳，其个人财产权利的客体仅限于妻子、儿女、奴隶、牲畜以及世袭住宅。这些东西在当时被人们视为重要的财产，因此也被法律规定为权利客体。随着奴隶制经济和私有制的发展，不动产诸如土地、森林、牧场等重要的生产资料也逐渐被确认为私权的客体。

民事客体制度在资本主义条件下得到充分的发展。为了加速生产的集中和资本的积累，使财产的流转更为简便，他们创造了股票、票据等有价证券，将其作为一种特殊的种类物，列于客体物的范围；为了刺激科学技术的发展，调整知识形态的产品在生产和使用过程中的社会关系，他们把这种科学技术成果也作为民事权利的另类保护对象。一句话，社会经济关系的发展促进民法日益拓宽其传统权利客体的范围。

西方学者在述及民事权利客体时，往往将财产分为有形财产和无形财产，或者分为动产、不动产和知识财产，并把它们统一概括到"物"的概念中。他们认为，"凡能构成财产的一部分并可占为己有的财富即为物"。[1] 这种物既可以是有形物，即具有实体存在，可以被人们感知的物，包括一切动产和不动产；也可以是无形物，即没有

---

〔1〕　法国《拉鲁斯大百科全书》第3卷，转引自上海社会科学院法学研究所编译：《国外法学知识译丛·民法》，知识出版社1981年版，第168页。

实体存在，而由人们主观拟制的物，包括与物有关的各种权利（如用益权、地役权）和与物无关的其他权利（如著作权、工业产权）。

知识产权是知识财产关系在法律上的反映。在知识产权保护期限内，权利人可以独占使用其作品或发明，也可以通过许可合同将作品与发明的使用权转让给他人，以取得财产利益。这说明，知识产权本身也是财产的一部分，从而构成所有权或债权的客体。从广义的物（财产）的概念来说，知识产权是一种无形物，在财产关系中可以作为客体物来占有或转让。

知识产权是一种新型的民事权利，是近代商品经济和科学技术发展的产物。对于该项权利的客体，是难以采用罗马法以来的客体物理论作出诠释的。近代德国法哲学家黑格尔曾说，诸如精神技能、科学知识、艺术以及发明等都可以像物那样进行交易并缔结契约，但它又是内部的精神的东西，所以理智上对于它的法律性质感到困惑。[1] 现代法学者已在财产意义上将"知识"与表达这种知识的"载体"区别开来。他们认为，智力劳动的创造物之所以称为"知识"财产，在于该项财产与各种信息有关。人们将这些信息与有形载体相结合，并同时在不同地方进行大量复制。知识财产并不包含在上述复制品中，而是体现在所反映出的信息之中。[2] 与知识财产相类似的说法是无形财产。在20世纪60年代以前，知识产权尚未成为国际上广泛使用的法律概念，人们一般将基于创造性精神产品所取得的权利称为无形财产权，因此，诸如作品、发明等客体均视为无形财产。在我国曾有一段时期，许多学者基于"智力成果权"的理论，相应地将其客体归结为"智力成果"，并且强调其价值不能用货币衡量。自1980年以来，随着我国技术商品化的发展和知识产权制度的建立，许多学者主张建立"知识产品"的理论范畴，即把知识产权的客体概括为知识产品。[3] 1984年《中共中央关于经济体制改革的决定》与1985年《中共中央关于科学技术体制改革的决定》，不仅对我国现阶段存在着的商品经济作出了正确的说明，而且第一次明确承认"技术已经成为独立存在的知识形态商品"。1986年《民法通则》颁布，正式使用"知识产权"这一概念以取代"智力成果权"的传统说法。以上论断和规定为知识产品范畴的建立提供了理论基础和法律依据。在国外，已有学者对知识产权的客体作出过精辟的概括和表述。"知识产权"概念的倡导者，比利时法学家皮卡弟曾将知识产权称为"使用知识产品的权利"。[4] 我们认为，"知识产品"的用语，描述了知识形态产品的本质含义，强调这类客体产生于科学、技术、文化等精神领域，是人类智力活动的成果与经营管理活动的结晶，明显表现了客体的非物质性；同时，知识产品的本质内涵，突出了它是精神劳动的产物，且在商品经济条件下具有商品意义，从而反映了知识产权所

---

〔1〕［德］黑格尔：《法哲学原理》，范扬、张企泰译，商务印书馆1961年版，第43节附释；吕世伦：《黑格尔法律思想研究》，中国人民公安大学出版社1989年版，第32页。

〔2〕世界知识产权组织编著：《知识产权纵横谈》，张寅虎译，世界知识出版社1992年版，第4页。

〔3〕吴汉东、闵锋编著：《知识产权法概论》，中国政法大学出版社1987年版，第34页；钱明星：《物权法原理》，北京大学出版社1994年版，第26页；张和生：《知识经济学》，辽宁人民出版社1992年版，第294页。

〔4〕［苏］E.A.鲍加特赫等："资本主义国家和发展中国家的专利法"，载中国科学技术情报所专利馆编：《国外专利法介绍》（第1册），知识出版社1981年版，第12页。

包含的财产权性质。

二、知识产品的类别

知识产权是概括知识产权各类客体的集合概念。传统教科书曾笼统地将知识产权客体说成是智力创造性成果，已有许多学者指出这一表述的不足，他们认为，知识产权的客体应分为两类：一类是智力成果；另一类是经营标记。[1] 考虑到现代社会无形财产的发展状况，我们建议建立一个有别于传统客体范围的新的知识财产体系，即把知识产品具体地分为三类：①创造性成果，包括作品及其传播媒介、工业技术；②经营性标记；③经营性资信。其中，第一类发生于科学技术及文化领域，第二、三类产生于工商经营领域。现分别述之：作品及其传播媒介，泛指文学艺术领域中以不同表现形式出现并且具有原创性的创造成果（著作权客体），以及在传播作品过程中产生的与原创作品有关联的各种产品、物品或其他传播媒介（邻接权客体）。作为著作权客体的作品，可以概括地分为文学作品、艺术作品和科学作品；作为邻接权客体的作品，主要包括艺术表演、音像录制品、广播节目。这类知识产品的共同特点是：它们都是文化领域中的知识创作成果，其成果与创造者的创作活动和传播活动有关；它们都是创造者思想结晶的客观表现形式，包括文学或符号形式、形象形式、音像形式以及有关的技术表现形式。

工业技术，一般是指在工业、农业、商业等产业领域中能够物化在物质载体上的知识和技能。它是根据科学原理和生产实践经验而发展形成的工艺操作方法与技能，以及与这些方法和技能相适应的生产工具和其他物质设施。工业技术与科学成果不同，科学成果是对人类实践经验和认识的概括与总结，是关于自然、社会和思维的各种理论知识和研究成果。科学和技术都表现为知识形态，属于社会的精神财富。科学的职能在于对自然界（社会或思维）和技术可能性的理解，更具有预见性和深远性；而技术则直接联系生产过程，其职能在于对自然界的控制和利用，更具有实践性和应用性。在法律上，工业技术可以表现为取得工业产权的各类专利技术，也可以表现为取得其他知识产权的技术秘密以及受到新型知识产权即工业版权保护的工业产品。

经营性标记，一般是指在工业、农业、商业等产业领域中能够标示产品来源和厂家特定人格的区别标记。包括商标、商号、产地名称等在内的工商业标记，是人们生活中所见最多的标志。它具有标志艺术的一般特点：①标记性。经营性标记的主要职能在于区别商品和生产商品的厂家，使人们易于识别，防止误认。②宣传性。经营性标记主要作用于工商业活动中，以实现其对特定商品、厂家或产地的宣传效果。③适应性。经营性标记能在多种场合使用，不但可以注明于商品或包装材料上，还能用于多种宣传媒介的制作。经营性标记作为工业产权和其他知识产权的客体，是企业重要的无形财产。

经营性资信，泛指工商企业在经营活动中所具有的经营资格、经营优势以及在社会上所获得的商业信誉，包括特许经营资格、信用及商誉等。从经营性资信的构成来看，其内在因素是主体的经营能力。经营能力是一个很广泛的概念，包括经济状况、

---

〔1〕　刘春田主编：《知识产权法教程》，中国人民大学出版社1995年版，第1页。

生产能力、产品质量、市场占有份额等，[1] 这种经营能力形成了特定主体高于同行业一般企业获利水平的超额盈利能力；其外在因素表现在两个方面，或是来自某一组织或机关授予的资格，或是来自社会公众给予的评价和信赖。该类权利客体所涉及的资格、能力与信誉，包含有明显的财产利益内容，但也有精神利益的成分。与文学艺术作品、工业技术、经营性标记不同，经营资信的财产价值尚未完全为人们所认识，相关立法保护显见不足。正因为如此，有学者将此类客体称为正在开发的无形财产。[2]

三、知识产品的基本特点

知识产品具有文学艺术创作、发明创造以及经营标志等多种表现形式，但它们都具有以下基本特点：

（一）创造性

知识产品与物质产品不同，它不可能是现有产品的简单重复，而必须有所创新、有所突破。创造性是知识产品取得法律保护的条件，而一般财产法并不要求这样。在这里，强调知识产品具有创造性的特点，并不是说物质产品没有创造性。问题的关键在于，创造性是知识产品构成知识产权客体的条件，而物质产品构成有形财产所有权客体时并没有创造性的一般要求。就某类具体的知识产品来说，其创造性程度的要求是各不相同的。一般来说，专利发明所要求的创造性最高，它必须是该项技术领域中先进的科学技术成就，它所体现的技术思想、技术方案必须使某一领域的技术发生质的飞跃。著作权作品所要求的创造性次之，它要求作品必须是作者创造性劳动的成果，但任何作品只要是独立构思和创作的，不问其思想内容是否与他人作品相同或类似，均可取得独立的著作权。而商标所要求的创造性仅达到易于区别的程度即可，即商标应当具有显著特征，便于识别，其文字、图形或其组合应避免与他人的商标构成混同。可见，受保护的对象不同，其要求的创造性也有所不同，依照西方学者的说法，专利权要求发明具有"技术先进性"（或称为"非显而易见性"），著作权要求作品具有"独创性"（或称为"原创性"），而商标权则要求商标具有"可识别性"（或称为"易于区别性"）。

（二）非物质性

知识产品与物质产品不同，它是知识形态的精神产品，虽具有内在的价值和使用价值，但没有外在的形体。非物质性是知识产品区别于有形财产所有权客体的主要特征。所谓非物质性，即知识产品的存在不具有一定的形态（如固态、液态、气态等），不占有一定的空间。人们对它的"占有"不是一种实在而具体的控制，而表现为认识和利用。某一物质产品，在一定的时空条件下，只能由某一个人或社会组织来实际占有或使用，所有人能够有效地管领自己的有形财产，以排除他人的不法侵占。而一项知识产品则不同，它可以为若干主体同时占有，被他们共同使用。知识产品一旦传播，即可能为第三人通过非法途径所"占有"。知识产品虽然具有非物质性特点，但总是要通过一定的客观形式表现出来，使知识产品创造者以外的人能够了解，这种客观表现

---

〔1〕 杨立新：《人身权法论》，中国检察出版社 1996 年版，第 638 页。

〔2〕 曾世雄：《民法总则之现在与未来》，台湾三民书局 1983 年版，第 137 页。

形式是对其进行知识产权保护的条件之一。例如，作品表现为文字著述、舞台表演、绘画、雕塑、音像制品等；发明创造表现为文字叙述、设计图表、形状构造等；商标表现为图案、色彩、符号、文字等。这些客观形式的载体，是知识产品的物化。必须明确，作为知识产品表现形式的载体，绝不是知识产品的本身。知识产品是精神产品，它的效能和价值是载体难以全部包括和体现的。

（三）公开性

知识产品与物质产品不同，它必须向社会公示、公布，使公众知悉。公开性是知识产品所有人取得知识产权的前提，而有形财产所有人并无将其财产公开的义务。在各项知识产权中，其客体都表现了公开性特征。作者创造作品的目的之一，就是使之传播，并在传播中得以行使权利、取得利益；发明创造者要划定自己的权利范围，就必须公布专利的技术内容。"专利"（patent）的拉丁文"patere"原意就有"公开"或"打开"的意思，这个语源表明专利的技术内容必须是公开的。商标所有人为了将自己的商品同他人的商品区别开来，就要使用自己的商标标志。无论是在"使用在先原则"的国家，还是在"注册在先原则"的国家，要取得商标权，或是首先使用商标，或是首先申请商标注册，这些行为无一不同公开性相联系。一般认为，知识产权的产生条件是：知识产品所有人将自己的作品、发明创造等公布出来，使公众看到，得到其中的专门知识；而公众承认他们在一定时期内有使用、制造其知识产品的专有权利。知识产品是公开的，但任何人都无权加以使用，否则即构成侵权。西方法学家将这一现象解释为契约关系，即以国家面貌出现的社会同知识产品创造者之间签订的一项特殊契约：创造者有义务将知识产品加以公开，而代之取得一定时期的独占使用权。需要指出的是，属于知识形态产品的技术秘密并不具有公开性，它是依靠保密来维持其专有权利的。在西方民法理论中，专利技术是一种法定专有权，在保护期内一直发生效力；而技术秘密是一种自然专有权，视权利人保密时间的长短来决定其权利效力。在法律制度中，技术秘密并不受传统知识产权的保护，仅由合同法或侵权法调整。但技术秘密权具有无形财产权的本质特征，现代立法的趋势表明，技术秘密现已成为知识产权的保护对象。

（四）社会性

知识产品的社会属性表现在它的产生、使用和归属等各个方面。从它的产生来看，每一项知识产品，特别是创造性成果，都是人类智力劳动的结晶。与物质生产那种重复再现型劳动不同，精神生产是以依靠前人积累的知识为劳动资料，以抽象的知识产品为劳动对象的生产活动，劳动者的知识拥有量与创造性思维在劳动过程中紧密结合。[1] 从它的使用来看，一项知识产品可以同时为若干主体所同时"占有"，为许多人所共同利用。在人类创造性劳动的动态流程中，每个人将会因吸取前人的知识信息而"收益"，也会因替后人提供知识营养而"支出"。从它的归属来看，知识产品既是创造者个人的精神财富，同时又是社会财富的一部分。因此，法律总是在一定时期内赋予创造者个人以垄断权利，而一旦保护条件或期限失效，知识产品即成为整个社会

─────────

〔1〕 参见张和生：《知识经济学》，辽宁人民出版社 1992 年版，第 69~71 页。

的共同财富，为全人类所共同使用。

第五节　知识产权的保护

知识产权一经国家机关授予，即受法律保护。由于知识产权及其保护对象的特殊性，传统的财产权保护制度已不能完全适用，因此知识产权法在保护范围和侵权行为方面往往作出一些特殊规定。

一、知识产权的保护范围

对于一般财产所有权来说，其客体为有形的动产或不动产，该类客体本身即可设定权利的保护范围，法律保护所有权人对其有形财产进行占有、使用、收益和处分的权能，法律对此无特殊规定。一般而言，有形动产之大小、形状，有形不动产之位置、外观，即可标明此物与彼物的区别，展示本权与他权的界限。不问客体物的内容、性能、用途、价值、表现形式如何，所有权人对各个客体物所拥有的基本权能是一样的，所有权制度一般没有所谓限定保护范围的特别条款。

作为知识产权客体的精神产品是一种无形财产，它的保护范围无法依其本身来确定，而要由法律给予特别的规定。在限定的保护范围内，权利人对自己的知识产品可行使各种专有权利，超出这个范围，权利人的权利失去效力，即不得排斥第三人对知识产品的合法使用。例如，专利法规定，专利权人的专有实施权的范围以专利申请中权利要求的内容为准，即根据专利权所覆盖的发明创造的技术特征和技术幅度来确定；商标法规定，商标权人的使用权范围，以核准注册的商标和核定使用的商品为限，但商标权人对他人未经许可在同一种商品或类似商品上使用与其注册商标相同或近似的商标，均享有禁止权。这说明，知识产权专有性只在法定范围内有效。关于知识产权保护范围的规定，其特点不仅表现为一种权项范围的"界定"，而且表现为效力范围的"限制"。为了防止创作者、创造者的专有权成为公众获取知识和整个社会发展科学文化事业的障碍，知识产权法还允许权利人以外的其他人在一定条件下自由使用受保护的知识产品，例如著作权法中的"合理使用原则""法定许可使用原则"，专利法中的"专利权用尽原则""临时过境使用原则""先用权人使用原则"等，都是在知识产品的使用中对专有权利行使的限制，即法律对知识产权保护范围的限定。

二、侵犯知识产权行为的基本特征

侵犯知识产权行为，与一般侵权行为有着相同的法律性质，又有着相似的法律后果，但由于其侵害对象的不同，侵犯知识产权行为表现出自己所独有的基本特征：

（一）侵害形式的特殊性

侵害财产所有权的行为，主要表现为侵占、妨害和毁损。这些行为往往直接作用于客体物的本身（如将他人的财物毁坏、强占他人的财物等），与客体物之间的联系是直接的、紧密的。侵权行为的具体表现内容，涉及占有、使用、收益和处分各个方面。而侵害知识产权的行为主要表现为剽窃、篡改和仿冒，其施加影响的对象是作者、创造者的思想内容或思想表现形式，与知识产品的物化载体无关。与有形财产的侵权行为不同，对知识财产侵权行为在形式上似乎并不影响知识产权所有人的权利行使。例如，他人对作品的非法"占有"，并不意味着权利人同时失去这种"占有"；对作品的非法使用，也不影响对其作品继续使用。这种行为之所以构成侵权，在于它是对权利人"专有""专用"权的侵犯，是对知识产权绝对性、排他性的违反。

（二）侵害行为的高度技术性

由于科学技术的不断发展，生产方式的不断革新，使公众消费能力大大提高，社会生活内容呈现出科技化、现代化的趋势。在这种情况下，出现了一些新型的侵权行为。这些新型的侵权行为多为侵犯知识产权的行为。侵害知识产权行为与具有智力创造性特征的知识产品的利用相联系，往往有相当程度的"技术含量"。该类侵权行为一般要凭借相应的技术手段，因而较一般财产权侵害更具有隐蔽性和欺骗性，并由此在侵权行为之防范、侵权责任之认定、侵害后果之避免等方面带来了相当的困难。

（三）侵害范围的广泛性

由于知识产品的非物质性和公开性特征，合法使用与侵权使用通常在同一时空条件下产生。在知识产品利用极为便利的条件下，使用行为极有可能构成侵权行为，且受侵害的对象往往不是某一单项权利。普遍存在的侵害行为有两个重要表现：①个体侵权行为"普及化"。静电复印技术与电子录制技术的推广与运用，使得非法复制行为日趋盛行。②高科技侵权行为"国际化"。在国际互联网络空间里，知识产品可以极快极方便地在全球范围内传播，为不同国家的不同主体所接受和利用（包括合法使用和非法使用），跨国侵权行为成为一件容易的事情。

（四）侵害类型的多样性

在立法例上，侵害知识产权有直接侵权行为与间接侵权行为之分，法律对此规定有不同的过错条件及处罚标准。所谓间接侵权，有两种含义：①指行为人的行为本身并不构成侵权，但其行为帮助和导致了直接侵权的发生，因而对知识产权所有人造成了损害，亦称"二次侵权"，例如故意出售、出租、进口侵权复制品的行为；②指"行为人"并没有从事任何侵权行为，但由于特定社会关系的存在，依法须对他人的侵权行为承担一定的责任，例如雇主对雇员因完成本职工作而实施的侵权行为。上述间接侵权行为人与直接侵权人应承担共同侵权责任。可见，在侵权损害方面，知识产权法较之一般财产权法的规定更为严格。

三、侵犯知识产权行为的归责原则

归责原则是确认不同种类侵权行为应承担民事责任的标准和规则，它决定着一定侵权行为的责任构成要件、举证责任的分担、免责条件、损害赔偿的原则和方法等。在侵权行为法中，责任有着特定的意义，往往被赋予侵权之债、侵权损害赔偿等规范性内容。德国学者拉伦茨（Larenz）认为，归责是指"负担行为之结果，对受害人而言，即填补其所受之损害"。归责原则应为侵权赔偿之归责原则。[1] 在我国，有的知识产权专家对归责原则的"责"作扩大解释，将停止侵害与赔偿损失都归结为无过错责任之后果。[2]

---

〔1〕 转引自王泽鉴：《民法学说与判例研究》（第5册），中国政法大学出版社1998年版，第258~259页。

〔2〕 郑成思："民法与知识产权法"，载《中国知识产权报》2001年5月23日，第3版。

归责原则是侵权损害赔偿责任的核心问题。关于侵害知识产权的赔偿责任，学术界与司法界普遍主张采取二元归责原则，即在采用过错责任原则的基础上补充适用其他归责原则。其中有代表性的观点主要有两种：一是以无过错责任为补充原则；[1] 二是以过错推定责任为补充原则。[2]

无过错责任原则是随着工业革命的完成应运而生的，其重要使命在于处理现代化大生产中诸如高度危险作业、环境污染等致人损害的赔偿责任问题。无过错责任的基本思想在于对"不幸损害的合理分配"，而不是制裁"反社会性"之行为；[3] 一般认为，企业的经营、交通工具的使用、产品的产销等，盖为现代社会之必要经济活动，其本身不具有"反社会性"；而侵犯知识产权行为本质上应为"反社会性"行为，不能归类于社会之必要经济活动。侵犯知识产权的赔偿责任意在制裁不法行为人，而并非"不幸损害的合理分配"。国外相关立法例未明确规定无过错责任。有学者引用《德国著作权法》第97条、《商标法》第14条的规定"受侵人可以对有再复发危险的侵权行为，即刻就采取下达禁令的救济；如果侵权系出于故意或过失，则还可以同时诉请获得损害赔偿"，认为这一条款是对无过错责任的确认。其实不然，对于有复发危险的侵权行为，行为人虽无过错，但侵权行为仍得以成立，不过侵权赔偿责任并不当然成立。德国法的上述规定表明，损害赔偿责任当以侵权人主观上有过错为构成条件。至于要求停止侵害的禁令救济，不属于侵权赔偿之债的范畴，亦无需以过错为构成要件。以其保护方法来看，应归类于"物上请求权"的范畴。《知识产权协定》是否规定了无过错责任，尚有争议。该协定第45条第1款规定："司法机关应有权责令侵权者向权利所有人支付适当的损害赔偿，以便补偿由于侵犯知识产权而给权利所有人造成的损害，其条件是侵权者知道或应该知道他从事了侵权活动。"第2款规定："司法部门应有权责令侵权者向权利所有人支付费用，其中可以包括合理的律师费。在适当的情况下，即使侵权者不知道或没有正当理由应该知道他从事了侵权活动，缔约方也可以授权司法部门，责令其返还所得利润或支付预先确定的损害赔偿费。"关于第1款将过错责任作为知识产权侵权赔偿的基本归责原则，学者并无歧义。第2款是否可以作为无过错责任原则适用的国际法依据，理论界对此却看法不一。有的学者主张将其作为某些侵犯知识产权行为的归责原则，以此提高保护水平。但多数学者认为，返还所得利润概为不当得利之债；支付法定赔偿金，亦为补充过错责任不足的公平责任原则。上述情形都不宜作出无过错责任原则的理解，重要的是，《知识产权协定》的上述规定是一个选择性条款，不应作为相关国内立法的当然选择。

我们认为，在采用过错责任原则的基础上补充适用过错推定责任原则较为适宜。过错推定责任较一般过错责任严格。一旦损害发生，法律推定行为人有过错并要求其提出无过错抗辩，若无反驳事由，或反驳事由不成立，则确认行为人有过错并应承担

---

〔1〕 郑成思："侵害知识产权的无过错责任"，载《中国法学》1998年第1期。

〔2〕 参见吴汉东："知识产权保护论"，载《法学研究》2000年第1期；董天平、邵中林："著作权侵权损害赔偿问题研讨会综述"，载《知识产权》2000年第6期；蒋志培："TRIPS肯定的知识产权侵权赔偿的归责原则和赔偿原则"，载《法律适用》2000年第10期。

〔3〕 王泽鉴：《民法学说与判例研究》（第2册），中国政法大学出版社1998年版，第162页。

责任。实行这一归责原则，可以使知识产权所有人免除举证责任而处于有利地位，有助于制裁那些虽无主观过错但缺乏抗辩事由的侵权行为人。

归责原则是侵权行为法的核心问题，知识产权的侵权损害赔偿究竟采取何种归责原则，有待学术界的深入研究和相关立法的确认。

四、侵犯知识产权法律救济

法律对于知识产权的保护是多层次、多角度的。《知识产权协定》详细地规定了侵权救济措施及防止侵权的措施。我国相关法律也规定了权利救济的各种途径。

（一）民事救济措施

民事救济措施具有维护权利状态或对权利人所受损害给予补偿之作用。一般来说，民法对所有权的保护是通过赋予权利人以请求确认所有权、排除妨害、恢复原状、返还原物、赔偿损失等请求权的方法来实现的，这就是物权之诉与债权之诉的保护方法。而知识产权的民事救济，主要采取请求停止侵害和请求赔偿损失的方法。由于客体的非物质性特征，在物权之诉中，知识产权主体并不能援用请求恢复原状、返还原物之传统民事救济方法。在知识产权的民事救济措施中，请求停止侵害是一种物权之诉，既包括请求除去已经发生之侵害，也包括除去可能出现之侵害。由于知识产品的特性，停止侵害是排除对权利人行使专有权利之"妨碍"，而不可能是制止对权利客体即知识产品之"侵害"。请求赔偿损失则是一种债权之诉，其填补损害的方式即金钱赔偿。[1]侵犯知识产权的损害赔偿额，主要有两种计算方法：一是按侵权人在侵权期间因侵权行为所得之利润计算；二是按权利人在被侵权期间因被侵权所受到的损失计算。如果权利人的实际损失和侵权人的非法所得不能确定的，则可以适用法定赔偿的有关规定。

（二）刑事救济措施

关于侵犯知识产权罪的类型，《知识产权协定》对各缔约方作了最低要求的规定，即至少应制裁假冒商标或剽窃版权作品的犯罪，但其适用条件有二：①侵权使用达到一定的商业规模；②非法使用人主观上出于故意。实际上，各国立法关于侵犯知识产权罪名的规定，一般都超出了《知识产权协定》的最低要求。我国刑法在"侵犯知识产权罪"与"扰乱市场秩序罪"的章节中，规定了假冒注册商标罪，假冒专利罪，侵犯商业秘密罪，损害商业信誉、商品声誉罪等各种犯罪行为，其罪名涉及侵犯知识产权的主要领域。同时，对上述各罪，规定了有期徒刑、拘役、管制、罚金等各种刑事处罚。

（三）行政救济措施

关于行政救济措施，《知识产权协定》要求各缔约方加强司法机关的权力，以建立一种对侵权行为的有效威慑。其内容包括：在不给任何补偿的情况下，有权命令对侵权的商品进行处理，禁止其进入商业渠道，或者将上述侵权商品予以销毁；还有权命令将主要用于制作商品的材料和工具进行处理，禁止其进入商业渠道，以尽可能地减

---

〔1〕 关于侵犯所有权的损害赔偿，其损害填补以恢复原有权利状态为依归。损害某物，即购置相同之物，以达填补损害之目的。当此种损害填补不能时，代之以金钱赔偿。显见其与侵犯知识产权的填补损害方式不同。参见曾世雄：《损害赔偿法原理》，台湾三民书局1996年版，第16页。

少进一步侵权的危险。此外，《知识产权协定》还规定了海关中止放行制度：当受害人发现有侵权复制品经由海关进口或出口，则可向有关行政或司法机关提供书面申请和担保，由海关扣押侵权复制品，中止该类商品的放行。如果海关查实被扣商品系侵权复制品，则予以没收；如果扣押错误，则申请人应赔偿被申请人的合理损失。我国相关立法所采取的行政救济措施与《知识产权协定》相当，具体说来，有训诫（警告）、责令停止制作和发行侵权复制品、没收非法所得、没收侵权复制品和制作侵权设备以及罚款等。

第六节　知识产权法的概念、体系与地位

一、知识产权法的概念

知识产权法是调整因知识产品而产生的各种社会关系的法律规范的总和，它是国际上通行的确认、保护和利用著作权、工业产权以及其他智力成果专有权利的一种专门法律制度。

知识产权法是近代商品经济和科学技术发展的产物。自十七八世纪以来，资产阶级在生产领域中开始广泛采用科学技术成果，从而在资本主义市场中产生了保障知识产品私有的法律问题，资产阶级要求法律确认对知识产品的私人占有权，使知识产品同一般客体物一样成为自由交换的标的。他们寻求不同于以往财产法的新的法律制度，以作为获取财产权利的新方式：在文学艺术作品以商品形式进入市场的过程中出现了著作权；在与商品生产直接有关的科学技术发明领域出现了专利权；在商品交换活动中起着重要作用的商品标记范畴出现了商标权。这些法律形式最后被扩大为知识产权。

知识产权法是私法领域中财产"非物质化革命"的结果，在罗马私法体系中，所设定的财产权制度概以有体物为核心展开。罗马人以"物"为客体范畴（包括有形的物质客体—有体物，也包括无形的制度产物，即除所有权以外的财产权利—无体物），并在此基础上设计出以所有权形式为核心的"物权"制度，建立了以物权、债权为主要内容的"物法"体系。可以说，传统的财产权制度是一种物质化的财产结构。随着近代商品经济的发展，在社会财产构成中，出现了所谓抽象化、非物质化的财产类型。以知识、技术、信息为主要内容的"知识财产"，有别于以往物质形态的动产、不动产，是区别于传统意义的物的另类客体。质言之，以知识产品作为保护对象的知识产权是与有形财产所有权相区别的一种崭新的私法制度。

二、知识产权法的体系

几百年来，根据智力劳动成果和社会关系性质的不同，各国立法者先后建立了专利法、著作权法、商标法等一整套法律制度。这些法律规范相互配合，构成了调整有关知识产品的财产关系和人身关系的法律规范体系——知识产权法。一般认为，知识产权法在立法框架上应包括以下基本制度：①知识产权的主体制度。知识产权的主体，是知识形态商品生产者和交换者在法律上的资格反映。什么人可以参加知识产权法律关系，享有何种权利或承担何种义务，是由国家法律所直接规定的。②知识产权的客体制度。知识产权的保护对象即知识产品是一种有别于动产、不动产的精神财富或无

形财产，什么样的知识产品能够成为权利客体而受到保护，通常需要有法律上直接而具体的规定。③知识产权的权项制度。知识产权是知识财产法律化、权利化的表观。由于知识产品的类型不同，其权利的内容范围也有所区别。除少数知识产权类型具有人身与财产的双重权能内容外，大多数知识产权就是知识财产权。④知识产权的利用制度。知识形态商品关系的横向联系，即知识产品的交换和流通在法律上表现为知识产权的转让及使用许可等。法律承认文化交流、图书贸易、技术转让等各种流转形式，保护知识产品的创造者、受让者、使用者各方的合法权益。⑤知识产权的保护制度。知识产权的侵权与救济是知识产权保护制度的核心内容。知识产权法明文规定权利的效力范围，制裁各类直接侵权行为和间接侵权行为，并提供民事、行政及刑事的多种法律救济手段。⑥知识产权的管理制度。知识产权的取得、转让及消灭，必须遵照法律的规定，并接受主管机关的管理。法律一般规定有相关管理机关的职责，并赋予其对有关知识产权问题以行政调解、管理和处罚的权力。

　　知识产权法律制度产生的时间不长，自英国于 1624 年制定世界第一部专利法（《垄断法规》）、1709 年制定世界第一部著作权法《为鼓励知识创作而授予作者及购买者就其已印刷成册的图书在一定时期内之权利法》（以下简称《安娜女王法令》）、法国于 1857 年制定第一部商标法（《关于以使用原则和不审查原则为内容的制造标记和商标的法律》）算起，知识产权法的兴起至今只有 400 年左右的时间，但它对于推动现代科学技术和国民经济发展的作用却是不可忽视的。在当今世界，一个国家知识产品的生产数量和占有容量，往往成为衡量这个国家经济、文化、科技水平高低的标志。因此，凡是科学技术和文化教育事业发达的国家，都较早地建立和健全了他们的知识产权法律制度，通过法律的形式授予智力成果的创造者及所有者以专有权，确认智力成果为知识形态的无形商品，促使其进入交换和流通领域。知识产权法已经成为各国法律体系中的重要组成部分。

　　我国知识产权的立法始于清朝末年，北洋政府与国民党政府也颁布过有关知识产权的法律，但这些法律在当时的社会条件下并未起到应有的作用。中华人民共和国成立后，由于种种原因，知识产权法制建设被长期搁置。近 30 年来，随着国家工作重心的转移，我国先后颁布了一系列知识产权法律、法规，迅速建立了知识产权的法律体系，在知识产权保护方面取得了举世瞩目的成就。1982 年 8 月 23 日，全国人大常委会审议通过了《商标法》（1993 年第一次修正，2001 年第二次修正，2013 年第三次修正，2019 年第四次修正）；1984 年 3 月 12 日，全国人大常委会审议通过了《专利法》（1992 年第一次修正，2000 年第二次修正，2008 年第三次修正，2020 年第四次修正）；1990 年 9 月 7 日，全国人大常委会审议通过了《著作权法》（2001 年第一次修正，2010 年第二次修正，2020 年第三次修正）。1993 年 9 月 2 日，全国人大常委会审议通过了《反不正当竞争法》（2017 年第一次修正，2019 年第二次修正）。1986 年 4 月 12 日，全国人大审议通过的《民法通则》还专节规定了知识产权。2020 年，全国人民代表大会表决通过的《民法典》在总则第五章"民事权利"的第 123 条规定民事主体依法享有知识产权，并明文规定了知识产权的客体。此外，我国还加入了《建立世界知识产权组织公约》（1980 年）、《保护工业产权巴黎公约》（1985 年）、《商标国际注册马德里协定》（1989 年）、《关于集成电路知识产权条约》（1989 年）、《保护文学艺术作品伯尔尼公约》（1992 年）、《世界版权公约》（1992 年）、《保护唱片制作者防止唱片被擅自复制公约》（1993 年）、《专利合作条约》（1994 年）、《视听表演北京条约》（2014 年）等。中国知识产权制度的建设虽然起步较晚，但是，从 20 世纪 70 年代末至今短短的三十几年间，中国做了大量卓有成效的工作，走过了一些发达国家通常需要几十年甚至上百年时间才能完成的立法路程，建立起了比较完整的知识产权法律体系。

根据我国现行立法，参照国外有益经验和国际通行做法，我们认为，知识产权法律体系一般包括以下几种法律制度：①著作权法律制度。以保护文学、艺术、科学作品的创作者和传播者的专有权利为宗旨，其客体范围除一般意义上的作品外，还应包括民间文学艺术和计算机软件。②专利权法律制度。以工业技术领域的发明创造成果为保护对象，其专有权利包括发明专利权、实用新型专利权、外观设计专利权。③工业版权法律制度。兼有著作权、专利权双重因素的新型知识产权，表现为集成电路布图设计专有权等。其立法形式一般采取独立于著作权法与专利法之外的单行法规形式。④商标权法律制度。一种主要的工业产权法律制度，其保护对象包括商品商标和服务商标。⑤商号权法律制度。对工商企业名称或字号的专用权进行保护的法律制度。其立法形式可采取单行法规形式，也可采取与商标权合并立法的形式。⑥产地标记权法律制度。以货源标记或原产地名称为保护对象，禁止使用虚假产地标记的法律制度。其立法形式一般规定在反不正当竞争法中，也可制定单行法规。⑦商业秘密权法律制度。以未公开的信息包括经营秘密和技术秘密为保护对象的法律制度。可以制定单行法规，亦可列入反不正当竞争法中。⑧反不正当竞争法律制度。制止生产经营活动中不正当损害他人知识产权行为的专门法规，适用于各项知识产权制度无特别规定或不完备时需要给予法律制裁的侵害事实。

三、知识产权法的地位

知识产权法的地位，是指它在整个法律体系中所处的地位，即它是否为一个独立的法律部门或是归类于何种法律部门。从世界范围说，知识产权法基本上采用单行法的立法体例。在英美法系国家，少有法典编纂的传统，知识产权法历来是一个独立的法律制度。在大陆法系国家，由于知识产权立法在晚近发生，传统的民法典也没有知识产权的内容，但这并不妨碍将知识产权作为民事权利的组成部分。1804 年《法国民法典》甚至明文规定，商标权与其他财产权受到同样的保护。在我国的法律体系中，知识产权法属于民法的范畴。对此，多数学者并无异议。但对于民法典是否应当包容知识产权制度，学术界却存有不同看法。有的学者以个别国家的立法例为由，主张在民法典的框架内，整合一个包括知识产权在内的大一统财产权体系。对此，我们有不同看法：①相关立法例并非民事立法之范式。1942 年《意大利民法典》将作品权与工业发明权列为民法典的"劳动编"，1994 年《蒙古民法典》及 1995 年《越南民法典》所规定的"知识产权编"并未涵盖现代知识产权的全部内容。1992 年《荷兰民法典》拟在第九编专门规定知识产权，后由于种种原因而放弃。这说明，世界上尚无一个在民法典中成功规范知识产权的立法例。②现代知识产权法尚处于急剧变革之中。知识产权是一个发展的、变化的、动态的权利制度体系，受一国乃至国际的科技革命、经济发展、社会文化变革等影响甚大，总处于不断修订更迭的状态之中。例如，法国自1992 年颁布《知识产权法典》后，不到四年即修改两次。我国《专利法》颁布二十余年也四次加以修正。因此，将一部频频变动的法律制度置入需要相对稳定、注重系统化的民法典中是不妥当的。③知识产权法的规范内容与其他法律制度规范不相协调。知识产权法本为保护创造者权利之实体法，但在立法中一般规定有权利取得程序、权利行使程序、权利维持程序、权利变动程序、权利救济程序等，即在实体法中规定了程序法规范，程序法依附实体法而存在；知识产权本为规范民事权利之私法，但在立法中多设有行政管理、行政处罚以及刑事制裁等公法规范，具有公法与私法相结合的立法特点。知识产权法的上述规范是不宜置于民法典之中的。综上所述，知识产权法可以采取民事特别法的立法体例，而不必归于民法典。

此外，我国一些知识产权学者认为，知识产权法是一种综合性的法律制度。我们认为，知识产权法的调整对象系平等主体因创造或使用智力成果而产生的财产关系和人身关系，其调整手段和适用原则主要是民法的手段和原则。至于行政法和刑法性质的规范在知识权法中占有的比例很小，不足以影响该法的性质。从现代立法通例来看，除刑法典、民法典等基本法外，单行法律、法规一般都是采用多种法律调整手段。因此，确定某一法律制度的性质应取决于占主导地位的法律规范的属性。故上述主张似有不妥。也有学者主张，知识产权法是一个独立的法律部门，这是因为各项知识产权的制度已经构成一个相对完整的族系。我们认为，知识产权是民法对知识形态的无形财产法律化、权利化的结果，是从物的所有权中分离出来的新的、独立的财产权形态。客体的非物质性固然是知识产权的本质特性，但其民事权利的属性与物权、债权等并无实质性差别。可以说，知识产权法并没有独特的、仅属于它自己所有的调整对象和调整手段，因而不具有成为独立法律部门的条件。所以，这种看法也难以成立。

■■思考题

1. 什么是知识产权？知识产权的范围是什么？
2. 知识产权的性质与特征是什么？
3. 知识产品的特点是什么？
4. 知识产权法的体系包括哪些法律制度？

■■参考书目

1. 刘春田主编：《知识产权法教程》，中国人民大学出版社 1995 年版。
2. 郑成思主编：《知识产权法教程》，法律出版社 1993 年版。
3. 郑成思：《知识产权论》，法律出版社 1998 年版。

第二编　著作权法律制度

第二章　著作权法律制度概述

■学习目的和要求

本章要求掌握著作权的概念、基本含义的演变，领会著作权与相关权利的区别，熟悉中国著作权制度的历史概况，明确我国著作权法的主要原则，了解保护著作权的重要意义。

在人类历史上，著作权制度的产生，历经了从"出版人本位"到"创作人本位"的演变。在欧洲一些国家，它经历了从尊重文学产权的社会习惯过渡到官府对出版特权的行政庇护，继而转向到保护著作权人成文法的过程。[1] 在这一转变过程中，各种学说为其发展奠定了深厚的理论基础。及至近现代社会，著作权制度在国际经济一体化和新技术发展的影响下正发生着深刻的变革。本章主要论述著作权的概念、著作权制度的产生与发展、我国著作权制度的发展与变革，并对著作权的性质进行分析，比较该权利与相关权利的区别。

第一节　著作权的概念及演变

著作权，亦称版权，是指作者或其他著作权人依法对文学、艺术或科学作品所享有的各项专有权利的总称。

在历史上，英美法系国家最早使用"版权"的概念来描述著作权人所享有的基本权利，其本意是禁止他人未经授权而复制或使用作品，版权的内容主要是著作权人的经济权利。所以，其版权的主体既可以是自然人，也可以是法人等组织。与此相反，大陆法系国家著作权法所采用的"作者权"概念起源于法国。该国理论界认为，作品是作者人格的一部分，并且与作者人身相连，这种权利只能为作者享有；而且作者只能是自然人，不能是法人或非法人单位。大陆法系国家所建立的"作者权"制度是名副其实的保护作者利益的制度，不仅作者的财产权利可以得到保护，而且作者的精神

---

〔1〕　吴汉东：《著作权合理使用制度研究》，中国政法大学出版社 1996 年版，第 5 页。

权利也是备受关怀的对象之一。

关于"著作权"的称谓，据史料记载，最早是日本学者在翻译西文"版权"一词时引入该国，并于 20 世纪初传入我国的。我国在 1910 年颁布的《大清著作权律》中采用了"著作权"的说法。在中华人民共和国成立后所颁布的法律文件中，有时使用"版权"的概念，有时则使用"著作权"的概念。如文化部 1984 年所颁布的《图书、期刊版权保护试行条例》以及 1985 年发布的《图书、期刊版权保护试行条例实施细则》将这一权利称为"版权"，而 1985 年我国颁布的《继承法》则采用了"著作权"的概念。由于"版权"和"著作权"的用语在实践中通常可以通用，为避免歧义，我国于 1986 年颁布的《民法通则》将版权和著作权作为同一概念对待，1990 年颁布的《著作权法》第 51 条更是明确宣布："本法所称的著作权与版权系同义语。"2001 年修正的《著作权法》第 56 条也强调："本法所称的著作权即版权。"2010 年修正的《著作权法》第 57 条、2020 年修正的《著作权法》第 62 条亦有强调。因此，在我国，著作权与版权含义基本相同。

"版权""作者权"与"著作权"的词语演进及其发展，反映了著作权法在保护重点、保护对象、保护内容和保护形式上的不同选择。在著作权现代化、国际化潮流的推动下，"版权"体系的英美法系国家与"作者权"体系的大陆法系国家在基本原则与基本制度方面已出现某种程度的融合。从这个意义上讲，我们不必过多地褒贬"版权"或"著作权"用语的优劣，我国《著作权法》将二者并列对待，实为明智之举。

第二节 著作权制度的产生与发展

一、著作权制度的起源

著作权制度的产生晚于一般财产所有权制度。在人类进入阶级社会之初，统治者制定法律侧重于维护私有的土地、房屋等有形财产，对于人们创作的精神成果则排斥在法律的保护范围之外。可以说，在印刷术被发明以前，作品只能靠作者自己保护，剽窃者也只会受到道义的谴责而不受法律的制裁。在古罗马时代，诗人马尔蒂·阿利斯（约公元 41~103 年）在给他人的信中这样写道："据说你在背诵我的诗句时总说它是你自己创作的。如果你愿承认它为我所作，我将无偿地把它奉献给你；但如果你想把它称为你的诗作，你最好把它买下来，这样它就不再属于我了。"这反映了诗人对于自己作品的权利的主张。在我国古代，剽窃作品的行为也比比皆是。唐代文学家柳宗元在其所写的《辩文子》一文中讲到："其浑而类者少，窃取他书以合之者多，凡孟管辈数家，皆见剽窃。"这尖锐地揭示了春秋战国时代，在"百家争鸣"的文化氛围之中剽窃之风的盛行。尽管当时已出现了这些剽窃他人作品的行为，但这些行为往往只受到道义上的谴责而无法律上的制裁。

随着造纸术和印刷术的发明及广泛运用，一部作品能够被大量地复制出售。这样一方面使得作者的思想得以传播，另一方面也使作品逐渐具有了商品属性，从而出现了各种盗版行为。据考证，在我国宋代，一些人公然将一些先哲文章摘段汇编成册供科场考试时剽窃之用，以至于宋代的有识之士不得不发出这样的感叹："孰云己出不剽袭，句断欲学盘庚书。"由于大量的翻版和盗印已开始影响到统治阶级的利益，于是，保护著作权便成为当务之急。

著作权的保护制度最早起源于我国宋朝的令状制度。据记载，在北宋年间（公元1068年），为保护《九经》蓝本，朝廷曾下令禁止一般人擅自刻印。南宋中期，四川眉州人王称所写的一部北宋历史著述《东都事略》，在初刻本目录页上附有一方牌记，上书"眉山程舍人宅刊行，已申上司不许覆版"字样，这是目前所发现的世界上最早的关于版权（著作权）的声明。随后的几个世纪里，宋朝官府开始针对个别案件采取一系列的法律措施，对坊间市肆如有以营利为目的而擅自翻版的，往往给予"追板劈毁、断罪施刑"的处罚。我国虽自宋朝即对著作权实施保护，但各封建朝代始终未能制定一个专门保护著作权的法律，直到晚清宣统二年（1910年）才颁布了一个《大清著作权律》，但该法并未实际施行。

随着造纸术和印刷术的西传，欧洲印刷业得以迅速发展，从而也产生了保护印刷商翻印专有权的法律需要。如同中国的"禁擅镌"一样，欧洲早期的著作权制度的实质也仅仅是保护印刷出版的专有权。在15世纪末，威尼斯共和国授予印刷商冯·施贝叶为期5年的印刷出版专有权，这被认为是西方第一个保护翻印之权的特许令。在此之后，意大利、法国、英国等国的国王都曾颁布过禁止他人随便翻印某些书籍的特许令。在这一时期，出版商的印刷特许权在当权者的保护下盛极一时，而作者的权利却处于被漠视的地位。

二、西方诸国著作权法律制度的沿革

在16世纪，欧洲一些启蒙思想家在其著作中对于印刷商无偿占有他人作品的现象提出了强烈的抗议。德国宗教改革的领袖马丁·路德在1525年出版了一本《对印刷商的警告》的小册子，揭露了一些印刷商盗用其手稿的行为，并指责这些印刷商与拦路抢劫的强盗毫无二致。在英国，保护作者权利的呼声也日益高涨。1690年，英国哲学家洛克在《论国民政府的两个条约》一文中指出，作者创作花费的时间和劳动与其他劳动成果的创作人的花费没有什么不同，因此作品也应当像其他劳动成果那样获得法律的保护。与此同时，一些英国出版商也深感皇家特许权授予存在弊端，希望国家能通过一部长期有效的成文法来保障其利益。在此背景下，1709年，英国议会通过了世界上首部著作权法《安娜女王法令》。该法最突出的特点在于使著作权由最初的"印刷翻印权"演变成具有现代意义的"版权"。该法规定的"购买者"，并非一般的图书购买者，而是指从作者手中购买了一定产权的人，亦即印刷商与书商。该法规定了著作权的保护期限，即作者对已出版的书籍自法律公布之日起21年内享有重印该书的专有权利。随后不久，英国又于1734年通过了《雕刻版权法》，1814年通过了《雕塑版权法》，1833年通过了《戏剧版权法》，1862年通过了《美术作品版权法》。此后，英国著作权法经过多次修订，现行著作权法于1988年颁布实施。英国奉行商业版权学说，其早期的著作权法主张著作权仅仅是一种财产权利，而否认其人身意义。这一特点自1956年著作权法始得以改变。

法国早在1777年由国王路易十六颁布了6项关于印刷出版方面的法令，确认作者有权出版和销售自己的作品。法国大革命之后，资产阶级则更进一步把著作权提高到

"人权"的高度。1789 年的《人权宣言》规定："自由交流思想和意见是最珍贵的人格之一，因此所有公民除了在法律规定的情况下对滥用自由应负责外，作者可以自由地发表言论、写作和出版。"1791 年的《著作权法》，承认作者不仅享有出版权，而且享有表演权。现行《著作权法》于 1957 年颁布，1992 年修订。其著作权法最主要的特点是以"人格价值观"为其理论基础，在保护著作财产权的同时，强调对作者精神权利的全面保护。

美国在独立战争之前，尚处于殖民地时代，各州一直沿用英国著作权法。1783 年，康涅狄格州在专栏作家罗思·韦伯斯特的推动下，制定了美洲第一部著作权法。到 1786 年，13 个州均分别制定了著作权法，但这些法律仅在本州内才有效。鉴于著作权对美国的重要性，美国于 1789 年制定宪法时特别规定："美国国会有权……对作者或发明人，就其个人著作权或发明的专有权利，赋予一定期限的保障，以促进科学和艺术的发展。"国会在宪法的授权下，于 1790 年正式颁布统一的联邦著作权法，以后联邦著作权法分别于 1873 年、1891 年、1909 年、1976 年、1987 年及 1994 年进行了 6 次大修改。美国的现行著作权法是 1994 年的修订本。

日本于 1899 年制定了该国历史上第一部著作权法。制定此法的直接目的是加入《伯尔尼公约》做准备。从 1899 年至今，日本对其著作权法作过多次修订。日本著作权立法吸收了大陆法系国家著作权法中的"二元论"理论，强调对著作权（财产权）和作者人格权的双重保护。需要指出的是，我们通常所说的"著作权"概念既包括著作财产权又包括著作人身权，而在日本著作权法中，如无特指，"著作权"的概念仅指著作财产权，作者人格权与之并列。日本现行著作权法是 1994 年重新修订的著作权法。

苏联解体后，俄罗斯联邦于 1993 年新颁布了《著作权和邻接权法》。该法的突出特点是将邻接权与著作权并列，提高了对邻接权人的保护水平。在权利内容上，该法吸收和借鉴了英美法系和大陆法系国家著作权立法的精华，授予了著作权人丰富的权项，加大了保护著作权的力度。此外，为适应新技术革命的需要，该法针对"网络传输"、作品在计算机中的"暂存"等技术所引起的法律问题也作出有利于作者的规定。

此外，发展中国家在国际著作权事务中占有不可忽视的重要地位。据世界知识产权组织公布的资料，现已批准或参加《伯尔尼公约》或《世界版权公约》的成员国中，大约一半以上的国家是发展中国家。

三、现代著作权制度的发展变化

随着科学文化交流的扩大和现代传播技术的进步，著作权法有了很大的发展和变化，具体表现在以下几个方面：

1. 国际著作权保护体系逐渐形成。从 1886 年国际上缔结《伯尔尼公约》以来，发展中国家和发达国家又缔结了一系列国际著作权公约，如 1952 年的《世界版权公约》、1961 年的《保护表演者、音像制品制作者和广播组织罗马公约》、1971 年的《保护唱片制作者防止唱片被擅自复制公约》及 1974 年的《人造卫星播送载有节目信号公约》等。上述公约的缔结与施行，表现了国际著作权保护体系不断走向完善与深化，也反映了不同国家、不同地区因著作权利益而进行的斗争和妥协。

2. 新的著作权权项和与著作权相关的权利制度陆续出现。近代著作权法所涉及的著作财产权包括复制权、演绎权和传播权三类权利。随着新技术的发展，现代著作权法陆续规定了"出租权""连载权""追续权"等新的权利，邻接权人的利益也逐步在著作权法中得到了确认。

3. 著作权的保护范围不断扩大。现行著作权法的保护对象不仅包括传统著作权法所保护的"印刷作品"，而且涵盖了新技术发展所诞生的各种"电子作品"，民间文学表现形式也成为了著作权法所保护的另一类客体。这既反映了新技术革命给著作权法所带来的挑战，也反映了发展中国家与发达国家的斗争与妥协。

4. 两大法系著作权立法的差异逐渐缩小。随着国际经济新秩序的形成，两大法系国家的著作权法均将其立法宗旨设定为以保护作者权利为中心，兼顾作品使用者和传播者的利益。在此基础上，它们根据国际版权公约的要求，纷纷修订自己的著作权法，与国际公约特别是《伯尔尼公约》所规定的最低限度保护标准保持一致。例如，英美法系国家的著作权法改变了"版权"中单一的财产构成，明文规定保护作者的署名权和保护作品完整权。与此同时，大陆法系国家的著作权法也吸收和借鉴了英美法系国家相关立法的先进经验。

第三节　我国近现代著作权制度的发展与变革

一、我国近现代著作权法律制度

1840 年的鸦片战争以后，伴随帝国主义的经济掠夺和文化侵略，西方国家也将著作权制度带入了中国。1903 年，中国和美国在上海签订的《中美续议通商行船条约》第 11 条规定："无论何国，若以所给本国人民版权之利益，一律施诸美国人民者，美国政府亦允将美国版权律例之利益给予该国之人民。中国政府今欲中国人民在美国境内得获版权之利益，是以允许凡专备为中国人民所用之书籍、地图、印件、刻件者，或译成华文之书籍，系经美国人民所著作或为美国人民之物业者，由中国政府援照所允保护商标之办法及章程极力保护 10 年，以注册之日为始，俾其在中国境内，有印售此等书籍、地图刻书或译本之专利。"这是我国历史上第一部涉及著作权的条约，也是近代著作权法律制度引入我国的开端。

为了履行 1903 年中美条约的义务，1910 年清政府颁布了中国第一部著作权法——《大清著作权律》。《大清著作权律》共分通例、权利期限、呈报义务、权利限制、附则 5 章，共计 55 条。

《大清著作权律》参考了世界上两大法系中主要国家的著作权法，但是在立法指导思想上受德国、日本的影响最深。该法的特点为：①著作权客体范围狭小，仅包括文艺、图画、帖本、照片、雕刻、模型；②受保护的主体一般是作者本人，但对合作作品、委托作品、口头作品、翻译作品的著作权归属与继承作了特殊规定；③关于作者的权利，该法并未从正面进行规定，而是通过禁止某些行为间接作出规定；④采取注册主义的保护方法，规定作品完成后必须呈报注册手续始得保护；⑤规定了著作权的保护期限为作者终身加死亡后 30 年，法人作品、照片为 30 年；⑥对侵犯著作权的行为及其处罚作了详细规定。

1911 年辛亥革命爆发后，"中华民国"成立，但《大清著作权律》未被明令废除，一直沿用到 1915 年，才被北洋军阀控制下的民国政府颁布的《著作权法》所替代。

自此之后，国民党政府又于 1928 年颁布了一部著作权法。该法于 1944 年、1949 年两度修订。现行中国台湾地区"著作权法"也是在该法基础上数次修订而实施的。

二、中华人民共和国成立后著作权制度的发展

中华人民共和国成立后，我国便着手开始建立新的著作权保护制度。但由于各种条件的限制，在中华人民共和国成立后相当长的一段时间内，我国没有颁布一部全面的、完整的保护作者及其他著作权人的单行著作权法律，有关保护著作权的规定散见于一些单行的法规之中。

1950 年 9 月，在全国召开的第一次出版工作会议上，通过了《关于改进和发展出版工作的决议》，该决议对于保护著作权作了一些原则规定。随后，国务院及有关部委也相继颁布了一些有关稿酬、出版合同等方面的文件，作为当时处理著作权纠纷的依据。由于当时对著作权保护制度是否需要、知识产品能否成为财产等问题存在分歧，建立全面保护著作权制度的设想也就被搁置下来。

改革开放以来，全国工作重点发生转移。为了发展文化科学事业、开展对外交流，从 1979 年起，有关部门开始进行著作权立法的准备工作。1984 年，文化部颁布《图书、期刊版权保护试行条例》，作为 20 世纪 80 年代著作权保护方面的内部规则。但该条例仅适用于国内的图书、期刊的著作权纠纷，且不对外公布。1986 年 4 月 12 日，由全国人民代表大会第四次会议通过的《民法通则》第一次在法律中明确规定了"公民、法人享有著作权（版权），依法有署名、发表、出版、获得报酬等权利"（第 94 条）；"公民、法人的著作权（版权）……受到剽窃、篡改、假冒等侵害的，有权要求停止侵害，消除影响，赔偿损失"（第 118 条）。

1990 年 9 月 7 日，《著作权法》经第七届全国人大常委会第十五次会议审议通过，于 1991 年 6 月 1 日正式实施，并于 2001 年 10 月 27 日修订，2010 年 2 月 26 日第十一届全国人民代表大会常务委员会第十三次会议通过了《关于修改〈中华人民共和国著作权法〉的决定》，对著作权法进行了第二次修订；1991 年 5 月 30 日又颁布了《著作权法实施条例》，该条例于 2002 年 8 月 2 日依据 2001 年修订的《著作权法》进行了第一次修订，随着 2010 年《著作权法》的第二次修订，该条例也于 2011 年 1 月 8 日根据《国务院关于废止和修改部分行政法规的决定》进行了修订。目前，《著作权法》共 6 章 67 条，从各个方面规定了作者、其他著作权人及作品传播者的合法权益，是宪法及民法典有关原则的具体化。

这部《著作权法》是一部充分体现中国特色，又兼顾国际著作权保护原则的法律，主要表现在以下几个方面：

（1）充分保护作者的合法权益，调动知识分子的积极性，鼓励有益于社会主义精神文明和物质文明建设的优秀作品的创作与传播。《著作权法》规定作者对其作品享有发表权、署名权、修改权和保护作品完整权的人身权。除发表权与财产权的保护期相同以外，其他几项人身权均无时间限制，甚至规定某些著作权由法人享有的职务作品，作者仍保留署名权，其人身权的保护水平较高。《著作权法》还规定作者对其作品享有财产权，其财产权的种类、期限以及行使权利的限制等规定与大多数发展中国家基本相同，这符合我国的国情。《著作权法》对作者因创作作品而享有的人身权和财产权的规定，可以极大地提高广大作者的创作积极性。

（2）坚持社会主义方向，兼顾国家、单位和个人的利益。《著作权法》保护文学、艺术和科学作品的著作权，以及与著作权有关的权益，其目的是促进社会主义文化和科学事业的繁荣和发展。具体体现为：①兼顾作者和单位的利益。《著作权法》对作者作为本职工作或工作任务而创作的作品，如何确定著作权的归属与行使，作出了较合理的规定。在一般情况下，著作权归作者享有，但是单位有优先使用权。对于主要利用单位的物质技术条件创作的作品，署名权归作者，其他著作权则归单位享有。这样既尊重了作者的劳动，又照顾了单位的利益。②兼顾作者与作品传播者的利益。作品的传播者指表演、录音、录像以及广播电台、电视台等传播作品的人。《著作权法》明确规定了传播者的合法权利以及法定许可和法定免费使用等制度，旨在充分保护传播者的利益，鼓励优秀作品的传播。③兼顾作者和广大使用者的利益。作者依照法律享有充分的著作权，但绝不能对作品进行垄断。为了鼓励广大使用者参加文化活动，《著作权法》规定了合理使用制度，对作者的权利进行适当的限制，从而把作者利益和社会利益结合起来。

（3）合理规定涉外著作权关系，吸收外国的优秀文化。《著作权法》规定，外国人的作品首先在中国境内发表的，依照本法享有著作权。外国人在中国境外发表的作品，根据其所属国同中国所签订的协议或者共同参加的国际条约享有的著作权，受本法的保护。这就为我国逐步实现涉外著作权关系的正常化提供了法律依据。

三、著作权法的修改概况

自党的十四大确立社会主义市场经济体制以来，中国经济以前所未有的速度飞速发展，取得了令世人瞩目的成绩。经济的发展、科技的进步，促进了传播技术的革新，复印机、录制机、扫描仪等复制设备迅速普及，因特网、电缆电视、可视电话等传播手段竞相诞生。与此同时，1990 年《著作权法》的一些规定与世界贸易组织规则主要是《知识产权协定》还存在一些差距。我国已对外承诺在正式加入世界贸易组织时将全面实施《知识产权协定》。为了进一步完善我国的著作权保护制度，促进经济、科技和文化的发展繁荣，并适应我国加入世界贸易组织的进程，对 1990 年的《著作权法》进行修改是极为必要的。

1998 年 11 月 28 日，国务院提请全国人大常委会审议《著作权法修正案（草案）》议案。该议案经同年 12 月下旬第九届全国人大常委会第六次会议初步审议后，由于尚有一些重要的不同意见，需要进一步研究、论证，国务院于 1999 年 6 月经全国人大常委会委员长会议同意，撤回原议案。原议案撤回后，国务院法制办、国家版权局一同对著作权法抓紧研究修改并会同有关部门及有关专家学者进一步研究、论证，然后征求了全国人大教科文卫委员会、全国人大常委会法经委的意见，拟订了《著作权法修正案（草案）》。该草案获国务院第三十三次常务会议通过。第九届全国人大常委会第十九次会议对著作权法修正案（草案）进行了审议。审议结果认为，著作权法修正案（草案）加大了对著作权的保护力度，适应了加入世界贸易组织的需要，基本上是可行的。同时也提出了一些修改意见。会后，全国人大法律委员会、教科文卫委员会、法制工作委员会联合召开座谈会，听取各方面的意见。法制工作委员会将草案印发各省、自治区、直辖市和中央有关部门及法学教学研究机构征求意见。修改后的著作权法草案又提请第九届全国人大常委会第二十一次会议再次进行审议。审议后，全国人大法律委员会、法制工作委员会根据委员们的审议意见和其他有关方面的意见，对草案进一步研究修改。修改后的草案，由中华人民共和国第九届全国人民代表大会常务委员会第二十四次会议于 2001 年 10 月 27 日通过，并于同日公布施行。

这次著作权的修改，使得著作权法从以下几个方面得到了完善：

（1）给予外国人国民待遇，改变现存"内外有别"的制度。修正后的《著作权法》遵循《伯尔尼公约》和《知识产权协定》的精神，给予外国人以国民待遇，同时提高本国人所受到的著作权保护待遇，达到内外平衡，协调发展。

（2）扩大著作权保护的客体范围。修正后的《著作权法》将实用美术作品、杂技艺术作品等纳入保护范围；将计算机程序作为文字作品予以保护，延长其保护期限，取消以登记作为取得著作权要件的规定；将"电影、电视、录像作品"扩大解释为"电影作品和以类似摄制电影的方法创作的作品"。

（3）增加了著作权人的权利内容。修正后的《著作权法》增加规定电影作品、计算机程序的著作权人的出租权；拓宽"表演权"的外延，将其解释为"公开表演作品，以及用各种手段公开播送作品的表演的权利"；规定了信息网络传播权，将其解释为"以有线或者无线方式向公众提供作品，使公众可在其个人选定的时间和地点获得作品的权利"。将"摄制权"解释为"以摄制电影或者以类似摄制电影的方法将作品固定在载体上的权利"。

（4）规定了出版者的版式设计权。版式设计权是与著作权相关的一项独立的民事权利。修正后的《著作权法》增加了对版式设计的保护内容，规定出版者有权许可或禁止他人使用其出版的图书、报纸、杂志的版式设计。

（5）增加了著作权的利用方式。修正后的《著作权法》不仅规定著作权许可使用合同，而且增加规定了著作权转让合同。

（6）完善了有关著作权限制的规定，平衡著作权人的利益和社会利益。对合理使用中的个人复制、表演、播放、公务使用、翻译等行为给予一定的限制。借鉴其他国家的规定，将为编写出版教科书而使用他人作品的行为列入法定许可的种类之一，以促进科教兴国战略的实施。

（7）增加了权利人可以通过依法成立的社会组织行使著作权的规定。目前，在著作权制度比较完善的国家，一般都规定了权利人通过著作权集体组织代为行使权利的制度。修正后的《著作权法》第 8 条规定的就是著作权集体管理制度。

（8）增加了对著作权人的救济措施，加大对侵权行为的惩处力度。明确规定侵犯著作权的法定赔偿额；在归责原则上采取过错责任与过错推定原则相结合的归责原则，以加强对受害人的法律救济；在对侵权行为予以查处时，增加规定著作权人的诉讼保全制度等。

继 2001 年《著作权法》修改之后，国务院制定了《国家知识产权战略纲要》，对著作权的保护、运用提出了新的更高的要求，需要对现行著作权法的个别条款进行修改。此外，随着《著作权法》的施行，有关作品出版、传播的监督管理立法相继出台，著作权保护的法律环境发生了一定变化，我国文化事业有了较大的发展，需要对现行著作权法中有关作品出版、传播监督管理的原则规定作必要的修改。根据 2010 年 2 月 26 日第十一届全国人民代表大会常务委员会第十三次会议《关于修改〈中华人民共和国著作权法〉的决定》，我国修改了《著作权法》并自 2010 年 4 月 1 日起施行。此次修改幅度不大，主要包括以下两方面的内容：

（1）关于依法禁止出版传播的作品。1990 年制定著作权法时，我国尚无对作品出版、传播进行监督管理的具体法律规定。著作权法通过后，1994 年至 1997 年，国务院先后公布实施了《音像制品管理条例》《电影管理条例》《出版管理条例》和《广播电视管理条例》，2001 年以后又公布实施了《计算机软件保护条例》《信息网络传播权保护条例》，都涉及禁止出版、传播的作品。2001 年《著作权法》第 4 条规定："依法禁止出版、传播的作品，不受本法保护。著作权人行使著作权，不得违反宪法和法律，不得损害公共利益。"鉴于对禁止出版、传播的作品已经有了明确规定，可以对作品出版、传播进行有效的监督管理。此外，从保护权利、鼓励创作的角度来看，凡是作者独立创作的作品，就应该享有著作权，就应该受到保护。被禁止出版、传播的作品是在著作权的行使而非著作权的享有方面受到法律限制，对于这些作品的盗版等侵权行为仍然不应放纵。为此，《著作权法》第 4 条修改为："著作权人行使著作权，不得违反宪法和法律，不得损害公共利益。国家对作品的出版、传播依法进行监督管理。"

（2）完善了著作权质押登记制度，增强了法律的可操作性。质押是为担保债务的履行，债务人或者第三人将其动产或者财产权利出质给债权人，当债务人不履行到期债务时，债权人有权就该动产或者财产权利优先受偿的法律制度。著作权质押是运用著作权的重要方式。根据《物权法》第 227 条第 1 款的规定，以注册商标专用权、专利权、著作权等知识产权中的财产权出质的，当事人应当订立书面合同。质权自有关主管部门办理出质登记时设立。为明确著作权出质的登记部门，促进著作权的运用，《著作权法》增加一条，作为第 26 条："以著作权出质的，由出质人和质权人向国务院著作权行政管理部门办理出质登记。"

2020 年 11 月 11 日，第十三届全国人大常委会第二十三次会议通过了第三次修改《著作权法》的决定。本次修订是基于国际形势与国内产业做出的主动回应。与前两次为回应国际公约和世贸裁定的修订不同，本次《著作权法》修改是我国在深化文化体制改革、推动社会主义文化大发展大繁荣背景下做出的主动选择；是适应本国版权产业迅速崛起，回应产业制度需求的现实需要；是基于国际经验与国内条件进行的合理取舍。此次修正案共有 42 条，考虑到了我国版权产业的发展现状，在吸收已有著作权行政法规、条例和司法解释中相对成熟的部分之外，并未一味追求与发达国家看齐的高保护标准，而是基本保留了我国著作权法的制度框架和设计，采取了渐进式的立法步骤，保证了制度与产业的协调与适应。

第四节　著作权的性质

在著作权制度建立后的短短二三百年的时间里，各种不同的著作权理论学说均从不同的角度解释了著作权的本质，这些学说均直接或间接地影响了当时的著作权立法和司法实践。

一、关于著作权性质的各种学说

（一）精神所有权说

精神所有权学说是十八九世纪流行于英国、法国、德国和美国等国家的一种著作权理论。该理论认为著作权是所有权的一种，认为作者是著作权的主体，他首先享有对其著作物的独占权，如同有形财产的所有权一样，其主体所享有的权利应该是绝对的。十分明显，精神所有权学说已具有现代著作权的基本含义。

精神所有权说是旨在克服当时西欧狭隘的专利制度而产生的一种著作权理论。但是，思想形式的载体即图书虽然可以成为所有权的标的，但是思想本身及其具体形式并不能成为所有权的标的，因而精神所有权与传统的所有权观念不合。它仅注重著作权的财产性质而忽略了作者人身权利，因而在 19 世纪初该学说就完全被新的学说取代。

（二）人格价值观说

人格价值观说是"天赋人权，神圣不可侵犯"的资产阶级反封建思想在著作权理论上的反映。1789 年的法国《人权宣言》宣称，"出版和自由地表达自己的思想是一种与生俱来的神圣的权利。"该学说认为，在所有的财产之中，最神圣的和最有人格的就是著作，即作家思想的成果。德国哲学家康德曾说，"作品不是一种普通的商品，从某种程度上讲，是一个人即作者的延伸，作品是人格的反映"，这种观点被认为是作者精神权利的起源。法国的几部著作权法均充分地体现了这种思想。

人格价值观说从人的本体立场出发，强调了著作权的精神属性，给著作权法带来了革命。其缺陷是未给其他著作权所有者以应有的地位。

（三）商业版权说

商业版权说流行于英美法系国家。该学说以经济价值观为其立法的哲学基础，认为著作权的实质就是为商业目的而复制作品的权利，它强调著作权的财产权属性，但忽视甚至根本否认作者的人身权利。商业版权说属于一种早期学说。现代著作权理论认为，著作权中既包含著作人身权，也包括著作财产权，二者不可偏废。因此，该学说已不能解释现代著作权的根本本质。

（四）著作权二元说

该学说分为纯粹二元说和修正二元说两种。纯粹二元说认为，著作权是一体两权，由相互独立的著作人身权和著作财产权构成。著作财产权是可转让的，而著作人身权是不可转让的，在理论上两种权利可以分开。修正二元说认为，著作权法所保护的作品，并非一有创作之事实即发生一切属于作者的权能，只要作者就作品未公开发表而予以保密，就不具有作品的利用权。因此该作品仍完全在作者的人身权领域内，并无独立的经济财产的特性。财产权的发生，在于作者发表权的行使。而在此之前，作品的财产性仅是潜在的。因此，著作人身权的发生，在时间上早于财产权，且人身权具有永久性，超越著作财产权而居于优先地位。目前，法国著作权法是二元说的代表。

（五）著作权一元说

著作权一元说流行于德国。该学说认为，著作权既非纯粹的人身权，也不是纯粹的财产权，而是一种特殊的复合形式。该学说强调著作权的一元性或单一性，认为著作权是著作人身权和著作财产权的有机复合体，无法加以分割。对于著作权人身权的侵害，也同时构成财产上的侵害。

二、各种学说对著作人身权和著作财产权的看法

（一）著作人身权的性质

承认著作人身权的国家一般认为著作人身权具有不可让与性、永久性的特点。

1. 不可让与性。主张二元说的学者，认为著作财产权是可以转让的，而著作人身权不可转让。如《法国著作权法》第6条规定："作者有权使其姓名、资格和作品得到尊重。上述权利是人身权利。人身权利是终生的、不可转让的、不可剥夺的权利……"这是二元说的代表。至于采用一元说的国家也认为著作人身权具有不可让与性。如1965年《德国著作权法》第29条规定："著作权除因处分之履行而转移，或因遗产分割而转移于共同继承人；除此之外著作权不得转移。"我国《著作权法》虽对此无明文规定，但从《著作权法实施条例》中可以看出，只规定了著作财产权可以转移，事实上也说明了著作人身权是不能转移的。

2. 永久性。著作权的保护期间，分永久保护的无限主义和限定保护期间的有限主义两种。著作人身权的保护，有采取无限主义的，如前述《法国著作权法》第6条；也有采取有限主义的，如《德国著作权法》规定，著作人身权仅及于著作人死亡后一定的期间，该期间与著作财产权的保护期间相同。我国《著作权法》第22条规定："作者的署名权、修改权、保护作品完整权的保护期不受限制。"因此，我国采取的是无限主义原则。

（二）著作财产权的性质

多数国家的著作权法都认为著作财产权具有可让与性、有期限性和可继承性的特点。

1. 可让与性。主张一元说的国家，基于著作财产权与著作人身权不可分离的性质，否认著作财产权的可让与性。主张二元说的国家，认为著作财产权具有可让与性。至于英美法系国家，著作权的范围局限于著作财产权，因此著作财产权可以让与是理所当然的。由于立法上所采用的观点不同，因此采用二元说的法国以及英国等国与采用一元说的德国在关于著作财产权可否转让的规定上大相径庭。我国采用二元说。

2. 有限性。各国著作权法均规定著作财产权有保护期间的限制，至于期间的长短有所不同。从国际立法的情形来看，有倾向于提供较长保护期间的趋势。之所以如此，在于长时间的保护，对著作权人个人有利且无害于公益。与社会公众有关的权利，可以凭借立法加以适度的限制，如"合理使用""法定许可"制度等。我国《著作权法》亦规定了著作权财产权利的保护期限。

3. 可继承性。世界各国大抵规定了著作财产权的可继承性。我国《著作权法》规定著作权中的财产权依照《继承法》的规定继承。

第五节　著作权与相关民事权利的区别

一、著作权与所有权

著作权与所有权虽然都具有绝对性、排他性等共同属性，但它们之间仍存在不同之处：

1. 著作权客体具有无形性。所有权是对有形物的概括支配权，无法同时为多数人所使用，因此所有权的客体是有形物体。而著作权的客体具有无形性，它的标的不是有形物，而是被客观化了的人类的精神思想，因而可以同时为多数人所使用。

2. 著作权利用上的特殊性。所有权只能对有形物体进行物质上的利用，而作品则具有表演、广播、发行等特殊利用方式。

3. 著作权权能的可分性。所有权不能就同一内容数次处分，换句话说，所有权的各项权能只能处分一次，而著作权的同一权能却可以处分多次。

4. 著作权存续的有限性。所有权存续是永久的，只要原物不灭失，所有权就将永远存在，而且其存在不能预定存续期间，并具有强烈的排他性。而著作权有一定的保护期，保护期届满即丧失著作财产权。法律还规定了合理使用、强制许可等限制，因此著作权的排他性是有限的。

5. 著作权具有人身性。著作权具有人身权和财产权的双重性质，这不仅表现为著作权人可以通过创作作品享有使用权和报酬权，同时在作品上享有名誉、声誉及其他无形人身权利；而所有权则表现为单独的财产权性质，它并不强调与有形物体的生产者具有直接的人身依附关系。

二、著作权与商标权

著作权和商标权在取得保护的方式上有所不同。作品只要是各自独立完成，不论它们之间是否相同、类似，都受著作权法的保护。商标权则不同，凡与已注册的同类商品或类似商品的商标相同或近似的商品标识，依照各国的商标法往往不能取得专用权。但是，著作权和商标权在一定情况下还可能发生交叉关系，即商标设计图案可以作为商标受商标法的保护，也可以构成一件艺术作品受著作权法的保护。如日本著作权法专家认为，广告上使用的具有创造性的口号、漫画中的人物作为商标时，同时受著作权法和商标法保护。此外，著作权和商标权也可能发生抵触，即未经他人同意以其作品作为商标标志时，则可能侵犯他人的著作权。

三、著作权与专利权

著作权与专利权存在以下区别：

1. 著作权并不保护作品的思想，而只保护作品的表达方式。而专利权所保护的是作者创造的思想内容。如果发明人就一项技术成果获得专利，其他人未经他的许可，不能随便在生产中实施这项技术。这是"思想内容"与其"表达方式"的区别。

2. 著作权并不要求保护的作品是首创的，而只要求它是独创的。任何作品只要是独立创作的, 不论其是否与已发表的作品相似, 均可获得独立的著作权。而对于同一内容的发明, 专利权只授予先申请人。这是"首创性"与"独创性"的区别。

不过, 外观设计权与著作权在实用美术作品保护上可能会发生交叉。对于实用美术, 德国、法国、瑞士的著作权法和外观设计法进行重复保护。日本则规定, 仅能制作一件的手工美术工艺品, 可以作为美术作品取得著作权; 而用于实用产品的形状、图案, 可以取得外观设计权。二者区分的关键在于美术作品是否成为用于批量生产的产品。

■思考题

1. 著作权的含义是什么?
2. 著作权与所有权、专利权和商标权的区别是什么?
3. 著作权的性质有哪些?

■参考书目

1. 吴汉东等:《西方诸国著作权制度研究》, 中国政法大学出版社 1998 年版。
2. 张静:《著作权法评析》, 台湾水牛图书出版事业公司 1983 年版。

第三章　著作权客体

　　所谓著作权的客体，指文学、艺术和科学领域内，具有独创性并能以一定形式表现的智力成果，即作品。它是一个动态的概念，随着科学技术的发展而发展，随着人们生活的多样性而多样化。例如，早期的作品主要是指书籍、绘画、航海图、雕刻、帖本等。当摄影技术、录音技术、广播技术和电影技术发明后，作品的范围扩大到摄影作品、电影作品、广播电视节目和音像制品等；当电子技术、多媒体技术、网络技术发明后，作品的范围又扩展至计算机软件、多媒体作品、数字化作品或网络作品等。在各国法律中，作品是否受保护均有一定的条件限制，也有某些对象不能受到著作权法的保护。

第一节　著作权法保护的作品

一、作品的概念

　　我国《著作权法》所称的作品，是指文学、文艺和科学领域内，具有独创性并能以一定形式表现的智力成果。

　　作品反映作者的思想感情及对客观世界的认识，是一种以语言文字、符号等形式所反映出的智力创造成果。作品在借助一定的形式表现出来时，往往要附于某一物品上，该物品即为作品的载体，如载有诗歌的报纸、载有小说的图书等。作品与载体存在显著差别。载体是附载作品的物质实体，是财产所有权的保护对象。作品属智力成果的范畴，具有无形性、永久性的特点。一件作品可以以不同的载体来记载，例如，一件口述作品可以以书稿为载体，也可以以录音形式保存。因此，载体的转移、灭失并不必然导致作品的灭失。

　　一件作品往往需借助一定的文字、符号，采取一定的组织形式来表现，这一作品的表达方式属著作权保护的范围。国际著作权公约及多数国家的著作权法均承认，著作权保护不得延伸到作品的思想、程序、操作方法、原理或数学概念等因素，它们一般不受著作权法保护。需指出的是，只要作者的思想观点等内容通过一定方式独创性地表达出来，不论是何种形式，均受著作权法的保护。

二、作品取得著作权的条件

一件作品是否受到著作权法的保护，关键在于是否满足著作权法所要求达到的条件。多数国家的著作权法均将独创性作为作品受保护的实质条件。

作品的独创性，是法律保护作品表达方式的客观依据，是此作品区别于彼作品的重要标志，也是作品取得著作权的最主要条件。所谓独创性，指作品是独立构思而成的属性，作品不是或基本不是与他人已发表的作品相同的，即作品不是抄袭、剽窃或篡改他人的作品。对此，世界知识产权组织也曾作出解释：独创性是指作品属于作者自己的创作，完全不是或基本不是从另一作品抄袭来的。由此可见，独创性是作品取得法律保护的前提条件。鉴于此，只要作品是由作者创作而产生的，体现了作者的思想感情，非单纯摹仿或抄袭他人的作品，即使与他人的作品有某种雷同之处，也不影响其所享有的著作权。例如，1997 年 3 月 24 日，一家"掌中宝"制造商向社会征集广告语，并要求应征广告语"短小、新颖、贴切、生动"，而且承诺被选定为广告宣传用语的应征作品，其作者将获得 5 万元人民币的奖励。在发送给该制造商的应征广告语中有 4 条是完全相同的："××掌中宝，新潮又轻巧。"在此，这 4 位应征者对自己独立创作的广告语，各自享有自己的著作权，而且每一位作者可以依其意志行使自己的著作权，不受其他三位作者的干涉。

在独创性高低的问题上，各国所持态度不一。大陆法系国家对独创性的要求往往高于英美法系国家。但一般而言，只要作品是作者独立创作的，即可视为独创性。至于其价值、用途和社会评价则无关紧要。此举在于鼓励作者创作，促进科学文化事业的发展。反之，抄袭、剽窃他人作品的行为，不仅不能受到法律的保护，反而应承担相应的法律责任。

英美法系国家的著作权法除强调独创性这一要件外，还将固定性作为作品受保护的要件。例如，《美国著作权法》第 10 条规定："作品必须以现在已知或以后发展的方法固定于其中的物体，通过该物体可直接或借助机器或装置感知、复制或用其他方式传播该作品。"《英国著作权法》第 49 条及《澳大利亚著作权法》第 22 条也作了类似的规定。所以，口述作品、冰雕作品等短暂存在的作品，如果不能固定下来，则不受著作权法的保护。至于大陆法系国家，将作品看作是作者人格的延伸，作品一旦产生则自然产生著作权，因而作品无论是否固定，均受著作权法的保护。《伯尔尼公约》第 2 条第 2 款对此采取了折中态度："同盟国得以国内法规定普遍或特定之著作物，除非固定于具体形态，否则不受保护。"

三、作品的类别

综观整个著作权制度发展的历史，我们不难发现，作品表现形式与科学技术的发展存在着不可分割的联系。在活字版印刷术发明之前，不可能有作品的大量复制和多种方式的传播。只有当科学技术发展到一定水平以后，文学、艺术、科学等作品才随之日益发展起来。正是新的传播技术的出现，促进了新的作品表现形式的诞生。

1709 年《安娜女王法令》颁布时，作品的表现形式仅限于印刷和手写方式，因此该法所保护的作品仅指文字作品及以书面形式出现的美术、音乐作品。

19 世纪末的工业革命，推动了整个世界工业的发展，也带来信息传播技术的革命。

摄影、电子技术的发展促成了电影、电视的产生，使得摄影作品、电影作品、电视作品、录音录像作品成为著作权法保护的新领域。进入 20 世纪 50 年代后，以微电子技术、生物工程、新型材料等新技术为代表的新技术革命引起了工业部门的改革，当前社会从工业社会进入到了以创造与分配信息为基础的信息社会。在新技术的推动下，世界各国纷纷通过立法形式将计算机软件和数据库予以保护，有关计算机创作的作品保护问题目前也正在研究之中。

我国现行《著作权法》正视了著作权客体范围不断扩大的这一趋势。该法第 3 条将文学、艺术和科学领域内的作品分为九类：

（一）文字作品

文字作品，是指小说、诗词、散文、论文等以文字形式表现的作品。其范围极为广泛，包括：以文学表现的小说、诗歌、散文、译著、工具书等作品；以数字表现的某一时期的经济发展指标等统计报表；以符号表示的盲文读物以及综合运用数字、文字和符号表现的作品。文字作品最为普遍、数量最多、运用最为广泛，故世界各国一般将其列入第一类作品进行保护。值得说明的是，不是任何以文字形式表达的作品都是文字作品，如书法，就其形式也是文字，但由于不是以文字的组合来表达特定的思想内容，因此不属于文字作品范围之列。

（二）口述作品

口述作品亦称口头作品，是指即兴的演说、授课、法庭辩论、即赋诗词等以口头语言创作，未以任何物质载体固定的作品。这类作品与文字作品的不同之处在于，作者的思想感情不是通过文字来表达，而是通过口头形式来叙述。对口述作品的法律保护问题，世界各国著作权立法上存在着两种不同的立法例：一种立法例主张，作品必须固定在一定的物质载体上，否则不能称其为受著作权法保护的客体。英美法系国家即持此主张。另一种立法例则主张，只要用创作表现了一定的思想、感情并属于文学、艺术、科学领域内的创作，即受著作权法的保护，而不以固定在物质载体作为保护的前提条件。持这种观点的多为大陆法系国家。我国《著作权法》也持此见解。《伯尔尼公约》也于 1967 年确认：不以物质形式固定的口述作品和音乐、戏剧、舞蹈作品均受保护。

（三）音乐、戏剧、曲艺、舞蹈、杂技艺术作品

音乐作品，是指歌曲、交响乐等能够演唱或者演奏的带词或者不带词的作品，如交响乐、歌曲、乐典等。戏剧作品，是指将人的连续动作同人的说唱表演和表白有机地编排在一起，并通过表演来反映某一事物变化过程的作品，如话剧、歌剧、地方戏剧、广播剧等。应当指出的是作为著作权客体的戏剧作品指的是属于文字作品的戏剧剧本，而不是戏剧演员的戏台表演，也不是剧本加表演二者的综合。

曲艺作品，是指以相声、快书、大鼓、评书等说唱为主要形式表演的作品。它们是我国独有的一类作品。

舞蹈作品，是指通过人体连续的动作、姿势、表情等表现思想情感的作品。舞蹈是通过提炼、组织和艺术加工的人身动作为主要表现手段，表达思想感情、反映社会生活的作品。舞蹈作品可以以舞谱形式、录像形式固定，也可以是未固定下来的动作。

杂技艺术作品，是指以蹬技、手技、顶技、踩技、口技、车技、武术、爬杆等方式表现出来的一种艺术作品。它是以健美有力的形体动作和灵巧迅速的手法表演各种难度的技术，无论在编排还是在表演过程中，这些表演者的动作都有一定独创性，因而杂技作品应受保护。

（四）美术、建筑作品

美术作品，是指绘画、书法、雕塑等以线条、色彩或者其他方式构成的有审美意义的平面或者立体的造型艺术作品。美术作品通常可分为纯美术作品和实用美术作品。纯美术作品是指为表现个性与美感而创作的美术作品，如书法、绘画、雕塑等；而实用美术作品是指在表现个性与美感的基础上，以满足生活实用或生产需要为目的美术作品，如陶瓷、雕花的家具、染织图案等。

建筑作品，是指以建筑物或者构筑物形式表现的有审美意义的作品。建筑物作为作品受著作权法保护始于1908年的《伯尔尼公约》柏林文本。由于建筑物作为美术作品的主要原因在于建筑物的外观给人一种美的感受，而与建筑物建造所采用的材料、技术等因素无关，因此，不是所有的建筑物都是作品，那些纯粹是为实用目的建造的房屋自然不能成为建筑作品。

（五）摄影作品

摄影作品，是指借助器械在感光材料或者其他介质上记录客观物体形象的艺术作品，如人物照片、风景照片等。《著作权法》并非保护所有摄影物，纯复制性的摄影作品，如翻拍文件、书刊等，因不具备独创性而不受《著作权法》保护。

（六）视听作品

这是2020年修正后的《著作权法》规定的一种作品。我国2001年《著作权法》第3条第6项规定的是"电影作品和以类似摄制电影的方法创作的作品"，1990年《著作权法》第3条第5项规定的是"电影、电视、录像作品"。显然是2020年《著作权法》的规定更可取一些，因为它不仅与《伯尔尼公约》的规定相一致，而且比"电影作品和以类似摄制电影的方法创作的作品""电影、电视、录像作品"所具有的外延更丰富。

（七）工程设计图、产品设计图、地图、示意图等图形作品和模型作品

工程设计图、产品设计图，是指为施工和生产绘制的图样。具体而言，工程设计图，是指利用各种线条绘制的，用以说明将要制作的工程实物基本结构和造型的平面图案。产品设计图是指以各种线条绘制的，用以说明生产的产品的造型及结构的平面图案，如服装设计图、家具设计图等。而地图、示意图等图形作品，是指地图、线路图、解剖图等反映地理现象，说明事物原理或结构的图形。地图是指运用制图原理来表示地面自然现象和社会现象的图形，如地理图、地形图、政区图等。线路图是用线条来反映一定自然和社会现象的图形，如电路图、航线图、铁路图等。解剖图主要是指全面或局部反映人和动物身体内部结构的图形，如人体解剖图等。模型作品，是指为展示、试验或者观测等用途，根据物体的形状和结构，按照一定比例制成的立体作品。

（八）计算机软件

计算机软件，是指为使电子计算机发挥功能并可运算出结果而由指令构成的集合体，即计算机程序及有关文档。

（九）符合作品特征的其他智力成果

一方面，随着时代的发展和科学技术的进步，人们创作出的作品也会不断地丰富。历史已经证明了这一点。如随着电影技术的发明，诞生了视听作品；随着照相术的发明，诞生了摄影作品；随着电子技术的发明，诞生了掩膜作品和计算机软件。《著作权法》第3条第9项的规定，正是为了适应这种与时俱进的需要而设立的弹性条款。另一方面，由于著作权具有法定性，即法律未明确规定可享受著作权保护的对象，不能依法产生著作权。因此，如果没有这样的弹性条款保底，《著作权法》要么常显缺漏状态，要么须不断修改。有了这样的条款，其稳定性和适应性就可以同时兼顾。

当然，这个弹性条款并不是张力无限，而是仅扩及于"符合作品特征的其他智力成果"。这是法律严谨性的体现。

四、著作权客体的排除领域

我国《著作权法》第5条明确规定了不适用该法保护的情形。主要是指虽具有合法性，但欠缺独创性或进入公有领域而不能享受《著作权法》保护的材料。它们包括：

（一）法律、法规及官方文件

法律、法规、国家机关的决议、决定、命令和其他具有立法、行政、司法性质的文件及官方正式译文，体现的是国家和政府的意志，不属于任何个人智力创作成果，故不能被个人独自利用。

（二）单纯事实消息

单纯事实消息，是指只报道一件事情的发生的过程、时间、地点和人物，不表示报道人的观点的消息，传播单纯事实消息可采用报纸、刊物、电视、广播等大众传播媒介传播，其手段可以是文字，也可以是照片等。

（三）历法、通用数表、通用表格和公式

这些之所以不受《著作权法》保护，主要是因为它们是人类的公共财产，其本身就是为了让人们加以运用推进社会发展的，因而不受《著作权法》的保护。

第二节　民间文学艺术作品的法律保护

一、民间文学艺术作品的概念和特征

民间文学艺术作品，是指在一国国土上，由该国的民族或种族集体创作，经世代相传，不断发展而构成的作品。一般认为，它包括语言形式（民间故事、民间诗歌等）、音乐形式（民歌、民间器乐等）、动作形式（民间舞蹈及戏剧等）以及用物质材料体现的形式（绘画、雕塑、工艺品、编织品等）。

民间文学艺术作品具有以下几个特点：

（1）集体性。民间文学艺术作品是由一个特定群体经过不间断的模仿而实现的，它基本上是集体创作、集体流传的特殊的文学艺术形式。

（2）长期性。民间文学艺术作品是由集体经过长期的、不间断模仿而完成的，其本身经历了较长的创作期。

（3）变异性。由于民间文学艺术作品是由群体不断模仿而实现的，因此其本身处于不断变化的状态之中。

（4）继承性。虽然民间文学艺术有不断变化的特征，但同时又有一系列相对稳定的因素，世世代代继承流传下来。

从民间文学艺术作品的集体性上看，它与一般作品的"作者"概念显著不同；从继承性上看，它又缺乏著作权法所规定的"独创性"；从长期性上看，它又有进入公有领域之嫌。所以，国际上一般将民间文学艺术作品称为"民间文学表现形式"，以区别于普通作品。

二、国际保护民间文学形式的法律制度

民间文学艺术作品受著作权保护的法律制度，是在 20 世纪 60 年代以后逐步形成发展起来的，其起始原因在于发展中国家保护自己的传统民族文化，从而提出扩展著作权客体的要求。此前，在发展中国家与发达国家的文化交往中，发展中国家使用发达国家的文化科技成果都是有偿的，而发达国家却可以大量无偿地使用发展中国家丰富的民间文学艺术资源。为防止篡改、歪曲、擅自使用民间艺术作品的现象发生，实现发展中国家与发达国家在著作权贸易方面的平衡，一些国家和地区先后将民间文学表现形式列为著作权客体加以保护。为了适应这一发展趋势，《伯尔尼公约》1971 年修订本将民间文学艺术作品作为"不知作者的作品"的一种特例来处理，其目的在于反映发展中国家的法律要求，同时又使大多数成员国特别是发达国家能够接受。该公约第 15 条第 4 款规定，各成员国在书面通知《伯尔尼公约》总干事的前提下，可以给不知作者的、未出版的，而又确信属于本公约成员国之作者的那一部分作品提供法律保护。

1976 年联合国教科文组织和世界知识产权组织为发展中国家制定了《突尼斯样板版权法》，其中专门规定了关于"本国民间创作的作品"的保护条款。1982 年，又正式通过了《保护民间文学艺术表现形式、防止不正当利用及其他损害性行为的国内法示范条款》。迄今为止，采用著作权法保护民间文学艺术作品的主要是发展中国家，如突尼斯、玻利维亚、智利、摩洛哥、阿尔及利亚等国家。值得注意的是，1989 年生效的《英国著作权法》按《伯尔尼公约》规定的标准与范围，在第 169 条中对民间文学艺术作品给予了保护。

三、我国对民间文学艺术作品的保护

我国是一个文明古国，民间文学艺术作品产量丰富，数量众多，世界罕见。对民间文学艺术作品予以保护，有助于挖掘我国的民族文化遗产，弘扬民族文化，发展民间经济，增强民族团结，并有助于实现我国与发达国家之间著作权贸易的平衡。鉴于民间文学艺术作品的特殊性，我国《著作权法》第 6 条明确规定其保护办法由国务院另行规定。

我们认为，在规定对民间文学艺术作品的保护办法时，应考虑以下几方面因素：

（1）将民间文学艺术作品的保护对象从著作权法上的"作品"扩大到不具备作品

条件的"表达形式"。对于完全具备作品形式的诗歌、传说等作品，可适用著作权法的规定直接予以保护；对于尚不完全具备作品必要条件的素材，如民间宗教仪式、民间建筑风格、民间游戏、民间舞蹈等形式，也应予以保护，以防止他人随意利用、歪曲、篡改。

（2）将民间文学艺术作品的权利主体界定为国家。国家对内负责保护民间文学艺术作品不受歪曲、篡改和丑化，有权要求经过整理后出版的民间文学艺术作品注明来源出处，并负责向商业性利用民间文学艺术的人或组织收取费用；国家对外以权利主体身份与外国从事民间文学艺术作品的著作权贸易，并在国际范围内保障民间文学艺术作品不受侵犯。

（3）保护民间文学艺术作品及表达形式的收集者、整理者和传播者的权利，尊重他们在传播、收集和整理过程中所付出的创造性劳动。民间文学艺术作品的收集者和整理者将流传于民间的不完整的甚至是零碎的民间故事、诗歌等形式进行了收集、整理，付出了创造性劳动，因而整理后的作品较原作品在形式和内容上有一定的创造性。因此，民间文学作品的收集者和整理者的合法权益应得到尊重。对于作品的传播者而言，其行为对于作品的传播利用也发挥了重要作用，因而可给予其传播者权利来保护其利益。

第三节 计算机软件的法律保护

一、计算机软件的保护方式

自 1964 年世界上第一部 IBM360 型晶体管计算机问世以来，计算机逐步走入千家万户，成为人们工作、生活必不可少的工具之一。20 世纪 60 年代后期，计算机软件的单独销售使人们迅速认识到其重要的商业价值，然而，自从计算机诞生以来，以什么方式来保护计算机软件，一直是困扰理论界和司法界的重要课题之一。

由于计算机软件具有实用性，包括美国在内的不少国家都曾尝试用专利法保护计算机软件。但是，以专利法保护计算机软件存在着难以克服的障碍：软件的新颖性、实用性、创造性标准难以确定；软件数量之多、发展之快与手续复杂、耗时长的专利审查程序格格不入；以数字、符号组成的软件的性质较一般的方法发明专利也有很多差别。因此，以专利法保护计算机软件困难重重，一些发达国家逐步放弃了该措施。

与此同时，人们将目光逐步投向了著作权法。1972 年，菲律宾在世界上第一次适用著作权法对软件实行专门保护。美国于 1976 年、1980 年两次修订著作权法，确认了对软件的著作权保护。迄今为止，世界上已有 40 多个国家和地区对计算机软件采取著作权保护，1994 年通过的《知识产权协定》也明确要求缔约方将计算机程序作为文字作品予以保护。

以著作权法保护计算机程序具有以下优点：①该保护在国际上已达成共识，有助于在世界范围内获得有效保护；②在保护方式上，由于著作权的取得比较方便、简捷，所以计算机程序能迅速及时地获得保护；③在诉讼中，权利人可根据著作权法迅速有效地采取控制盗版的措施。因此，将计算机程序作为文字作品保护，应为著作权法发展的一个方向。

我国《著作权法》第 3 条第 8 项将计算机软件作为著作权法所保护的一类作品，但鉴于其特殊性，该法附则第 64 条又注明其保护办法由国务院另行规定。据此，国务院 1991 年 6 月 4 日发布了《计算机软件保护条例》。1992 年 4 月 6 日，原机械电子工业部作为计算机软件的登记主管机关又发布了《计算机软件著作权登记办法》。2001 年 12 月 20 日，国务院公布了新的《计算机软件保护条例》，该条例于 2002 年 1 月 1 日起实行。《计算机软件著作权登记办法》经修正，由国家版权局发布，2002 年发布实施。1991 年 6 月 4 日国务院发布的《计算机软件保护条例》同时废止。随着 2010 年《著作权法》的修改，国务院于 2011 年 1 月 8 日发布了《国务院关于废止和修改部分行政法规的决定》，对《计算机软件保护条例》予以修改；于 2013 年 1 月 16 日发布《国务院关于修改〈计算机软件保护条例〉的决定》，再次修改了《计算机软件保护条例》。

二、计算机软件的概念和保护条件

计算机软件是指计算机程序及有关文档。计算机程序，是指为了得到某种结果而可以由计算机等具有信息处理能力的装置执行的代码化指令序列，或者可以被自动转换成代码化指令序列的符号化指令序列或者符号化语句序列。计算机程序包括源程序和目标程序。同一程序的源文本和目标文本应当视为同一作品。源程序是指用高级语言或汇编语言编写的程序，目标程序是指源程序经编译或解释加工以后，可以由计算机直接执行的程序。

所谓文档，指用来描述程序的内容、组成、设计、功能规格、开发情况、测试结果及使用方法的文字资料和图表等，如程序设计说明书、流程图、用户手册等。

在计算机软件中，不论是计算机程序还是文档；在计算机程序中，不论是源程序还是目标程序，都是计算机软件著作权的保护对象。计算机软件作为一种知识产品，必须具备以下条件，才能获得法律保护：

1. 原创性。受保护的软件必须由开发者独立开发，即软件应该是开发者独立设计、独立编制的编码组合。凡是抄袭、复制他人的软件均不能受法律保护，构成侵权时，行为人还必须承担相应的法律责任。这里所言的软件开发者，是指实际组织开发、直接进行开发，并对开发完成的软件承担责任的法人或者其他组织；或者依靠自己具有的条件独立完成软件开发，并对软件承担责任的自然人。

2. 固定性。受保护的软件须固定在某种有形物体上。这里所说的有形物体是指一定的存储介质，如纸带、卡片、磁盘、磁带、图表、手册等。存在于软件开发者头脑中的软件设计思想并不受法律保护，只有当这种程序设计通过客观手段表达出来并为人所知悉时才能受法律保护。

三、计算机软件著作权的归属

确定计算机软件著作权归属的一般原则是"谁开发谁享有著作权"，即计算机软件著作权归属软件开发者。我国法律除规定了上述一般原则外，还规定了软件著作权归属的几种特殊情况：

（一）合作开发

所谓合作开发，指两个以上的自然人、法人或者其他组织提供物质、技术条件进行的开发。合作开发的软件，其著作权的享有和行使以事前的书面协议为根据，如无书面协议或协议未作明确约定，其著作权由各合作开发者共同享有。合作开发的软件可以分割使用的，开发者对各自开发的部分可以单独享有著作权，但行使著作权时不得扩展到合作开发的软件整体的著作权。

（二）委托开发

接受他人委托开发的软件，其著作权的归属由委托者与受委托者签订书面协议约定，如无书面协议或者在协议中未明确约定的，其著作权属于受托人享有。

（三）指定开发

为完成上级单位或者政府部门下达的任务而开发的软件，著作权的归属由项目任务书或者合同规定；如项目任务书或者合同中未作明确规定，软件著作权属于接受任务的单位享有。

（四）职务开发

自然人在单位任职期间所开发的软件有下列情形之一的，该软件的著作权属于该单位：针对本职工作中明确指定的开发目标所开发的软件；开发的软件是从事本职工作活动所预见的结果或者自然的结果；主要使用了单位的资金、专用设备、未公开的专门信息等物质技术条件所开发并由单位承担责任的软件。单位可以对开发软件的自然人进行奖励。

（五）非职务开发

自然人开发的软件如不是执行本职工作的结果，并与开发者在单位中从事的工作内容无直接联系，且又未使用单位的物质技术条件，则该软件的著作权属于开发者本人。

四、计算机软件著作权的内容和期限

（一）计算机软件著作权的内容

依《计算机软件保护条例》第8条的规定，软件著作权人享有以下权利：

（1）发表权。即决定软件是否公之于众的权利。换言之，著作权人有权决定何时、何地、以何种方式将其未发表的软件作品向一定数量的人公开。

（2）署名权。即表明开发者身份，在软件上署名的权利。

（3）修改权。即对软件进行增补、删节，或者改变指令、语句顺序的权利。

（4）复制权。即将软件制作一份或者多份的权利。

（5）发行权。即以出售或者赠与方式向公众提供原件或者复制件的权利。

（6）出租权。即有偿许可他人临时使用软件的权利，但是软件不是出租的主要标的的除外。

（7）信息网络传播权。即以有线或者无线方式向公众提供软件，使公众可以在其个人选定的时间和地点获得软件的权利。

（8）翻译权。即将原软件从一种自然语言文字转换成另一种自然语言文字的权利。

（9）应当由软件著作权人享有的其他权利。

（二）计算机软件著作权的期限

依《计算机软件保护条例》第14条的规定，软件著作权自软件开发完成之日起产生。自然人对软件享有著作权的，保护期为自然人的终生至其死亡后50年，截止于自然人死亡后第50年的12月31日；软件是合作开发的，截止于最后死亡的自然人死亡后第50年的12月31日。单位对软件享有著作权的，保护期为50年，截止于软件首次发表后第50年的12月31日，但软件自开发完成之日起50年未发表的，条例不再保护。

五、计算机软件的登记管理

根据《计算机软件保护条例》第7条的规定，软件著作权人可以向国务院著作权行政管理部门认定的软件登记机构办理登记。

关于计算机软件登记的效力，该条例在修改前曾规定，软件著作权的登记是依法提起软件权利纠纷行政处理或者诉讼的前提。未经登记的软件著作权，发生纠纷时不得请求行政处理或提起诉讼。但是，该规定与我国《著作权法》所确认的"作品自创作完成之日起受保护"的原则不符，因此最高人民法院发布司法解释指出，凡当事人以计算机软件著作权纠纷提起诉讼的，经审查符合《民事诉讼法》第108条规定的，无论其软件是否经过有关部门登记，人民法院均应予以受理。这次该条例在修订时，为了与《著作权法》的"创作主义"原则相一致，也为了贯彻《知识产权协定》关于将计算机程序作为文字作品来保护的要求，第7条明确规定"软件登记机构发放的登记证明文件是登记事项的初步证明"。据此，今后无论计算机软件是否登记，其著作权人在权利受侵害时均有权请求行政处理或提起诉讼。

六、侵犯计算机软件著作权的行为及其法律责任

《计算机软件保护条例》第23条和第24条分别规定下列行为属于侵权行为。第23条规定：①未经软件著作权人许可，发表或者登记其软件的；②将他人软件作为自己的软件发表或者登记的；③未经合作者许可，将与他人合作开发的软件作为自己单独完成的软件发表或者登记的；④在他人软件上署名或者更改他人软件上的署名的；⑤未经软件著作权人许可，修改、翻译其软件的；⑥其他侵犯软件著作权的行为。第24条规定：①复制或者部分复制著作权人的软件的；②向公众发行、出租、通过信息网络传播著作权人的软件的；③故意避开或者破坏著作权人为保护其软件著作权而采取的技术措施的；④故意删除或者改变软件权利管理电子信息的；⑤转让或者许可他人行使著作权人的软件著作权的。

行为人违反《计算机软件保护条例》规定，应承担下列法律责任：

1. 民事责任。行为人有《计算机软件保护条例》第23条和第24条规定的侵权行为的，应承担停止侵害、消除影响、赔礼道歉、赔偿损失等民事责任。赔偿损失数额的确定，可依照《著作权法》第53条的规定。例如，原告迪斯克瑞特公司开发的Flame 7.0软件被广泛运用于影视广告制作、设计领域。该软件版权在美国注册，迪斯克瑞特公司享有这一软件的著作权。被告中乐公司未经许可，在该公司的计算机上安装了迪斯克瑞特公司的Flame 7.0软件，并作商业性使用。原告向上海市第二中级人民法院起诉被告因擅自复制使用，侵犯其软件著作权。法院认为，中乐公司在未经原告

许可的情况下，擅自安装原告的软件，并作商业使用，构成对原告计算机软件著作权的侵害，应当承担停止侵害、赔礼道歉、赔偿损失的民事责任。

2. 行政责任。行为人有《计算机软件保护条例》第 24 条规定的侵权行为，且损害社会公共利益的，著作权行政管理部门可责令行为人停止侵权行为，没收违法所得，没收、销毁侵权复制品，可以并处罚款；情节严重的，著作权行政管理部门并可以没收主要用于制作侵权复制品的材料、工具、设备等。行为人有《计算机软件保护条例》第 24 条第 1 项或者第 2 项行为的，可以并处每件 100 元或者货值金额 1 倍以上 5 倍以下的罚款；有第 24 条第 3 项、第 4 项或者第 5 项行为的，可以并处 20 万元以下的罚款。

3. 刑事责任。行为人有《计算机软件保护条例》第 24 条规定的行为，情节严重，触犯刑法的，依照刑法关于侵犯著作权罪、销售侵权复制品罪的规定，依法追究刑事责任。

■思考题

1. 作品受著作权保护的条件是什么？
2. 我国著作权法规定的受保护的作品类型有哪些？
3. 著作权保护的除外领域有哪些？
4. 计算机软件著作权人的权利有哪些？

■参考书目

1. 郑成思：《知识产权论》，法律出版社 1998 年版。
2. 吴汉东等：《西方诸国著作权制度研究》，中国政法大学出版社 1998 年版。
3. 胡开忠编著：《知识产权法比较研究》，中国人民公安大学出版社 2004 年版。

第四章 著作权主体

■学习目的和要求

本章应当了解著作权主体的概念及其基本分类，领会有关著作权主体确认的相关规定，熟练掌握几种特殊作品著作权归属的认定方法。

所谓著作权的主体，指对著作权享有权利的人。著作权的主体是著作权的权利承受者，确立著作权主体制度的意义在于：一方面，著作权主体是进行著作权贸易的基础，只有依法享有著作权的人才能转让著作权或者许可他人实施其著作权；另一方面，明确著作权的主体是解决著作权纠纷的重要依据。依照不告不理原则，只有著作权人才有权提起诉讼。从类型上看，著作权的主体一般可分为原始主体与继受主体，各类主体在确定时均有一定的判断标准。本章主要论述著作权主体的概念及分类、著作权的原始主体——作者的特征、著作权的继受主体，并对特殊作品的著作权主体的构成条件进行分析。

第一节 著作权主体的概念及分类

著作权主体，也称著作权人，是指依法对文学、艺术和科学作品享有著作权的人。根据我国《著作权法》的规定，著作权主体可以是自然人、法人或非法人组织。在一定情况下，国家也可能成为著作权主体。根据不同的标准，著作权主体可分为如下几类：

一、原始主体与继受主体

所谓原始主体，指在作品创作完成后，直接根据法律的规定或者合同的约定对文学、艺术和科学作品享有著作权的人。一般情况下，原始主体为作者。至于其他人能否成为原始主体，各国规定不一。有的国家规定，职务作品中的雇主、委托作品中的出资人可成为原始主体，我国即作了这样的规定（参见《著作权法》第18、19条）；英美法系的一些国家，如英国、爱尔兰、加拿大等国的著作权法也有类似规定。但也有一些国家如法国，规定只有创作作品的人才能成为原始主体，作者与他人签订的雇佣合同、服务合同的存在并不影响作者对其作品享有的著作权。

所谓继受主体，指通过受让、继承、受赠或法律规定的其他方式取得全部或一部分著作权的人。继受主体享有的著作权是从原始著作权主体那里取得的。

原始主体与继受主体之间的区别在于：

（1）原始主体的资格基于创作行为或法律规定直接产生。一个人只要创作了符合

《著作权法》规定的作品，除法律另有规定或合同另有约定外，便可成为原始主体。另外，职务作品的法人或者非法人组织、委托作品的委托人也可以依法律规定或合同的约定成为原始主体。而继受主体之所以能成为著作权的主体，是以他人原有著作权的合法存在为条件的，是通过受让、继承、受赠或法律的其他规定取得著作权而成为主体的。

（2）原始主体可能享有完整的著作权，即原始主体对其创作的作品可能享有全部的著作财产权和全部的著作人身权。当然，在某些情况下，原始主体并不一定都享有全部的著作财产权和著作人身权，例如，我国《著作权法》第18条第2款规定的三种职务作品的作者只享有署名权，著作权中的其他权利都归法人或非法人组织所有。著作权的继受主体则绝对不可能享有完整著作权，只能取得著作财产权的部分或全部，不能取得著作人身权。

二、完整的著作权主体与部分的著作权主体

完整的著作权主体，是指拥有作品中的全部财产权及全部人身权利的主体，如作者。部分的著作权主体，是指仅拥有作品中的部分财产权利的主体，其不能享有全部的著作权，例如著作权的继受人等。在某些情况下，如果作者将自己享有的著作财产权的一部分或全部转让给他人，则自己只剩下部分著作权，此时作者也就成了部分的著作权主体。

三、内国著作权主体与外国著作权主体

内国主体与外国主体的划分是以著作权人所具有的国籍为标准而划分的。内国主体包括中国自然人、法人或非法人组织，外国主体包括外国人和无国籍人。由于著作权的地域性，内国主体与外国主体在著作权待遇上的差异相当明显。内国主体与外国主体的区别在于：中国作者和其他著作权人在作品创作完成后依据《著作权法》即可取得保护；外国主体的作品若首先在中国境内出版，依照我国《著作权法》享有著作权，其著作权自首次出版之日起受保护。外国主体在中国境外出版的作品，则根据其所属国或者经常居住国与中国签订的协议或者共同参加的国际条约享有著作权，受我国法律保护。如果外国人、无国籍人的作品在中国境外首先出版后，30天内在中国境内出版的，视为该作品同时在中国境内出版。未与中国签订协议或者共同参加国际条约的国家的作者以及无国籍人的作品首次在中国参加的国际条约的成员国出版的，或者在成员国和非成员国同时出版的，也受我国《著作权法》保护。

第二节　著作权的原始主体——作者

一、作者的概念与作为作者的自然人

我国《著作权法》第11条第2款规定："创作作品的自然人是作者。"可见，作者就是作品的创作主体。

各国著作权法通常认为，作者需具备以下要件：①作者是直接参与创作的自然人，即通过自己掌握的技巧、方法直接创作反映自己的创作个性及特点的人。为他人创作进行组织、提供咨询意见、物质条件或其他服务的人不能认为是作者。②确认作者的方法是，如无相反证明，在作品上署名的人为作者。③作者通过创作产生了符合著作权法规定的作品。

在此有必要解释一下创作的概念。所谓创作，指直接产生文学、艺术和科学作品的智力活动。作者实施了创作活动，并且通过一定的表现形式实现了自己的创作构思，不论其是否发表，该作品即可视为被创作。如果一部作品的总体思想或某一构思已经完整地以某一形式表达出来，不论其是全部构思还是其中的一部分，所创作的这部分作品即视为已完成。为他人创作进行组织工作，提供咨询意见、物质条件，或者进行其他辅助工作，均不视为创作。在著作权法中，创作是作品产生的唯一源泉，也是作品受著作权法保护的依据。凡抄袭、剽窃他人作品的行为不能算是创作行为。创作形式有书面形式、口头形式及其他方式。

我国《著作权法》确认自然人可以成为作者，并在著作权的取得问题上采取创作主义的保护方法。作品在创作完成后，不论是否发表，作者均享有著作权。所以作者是最直接、最基本的著作权主体，应当享有原始的著作权和完整的著作权。作者以外的其他自然人、法人或非法人组织可通过继承、转让或赠与等方式成为著作权的继受主体。

二、视为作者的法人或非法人组织

法人是具有民事权利能力和民事行为能力，依法独立享有民事权利和承担民事义务的组织。非法人组织是不具有法人资格，但是能够依法以自己的名义从事民事活动的组织。

理论界对于法人及非法人组织能否成为作者的问题，一直存在争论。大陆法系国家认为，创作行为是自然人所特有的能力，法律上拟制的人（法人、非法人组织）不具备自然人的这一能力，因而法人不能成为作者，但它们可凭借某种法律事实成为著作权人。法国、俄罗斯、瑞士等国的著作权法持上述观点。英美法系国家则普遍认为，除自然人外，著作权也可先属于一个有别于自然人的法律实体，它们被看作是在工作中创造出作品的作者。英国、美国等国的著作权法持这种观点。

非法人组织能否成为作者，更是一个有争议的问题。有学者认为，这些组织没有独立的经费，无责任能力，无法承担责任。因此，"非法人单位可以署名，但承担责任或者由它的上级主管部门，或者由组成该单位的个人"[1]。实际上，由其他组织所创作的著作比比皆是，这些单位不仅享有署名权等人身权，而且享有一定的财产权利，可获得一定的经济收入，具有一定的承担民事责任的能力。从实际情况来看，法人或其他组织具有独立于其成员的意志，尽管它不直接创作，需借助其成员或其他人的智力，但这些自然人所创作的作品仅反映了单位的意志，与创作者的主观思想感情无关。另外，随着现代科学技术的发展和进步，类似软件之类的高科技作品越来越需要单位出面组织、管理和协作，并由单位承担风险和责任，因此，在某些情况下，将法人或

---

[1] 刘春田："著作权的主体和归属"，载最高人民法院著作权法培训班编：《著作权法讲座》，法律出版社1991年版，第73页。

非法人组织视为作者是适宜的。[1]

我国《著作权法》考虑了上述意见,作了变通规定。根据《著作权法》第11条第3款的规定,由法人或者非法人组织主持,代表法人或者非法人组织意志创作,并由法人或者非法人组织承担责任的作品,法人或非法人组织视为作者。《著作权法》第12条规定,在作品上署名的自然人、法人或者非法人组织为作者,且该作品上存在相应权利,但有相反证明的除外。

第三节 著作权的继受主体——其他著作权人

其他著作权人,是指作者以外的其他依法享有著作权的自然人、法人或非法人组织、国家。他们主要为继受著作权人。根据《著作权法》的规定,继受主体著作权的取得方式主要有以下几种:

一、因继承、遗赠、遗赠扶养协议或法律规定取得著作权

作者去世后,继承人或第三人可根据作者的遗嘱、遗赠扶养协议或法定继承的规定取得著作权,成为著作权主体。一般而言,著作权中的财产权利可以继承,人身权利不能继承。但是,对于死者生前未发表的作品,继承人能否行使发表权以及能否享有遗作的著作权的问题,各国规定不一。大多数国家著作权法均规定,凡作者生前未发表也未在遗嘱中明确是否发表的,遗作的发表权可由作者的继承人行使。对于遗作的著作权,多数英美法系国家规定可由继承人行使,遗作的有效期为作品发表之日起若干年,如《英国著作权法》第95条的规定。大陆法系国家一般认为在这种情况下,遗嘱执行人、继承人或受遗赠人可以行使遗作的发表权,但只能享有作品的用益权。如《法国著作权法》第19、21条的规定。

我国《民法典》第1122条规定,遗产是自然人死亡时遗留的个人合法财产。一般而言,继承人对著作权的继承,主要是继承作者死亡后剩余的有效期间的著作财产权。在作者死亡至著作权有效期届满这段时间内,继承人可以享有原作者的著作财产权。因此,我国《著作权法》第21条第1款规定:"著作权属于自然人的,自然人死亡后,其本法第10条第1款第5项至第17项规定的权利在本法规定的保护期内,依法转移。"据此,因继承而取得著作财产权的人,能成为著作权法律关系的主体。

关于著作权的继承,还有以下问题值得注意:①合作作者之一死亡后,其对合作作品享有的著作财产权无人继承又无人受遗赠的,由其他合作作者享有。根据《民法典》第1160条的规定,无人继承又无人受遗赠的遗产,归国家所有,用于公益事业;死者生前是集体所有制组织成员的,归所在集体所有制组织所有。《著作权法实施条例》在此作了特殊规定,显然是为了维护其他合作作者的利益。其他合作作者所取得的这部分财产权利,属于其共同财产。②继承人一般不能继承作者的著作人身权,但有责任对其进行保护。《著作权法实施条例》第15条规定,作者死亡后,其著作权中的署名权、修改权和保护作品完整权由作者的继承人或受遗赠人保护。著作权无人继

---

[1] 吴汉东主编:《知识产权法》,北京大学出版社1998年版,第30页。

承又无人受遗赠的，其署名权、修改权和保护作品完整权由著作权行政管理部门保护。③作者生前未发表的作品，如果作者未明确表示不发表，作者死亡后 50 年内，其发表权可由继承人或受遗赠人行使；没有继承人又无人受遗赠的，由作品原件的所有人行使。如果作者生前明确表示不得发表，则在该作品的保护期内不得发表。作者死亡后，他人不得删除、更改其在作品上的署名。未经作者授权，他人亦不得行使作品的修改权、保护作品完整权。

遗赠是指自然人通过遗嘱，将个人财产（包括著作财产权）赠给国家、集体或者法定继承人之外的自然人的法律行为。当国家、集体或法定继承人以外的其他自然人接受作者遗赠取得著作权中的使用权和获酬权时，即成为著作权的主体。

自然人或集体所有制组织根据遗赠扶养协议而成为死者著作财产权的受赠人时，也取得著作权人资格。

根据《著作权法》第 21 条第 2 款的规定，著作权属于法人或者非法人组织的，法人或者非法人组织变更、终止后，其作品的使用权和获得报酬权在本法规定的保护期内，由承受其权利义务的法人或者非法人组织享有。这里未提到作品的署名权、修改权及保护作品完整权问题，我们认为上述权利也应由承受其权利义务的法人或非法人组织来保护，这是权利义务相一致的要求。

另外，根据我国《民法典》第 1160 条规定，无人继承又无人受遗赠的遗产，归国家所有，用于公益事业；死者生前是集体所有制组织成员的，归所在集体所有制组织所有。

二、因合同取得著作权

这里包括两种情况：著作权人可以将其享有的著作权中的财产权利的全部或部分转让给他人，著作财产权的受让人也是著作权主体。著作权转让的标的是著作财产权的所有权，转让的结果是使得受让人在法律上成为著作财产权的所有人，受让人可以以自己的名义行使权利，在侵权行为发生时单独提起诉讼。它与著作权使用许可不同，后者移转的标的是著作财产权中的使用权，被许可人在法律上不能成为著作权所有人。

第四节　特殊作品的著作权主体

在一般情况下，作者是著作权的直接主体。但在某些特殊情况下，其他人也可成为作品的著作权主体。为了确认特殊作品的著作权归属，我国《著作权法》第二章作了详细规定。

一、雇佣作品（职务作品）的权利主体

雇佣作品（职务作品）通常是指员工在受雇佣期间和受雇范围内所创作的作品。对于该类作品的归属，大致可分为三类情形：

第一类情形是，大陆法系国家从保护作者利益的立场出发，一般规定：雇佣作品的原始著作权归作者享有。如《法国著作权法》规定，雇佣合同、服务合同的存在或者智力作品的作者签订上述合同的行为丝毫不影响作者享有的对其作品的专有的、对一切人都有抗辩力的著作权。但是，依劳动法及合同法的要求，雇员在劳动合同中应准许其雇主在约定范围内独占使用有关作品的著作权。近来，这一规定已有所突破，1985年《法国著作权法》规定："除有相反规定，由一个或几个雇员在履行职责时完成的软件属于雇主，所有赋予作者的权利归属后者。"这样，软件作品的原始著作权就转归雇主所有。

第二类情形是，英美法系大多数国家及大陆法系个别国家规定：雇佣作品的原始著作权归雇主所有。例如，《英国著作权法》第11条第2项规定："除非雇佣合同有相反规定，由雇员在受雇期间创作之文学、戏剧、音乐或艺术作品，其雇主为首位著作权所有人。"《美国著作权法》第20条（b）项也作了类似规定。

第三类情形是，原东欧国家著作权法规定，职务作品的著作权原则上归作者所有，但作者所在单位根据法律规定在一定条件下可行使作者的某些权利。

我国《著作权法》第18条第1款规定，自然人为完成法人或者非法人组织工作任务所创作的作品是职务作品。所谓工作任务，指自然人在该法人或者非法人组织中应当履行的职责。为了既调动作者的创作积极性，又维护作者所在单位之利益，我国著作权法对职务作品之归属作了明确规定：

（1）一般职务作品的著作权归作者享有，但法人或者非法人组织有权在其业务范围内优先使用。作品完成两年内，未经单位同意，作者不得许可第三人以与单位使用的相同方式使用该作品。单位在业务范围内使用该职务作品是否向作者付酬，由双方签订合同解决。如果在作品完成后的两年内，单位在其业务范围内不使用，那么作者可以要求单位同意由第三人以与单位使用的相同方式使用，单位无正当理由不得拒绝。其许可使用作品所获报酬，由作者与单位按约定的比例分配。作品完成两年后，单位可以在其业务范围内继续使用。作品完成的两年期限，自作者向单位交付作品之日起计算。

（2）由法律规定的某些特殊的职务作品，作者只享有署名权，著作权的其他权利由法人或者非法人组织享有，法人或者非法人组织可以给予作者奖励。这些特殊的职务作品主要有：①主要是利用法人或者非法人组织的物质技术条件创作，并由法人或者非法人组织承担责任的工程设计图、产品设计图、示意图、计算机软件、地图等职务作品。所谓"物质技术条件"，指该法人或者非法人组织为自然人完成创作专门提供的资金、设备或者资料。②报社、期刊社、通讯社、广播电台、电视台的工作人员创作的职务作品。③法律、行政法规规定或者合同约定著作权由法人或者非法人组织享有的职务作品。

二、委托作品的权利主体

委托作品，是指委托人向作者支付约定的创作报酬，由作者按照他人的意志和具体要求而创作的特定作品。如单位悬赏征集的厂标、厂徽、厂歌以及为他人撰写的回忆录等。委托作品与职务作品的不同在于：委托作品之创作是作者根据委托合同而履行其义务；职务作品之创作则是作者履行法律或劳动合同所规定的义务，这种义务往往与作者的本职工作有关。各国著作权法对委托作品的主体的规定迥异。有的国家注重维护委托人之利益，规定在一般情况下著作权人应是出资创作该作品的人（如英国、印度）；有的国家则重视作者权益之保护，规定委托作品的著作权首先应属于作者（如突尼斯）；还有的国家采用二者兼顾的方法，规定由作者与委托人共享委托作品的著作权（如菲律宾）。

我国《著作权法》第 19 条规定："受委托创作的作品，著作权的归属由委托人和受托人通过合同约定。合同未作明确约定或者没有订立合同的，著作权属于受托人。"可见，我国著作权法侧重于维护作者的利益。此外，由于著作权是一种专有权，为了防止出现委托人支付相关费用却因未约定著作权归属而无法使用委托作品的情形，根据《最高人民法院关于审理著作权民事纠纷案件适用法律若干问题的解释》的规定，委托人在约定的使用范围内享有使用作品的权利。双方没有约定使用作品范围的，委托人可以在委托创作的特定目的范围内免费使用该作品，这一解释较为公平地处理了委托作品双方间的利益关系。

三、合作作品的权利主体

合作作品，是指两人以上共同创作的作品。由于合作作者的共同劳动，使合作作品形成了一个整体。根据各国著作权法的一般规定，要成为合作作者，必须具备以下几个条件：

（1）合作作者必须有共同的创作愿望。他们对创作行为及后果有明确认识，目标一致。若他们缺少共同的创作愿望，则不能成为合作作者。例如，未经许可而将他人创作的乐曲填上歌词而创作的歌曲就不是合作作者。

（2）合作作者必须都参加了共同的创作劳动。如果没有参加创作，仅为创作提供咨询意见、物质条件、素材或其他辅助劳动的人不能称为合作作者。

至于合作作品是否可分割的问题，各国规定不一。有的国家认为合作作品不可分割，因而不能单独使用，如美国、德国的著作权法；有的国家则认为合作作品可分为可以分割的合作作品与不可分割的合作作品，如法国、苏联的著作权法。各国一般均规定：合作作品的著作权归全体合作人共有，行使著作权时要征得全体合作人的同意。在承认存在可分割的合作作品的国家中，其著作权法规定，作者对于自己所创作的具有独立意义的那部分作品可单独享有著作权。

我国《著作权法》第 14 条第 1 款规定："两人以上合作创作的作品，著作权由合作作者共同享有。"对于可以分割的合作作品，作者对各自创作的部分可以单独享有著作权，但行使著作权时不得侵犯合作作品整体的著作权。不可分割使用的合作作品，是指各部分构成一个有机的整体，各部分都不可缺少，不能单独使用的作品。对于这种合作作品，其著作权由各合作作者共同享有，通过协商一致行使；不能协商一致，又无正当理由的，任何一方不得阻止他方行使除转让以外的其他权利，但是所得收益应当合理分配给所有合作作者。

四、演绎作品的权利主体

演绎作品，是指改编、翻译、注释、整理已有作品而产生的作品。演绎作品的独创性在于它一方面对原作品进行了改编、翻译、注释、整理，另一方面又在原作品的基础上有所创新，对原作品做了形式上的变动。因此演绎作品与原作品一样，都是独立的、受保护的作品。演绎作品的作者可以凭借他在演绎原作品的过程中所付出的大量的创造性劳动而对演绎作品享有独立的著作权。各国著作权法在承认演绎作品的作者享有著作权的同时，又规定对演绎作品的保护不得损害原作作者的权利。第三人在使用演绎作品时，应征求原作作者与演绎作品作者的同意。

根据我国《著作权法》的规定，演绎作品的著作权由演绎作品的作者享有，但演绎作品的作者在行使著作权时不能侵犯原作作者的著作权。演绎作品的作者仅对演绎部分享有著作权，对被演绎的作品不享有著作权，并且无权阻止他人对同一原作进行演绎。如果第三人使用演绎作品，必须征得原作作者和演绎作品作者的双重同意。

五、汇编作品的权利主体

汇编作品，是指汇编若干作品、作品的片段或者不构成作品的数据或者其他材料，对其内容的选择或者编排体现独创性的作品。

汇编作品应包含两类：①对于已发表的或已完成的作品进行选择、编排而形成的作品，如选集、期刊、百科全书等；②对不构成作品的材料的内容进行选择或编排而形成的独创性作品。

根据我国《著作权法》的规定，汇编作品的著作权由汇编人享有，但是汇编人在行使著作权时，不得侵犯原作品的著作权。

六、视听作品的权利主体

对于视听作品中的电影作品的著作权主体，各国规定不一。在美国、加拿大、澳大利亚等国，电影作品的著作权归属于制片人。在英国，则允许电影作品的作者与制片人通过合同来确定其经济权利归属。在法国，电影作品的原始著作权只能属于参加电影创作的每个自然人（导演、编剧、对白作者、歌曲作者等）。在德国，虽然理论上承认电影作品的著作权属于参加创作的创作者，但这些权利被视为自始已交给制片人行使。

我国《著作权法》第17条规定，视听作品中的电影作品、电视剧作品的著作权由制作者享有，但编剧、导演、摄影、作词、作曲等作者享有署名权，并有权按照与制作者签订的合同获得报酬。前款规定以外的视听作品的著作权归属由当事人约定；没有约定或者约定不明确的，由制作者享有，但作者享有署名权和获得报酬的权利。视听作品中的剧本、音乐等可以单独使用的作品的作者有权单独行使其著作权。法律之所以这样规定，是因为这类作品在制作过程中需要耗费大量的人力、财力，制片人在投入巨资后要收回成本，而且这类作品的权利不可能单由某一个作者来行使，必须通过制片人来统一行使。同时，为了尊重创作人的精神权利，应允许其在这类作品上署名，至于其他权利，由制片人行使才能协调一致，有利于保护各个创作者的利益。

七、美术作品的权利主体

就美术作品而言，它涉及两类权利，一类是美术作品原件所有人对美术作品原件的所有权，即占有、使用、收益、处分美术作品原件的权利；另一类是美术作品的创作人对于美术作品的著作权。这是两类不同的权利，美术作品原件所有权的转移，不视为作品著作权的转移。画家将画出售给甲，甲只享有该画的所有权，但不享有该画的著作权。值得考虑的是，购画人如欲实现其经济权利，希望展览此画，就会与创作人的著作权发生冲突。同时，创作人要展览作品原件，也不得不求助于原件持有人。为了解决这一矛盾，我国《著作权法》第20条规定，作品原件所有权的转移，不改变作品著作权的归属,但美术、摄影作品原件的展览权由原件所有人享有。

八、匿名作品的权利主体

匿名作品,是指作者不具名或不写明其真实姓名的作品,亦称作者身份不明的作品。我国《著作权法》对匿名作品与其他作品一样实行保护。《著作权法》第 10 条第 2 项规定了作者在作品上署名而表明身份的权利。《著作权法实施条例》第 13 条规定,作者身份不明的作品,由作品原件的所有人行使除署名权以外的著作权。作者身份确定后,由作者或者其继承人行使著作权。如果匿名作品是公民所作,作者死亡后,其继承人或者受遗赠人有义务保护其著作人身权。

■思考题

1. 如何认定作品的作者身份?
2. 如何确定职务作品的著作权归属?
3. 如何确定合作作品的著作权归属?
4. 如何确定委托作品的著作权归属?

■参考书目

1. 郑成思:《知识产权论》,法律出版社 1998 年版。
2. 韦之:《著作权法原理》,北京大学出版社 1998 年版。

第五章 著作权内容

■学习目的和要求

本章应当了解著作权的内容，掌握著作人身权与著作财产权的区别，明确著作权的取得途径与保护期限。

著作权的内容是著作权制度中最为核心的部分，它通常是指著作权人基于作品所享有的各项人身权利和财产权利。在著作权制度中，权利内容问题一直是其中发展最快、变化最大的一个领域。每一次新技术革命的冲击、每一次法律观念的更新，都对其产生着深刻的影响。本章主要论述著作人身权的概念、性质及内容，著作财产权的概念、性质及内容。

第一节 著作人身权

一、著作人身权的概念和性质

著作人身权（Moral Rights），在大陆法系国家通常称为作者人格权，在英美法系国家则称为精神权利，我国《著作权法》称之为作者享有的人身权。尽管称谓有别，其含义却基本一致，均指作者基于作品创作所享有的各种与人身相联系而无直接财产内容的权利。

大陆法系国家的著作权理论认为，著作权来源于"天赋人权"，作品不是一种普通的商品，而是作者人格的延伸。因此，著作权不仅要保护作者的财产权利，而且应保护作者的人身权利。所以，大陆法系国家的著作权法很早就规定了作者的人身权，内容相当详尽。例如，法国早在1791年颁布的《表演权法》及1793年颁布的《作者权法》中都规定了作者的人身权。这一主张亦为1928年及1948年修订的《伯尔尼公约》所确认。相反，英美法系国家的版权概念来源于"复制权"，其立法深受经济垄断观念和财产权神圣观念的影响，因而在立法上未能顾及作者的人身权。近年来，随着国际经济新秩序的建立和国际版权合作的加强，著作人身权逐渐在上述国家得到了确认。例如，英国在1956年颁布的《著作权法》、美国在1990年颁布的《可观赏艺术家法》中均肯定了作者的身份权和保护作品不受歪曲权。

我国《著作权法》明确规定了作者所享有的发表权、署名权、修改权和保护作品完整权，其内容之广泛，保护期限之长，均在世界上处于领先地位。

一般而言，著作人身权具有永久性、不可分割性和不可剥夺性的特点。所谓永久性，指著作人身权的保护在一般情况下不受时间限制。例如，我国《著作权法》第22

条规定:"作者的署名权、修改权、保护作品完整权的保护期不受限制。"作者死亡后,其著作权中的署名权、修改权和保护作品完整权由作者的继承人或者受遗赠人保护。著作权无人继承又无人受遗赠的,其署名权、修改权和保护作品完整权由著作权行政管理部门保护。《法国著作权法》第6条的规定则更为明确:"人身权利是永久的。"所谓不可分割性,指著作人身权与作者本身不可分离,专属于作者,换言之,即著作人身权不可转让。作者生前,该项权利只能由作者享有;作者死后,作者的继承人有义务保护此权利不受第三人的侵犯。在无继承人的情况下,由国家著作权行政管理机关保护作者的人身权不受侵犯。所谓不可剥夺性,指任何单位或者个人不得以任何理由剥夺作者的上述人身权,除非依法律规定给予适当的限制。

二、著作人身权的内容

(一) 发表权

根据我国《著作权法》第10条第1款第1项的规定,发表权是指决定将作品公之于众的权利,即作者决定作品是否公之于众,何时、何地以及以何种方式公之于众的权利。

发表权是作者所享有的一项重要的人身权利,它既是宪法所规定的公民言论、出版权在著作权制度上的表现,也是公民所享有的一项基本人权。发表权还是作者享有著作财产权的前提,即使作品创作已经完成,如果作者不行使发表权,其作品无法为人所感知,作者也不能享有其他著作权。

著作权法规定的"将作品公之于众",通常是指将作品向作者以外的不特定多数人公开,即公开的对象应不限于作者的亲属、亲友或同事等特定的人;作者应采取口述、表演、出版等方式使公众感知到作品的内容,不论作品是否已固定下来。在司法实践中,通常认为尽管作者未将作品公之于众,但有下列情形之一的,推定作者同意发表其作品:一是作者许可他人使用其未发表的作品;二是作者将其未发表的美术作品原件所有权转让给他人。

发表权区别于其他著作人身权的特点在于,发表权只能行使一次,作品一旦以合法方式公之于众,即构成已发表作品,产生相应的法律后果。

由于作品体现了作者的思想、情感或观点,因此发表权的主体通常为作者,他有权决定是否发表作品。所以,诸如书信之类的特殊作品,其发表权应为写信人而不是收信人。在特殊情况下,发表权的行为主体会发生变化。对于作者生前未发表的作品,我国《著作权法实施条例》第17条规定,作者生前未发表的作品,如果作者未明确表示不发表,作者死亡后50年内,其发表权可由继承人或者受遗赠人行使;没有继承人又无受遗赠的,由作品原件的所有人行使。法国、意大利等国的著作权法也有类似规定。

在某些情况下,发表权与隐私权存在联系。如果未经作者许可,擅自发表作者尚未发表的作品,则不仅会侵犯作者的著作人身权,而且会侵犯作者的隐私权。此外,某些以人体画像和肖像为内容的作品与人的隐私权和肖像权相联系,因此在发表作品时应征求被画人的同意,以体现对人格权的尊重。

（二）署名权

我国《著作权法》第10条第1款第2项将署名权解释为"表明作者身份，在作品上署名的权利"。

署名权是作者所享有的一项重要的权利，它可保障作者的身份受到尊重。我国《著作权法》第12条规定："在作品上署名的自然人、法人或者非法人组织为作者，且该作品上存在相应权利，但有相反证明的除外。作者等著作权人可以向国家著作权主管部门认定的登记机构办理作品登记。"换言之，作者以署名的方式表明了自己的作者身份。《著作权法实施条例》第19条对此具体规定："使用他人作品的，应当指明作者姓名、作品名称；但是，当事人另有约定或者由于作品使用方式的特性无法指明的除外。"

署名权的内容包括：作者有权决定是否在作品上署名，是署真名还是署假名，以及署名的顺序等。任何人未经作者同意，不得擅自改变作品的署名方式，作者也有权禁止未参加创作的人在自己的作品上署名。如果作品以署名方式发表，其他人以改编、翻译、广播、表演等方式使用该作品时，均应说明作者的身份。署名权因与作者人身相联系，因此署名权不得转让、继承，也不得放弃；同时，署名权的保护期不受限制，作者死后署名权依然受到保护。署名权保护的永久性，有利于防止他人在作者死后隐匿、改变作者的姓名。

（三）修改权

我国《著作权法》第10条第1款第3项规定，修改权即修改或者授权他人修改作品的权利。从积极方面讲，作者有权修改自己的作品；从消极方面讲，作者有权禁止他人对作品进行歪曲或删改。由于作品是作者思想的集中体现，作者要对作品发表后的后果承担责任。因此，作品发表后，如果作者认为该作品已不能反映其发生变化的学术观点或文艺思想，他们有权根据自己的意志对作品进行修改，如删节、充实或改写。

所谓修改，通常指作者增删作品的内容，对错、漏部分进行必要的更正和补充。修改权是作者所享有的一项权利，只有作者才有权修改其作品，他人未经许可不得擅自修改作品。其他人如要对作品内容予以修改，应征求作者的同意。但是，报刊、杂志社对作品作文字性修改、删节，无须征得作者的同意；对内容的修改，则应当经作者许可。应当指出，在某些情况下，作者的修改权会受到限制。例如，为了使计算机程序在特定的计算机上发挥更好的功效，法律允许他人对计算机程序做必要的修改。

（四）保护作品完整权

保护作品完整权，即保护作品内容完整，使作品不受歪曲、篡改的权利。作品是作者思想情感的反映，作者有权保护其作品不被他人丑化；未经作者同意，他人不得擅自删除、变更作品内容，或对作品进行破坏内容、表现形式或艺术效果的变动，以防止作者的名誉、声望受到损害，维护作品的纯洁性。

保护作品完整权的内容在于保护作品不受歪曲、篡改。所谓歪曲，指曲解作品原意，损坏作者观点的行为；所谓篡改，指擅自增补、删节、变更作品的行为。这些行为将会损害作者的名誉及声望。为此，我国《著作权法》第10条第1款第4项明确禁止他人对作品做上述破坏。保护作品完整权是修改权的延伸，但在内容上比修改权更进了一步。它不仅禁止对原作品进行修改，而且禁止他人在以表演、翻译等其他方式使用作品时对作品做歪曲性的改动。不过，为了便于作品的利用，出版人、编辑人对作品事实和语法错误予以更正，对文字进行润色和其他技术性处理，不视为侵犯修改权和保护作品完整权。作者死后，由作者的继承人或受遗赠人保护；无人继承又无人受遗赠的，由著作权行政管理部门保护。

第二节　著作财产权

一、著作财产权的概念和性质

著作财产权，又称经济权利，是指著作权人自己使用或者授权他人以一定方式使用作品而获取物质利益的权利。著作财产权主要包括复制权、发行权、展览权、广播权等权利。著作财产权不同于著作人身权，它可以转让、继承或放弃。著作财产权也不同于一般财产权，它受地域、时间等因素的限制。

著作财产权在著作权制度中占有举足轻重的地位。无论是英美法系国家还是大陆法系国家均在著作权法中详尽地规定了著作财产权。著作财产权的发展，与技术进步存在密切的联系。在 19 世纪末 20 世纪初，印刷出版是作品使用的主要方式，作者的财产权利很大程度上局限于出版复制权的范围。进入 20 世纪后，随着录音、录像、卫星转播、广播、电视等新的复制、传播手段的发展，权利的内容发生了质的飞跃，广播权、有线电视转播权、录音录像权等新的权项相继出现并为许多国家的著作权法所承认。至 20 世纪 50 年代，计算机技术、数字化技术的发明与推广又为著作权制度拓展了新的领域，诸如增加出租作品权、进口权、公共借阅权等权利的呼声一浪高过一浪，各国立法者不得不重新审视本国的著作权法，逐步增加新的著作财产权项。

二、著作财产权的内容

（一）复制权

复制权是指以印刷、复印、拓印、录音、录像、翻版、数字化等方式将作品制作一份或者多份的权利，它是著作财产权中最基本的权能。从积极方面讲，著作权人有权复制其享有著作权的作品；从消极方面讲，著作权人可以禁止他人复制其作品。任何人未经许可而复制他人作品的行为，均构成侵权行为。

复制就是原作的再现。根据我国《著作权法》第 10 条第 1 款第 5 项的规定，复制可以解释为，以印刷、复印、拓印、录音、录像、翻录、翻拍、数字化等方式将作品制作一份或者多份的行为。由上可知，复制的关键在于作品的再现，同时伴随着载体的"增多"。

传统意义上的复制通常可以分为两种情形：一种是以手抄、拓印、雕刻等方式完成的手工复制；另一种是以印刷、录制、照相、复印等方式完成的机械复制。随着新技术的发展，一些发达国家提出了扩大复制的方式。[1] 因为，当信息在计算机中"暂存"时，信息仍然显示在屏幕上，作品的内容出现了"再现"，因而该行为与传统意义上的"复制"具有共性，所以一些国家主张将其纳入"复制"之列。1993 年《俄罗斯联邦著作权法》即持此观点。不过，传统意义上的"复制"伴随的是载体的"再现"，而信息在计算机中暂存并不会产生载体的"再生"，关机后该信息不会"再现"。并且，如果将该行为解释为"复制"，虽然有利于加大对计算机程序著作权人的保护力度，但对于普通使用者而言未免过于严苛。解决该问题的关键，在于寻找某种公平合理的方式平衡著作权人的利益及使用者的利益。

（二）表演权

表演权，亦称公演权、上演权，是指著作权人公开表演自己创作的作品或者许可他人表演其创作的作品的权利。

戏剧、音乐作品的表演早于印刷出版活动，但表演权的产生则晚于出版权、复制权。从 19 世纪中叶的法国开始，随后在 20 世纪初的德国、英国、美国等国，出现了"表演权协会"，代表作者（特别是音乐作品的作者）来行使这一权利。在某些国家中，还专门设立了"表演权法庭"，处理因行使或侵犯表演权所引起的纠纷。后来，《伯尔尼公约》第 11 条明确规定了作品作者所享有的表演权，这些权利具体表现为演出权、演奏权和公开上映权。

表演权的内容有二：一是作者有权自己表演或授权他人表演其作品；二是作者可以禁止他人未经许可而表演其作品，若他人未经许可而表演其作品即构成侵权。根据各国法律规定，构成侵犯表演权的行为须具备以下条件：①须以营利为目的；②须在公共场所表演，如在剧场、舞厅、饭店等地方表演；③所表演的作品受著作权法的保护，但他人在表演时未经著作权人授权。

我国《著作权法》将"表演权"明确解释为公开表演作品以及用各种手段公开播送作品的表演的权利，此处的表演形式包括口头表演，借助放映机、录像机、录音机等机械设备公开播送作品的表演等。

（三）广播权

广播权，是指以有线或者无线方式公开传播或者转播作品，以及通过扩音器或者其他传送符号、声音、图像的类似工具向公众传播广播作品的权利；但不包括信息网络传播权，即以有线或者无线方式向公众提供，使公众可以在其选定的时间和地点获得作品的权利。

关于广播权，《伯尔尼公约》授予了作者三项权利：①无线广播权，即通过空间传播电磁波进行广播的权利；②有线广播权，即通过电缆等设备以有线方式公开广播作品的权利；③使用扬声器等技术设备广播作品的权利（参见《伯尔尼公约》第 11 条之二）。

---

〔1〕〔澳〕马克·戴维生："计算机网络通讯与美国版权法的新动向——评美国知识产权工作组 1995 年 9 月《最终报告》"，王源扩译，载《外国法译评》1996 年第 1 期。

（四）展览权

展览，是指公开陈列展出美术作品、摄影作品的原件或复制件。展览权，也称为"公开展出权"，是指公开陈列展出美术作品、摄影作品的原件或复制件的权利。

关于展览权的对象，多数国家的著作权法规定限于美术作品、摄影作品、工艺品以及作为艺术作品或文物展出的手稿、乐谱、书法等作品。我国《著作权法》中展览权的对象仅限于美术作品与摄影作品。

展览权的内容，主要指作者或其他著作权人许可或禁止他人公开陈列、展览或在公共场所放置其享有著作权的作品。展览的目的是让不特定的多数人欣赏，如果仅是供家庭或本单位内部少数人欣赏，就不构成展览。应注意的是，根据我国《著作权法》第20条的规定："作品原件所有权的转移，不改变作品著作权的归属，但美术、摄影作品原件的展览权由原件所有人享有。作者将未发表的美术、摄影作品的原件所有权转让给他人，受让人展览该原件不构成对作者发表权的侵犯。"展览美术作品原件，必须经原件所有人同意，即美术作品原件的展览权由该原件所有人享有。但是，其他作品原件的展览权仍由著作权人享有。也就是说，其他作品原件的所有人若要展览作品原件，仍需取得著作权人的许可。

在行使展览权时，往往还涉及肖像权的问题。一方面，摄影人、画家对自己的作品享有著作权；另一方面，被摄影人、被画人对于自己的相貌拥有肖像权。这两种权利常发生冲突。为解决这一难题，《多米尼加著作权法》第51条规定，画像、塑像及摄像的被画、被塑、被摄之人，有权禁止展出其肖像或以其他商业性方式展出其肖像；肖像作者或其他人若未经许可展出或展示，将依法承担民事赔偿责任。我们认为，肖像作品的作者或其他人在行使展览权时，应取得被画人、被摄人的许可，以体现对其人格权的尊重。

（五）发行权

发行权是著作权人所享有的一项重要传播权。只复制而不发行，作者的权益就难以实现，复制也就失去了意义。因此，多数国家的著作权法都规定了发行权。

我国《著作权法》第10条第1款第6项将发行权解释为："以出售或者赠与方式向公众提供作品的原件或者复制件的权利。"

随着科技的进步，发行的含义亦有所变化。目前，某些发达国家如美国已建议将信息传输——将作品从计算机某一终端通过网络以数字信号形式发往另一终端的行为也视为发行，由著作权人专有。这种限制实际上更改了发行的概念。因为传统意义上的发行是向公众提供作品复制件的行为，发生了作品载体的转移，而在信息传输中，仅有信息的传递，并无载体的实际转移，该信息仍在输出计算机的内存或相连的存储设备之中，"因此很难把传输归入发行的概念之中"。[1] 该种解释对作品使用者而言不免过于苛刻。但从另一角度而言，如不对这种传输行为给予一定的限制，则作者无力控制其作品被传输者和接收者大量无偿使用的情形。因此，关键的问题在于寻找适当

---

〔1〕［澳］马克·戴维生："计算机网络通过与美国版权法的新动向——评美国知识产权工作组1995年9月《最终报告》"，王源扩译，载《外国法译评》1996年第1期。

的方式给予公平的限制。1993 年新修订的《德国著作权法》对此做了灵活的处理，该法第 690 条规定，只有当使用者为了复制而传输作品才需取得著作权人的授权，这样就将传输限制在一定范围之内，从某种程度上平衡了著作权人和使用者的利益，法国著作权法也作了类似修订。

与发行权密切相关的一条原则是"发行权穷竭"原则，也称为"首次销售"原则。《德国著作权法》第 17 条第 2 款对此作了解释："如果著作原件或复制物经在本法适用范围内传播的权利人的同意，以让与的方式进入流通领域，则允许对该著作的再次传播。"也就是说，如果作品原件或复制件以出租、出售等方式发行后，他人可以自由传播作品而不受著作权人的限制，即发行权只能行使一次。《奥地利著作权法》第 16 条第 3 款及《美国著作权法》第 109 条 a 项也作了类似规定。

（六）改编权

改编权，是指在原作品的基础上，通过改变作品的表现形式，创作出具有独创性的新作品的权利。原作与改编作品的区别仅在于表现形式的差异，但二者的内容基本一致，同时原著的某些独创性特点同样会反映在改编作品中。

（七）翻译权

翻译权，是指将作品从一种语言文字转换成另一种语言文字的权利。授予作者翻译权，有利于保护其对作品传播地区的控制权。翻译权一般只涉及口述作品、文学作品、电影作品等作品，美术作品、乐曲等一般不涉及翻译权。

（八）汇编权

汇编权，是指将作品或者作品的片段进行选择或者编排，汇集成新作品的权利。

（九）摄制权

摄制权，就是指以摄制视听作品的方法将作品固定在载体上的权利。将表演或景物机械地录制下来，不视为摄制电影、电视、录像作品，因为该行为没有产生有独创性的作品。

摄制视听作品是作品传播的一种重要方式，也是著作权人实现其作品的社会价值的一种重要手段。一部并不流行的作品可能会因摄制成视听作品而得到广泛的传播。因此著作权人必须控制好自己的这一权利。该权利的内容，即著作权人有权自行摄制或许可他人将其作品摄制成视听作品，若他人未经许可而将其作品摄制成了视听作品，则侵犯了著作权人的权利。对于视听作品中的电影作品、电视剧作品的著作权由制作者享有，但编剧、导演、摄影、作词、作曲等作者享有署名权，并有权按照与制作者签订的合同获得报酬。

（十）出租权

出租权，是指著作权人有偿许可他人临时使用视听作品、计算机软件的原件或者复制件的权利，计算机软件不是出租的主要标的的除外。

值得指出的是，1990 年《著作权法》没有明确规定出租权，但是当时的《著作权法实施条例》第 5 条将出租解释为发行的一种方式。如果作者通过出租作品复制件来发行作品，相当一部分消费者就会不再购买图书而采取租借方式。目前在许多国家，作品的出租已有取代销售之势，作品出租业之繁荣使出租人收入颇丰，也节省了消费者的支出，却导致了作品发行业的萧条，使依靠版税而谋生的作者深受其害。若承认出租权在作品"首次销售"后穷竭，则著作权人就无法控制作品的再次出租，其经济利益必然受到损害。

为了避免这一消极影响，保护作者的创造性劳动，各国著作权法陆续规定了出租权。例如，《俄罗斯著作权法》于1993年修订时规定："作者享有以出租的方式发行作品复制件的权利而不受这些复制件的所有权制约。"《日本著作权法》第26条之二也以借贷权的形式承认了作者的出租权，但仅适用于唱片、计算机程序、乐谱和除书籍、杂志、电影作品以外的其他作品。德国《著作权法》也有类似的规定。

由于各国在出租权的对象上存在分歧，《知识产权协定》第11条作了如下规定："至少对计算机程序及电影作品，成员应授权其作者或作者之合法继承人许可或禁止将其享有版权的作品原件或复制件向公众出租。对于电影作品，成员可不承担授予出租权之义务，除非有关的出租已导致对作品的广泛复制，其复制程度又严重损害了成员授予作者或作者之合法继承人的复制专有权。对于计算机程序，如果有关程序本身并非出租的主要标的，则不适用本条义务。"可见，对计算机程序的作者或其合法继承人授予出租权是该协议成员国应尽的义务，但对于电影作品出租的控制，应符合一定的条件。

2001年我国修改《著作权法》时，参照《知识产权协定》的规定，将出租权确定为著作权人的一项独立的财产权利，但行使的范围目前限定为电影作品和以类似摄制电视的方法创作的作品及计算机软件中的程序。2020年我国修改《著作权法》时，则将行使范围修改为：视听作品、计算机软件的原件或者复制件。

（十一）信息网络传播权

信息网络传播权，是指以有线或者无线方式向公众提供作品使公众可在其个人选定的时间和地点获得作品的权利。该项权利是《著作权法》2001年修订所增列的一项重要的著作财产权。例如，1998年4月，世纪互联通讯技术有限公司在其网站上建立了"小说一族"栏目，在该栏目中刊载了王蒙等6位作家的作品。1999年5月31日，王蒙等6位作家以世纪互联公司侵犯著作权为由，分别向北京市海淀区人民法院起诉。北京市海淀区人民法院经审理认为世纪互联公司作为网络内容提供服务商，其在国际互联网上将原告的作品进行传播，是一种侵权行为。

为了适应信息技术发展的需要，解决司法实践中遇到的问题，2006年5月10日，国务院常务会议审议通过《信息网络传播权保护条例》并于2006年7月1日开始施行。它的通过，标志着我国有关信息网络传播权的法律规制体系化的实现。其内容主要包括以下几个方面：

1. 明确规定信息网络传播权受法律的保护，即权利人享有的信息网络传播权受著作权法和本条例保护。除法律、行政法规另有规定的外，任何组织或者个人将他人的作品、表演、录音录像制品通过信息网络向公众提供，应当取得权利人许可，并支付报酬。

2. 明确规定技术措施和权利管理电子信息受法律保护。任何组织或者个人不得故意避开或者破坏技术措施，不得故意制造、进口或者向公众提供主要用于避开或者破坏技术措施的装置或者部件，不得故意为他人避开或者破坏技术措施提供技术服务。故意删除或者改变通过信息网络向公众提供的作品、表演、录音录像制品的权利管理电子信息，或者通过信息网络向公众提供明知或者应知未经权利人许可被删除或者改变权利管理电子信息的作品、表演、录音录像制品，均构成侵权。

3. 规定了合理使用例外。这些例外包括：为介绍、评论某一作品或者说明某一问题，在向公众提供的作品中适当引用已经发表的作品；为报道时事新闻，在向公众提供的作品中不可避免地再现或者引用已经发表的作品；为学校课堂教学或者科学研究，向少数教学、科研人员提供少量已经发表的作品；国家机关为执行公务，在合理范围内向公众提供已经发表的作品；将中国公民、法人或者其他组织已经发表的、以汉语言文字创作的作品翻译成的少数民族语言文字作品，向中国境内少数民族提供；不以营利为目的，以盲人能够感知的独特方式向盲人提供已经发表的文字作品；向公众提供在信息网络上已经发表的关于政治、经济问题的时事性文章；向公众提供在公众集会上发表的讲话；图书馆、档案馆、纪念馆、博物馆、美术馆等可以不经著作权人许可，通过信息网络向本馆馆舍内服务对象提供本馆收藏的合法出版的数字作品和依法为陈列或者保存版本的需要以数字化形式复制的作品，不向著作权人支付报酬，但不得直接或者间接获得经济利益；当事人另有约定的除外。

4. 规定了法定许可使用制度。通过信息网络实施九年制义务教育或者国家教育规划，可以不经著作权人许可，使用其已经发表作品的片断或者短小的文字作品、音乐作品或者单幅的美术作品、摄影作品制作课件，由制作课件或者依法取得课件的远程教育机构通过信息网络向注册学生提供，但应当向著作权人支付报酬。为扶助贫困，通过信息网络向农村地区的公众免费提供中国公民、法人或者其他组织已经发表的种植养殖、防病治病、防灾减灾等与扶助贫困有关的作品和适应基本文化需求的作品，网络服务提供者应当在提供前公告拟提供的作品及其作者、拟支付报酬的标准。

5. 规定了侵犯信息网络传播权应当承担的法律责任，主要有承担停止侵害、消除影响、赔礼道歉、赔偿损失等民事责任。对于损害公共利益的，可以由著作权行政管理部门责令停止侵权行为，没收违法所得，并可处以罚款；情节严重的，著作权行政管理部门可以没收主要用于提供网络服务的计算机等设备；构成犯罪的，依法追究刑事责任。上述规定可操作性强，立法的细化有助于保护权利人的信息网络传播权，推动网络服务行业走上法治化轨道。

2013 年 1 月 16 日国务院第 231 次常务会议通过，《国务院关于修改〈信息网络传播权保护条例〉的决定》，作出如下修改：将第 18 条、第 19 条中的"并可处以 10 万元以下的罚款"修改为："非法经营额 5 万元以上的，可处非法经营额 1 倍以上 5 倍以下的罚款；没有非法经营额或者非法经营额 5 万元以下的，根据情节轻重，可处 25 万元以下的罚款"。自 2013 年 3 月 1 日起施行。

（十二）放映权

放映权是指通过放映机、幻灯机等技术设备公开再现美术、摄影、视听作品等的权利。它与《伯尔尼公约》第 11 条所确认的作者对作品的公开上映权的含义类似。

（十三）应当由著作权人享有的其他权利

随着社会的发展，可能会出现一些新的作品利用方式，因此修正后的《著作权法》规定了这一弹性条款，如果今后出现的新的作品利用方式与著作权人的权利相关，则这些权利也应当由著作权人享有。

■ **思考题**

1. 著作人身权包括哪几项权利？
2. 著作财产权包括哪些权利？
3. 著作人身权与著作财产权有哪些区别？

■ **参考书目**

1. 杨崇森：《著作权法论丛》，台湾华欣文化事业中心 1983 年版。
2. 韦之：《著作权法原理》，北京大学出版社 1998 年版。

第六章　著作权取得和期限

■学习目的和要求

　　本章应当了解著作权的取得方式，掌握著作人身权的保护期限及著作财产权的保护期限。

　　著作权的取得方式，是指著作权人通过何种方式来取得著作权，英美法系国家和大陆法系国家对于著作权的取得方式有着不同的规定，主要包括著作权的注册取得制度和自动取得制度。在著作权的保护期限问题上，著作人身权的保护期限与著作财产权的保护期限有所差异。本章将对上述问题进行研讨。

第一节　著作权的取得方式

　　从历史上看，各国著作权法因其立法思想的差异，在著作权的取得方式上的规定迥然不同。概括起来，主要可分为注册取得和自动取得两类。

一、注册取得制度

　　注册取得，是指以登记注册作为取得著作权的条件，作品只有登记注册后方能产生著作权，著作权注册取得的原则，又称为"有手续主义"。

　　据英国学者考察，在《安娜女王法令》问世之前的英国，作品创作完成后的著作权由普通法来保护。《安娜女王法令》颁布后，人们认为该法仅对已出版作品授予著作权，出版之前的作品仍由普通法保护。因此，无论大陆法系国家还是英美法系国家，著作权保护都发端于自动保护。[1] 对于已出版作品，《安娜女王法令》明文提出了"登记"要求，即作品取得保护的条件是在书籍业行会的登记簿上进行登记。著作权登记制度的出现，曾有效地防止了他人对作品的擅自复制，因此在历史上起过积极的作用。为此许多英美法系国家和少数大陆法系国家纷纷效仿。

　　在以往著作权立法例，采用著作权登记手续的国家大致有以下几种模式：

　　（1）将著作权登记手续作为著作权取得的必要条件。例如在实施 1987 年新著作权法之前的西班牙，以及受其影响较大的拉丁美洲国家和少数非洲国家，都要求作品（不论是否发表）必须在著作权管理部门登记，否则不受保护。

　　（2）将登记作为受保护作品著作权合法转让的必要条件。例如阿根廷、巴西、智

---

　　[1]　参见《大英百科全书》中"版权法（Copyright Law）"词条，以及英国柯尼什（Cornish）的《知识产权》一书第 295 页。转引自郑成思：《版权法》，中国人民大学出版社 1990 年版，第 160 页。

利等国著作权法的规定。

（3）将登记作为行使起诉权和请求法律制裁侵权行为的程序之一。例如，《黎巴嫩著作权法》规定，在侵权诉讼中，法院将根据有关作品是否登记的事实作为确定有关人员是否享有著作权的首要证据或唯一证据。如果声称自己享有著作权之人未登记，则法院不承认其有权起诉他人"侵权"。

美国在加入《伯尔尼公约》之前，曾实行过较为典型的著作权登记制度。1976 年的《美国著作权法》规定，登记是非强制性的，但却是提起侵权诉讼和对某些侵权行为取得补救方法的前提条件，对于唱片或音像作品可以在起诉后随即登记。

实行著作权登记制度，可以明确有效地证明著作权人的身份，有利于及时处理著作权纠纷，保护著作权人的合法权益。但是，该制度不能充分保护那些未及时登记的作品，也不能保护那些来源于未实行著作权登记制度国家的作品。这显然与《伯尔尼公约》精神相违背，因此世界大多数国家都不采用这一做法。

二、自动取得制度

著作权自动取得，是指当作品创作完成时，作者因进行了创作而自动取得作品的著作权，不再需要履行其他任何手续。这种获得著作权的方法被称为"无手续主义""自动保护主义"。

"无手续主义"主要为大陆法系国家所采取。他们将天赋人权思想引入著作权理论范畴，该理论认为，作者对作品所享有的权益应基于创作而产生，因此著作权的取得不需要履行任何手续。采取"无手续主义"的优点在于，作品一经创作完成即可及时获得保护，可以有效地制止侵犯著作权的行为，其保护水平较高；但在发生著作权纠纷时，未经登记的作品取证困难，所以有些国家如日本的著作权法通过设立自愿登记制度作为补充。"无手续主义"也为《伯尔尼公约》所确认。该公约第 3 条规定，具有本联盟成员国国民身份的作者，无论其作品是否已经出版，都应得到本公约的保护。

著作权的自动取得，以作品创作完成的时间作为著作权取得的时间界限。如何认定"创作完成"的界限则是理论界和司法界经常遇到的难题。从理论上讲，只要作者的某一思想或某一构思已经以某种形式完整地表达出来，即使还只是其全部构思的一个组成部分，甚至是非主要组成部分，亦属于该部分作品的完成，可视为整体作品在一定阶段的创作完成。未经过许可而复制或抄袭该部分内容，也属侵权行为。

《伯尔尼公约》第 5 条第 2 款明确规定，享有著作权的前提不以办理任何手续为条件。因此，坚持"有手续原则"的国家与《伯尔尼公约》成员国之间存在明显的差异。第二次世界大战后，在联合国教科文组织的促进下缔结了《世界版权公约》。该公约第 3 条第 1 款规定，如果作者或其著作权所有者授权出版的所有作品自首次出版之日起，标有 C 符号，并注明著作权所有者姓名、首次出版年份等即为符合著作权手续。可以说，《世界版权公约》的这一规定，在采取"有手续原则"的国家与《伯尔尼公约》成员国之间搭起了一座桥梁，因而为美国等国所采用。尽管著作权标记制度较登记制度前进了一大步，但较"无手续主义"仍有一定的差距。随着国际合作的加强及著作权保护水平的提高，许多国家纷纷修订自己的著作权法，为加入《伯尔尼公约》积极准备。对于采取"有手续主义"的国家而言，加入公约的一大障碍就是作品的登记制度。为了达到《伯尔尼公约》的要求，日本、英国、西班牙分别于 1899 年、1956 年、1987 年彻底废除了著作权登记制度，采取了"无手续主义"。美国于 1989 年 3 月 1 日加入了《伯尔尼公约》，同日颁布的《1988 年伯尔尼公约实施法令》取消了作为著作权保护必备手续的著作权标记，但仍鼓励作者自愿使用标记。

综上所述，著作权获得条件由"有手续主义"到"无手续主义"的转变，是国际著作权保护发展的必然趋势。

我国《著作权法》在著作权取得问题上采取了自动取得制度。该法第 2 条第 1 款规定："中国公民、法人或者非法人组织的作品，不论是否发表，依照本法享有著作权。"也就是说，根据《著作权法实施条例》第 6 条的规定，著作权自作品创作完成之日起产生，并受著作权法的保护。对于外国人的作品，如果首先在中国境内发表，依照本法享有著作权。外国人在中国境外发表的作品，根据其所属国同中国签订的协议或者共同参加的国际条约享有的著作权，受我国《著作权法》的保护。

第二节　著作权的保护期限

著作权的保护期限，是指著作权受法律保护的时间界限。在著作权的保护期限内，作品的著作权受法律的保护；著作权期限届满，该作品便进入了公共领域，不再受法律的保护。因此，对著作权保护期的规定，既要考虑保护著作权人的利益，又要考虑有利于作品的传播，有利于发展科学、文化事业。

关于著作权保护期的计算，在立法体例上有两种计算方法。多数国家采取"死亡起算主义"，即作者终生享有著作权加死亡后若干年限。死亡起算不是从作者死亡的确切日期开始，而是从其死亡之年年末或翌年年初开始计算。少数国家采取"发表起算主义"，即不问作者生存与否，自作品出版、登记、发行、公开表演之年年末起保护其著作权若干年限。

关于作者死后的著作财产保护期限，各国立法规定的时间长短不一。《伯尔尼公约》规定著作财产权的最低期限应为作者有生之年加死后 50 年。大部分西欧国家以及英国、美国等国的著作权法采取这一规定。该类期限规定的理由，是考虑到作者终生和作者子女平均寿命的相加时间。《世界版权公约》对著作财产权保护期限，则规定为作者终生加死后 25 年，一些发展中国家及少数东欧国家采用这一规定。

在中国，关于著作权的保护期兼采两种计算方法。对于一般作品，适用"死亡起算主义"；对于特殊作品，则适用"发表起算主义"。关于保护期限，我国《著作权法》作了详细的规定，下面予以分述。

一、著作人身权的保护期限

我国《著作权法》第 22 条对著作人身权保护期作了规定，即作者的署名权、修改权、保护作品完整权的保护期不受限制。

作者的署名权、修改权、保护作品完整权与作者的人身联系最为紧密，即使是在作者死亡后，他人也不得侵犯。法人或非法人组织作品的著作人身权，由法人或非法人组织享有。享有著作人身权的法人或非法人组织变更、终止时，其著作人身权由承受其权利义务的法人或非法人组织享有；没有承受其权利义务的法人或非法人组织的，则由国家享有。

由于各国著作权观念和著作权立法传统的差异，对人身权利的保护期的规定很不一致。一些大陆法系国家著作权法明文规定人身权利的保护是无限期的，如法国、土耳其等；另一些国家的立法未作明文规定，只是规定它在作者死后仍旧存在，如日本。概言之，大多数大陆法系国家著作权法对人身权利的保护是无期限的，但采取著作权"一元论"的德国著作权法规定，著作人身权与著作财产权一样，于作者死后 70 年终止。

在英美法系国家，对作者的著作人身权多在民法、反不正当竞争法、保护名誉和隐私等法律中予以确认和保护，而在著作权法中很少规定。这些国家的法律通常对人身权利也规定保护期限，或规定人身权利随作者死亡而终止，或规定人身权保护期延长到作者死亡后一段时间。

值得注意的是，发表权是著作人身权的重要内容之一，我国《著作权法》规定其保护期与著作财产权保护期相同，为作者终生加死后 50 年。这是由于发表权是著作财产权产生的前提，它往往同复制权、录制权、展览权等相联系，作品的发表也往往会给作者或其继承人带来经济利益。如果规定发表权永久受到保护，就不利于作品的利用。此外，从促使作品及早发表、满足社会公众的精神文化需求看，对发表权予以时间限制也是必要的。

二、著作财产权的保护期限

各国著作权法和《伯尔尼公约》《世界版权公约》都就著作财产权的保护期作了明文规定。

（一）一般作品的著作财产权保护期

1. 公民的作品著作财产权保护期。绝大多数国家著作权法均规定，公民的作品的著作财产权保护期为作者有生之年加死后若干年。《伯尔尼公约》规定最低保护期限为作者有生之年加死后 50 年；《世界版权公约》规定最低保护期限为作者有生之年加死后 25 年。随着两个公约成员国进一步增多，以公约为基准，各国对著作权保护期的规定越来越趋向一致，期限越来越长。我国在制定著作权法时，参照《伯尔尼公约》要求的最低标准，规定了作者有生之年加死后 50 年的著作财产权保护期。

各国法律一般规定，合作作品著作财产权的保护期，以作品产生或首次发表起算，至最后一位作者死后若干年。合作作者以最后死亡的合作作者为基准确定合作作品的保护期，能够较充分保护最后死亡的作者的权利，这也是国际通例。我国《著作权法》第 23 条第 1 款也作了类似规定，即合作作品的著作财产权人的保护期，截止于最后死亡作者死亡后第 50 年的 12 月 31 日。合作作者之一死亡后，其对合作作品享有的著作财产权无人继承又无人受遗赠的，由其他合作作者享有。

2. 法人作品和职务作品的著作财产权保护期。对于法人或非法人组织作品的保护，大多数国家规定作品保护期为 50 年，但也有一些国家规定的保护期少于 50 年，甚至只有 10 年。我国《著作权法》规定，法人或者非法人组织的作品，著作权（署名权除外）由法人或者非法人组织享有的职务作品，其发表权的保护期为 50 年，截止于作品创作完成后第 50 年的 12 月 31 日；《著作权法》第 10 条第 1 款第 5 项至第 17 项规定的权利的保护期为 50 年，截止于作品首次发表后第 50 年的 12 月 31 日，但作品自创作完成后 50 年内未发表的，《著作权法》则不再保护。

3. 视听作品，其发表权的保护期为 50 年，截止于作品创作完成后第 50 年的 12 月 31 日；本法第 10 条第 1 款第 5 项至第 17 项规定的权利的保护期为 50 年，截止于作品首次发表后第 50 年的 12 月 31 日，但作品自创作完成后 50 年内未发表的，本法不再保护。

（二）特殊作品的著作财产权保护期

1. 计算机软件的著作财产权保护期。目前世界上有 40 多个国家和地区对计算机软件提供著作权保护，由于各国技术政策不同，这些国家对计算机软件提供的著作权保护范围和保护期限也很不一致。一些国家如日、英、美、德等国的著作权法，对软件保护期的规定与一般作品的保护期相同。我国《计算机软件保护条例》第 14 条规定，软件著作权自软件开发完成之日起产生。自然人对软件享有著作权的，保护期为自然人的终生及其死亡后 50 年，截止于自然人死亡后第 50 年的 12 月 31 日；软件是合作开发的，截止于最后死亡的自然人死亡后第 50 年的 12 月 31 日。法人或者其他组织对软件享有著作权的，保护期为 50 年，截止于软件首次发表后第 50 年的 12 月 31 日，但软件自开发完成之日起 50 年未发表的，条例不再保护。《知识产权协定》明确要求缔约方将计算机程序作为文字作品予以保护，所以我国《著作权法》采取按照文字作品的保护标准规定软件的保护期限。

2. 匿名作品和假名作品的保护期。各国一般规定，匿名作品的保护期为自发表之日起 50 年。在此期间，该匿名作品著作财产权由出版者或作品原件所有者行使，一旦作者或其继承人身份确定，则适用一般的保护期限，因此，匿名作品著作权的特殊保护期在一定条件下可以回归到一般保护期。我国《著作权法实施条例》规定，作者身份不明的作品，其著作财产权的保护期为 50 年，截止于作品首次发表后第 50 年的 12 月 31 日。作者身份一旦确定，适用著作权法一般保护期的规定。

■ 思考题

1. 我国著作权法规定的著作权的取得方式是什么？
2. 著作人身权和著作财产权的保护期限如何计算？

■ 参考书目

1. 杨崇森：《著作权法论丛》，台湾华欣文化事业中心 1983 年版。
2. 韦之：《著作权法原理》，北京大学出版社 1998 年版。

第七章 相关权

■学习目的和要求

  了解相关权的概念及与著作权的关系，掌握出版者权、表演者权、录音录像制作者权以及广播组织播放权的权利内容。

现代著作权法不仅要保护作品创作者的利益，还要同时兼顾作品传播者和使用者的利益。相关权即是一项保护作品传播者的权利。从内容上讲，相关权包括了出版者权、表演者权、录音录像制作者权和广播组织权四种权利，其权利内容随着社会的发展而逐步拓展。本章主要论述相关权的概念、相关权与著作权的关系、出版者权的概念及内容、表演者权的概念及内容、广播组织者权的概念及内容、录音录像制作者权的概念及内容。

第一节 相关权概述

一、相关权的概念

相关权（related rights），是指与著作权有关的权利，即作品传播者所享有的专有权利。根据我国《著作权法》规定，相关权包括出版者权、表演者权、录音录像制作者权、广播组织权。这种权利是以他人之创作为基础而衍生的一种传播权，虽不同于著作权，但与之相关，故称相关权。

诸如表演等作品传播活动，古已有之，但保护表演者权利的制度，直到 19 世纪末 20 世纪初才发端于西方诸国。现代传播技术的发展是相关权制度产生的催化剂。早期，人们欣赏表演必须亲临剧场，但随着录音、录像及无线电技术的发展，唱片、电影片得以大量复制和发行，人们足不出户即可通过传播媒体欣赏节目，表演者的收入因此锐减。与此同时，录音录像制作者的录制品经常被他人任意翻录，广播组织制作的节目也常常被他人无偿播放。在上述情况下，要求保护传播者利益的呼声日益高涨，相关权制度应运而生。

相关权，是 TRIPS 协议新创的一个概念。此前，国际上通用的概念是邻接权（neighboring rights）。1910 年，德国在其《文学与音乐作品产权法》中，率先把音乐作品及音乐戏剧作品的表演者当作原作的"改编创作者"予以保护。次年，英国在其著作权法中列入了保护音乐唱片的条款，1925 年又颁布了保护戏剧音乐表演者的法律。1936 年之后，奥地利、意大利的著作权法加入了对录音制品作者予以保护的条款。为了保护广播组织的权利，1946 年成立了国际无线电组织（后改名为"国际无线电与电视组织"）。自 20 世纪 60 年代起，对邻接权的保护已成为世界各国立法的共同趋势。

各国在保护邻接权时采用的方式不一。有的国家用劳动法、行政法、反不正当竞争法或合同法来解决，有的用民事赔偿的方法来解决，但大多数国家则通过知识产权法加以保护。采取知识产权保护制度的国家在立法上又采取两种模式：①将著作权与邻接权严格区分，但同置于一个法律文件中加以规定。如俄罗斯联邦 1993 年著作权与邻接权法、法国 1992 年著作权法；②以著作权方式保护邻接权意义上的客体，在著作权法中没有单设邻接权制度，而将著作权的保护对象扩及于非传统意义上的作品（唱片、广播节目等）。如美国 1976 年著作权法、英国 1988 年著作权法。我国《著作权法》采取了前一做法。

国际上关于邻接权保护的第一部公约是 1961 年在意大利罗马缔结的《保护表演者、音像制品制作者和广播组织罗马公约》（以下简称《罗马公约》）。该公约的缔结对各国邻接权的保护产生了深刻的影响：①该公约的缔结标志着邻接权的保护已得到了国际社会的普遍承认。在此以前很多国家的立法者及法律专家都认为，作品传播者的行为仅仅是一种机械制作行为，只具有技术性而无创作性，所产生的后果与著作权保护没有联系。该公约的颁布表明，缔约国应对传播作品的人给予著作权或邻接权或其他权利的保护。②为世界各国以专门的法律形式保护邻接权提供了示范模式。该公约制定以前，尽管有少数国家已开始规定邻接权制度，但所采取的形式各不相同，甚至直到现在仍存在差别。《罗马公约》要求各成员国至少应对表演者、音像制作者和广播组织的权利予以保护，并规定了应给予的最低保护标准。此外，国际上已缔结的保护邻接权的公约还有《保护唱片制作者防止唱片被擅自复制公约》《关于播送由人造卫星传播载有节目的信号的公约》。这些国际公约的缔结，为邻接权的保护开辟了广阔的天地。

我国《著作权法》确立了完整的相关权保护制度。同时国务院及其主管部门针对国内图书、音像制品盗版猖獗的现象，积极加强立法规制，加大执法力度。例如，国务院于 2001 年 12 月 25 日发布了《出版管理条例》《音像制品管理条例》，国家版权局于 1991 年 7 月 2 日发布了《关于加强音像版权管理的通知》，国家新闻出版总署于 2004 年 6 月 17 日发布了《音像制品出版管理规定》，2008 年 2 月 21 日新闻出版总署发布了《电子出版物出版管理规定》，并于 2009 年 6 月 30 日发布了《复制管理办法》。上述这些法律文件构成了我国相关权保护的基本框架，是加强相关权执法保护的法律依据。

二、相关权与著作权的关系

（一）相关权与著作权的共同点

1. 它们都与作品相联系。著作权与作品存在直接联系，作品之创作是著作权产生的前提。相关权则与作品存在间接联系。出版者出版的对象是作品，表演者表演的对象是作品，而录制者是对作品表演的录制，广播组织者是对作品表演的广播。脱离了作品，这些相关权就会荡然无存。

2. 它们都是法律规定的权利。著作权及相关权的主体、客体及内容均来自法律的直接规定。

3. 它们都具有严格的地域性。著作权与相关权都只有在法律承认这些权利的国家内才能受到保护。

（二）相关权与著作权的区别

1. 它们的主体不同。著作权保护的主体是作品的创作者或依法取得著作权的人。相关权保护的主体是以出版物、表演、录音录像或广播方式帮助作者传播作品的人员。后者在传播作品中，加入了自己的创造性劳动，改变了原作的表现形式，因而有必要予以保护。

2. 它们的客体不同。著作权的客体是作品。出版者权的客体是出版物，表演者权的客体是表演活动，录音录像制作者的权利的客体是其制作的录音录像制品，广播组织者的权利的客体是其制作的广播、电视节目。

3. 它们的权利内容不同。著作权人享有发表权、署名权、修改权、保护作品完整权、复制权、发行权、出租权、展览权、表演权、放映权、广播权、信息网络传播权、摄制权、改编权、翻译权、汇编权等。出版者享有出版权、修改权、版式设计权等。表演者享有表明其身份的权利、其表演形象不受歪曲的权利、许可他人从现场直播和公开传送其现场表演并获得报酬的权利、许可他人录音录像并获得报酬的权利、许可他人复制、发行、出租录有其表演的录音录像制品并获得报酬的权利、许可他人通过信息网络向公众传播其表演并获得报酬的权利等。录音录像制作者对其制作的录音录像制品享有许可他人复制发行并获得报酬的权利、许可他人复制、发行、出租、通过信息网络向公众传播并获得报酬的权利。广播组织享有播放权、许可他人播放并获得报酬的权利、许可他人复制发行其制作的广播、电视并获得报酬的权利、许可他人将其播放的广播、电视通过信息网络向公众传播并获得报酬的权利。

4. 它们的保护期限不同。作者的署名权、修改权、保护作品完整权的保护期不受限制。公民的作品，其发表权、使用权和获得报酬权等权利的保护期为作者终生及其死后50年。法人或者非法人单位的作品、著作权（署名权除外）由法人或其他组织享有的职务作品，其发表权、使用权和获得报酬权等权利的保护期为50年。影视作品等作品的发表权、使用权和获得报酬权的保护期为50年。相关权的保护期从表演发生后、录音录像制品首次制作完成时起计算，享受50年的保护。

尽管相关权人享有法律所规定的权利，但根据《著作权法实施条例》第27条的规定，出版者、表演者、录音录像制作者、广播电台、电视台行使权利，不得损害被使用作品和原作品著作权人的权利。

第二节　出版者的权利

一、出版者的定义

出版者权，是图书出版者或者报刊出版者对其编辑出版的图书或者报刊依法享有的专有权利。出版者权可分为图书出版者权和报刊出版者权。根据我国《著作权法》的规定，图书出版者所享有的权利比报刊出版者所享有的权利要充分一些。

根据《出版管理条例》的规定，在我国，报纸、期刊、图书、音像制品和电子出版物等应当由出版单位出版。出版单位包括报社、期刊社、图书出版社、音像出版社和电子出版物出版社等。法人出版报纸、期刊，不设立报社、期刊社的，其设立的报纸编辑部、期刊编辑部视为出版单位。出版单位的设立，由其主办单位向所在地省、自治区、直辖市人民政府出版行政主管部门提出申请；省、自治区、直辖市人民政府出版行政主管部门审核同意后，报国务院出版行政部门审批。设立的出版单位为事业单位的，还应当办理机构编制审批手续。设立出版单位的主办单位应当自收到批准决定之日起60日内，向所在地省、自治区、直辖市人民政府出版行政主管部门登记，领取出版许可证。登记事项由国务院出版行政主管部门规定。出版单位领取出版许可证后，属于事业单位法人的，持出版许可证向事业单位登记管理机关登记，依法领取事业单位法人证书；属于企业法人的，持出版许可证向工商行政管理部门登记，依法领取营业执照。因此，无论是图书出版者还是报刊出版者，只能是法人或者非法人组织，不能是自然人。没有取得出版资格的法人或者非法人组织，擅自从事出版业务的，属于非法行为，其出版的图书、报刊，属于非法出版物。对于这样的非法出版物，出版者不仅不能享有相关权，还要承担相应的法律责任。

二、出版者的义务

根据《著作权法》第32、34条的规定，出版者在使用他人作品时，应履行一定的义务，具体包括以下情形：

（1）图书出版者出版图书应当和著作权人订立出版合同，并支付报酬。

（2）著作权人应当按照合同约定期限交付作品。图书出版者应当按照合同约定的出版质量、期限出版图书。图书出版者不按照合同约定期限出版，应当承担民事责任。

图书出版者重印、再版作品的，应当通知著作权人，并支付报酬。图书脱销后，图书出版者拒绝重印、再版的，著作权人有权终止合同。

三、出版者的权利

与其他的相关权相比，出版者对其出版的图书、报刊享有的专有权利，分两个方面：一方面来自著作权人的授权，另一方面来自法律的规定。尤其是图书出版者对其出版的图书享有的专有出版权，就是来自著作权人的授权。如我国《著作权法》第33条规定："图书出版者……按照合同约定享有的专有出版权受法律保护，他人不得出版该作品。"著作权人未授予图书出版者专有出版权的，图书出版者对其出版的图书就没有专有出版权。图书出版者出版改编、翻译、注释、整理、汇编作品的，除了应获得该演绎作品著作权人的授权外，还应当取得被演绎作品著作权人的许可（若被演绎作品已超过著作权保护期或者被演绎的材料不适用于著作权法的除外），还要向演绎作品著作权人和被演绎作品著作权人支付报酬。

报刊社出版发行的报纸或期刊，本身是一种汇编作品，依我国《著作权法》第15条的规定，可依法享有著作权。由于这种权利是著作权，不是相关权，所以，法律未规定报刊社对其出版发行的报纸或期刊享有专有权利。

出版者对其出版的图书或期刊的版式设计享有的版式设计权，也是出版者权的一项内容。该权利是法律赋予的，与著作权人的授权无关。

图书出版者和报刊社取得对作品的出版权和发行权的途径主要有三种：①通过与

著作权人签订出版合同，而取得出版权、发行权；②由著作权人主动向出版社或报刊社投稿取得对所投作品的出版权和发行权；③通过向作者约稿，取得对所约作品的出版权和发行权。

依据出版合同的约定，图书出版者获得的专有出版权包括以下内容：①在合同约定的期限和地域范围内，图书出版者有权出版并发行约定的作品。②在合同约定的期限和地域范围内，图书出版者享有以同种文字的原版、修订版出版图书的专有权利。但该图书脱销后，图书出版者拒绝重印、再版的，著作权人有权终止合同。③图书出版者对其出版的图书的版式设计，享有专有使用权，即有权许可他人使用其版式设计，有权禁止他人使用其版式设计。

报刊社对其编辑发行的报刊享有汇编作品著作权。在编辑作品时，依法可以对所编辑的作品作文字性修改、删节。但对作品内容的修改，应当经作者许可。对其发行报刊的版式设计享有专有使用权，即有权许可他人使用其版式设计，有权禁止他人使用其版式设计。

图书出版者、报刊社对图书、报刊的版式设计权的保护期为 10 年，截止于使用该版式设计的图书、期刊首次出版后第 10 年的 12 月 31 日。

第三节　表演者的权利

一、表演者的定义

关于表演者的含义，多数承认相关权的国家认为，表演者是指表演文学艺术作品的一切演员、歌唱家、演奏者、舞蹈家等，如 1986 年《瑞典著作权法》《日本著作权法》及《德国著作权法》的规定。另一些国家则扩大了"表演者"的范围，如 1985 年《法国著作权法》规定，除表演文学、艺术作品以外，一切杂技演员、马戏演员、木偶戏的表演者等均可视为相关权范围内的"表演者"。1961 年缔结的《罗马公约》对表演者的范围作了折衷性规定。该公约第 3 条将"表演者"解释为"演员、歌唱家、音乐家、舞蹈家和表演、歌唱、演说、朗诵、演奏或以别的方式表演文学或艺术作品的其他人员"，但在第 9 条又允许缔约国"根据国内法律和规章将本公约提供的保护扩大到不是表演文学或艺术作品的艺人"。《知识产权协定》对表演者范围的规定与《罗马公约》一致。

所谓的表演者，指"演员、演出单位或者其他表演文学、艺术作品的人"。可见，表演者是指表演作品的人，而不包括运动员、马戏演员、魔术师等人。尽管演出单位不能登台演出，但它在培训演员、组织演出方面投入大量的人力物力，如果只赋予演员而不赋予演出单位以权利，显然有失公平。一台表演的权利不可能由单个演员来行使，而必须通过演出单位来行使。自然人、法人或非法人组织都可成为表演者权的主体。至于演员与单位之间的关系，可通过合同或章程来解决。

二、表演者的义务

根据《著作权法》第 31、16、38 条的规定，表演者在使用他人作品时，应履行一定的义务，具体包括以下情形：

（1）表演者使用他人作品演出的，应当取得著作权人许可，并支付报酬。演出组织者组织演出的，应当由该组织者取得著作权人许可，并支付报酬。

（2）表演者使用改编、翻译、注释、整理已有作品而产生的作品进行演出的，应当取得改编、翻译、注释、整理作品的著作权人和原作品的著作权人许可，并支付报酬。

（3）表演者依照著作权法使用他人作品的，不得侵犯著作作者的署名权、修改权、保护作品完整权和获得报酬的权利。

2001年修订前的《著作权法》规定，表演者使用他人已发表的作品进行营业性演出，可以不经著作权人许可，但是应当按照规定支付报酬；如果著作权人声明不许使用的，不得使用；表演者为制作录音录像和广播、电视节目进行表演而使用他人作品的，如属未发表作品，应当取得著作权人的许可，并支付报酬；如属已发表作品，可以不经著作权人许可，但应当按照规定支付报酬。上述条款在修改《著作权法》时予以删除。表演者权利的扩充以及义务的缩减是2001年修改《著作权法》的重要成果。为表演者规定了录音制品的复制权、发行权、信息网络传播权，从而使表演者对其权利可以进行更为有效的控制。同时在义务方面，除内容缩减外，还将部分义务交给中介机构和经纪人等演出组织者，使得演出者不必再亲自去获得作品的表演许可权，这可以说是一个很大的进步。2010年修订的《著作权法》沿用了上述规定。2020年修订的《著作权法》在上述规定上增加了职务表演的相关规定，在第40条规定：演员为完成本演出单位的演出任务进行的表演为职务表演，演员享有表明身份和保护表演形象不受歪曲的权利，其他权利归属由当事人约定。当事人没有约定或者约定不明确的，职务表演的权利由演出单位享有。职务表演的权利由演员享有的，演出单位可以在其业务范围内免费使用该表演。

三、表演者的权利

表演者权利，是指表演者依法对其表演所拥有的权利。各国著作权法对于表演者权利内容的规定不尽相同。例如，《日本著作权法》规定表演者享有录音权、录像权、播放权、二次使用唱片权及借贷权等权利。《法国著作权法》规定表演者享有要求尊重其姓名、资格和表演的权利和固定、复制权及向公众传播其表演的权利。1961年通过的《罗马公约》第7条第1款规定，表演者对其表演享有如下权利：①防止未经其同意广播和向公众传播其表演的权利，但若该表演本身就是广播演出或出版录音、录像者例外；②防止未经其同意录制其未曾录制过的表演的权利；③防止未经其同意复制其表演的录音或录像的权利。《知识产权协定》对表演者权利的规定同于《罗马公约》，该协定第14条第1款授予表演者如下权利：①制止未经其同意而对其尚未录制的表演进行录制的权利；②制止未经其同意而复制已录制的内容的权利；③制止未经其同意而通过无线手段播放及向公众传送其表演实况的权利。关于表演者权的期限，《知识产权协定》规定的保护水平远远高于《罗马公约》，但这两个公约都未对表演者的精神权利作出保护。

我国《著作权法》从人身权利及财产权利两方面对表演者的权利作了规定。根据该法第39条的规定，表演者对其表演享有下列权利：

（一）表明表演者身份的权利

无论是在现场表演，还是在制作录音录像制品或播放广播、电视节目时，表演者都有权要求公开其身份。现场表演的，应由报幕员或节目主持人向观众表明每个节目的主要表演者的身份，也可在节目单、海报上印出主要表演者的名单。在电影、电视、广播、音像制品中的表演，应当在节目播映时，同时播出主要演员的名单和演出单位名单。一场演出，如果是由某家演出单位组织并由该单位的人员演出的，如戏剧团表演的戏剧等，则不仅要表明主要演员的身份，演出单位作为法律意义上的表演者也有权表明身份。如果几家演出单位共同举办演出，则每个单位都有权表明身份。

（二）保护表演形象不受歪曲的权利

歪曲表演者的表演形象，会直接损害表演者的名誉、声望，还会给表演者的演出生涯造成难以弥补的危害，影响其经济收入。表演形象是表演者通过其表演所创造出来的一个新形象，对表演形象仅能进行真实地、恰当地利用，不能歪曲、虚假或丑化地利用。表演者有权禁止他人丑化其表演形象，禁止他人未经许可而把其表演形象挪作他用。

（三）许可他人从现场直播和公开传送其现场表演并获得报酬的权利

这是表演者对其表演传播到现场之外的控制权。所谓现场直播，指表演者在进行现场表演时，通过广播电台、电视台将其表演实况同时播出。由于现场直播表演会影响到演出的上座率，减少表演者的收入，因而《著作权法》通过授予表演者许可他人现场直播的权利来保护其经济利益。未经表演者许可而现场直播其表演的，应承担侵权责任。公开传送其现场表演，是指利用一定的技术，通过一定的方式传送表演者的现场表演。

（四）许可他人录音录像并获得报酬的权利

这是表演者对制作音像制品的控制权。非经表演者许可，任何人不得制作其表演的音像制品。以营利为目的将表演录音录像的人，均应请求表演者的许可，并与表演者商定支付报酬事宜，这是毋庸置疑的；而对于非营利性的录音录像，如新闻记者为报道新闻、艺术院校为教学研究的需要而将表演者的表演录音录像，是否应征求表演者的同意，并向其支付报酬，2001 年修订前的《著作权法》制定时认为不必征求表演者的同意，也不必向其支付报酬。而 2001 年修改时有专家认为，录音录像涉及表演者的人身利益，还是应取得表演者的同意为宜，因此《著作权法》将"为营利目的"去掉，并要求无论是否以营利为目的，都应征得表演者同意，并向其支付报酬。另外，关于许可权究竟由表演者个人行使，还是由演出组织行使，可参照许可他人现场直播的有关规定。

（五）许可他人复制、发行、出租录有其表演的录音、录像制品并获得报酬的权利

由于录音录像制品的复制发行出租，表演者的表演机会大大减少，特别是将录音录像制品进行商业性使用的现象对表演者的利益构成极大威胁，因此二次使用费请求权制度的建立实属必要。按照这个制度，用合法制作的录音录像制品进行商业性广播或传送的广播电台、电视台，以提供录音录像节目为主要业务的有线广播电视机构，以及饭店、酒吧、餐馆、茶馆、卡拉 OK 厅等经常使用录音录像制品的行业，均应当向

表演者支付表演者权的二次使用费。

（六）许可他人传播其表演并获取报酬的权利

这是指许可他人通过信息网络，向公众传播其表演，并获得报酬的权利。互联网络是一种新的作品传播方式，这一条款是此次修改新增的内容，也是法律为了适应新科技发展而及时提出的对著作权及有关权利的保护措施。随着新技术的发展，互联网络已走进千家万户，网络传播速度快，传播方式快捷，成本较低，内容可载量大，因此已被普遍运用。但随之而来的就是网络侵权的大量发生，正因为网络已成为信息传播的主要途径之一，网络侵权现象日趋严重。2001年修改的《著作权法》增加了表演者权利内容，加强了对表演者权的保护。2020年在此基础上新增了表演者出租录有其表演的录音录像制品，并获得报酬的权利。

上述第3~6项权利的保护期为50年，截止于该表演发生后第50年的12月31日。

外国人、无国籍人在中国境内的表演，受著作权法保护。外国人、无国籍人根据中国参加的国际条约对其表演享有的权利，受著作权法保护。

第四节 录音录像制作者的权利

一、录音录像制作者的定义

录音录像制作者，是指将声音、形象或两者的结合首次固定于物质载体上的人。前者是指将声音首次固定在物质载体上的人，后者是指将声音和形象首次固定在物质载体上的人。大多数国家都承认自然人与法人均可成为录音录像制作者，并对录音制作者与录像制作者作了区分。日本、德国的著作权法只规定了录音制作者的权利，而未规定录像制作者的权利；法国及我国的著作权法，则对这两者的权利都作了规定。

二、录音录像制作者的义务

录音录像制作者使用他人作品制作录音录像制品时，应履行如下义务：

（1）录音录像制作者使用他人作品制作录音录像制品，应当取得著作权人的许可，并支付报酬。这意味着录音录像制作者制作录音录像制品时，无论他人作品是否发表，都应取得著作权人的许可。就录音录像作品而言，由于其比较真实完整地固定表演的实况，因此它一旦制成，就会影响演出的场次及演员的收入，所以法律规定无论作品是否公开发表，录制者都应征求著作权人的许可。

（2）录音录像制作者使用改编、翻译、注释、整理已有作品而产生的作品，应取得改编、翻译、注释、整理作品著作权人和原作品的著作权人许可并支付报酬。由于原作品及演绎作品均存在著作权，所以录音录像制作者在使用演绎作品时应向原作品及演绎作品的著作权人支付报酬。

（3）录音制作者使用他人已经合法录制为录音制品的音乐作品制作录音制品，可以不经著作权许可，但应当按照规定支付报酬，著作权人声明不许使用的不得使用。

（4）被许可人复制、发行、出租、通过信息网络传播录音录像制品，应当同时取得著作权人、表演者许可，并支付报酬。

（5）录音录像制作者在制作发行作品时，除应尊重作者的权利外，还应尊重表演者的权利,即应当同表演者订立合同,并支付报酬。

三、录音录像制作者的权利

关于录音录像制作者的权利内容,《日本著作权法》规定,录音录像制作者享有复制权、二次使用唱片权、借贷权等权利。《德国著作权法》规定,录音录像载体制作者享有复制和传播权、参与分享的权利。《罗马公约》第 10 条规定,录音制品制作者有权许可或禁止他人对其录音制品的直接或间接录制。

我国《著作权法》第 44 条规定:"录音录像制作者对其制作的录音录像制品,享有许可他人复制、发行、出租、通过信息网络向公众传播并获得报酬的权利……"复制是指对录音录像制品的母带进行的复制业务。发行是指将复制品向公众公开出售或放映。出租是指利用复制品向公众出租并取得租金。通过互联网络向公众传播是指通过互联网络上的网站向不特定的公众传播。《著作权法》增加出租、通过信息网络向公众传播两项权利内容具有非常重要的意义。因为按以前的法律规定,录音录像制作者享有复制、发行两项权利,如果录音录像制作者不是有权经营录音录像制品出版业务的出版社,则录音录像制作者虽可以自己大量复制,却不能向社会公开发行,因此他只能许可出版社行使复制发行权,并同时要求相应的报酬。而出租权和通过信息网络向公众传播权的确立,无疑增大了录音录像制作者权利行使的范围和方式。

另外,2001 年修订前的《著作权法》第 43 条规定:"广播电台、电视台非营业性播放已经出版的录音制品,可以不经著作权人、表演者、录音制作者许可,不向其支付报酬。"这条规定无疑剥夺了录音录像制作者许可他人播放并获得报酬的权利。鉴于目前广播电台、电视台的营业性播放和非营业性播放已经无法截然分开,任何提高收视率的公益或非公益性播放都会增加其广告业务收入,因此在 2001 年《著作权法》修改时将此条改为:"广播电台、电视台播放已经出版的录音制品,可以不经著作权人许可,但应当支付报酬。当事人另有约定的除外。具体办法由国务院规定"。可见著作权法的修改充分考虑到了广播电台、电视台的公众性质,所以对于已经出版的录音制品,不再经过著作权人许可即可使用,但无论是营业性还是非营业性的播放都应当向著作权人支付报酬。同时法律还允许当事人就是否支付报酬另行约定,并考虑到具体情况具体对待的需要,在立法时留有余地,规定具体办法由国务院另行制定。

关于录音录像制作者的权利的保护期限,各国规定不一。《日本著作权法》规定唱片的保护期限从首次固定起经过 20 年届满。《德国著作权法》规定录音录像载体的保护期限从首次出版起经过 25 年消灭;如未出版,则从录音录像载体制作时起经过 25 年消灭。《罗马公约》规定录音制品的保护期限从其被录制的年底起计算,不少于 20 年。我国《著作权法》规定的录音录像制作者的权利的保护期为 50 年,截止于首次制作完成后第 50 年的 12 月 31 日。

外国人、无国籍人在中国境内制作、发行的录音制品,受著作权法保护。外国人、无国籍人根据中国参加的国际条约对其制作、发行的录音制品享有的权利,受著作权法保护。

第五节　广播组织的权利

一、广播组织的定义

广播组织，是指通过无线电波传播由声音或图像或由二者构成的实况或录音制品的人。在我国《著作权法》中，其特指广播电台、电视台。这里的广播电台、电视台仅指那些依法核准，专门从事广播电视节目的制作并面向其覆盖范围内不特定的公众播发图文、声像信息的单位。企事业单位内部和乡镇地方组织为了宣传需要而设立的广播站、电视台不包括在内。

二、广播组织的义务

根据我国《著作权法》第46、47、48条的规定，广播组织在使用他人作品时应履行如下义务：

（1）广播电台、电视台播放他人未发表的作品，应当取得著作权人许可，并支付报酬。这是因为，著作权人对于自己未发表的作品享有发表权、播放权、取得报酬权等权利。著作权人有权以口头或书面的形式决定是否允许广播组织播放其作品以及是否支付报酬，未经许可，广播组织不得擅自使用著作权人未发表的作品。

（2）广播电台、电视台播放他人已发表的作品，可以不经著作权人许可，但应当按照规定支付报酬。该法这样规定的理由是：一是，考虑到著作权人的作品是制作广播电视节目的源泉，如不向其支付报酬，则打击了其创作的积极性，为此广播组织应支付报酬；二是，广播组织的节目制作时间性较强，若规定广播组织在使用已公开发表的作品时也需征求著作权人的许可，则不利于广播组织制作节目进行宣传。所以法律规定通常情况下广播组织可不经著作权人的许可而使用作品。

（3）广播电台、电视台播放已经出版的录音制品，可以不经著作权人许可，但应当支付报酬。当事人另有约定的除外。

（4）电视台播放他人的电影作品和以类似摄制电影的方法创作的作品、录像制品，应当取得制片者或者录像制作者许可，并支付报酬；播放他人的录像制品，还应当取得著作权人许可，并支付报酬。

三、广播组织的权利

广播组织的权利，即广播组织依法对其制作的广播节目所享有的专有权利。《日本著作权法》规定，广播组织享有复制权、再广播权和有线广播权及电视广播的传播权。《德国著作权法》规定，广播企业享有重播权、复制权、有偿使用广播节目的权利。广播组织权，也是《罗马公约》所规定的第三种邻接权，包括：①有权授权或禁止转播他们的广播节目；②有权授权或禁止录制他们的广播节目；③有权授权或禁止复制未经其同意而制作的他们的广播节目的录音或录像，有权授权或禁止复制根据第15条合理使用的规定而制作的广播节目的录音和录像；④有权授权或禁止向公众传播电视节目，如果此类传播是在收门票的公共场所进行的。行使这种权利的条件由被要求保护的缔约国的国内法律确定。《知识产权协定》第14条第3款规定了与《罗马公约》类似的权利："广播组织应有权禁止未经同意而进行的下列行为：录制、对录制品的复制、通过无线广播手段重新播放以及通过电视播放将这样的内容传达给公众。"

根据我国《著作权法》第 47 条的规定，广播电台、电视台享有如下权利：

（1）转播权。广播电台、电视台有权禁止他人未经许可，将其播放的广播、电视以有线、无线方式进行转播。

（2）录制、复制权。广播电台、电视台有权禁止他人未经许可，将其播放的广播、电视录制以及复制。

（3）信息网络传播权。广播电台、电视台有权禁止他人未经许可，将其播放的广播、电视通过信息网络向公众传播。

关于广播组织权利的保护期限，日本规定为 20 年，法国规定为 25 年。《罗马公约》规定对广播节目的保护期限至少应当为 20 年，《知识产权协定》的规定与其一致。我国《著作权法》规定，广播电台、电视台权利的保护期为 50 年，截止于该节目首次播放后的第 50 年的 12 月 31 日。

外国的广播电台、电视台根据中国参加的国际条约对其播放的广播、电视节目享有的权利，受著作权法保护。

■思考题

1. 相关权与著作权有哪些区别与联系？
2. 表演者的权利内容有哪些？
3. 音像制作者权的权利内容有哪些？
4. 广播组织权的权利内容有哪些？

■参考书目

1. 吴汉东等：《西方诸国著作权制度研究》，中国政法大学出版社 1998 年版。
2. 张静：《著作权法评析》，台湾水牛图书出版事业公司 1983 年版。

第八章 著作权限制

■学习目的和要求

　　了解著作权权能限制的原因及类型，领会合理使用、法定许可使用、强制许可使用的适用条件及其相互区别，掌握合理使用的具体情形。

　　著作权的限制，通常是指对著作权人专有权利行使的限制，其功能在于通过对著作权的适当限制，平衡创作者、传播者和使用者的利益，确保公众能接触和使用作品，以促进整个社会科学文化事业的进步。世界各国著作权法之所以对著作权人所享有的著作权进行限制，这是因为：①著作权人在创作作品的过程中，不可避免地吸收前人的劳动成果，在其作品完成后，也应在一定程度上为社会所利用；②任何权利都不是绝对的，权利人在享受权利时，也应承担一定的义务，反映在著作权中，就是公众尊重权利人的劳动成果，也应分享权利人的劳动成果给社会带来的利益；③对著作权进行限制，可防止因权利滥用而妨碍、束缚科学技术的进步和文化的繁荣。著作权限制在广义上分为时间限制、地域限制和权能限制，但一般专指权能限制。本章主要论述著作权权能限制的类型，即合理使用的概念及类型、法定许可的概念及类型、强制许可的概念与特征。

第一节　合理使用

　　合理使用，是指在特定的条件下，法律允许他人自由使用享有著作权的作品，而不必征得权利人的许可，不向其支付报酬的合法行为。

　　合理使用制度经历了由判例法到成文法的演变过程，它肇始于英国判例法。1740～1839年，英国法官在其审判活动中创制了一系列规则，即允许后来作者未经前任作者同意而使用其作品，草创了有关合理使用的范围、功用及法理基础；尔后，这一制度成就于美国判例法。1841年美国法官 Joseph Story 在审理 Folsom v. Marsh 一案中，集以往相关判例法规则之大成，系统阐述了合理使用制度的基本思想，以致后来成为美国立法的基础，并对各国著作权立法产生了深远的影响。后来，《美国著作权法》第107条规定了判断某一行为是否构成合理使用的四条标准：①使用的目的和性质，包括这种使用是具有商业性质或者是为了非营利的教育目的；②有著作权作品的性质；③同整个有著作权作品相比所使用的部分的数量和内容的实质性；④这种使用对有著作权作品的潜在市场或价值所产生的影响。这一标准对其他国家的合理使用立法产生了相当大的影响。

合理使用在我国《著作权法》中也有明文规定。《著作权法》第 24 条规定，在下列情况下使用作品，可以不经著作权人许可，不向其支付报酬，但应当指明作者姓名、作品名称，并且不得侵犯著作权人依照本法享有的其他权利：

1. 为个人学习、研究或者欣赏，使用他人已经发表的作品。在这里作为合理使用主体的"个人"，有的学者认为是指使用者自己，而不能扩展至第三人或者家庭、单位。作出严格的界定对于保护作者的权利固然有利，但是在家庭联系如此紧密的中国，如果将家庭范围内的学习、研究和欣赏也列为非合理使用，在实践中难以施行，就连举证也存在很大的难度，所以我们主张这里的"个人"可以扩充解释为"家庭"，超出家庭范围的使用即属于侵犯他人著作权的行为。为个人学习、研究和欣赏而使用他人已经发表的作品是否要受到数量上的限制，我国《著作权法》对此未作规定，有些国家却规定得更为具体。就复制来讲，捷克、巴西、埃及、墨西哥等国的著作权法均规定以 1 份为合理的，不允许复制多份。也有的国家如冰岛的著作权法认为个人复制 3 份也是合理的。为个人学习、研究和欣赏而使用他人作品的方式主要是复制，但又不限于复制，朗诵、改编、翻译、表演他人的作品都属于使用作品的形式。

2. 为介绍、评论某一作品或者说明某一问题，在作品中适当引用他人已经发表的作品。符合这一情况必须具备的条件如下：①引用的作品必须是他人已经发表的作品；②引用的目的仅限于介绍、评论某一作品或者说明某一问题；③不得损害被引用作品著作权人的利益；④所引用的部分不能构成引用人作品的主要部分或实质部分。

3. 为报道新闻，在报纸、期刊、广播电台、电视台等媒体中不可避免地再现或者引用已经发表的作品。此种情况的引用范围，必须符合报道时事新闻的目的，不允许为制作广播电视节目而大量使用他人的作品，更不允许将他人作品无休止地在新闻节目中播放等规避法律的行为。新闻媒体为报道时事新闻，引用他人已经发表的作品，应基于不可避免的情况下，我国《著作权法》之所以这样规定，是为了遵循《伯尔尼公约》关于"合理使用"的范围的规定。2001 年修改前的《著作权法》没有"不可避免"之规定，超过了《伯尔尼公约》规定的"合理使用"的范围。

4. 报纸、期刊、广播电台、电视台等媒体刊登或者播放其他报纸、期刊、广播电台、电视台等媒体已经发表的关于政治、经济、宗教问题的时事性文章，但作者声明不许刊登、播放的除外。修改前的《著作权法》有关此项的规定为"社论、评论等文章"，此次修正案依照《伯尔尼公约》第 10 条的规定，将此种使用修改为"政治、经济、宗教问题的时事性文章"。

5. 报纸、期刊、广播电台、电视台等媒体刊登或者播放在公众集会上发表的讲话，但作者声明不许刊登、播放的除外。此种情况的公众集会，指的是群众性的政治集会、庆祝活动或纪念性的集会。作者在公众集会上发表的讲话具有公开宣传的性质，刊登或播放这些讲话的目的正是迅速传播，借此扩大宣传范围和影响。但是如果作者认为自己的讲话有可能不完善或有缺陷，需要修改才能传播，则应尊重作者的意思表示。

6. 为学校课堂教学或者科学研究，翻译、改编、汇编、播放或者少量复制已发表的作品，供教学或者科研人员使用，但不得出版发行。这种合理使用的目的在于学校课堂或者科学研究，而并非以营利为目的。因此，带有营利性质的培训班不在此范围之内。此类合理使用的主体为教学科研人员，他们对于使用的资料不得出版发行，使用方法为翻译、改编、汇编、播放或少量复制。关于少量复制，《著作权法》没有明确的数额规定，一般理解为应以课堂教学或科研的需要为准。例如，美国教育考试服务中心（ETS）主持开发了 TOEFL 及 GRE 考试，并将其开发的试题在美国版权局进行了著作权登记。2001 年 1 月，ETS 以侵犯著作权为由，将新东方学校告上法院。新东方学校则辩称其复制的试题是用于课堂教学，应属于我国著作权法规定的"合理使用"。北京市第一中级人民法院一审认为，每一道考题均需多人经历多个步骤并且付出创造性劳动才能完成，具有独创性，属于我国著作权法意义上的作品，应受我国法律保护。新东方学校未经 ETS 许可，以商业经营为目的，以公开销售的方式复制发行了 TOEFL 试题，其使用作品的方式已超出了课堂教学合理使用的范围，其行为已侵犯了美国 ETS 的著作权，应承担相应的法律责任。

7. 国家机关为执行公务在合理范围内使用已经发表的作品。这里的国家机关，指的是国家立法机关、司法机关、行政机关等。其只有在执行公务需要的情况下，法律才允许其自由使用他人已发表的作品，如立法机关为了立法可复制他人已发表的论文，供参与起草或讨论的人学习或参考；司法机关为案件的审理，可复制他人的作品作为书证或供办案人员使用。有关此项规定的使用，2001 年修改的《著作权法》增加了"在合理范围内"的规定。此项规定，对国家机关为执行公务使用他人已发表的作品，进行了一定程度上的限制，有利于保护著作权人的合法权益。

8. 图书馆、档案馆、纪念馆、博物馆、美术馆、文化馆等为陈列或者保存版本的需要，复制本馆收藏的作品。由于上述单位是为广大公众提供免费服务的文化事业单位，不仅为广大公众参加社会文化活动、学习知识、欣赏艺术提供方便，也为作者创作提供参考资料，因此各国著作权法均将此纳入合理使用的范围。这里所指的复制是指：①为了保存版本或为陈列的需要；②以本馆收藏的作品为限，二者缺一不可。同时这种复制的对象既包括他人已发表的作品，又包括他人未发表的作品。但作者已明确表示不发表和不准复制的，则应尊重作者的意思表示，不得进行复制。

9. 免费表演已经发表的作品，该表演未向公众收取费用，也未向表演者支付报酬且不以营利为目的。免费表演必须同时具备两个条件：①表演者不得有任何报酬；②观众及所在单位不支付任何报酬。尽管免费表演无须征得作品权利人同意，也不用向其支付报酬，但必须在表演的过程中注明表演作品的名称、作者的姓名，并保护作品的完整权，以此表示对作者著作人身权的尊重。

10. 对设置或者陈列在公共场所的艺术作品进行临摹、绘画、摄影、录像。这一规定与世界上其他国家著作权法的规定大体一致，也是《伯尔尼公约》所否定的。对艺术作品的合理使用方式也仅限于《著作权法》所允许的临摹、绘画、摄影、录像等非接触性的复制，直接接触的方式如拓印须经著作权人的许可。至于被以上合理使用方式复制后形成的新作品或录像作品能否公开发表或用于其他的商业用途，最高人民法院以复函形式持肯定态度，但我们认为，为保护著作权人的利益，法律应当将其排除在合理使用范围之外，换言之，对室外作品临摹、绘画、拍摄之后的任何营利性使用，都须经过作品著作权人的许可，并向其支付报酬。

11. 将中国公民、法人或其他组织已经发表的以国家通用语言文字创作的作品翻译成少数民族语言文字作品在国内出版发行。我国是个多民族的国家，汉族人口占绝大多数。汉族与少数民族之间在经济、文化上发展不平衡，面对此种现实，法律上允许将已发表的汉族文字作品翻译成少数民族文字作品在国内出版发行作为合理使用，这有利于在少数民族地区推广先进的文化和科学技术知识，促进少数民族地区经济发展和繁荣。根据我国《著作权法》的规定，这种合理使用措施有如下特征：①使用的对象只能是中国作者已经发表的国家通用文字作品；②只能是国家通用文字作品而不能涉及电影、电视等文字以外作品；③翻译成少数民族语言文字的作品只能在国内出版发行。

12. 以阅读障碍者能够感知的无障碍方式向其提供已经发表的作品。将任何一种文字改成盲文，都是一种翻译行为。出于关怀与扶持残疾人的公益性目的，著作权法允许将已发表的作品变换为盲文读物出版，盲文读物的翻译人由此还享有新的独立的著作权。

必须说明的是，上述 12 种限制措施，同样适用于对出版者、表演者、录音录像制作者、广播电台、电视台的权利限制。尽管存在以上限制，但是，根据著作权法有关规定，使用可以不经著作权人许可的已经发表的作品的，不得影响该作品的正常使用，也不得不合理地损害著作权人的合法利益。

第二节　法定许可

法定许可使用，是指根据法律的直接规定，以特定的方式使用已发表的作品，可以不经著作权人的许可，但应向著作权人支付使用费，并尊重著作权人的其他权利的制度。世界知识产权组织编写的《版权和相关权法律术语词汇》将其称为"法定许可证"（Statutory Licence），以别于一般"许可证"（Licence）即许可使用。

法定许可作为对著作权的一种限制措施，在大多数国家的著作权法中都作了明文的规定，但其适用范围有所不同。一般来说，大陆法系国家的法定许可的适用范围要宽于英美法系国家法定许可的适用范围。例如，德国著作权法所规定的法定许可的适用范围，涉及对汇编作品、广播评论、报纸文章的复制和传播。而在英美法系国家，法定许可仅适用于将录音制品再行录音和将已发表的美术作品应用于工业生产部门，很少涉及报刊刊载、表演、制作广播、电视节目等领域。

我国《著作权法》第 25、35、42、46 条对法定许可作了明文规定。与其他国家著作权法关于法定许可的规定相比较，我国《著作权法》规定了一个前提条件——作者声明保留权利者除外，这与国际上通行的法定许可有较大的区别。有学者视此为"准法定许可"，[1] 有其一定的道理。我国《著作权法》规定的法定许可使用主要表现在下列方面：

---

〔1〕 江平、沈仁干等：《中华人民共和国著作权法讲析》，中国国际广播出版社 1991 年版，第 201 页。

第一，作品刊登后，除著作权人声明不得转载、摘编的以外，其他报刊可以转载，或者作为文摘、资料刊登，但应当按照规定向著作权人支付报酬。值得注意的是，有权发表不得转载、摘编声明的主体只能是著作权人，而不是刊登其作品的报纸和杂志，因为报纸和杂志没有专有出版权；如果著作权人未加声明，而报纸、杂志提出声明的，应视为无效。此外，著作权人的声明应当在报纸、杂志刊登其作品时附带刊出，以便于其他报纸、杂志了解著作权人的权利要求。

第二，录音制作者使用他人已经合法录制为录音制品的音乐作品制作录音制品，可以不必征得权利人许可，但应当按照规定向其支付报酬；著作权人声明不许使用的不得使用。

第三，广播电台、电视台播放已经出版的录音制品，可以不经著作权人许可，但应当支付报酬。当事人另有约定的除外。具体办法由国务院规定。

第四，为实施义务教育和国家教育规划而编写出版教科书，除作者事先声明不许使用的外，可以不经著作权人许可，在教科书中汇编已经发表的作品片段或者短小的文字作品、音乐作品或者单幅的美术作品、摄影作品、图形作品，但应按照规定支付报酬，指明作者姓名、作品名称，并不得侵犯著作权人依照本法所享有的其他权利。

法定许可使用与许可使用的主要区别来自作品使用的权源。许可使用是一种"意定授权"，即是由著作权人或其代理人授权他人使用作品；而法定许可使用是一种"法定授权"，即是法律推定著作权人可能同意并应该同意将作品交由他人使用，因而由法律直接规定许可。此外，许可使用的作品多为未发表作品，而法定许可使用一般限于已发表作品。这说明，作品是否发表、何时发表、怎么发表，悉由著作权人"意定"，而对已发表作品的再次使用则可在一定范围内"法定"。这一规定体现了著作权法对发表权的尊重与保护。

合理使用和法定许可作为对著作权的限制措施，有其共同之处，也有区别所在。其相同点表现为：①使用者的目的均侧重于社会公共利益；②使用作品均是他人已发表的作品；③使用他人作品均无须征得权利人的许可。两者的区别表现为：①法定许可的使用者只能是录音制作者、广播电视台和报刊等，而合理使用无主体范围的限制；②法定许可使用须向权利人支付报酬，而合理使用无须支付报酬；③适用法定许可使用时，若权利人声明不许使用的则不得使用，而合理使用无此条件的限制。

第三节　强制许可

强制许可使用，是指在特定的条件下，由著作权主管机关根据情况，将对已发表作品进行特殊使用的权利授予申请获得此项权利的使用人的制度。在国际著作权公约中，又被称为"强制许可证"（Compulsory Licence），属于"非自愿许可"的情形。

强制许可使用制度采用之初，仅适用于对音乐作品录制唱片之情形，即唱片制作人经主管部门的批准，依法要付予补偿金或使用费后，得以利用他人音乐著作物以制作唱片而该著作权人不得拒绝，以后才渐次延及其他领域。[1] 在立法例上，美国 1909 年《著作权法》率先以成文法的形式规定这一制度，1976 年修订《著作权法》时又对此作了系统性规定。随着世界各国经济往来的日益频繁，著作权强制许可制度也逐渐从英美国家扩展至大陆法系国家，如德国、日本、法国、意大利等国，从原来仅限于音乐作品扩展到其他作品，同时它还为两个主要著作权国际公约即《伯尔尼公约》和《世界版权公约》所认可。不过这两个公约的强制许可条款，仅仅承认发展中国家著作权主管机关享有向申请人颁发翻译或复制外国作品的强制许可证的权力。由于程序过于复杂，条件过于严格，因此向这两个公约的主管机构——世界知识产权组织和联合国教科文组织递交通知书，宣布要求享有此种优惠的国家并不多见。自 1971 年两大公约规定对发展中国家给予强制许可翻译或复制外国作品的优惠条款以来，仅有墨西哥、几内亚、突尼斯等少数几个国家要求享有此种优惠制度。

强制许可使用的功能在于借助强制许可证的方式限制著作权人的专有权利，确保公众接触作品、使用作品的可能性，以促进整个社会政治、经济、科学与文化的进步。在西方国家的著作权法中，合理使用对作品的使用人规定有严格的限制条件，使用人能够利用作品的数量极为有限，且著作权人无法从这种传播中收取任何利益。而强制许可使用虽与合理使用同为非自愿许可，但有自己特殊的功用，它在维系著作权人的获酬权的条件下，保证了使用人对作品利用的数量与方式的需要。同时，在一些国家，作者的专有使用权与公众利用作品的需求之间的矛盾往往是通过法定许可制来缓解的。但对于未实行法定许可制的国家（如美国、日本等），解决这一问题则是借助于强制许可使用方式。换言之，强制许可使用具有法定许可使用的替代功能，它均衡了著作权人与使用人两者的利益，实现了保护作者权利与促进科学文化事业发展的立法目的。

强制许可使用与合理使用同属对著作权的限制，其区别在于合理使用无须征得著作权人同意，也不用向其支付报酬，而强制许可使用必须先由使用人以合理条件和理由请求著作权人许可，如著作权人无理拒绝或不作答复，还须向国家有关主管部门申请，由该机关授权许可使用作品，并且须支付报酬。

强制许可使用与法定许可使用的区别在于，法定许可适用于愿意使用法律所规定的作品的特定人，无须经过著作权人同意，但要向其支付报酬，如果著作权人声明不准使用的则不得使用。而强制许可的程序较为繁琐，在向著作权人申请许可未成功时还要向主管部门申请授权，通过强制许可证的形式获得作品使用权，并且同样要向著作权人支付报酬。

我国《著作权法》没有规定强制许可制度，但是由于我国已经加入《伯尔尼公约》和《世界版权公约》，故公约中有关强制许可的规定也可引用。

■ **思考题**

1. 简述合理使用必须具备的要件。
2. 简述法定许可使用的情形。

---

[1] 参见张静：《著作权法评析》，台湾水牛图书出版事业公司 1983 年版，第 230 页。

3. 简述强制许可使用、合理使用及法定许可使用的联系和区别。

■参考书目

1. 吴汉东等：《知识产权基本问题研究》，中国人民大学出版社 2005 年版。
2. 张静：《著作权法评析》，台湾水牛图书出版事业公司 1983 年版。

第九章　著作权利用

■学习目的和要求

　　掌握著作权转让的概念与特征、著作权许可使用和著作权转让的区别，理解著作权转让合同与著作权许可使用合同的内容。

　　所谓著作权的利用，通常指通过著作权的转让、许可使用、质押等方式行使作品著作权之行为。著作权的利用制度，一方面为著作权人实现其财产权利获得报酬提供了渠道；另一方面便利了公众对作品的利用，从而实现了以著作权制度鼓励作者创作，促进作品传播之目的。其范围通常包括著作权的转让制度、著作权的许可使用制度及著作权的质押制度。著作权的利用，实际上指的是著作财产权的利用。本章主要论述著作权转让的概念与特征、著作权许可使用的概念与特征，并对著作权转让合同与著作权许可使用合同的内容进行论述。

第一节　著作权转让

　　著作权的转让，是指著作权人将其作品财产权部分或全部转移给他人所有的法律行为。关于著作权转让法律制度，世界各国的著作权法所作出的规定有所不同。英、美等国视著作权为著作财产权，主张著作权可以全部转让。如《美国著作权法》第201条（a）（1）规定："版权所有权可以全部或部分通过任何转让方式或法律的实施来转移。"《英国著作权法》第36条第3款规定，著作权的转让（不论全部或部分）必须以书面为主，并须经著作权让与人签名盖章。所以，在英、美等国看来，著作权无异于个人动产所有权，可以通过贸易的方式来转移。法国、日本等国也主张著作权可以全部或部分转让，如《法国著作权法》第35条规定："作者可全部或部分地转让对其作品所拥有的权利。"但是，法国、日本等国理论上采取的是二元论学说，它们将著作权分为著作人身权和著作财产权，能够转让的是财产权，而著作人身权由于其不可剥夺性永远保留在著作权人手中。突尼斯等国则主张著作权可以转让，但转让的只能是著作财产权，而且著作财产权的转让只能是部分转让而不能全部转让。德国是主张著作权一元说理论的国家，认为著作人身权和著作财产权是不可分割的有机组成体，由于著作人身权不可转让，则著作财产权亦不能转让，该国著作权的利用采取许可使用方式。

　　我国《著作权法》把著作权的内容分为著作人身权和著作财产权两大部分。既然著作权中存在财产权的内容，就应该允许其转让，特别是我国已加入了《伯尔尼公约》

《世界版权公约》以及《保护唱片制作者防止唱片被擅自复制公约》等，因此法律上允许著作权转让就成为顺理成章的事情。《著作权法》第10条和第27条明确规定了著作权转让法律制度。

著作权的转让具有以下特征：

第一，著作权转让的对象是财产权。我国《著作权法》规定著作权的内容为著作人身权和著作财产权。著作人身权是指作者因创作作品而依法享有的与作品相关的人身权利，这种人身权与作者的人格利益紧密相关，具有永久性、不可剥夺性，自然不能转让。因此，根据我国《著作权法》的规定，著作权转让的对象只能是《著作权法》第10条规定的第5~17项权利。

第二，著作权的转让导致著作权主体的变更。作品的著作财产权自权利人转让给受让人，受让人即成为该作品的著作权人，从而导致著作权主体的变更。但是，这种权利主体的变更不同于财产法中的权利主体变更。在财产法中，财产所有权的原始主体和继受主体不可能对同一标的物享有独立的权利，所有权人转让了其财产即丧失了权利主体资格，而受让人成为财产的所有人。在著作权法中，著作权的原始主体和继受主体可能对同一作品各自分享利益。当然，如果权利人转让作品财产权的全部，受让人则是全部著作权的主体；如果权利人转让的是作品部分财产权，受让人则是部分著作权的主体。

第三，著作权的转让与作品载体所有权无关。一般来说，作品应附着一定的载体，载体既是所有权领域的客体物，又包含着著作权领域的作品。但著作权的转让所涉及的是作品的著作权，与作品载体所有权无关。

第二节　著作权许可使用

著作权许可使用，是指著作权人将其作品许可使用人以一定的方式，在一定的地域和期限内使用的法律行为。著作权许可在各国著作权法中都有相应的规定，但是所使用的概念略有不同。俄罗斯联邦《著作权和邻接权法》将著作权许可称为"财产权的转授"，该法在第30条第2款规定："专有权利转授著作权合同只是许可专有权利获得者以合同规定的某种方式和在合同规定的范围内使用，并赋予专有权利获得者禁止他人同样使用该作品的权利。"《德国著作权法》第31条没有使用"著作权许可"的术语，而使用了"用益权授予"的说法。这里所说的"用益权"实际上就是以任何方式使用著作的权利。

著作权的许可使用和著作权的转让尽管都是著作权使用的方式，但是它们是两种不同性质的行为。将两者相互比较，我们即可了解著作权许可使用的特征：

第一，著作权许可使用不改变著作权的归属，被许可人取得的只是使用权，并不能成为著作权的主体。而著作权的转让，受让人取得的是著作权。

第二，在著作权许可使用中，被许可人只能是自己按照约定方式、地域范围和期限使用作品，不能将所获得的使用权再让渡给第三人，当然著作权人同意的除外。而著作权转让以后，受让人不仅自己可以使用作品，也可以将获得的权利再转让或许可他人使用，受让人有处分权。

第三，在著作权许可使用中，非专有使用权的许可人不可能因权利被侵害而以自己的名义提起诉讼，只有专有使用权的被许可人才能因专有使用权被侵害提起诉讼。而著作权转让中，任何受让人对侵害其财产权利的行为均可提起侵权之诉。

第三节　著作权合同

著作权合同可分为著作权许可使用合同和著作权转让合同。

一、著作权许可使用合同

（一）著作权许可使用合同的概念和特征

著作权许可使用合同，是指当事人之间就著作权的某一权能或多项权能的使用而达成的协议。有权许可他人使用的一方当事人称为许可人，获得授权而使用的一方当事人称为被许可人。著作权许可使用合同具有下列法律特征：

1. 著作权许可使用合同是诺成合同。诺成合同是相对实践合同而言的，只需双方当事人意思表示一致合同即可成立。著作权使用合同的成立，不需要许可人将作品交付对方，只要双方当事人意思表示一致合同即告成立。所以这种合同一般应采取书面形式。

2. 著作权许可使用合同是双务合同。双务合同的特点在于当事人具有履行义务的责任和要求他方履行义务的权利，双方关系具有相互依赖性。著作权许可使用合同是双方当事人都负有义务的合同，合同中应明确双方当事人的权利和义务，这也是著作权许可使用合同的主要条款，一方当事人承担的义务即是对方当事人享受的权利。这种权利义务通过合同确立以后具有法律的约束力，任何一方不得违反自己的义务，否则要承担相应的法律责任。

3. 著作权许可使用合同是有偿合同。有偿合同的特征是当事人取得一定权利须偿付一定的代价。在著作权许可使用合同中，许可人的作品是其智力创造的成果，被许可人进行使用，必须向许可人支付一定的报酬。

（二）著作权许可合同的主要条款

为了让当事人双方能够在合同中更好地明确相互之间的权利义务，使当事人的缔约愿望与实际情况相符，我国《著作权法》第26条规定了著作权许可使用合同应当具备的6项主要条款，这也是著作权许可使用合同的基本内容。

1. 许可使用的权利种类。我国《著作权法》第10条规定，复制权、发行权、出租权、展览权、表演权、放映权、广播权、信息网络传播权、摄制权、改编权、翻译权、汇编权等，可由著作权人许可他人使用，因此，上述权利中的哪些权利许可他人使用，权利人和相对人应在合同中有明确的约定。

2. 许可使用的权利是专有使用权或者非专有使用权。专有使用权是指被许可人取得使用权后，许可人在合同的有效期内，不得将同种使用权许可给第三人，且许可人自己也不能享有此种使用权。非专有使用权是指被许可人取得作品的使用权后，许可人可以在合同有效期间将同种使用权许可给第三人，同时自己也可以享有。由于专有使用权和非专有使用权有着质的区别，因此当事人双方应在合同中明确地约定。没有约定或约定不明确的，根据《著作权法》规定，视为被许可人取得非专有使用权，法律另有规定的除外。对此，《著作权法实施条例》第24条进一步规定，专有使用权的内容由合同约定，合同没有约定或者约定不明的，视为被许可人有权排除包括著作权人在内的任何人以同样的方式使用作品；除合同另有约定外，被许可人许可第三人行使同一权利，必须取得著作权人的许可。

3. 许可使用的范围、期间。许可使用的范围是一个地域概念，是指作品在哪些国家、地区使用。作品被使用的范围与权利人的权益有着密切的关系，因此合同中应有约定。期间是一个时间概念，是指作品许可使用的时间，关于作品使用时间长短，可取决于当事人的约定。

4. 付酬标准和办法。使用作品的付酬标准虽有国家规定，但它有一个幅度，具体多少可由当事人视作品质量等因素加以约定。当然，当事人可以另行约定。关于付酬办法，被许可人可采取向许可人预付部分使用费的办法，也可采用版税或一次付清的付酬办法。

5. 违约责任。著作权许可使用合同依法成立后即具备法律效力，当事人应认真、严格地履行合同的义务。在履行过程中也可能出现违约情况，这就需要当事人在合同中约定，一方当事人违约后，该承担什么样的责任。在著作权许可使用合同履行中，对于许可人而言，可能出现的违约情况有：对许可使用的作品在权利上有瑕疵和未按合同约定的期限交付作品等。对于被许可人而言，可能出现的违约情况有：未按合同支付报酬和不适当地使用作品等。

6. 双方认为需要约定的其他内容。当事人订立著作权许可使用合同，可按国家版权局提供的标准样式逐项填写。当事人还可根据实际情况约定其他内容，如推迟使用或不能使用的办法、修改稿件的授权范围、丢失作品的赔偿、向作者赠送样书和优惠购书的折扣等。另外，根据《著作权法实施条例》第23条的规定，使用他人作品应当同著作权人订立许可使用合同，许可使用的权利是专有使用权的，应当采取书面形式，但是报社、期刊社刊登作品除外。

（三）几种具体的著作权许可使用合同

1. 图书出版合同。图书出版合同是指图书出版者就出版作品并支付报酬等事宜与作者或其他著作权人达成的协议。图书出版合同是著作权许可使用合同中最常见的一种合同形式，其概念有广义和狭义之分。广义的图书出版合同还包括合作出版合同、报刊刊登作品合同、约稿合同等。在此所指的是狭义的图书出版合同。图书出版合同中，一方当事人是作者或其他著作权人，而另一方当事人是出版者，合同的标的是图书出版权的许可使用，当事人之间签订图书出版合同应采用书面形式。合同的主要条款应包括以下几个方面：①合同的当事人。②作品的名称、出版形式。③期限、范围。④主要义务。一般来说，作者或其他著作权人的主要义务有：保证自己是出版作品的著作权人；按照约定的期限交付全部书稿。而出版者的主要义务有：按照合同的约定出版作品；按照合同的约定或法律的规定支付稿酬；对书稿进行编辑出版，不得损害著作权人的著作权；保存好原稿并在作品出版后退还给作者或其他著作权人；作品出版后，应向作者或其他著作权人交付样书若干本；重印、再版作品应通知作者或其他著作权人并支付稿酬。⑤违约责任及其处理办法。此外，根据《著作权法实施条例》第 28 条的规定，图书出版合同中约定图书出版者享有专有出版权但没有明确其具体内容的，视为图书出版者享有在合同有效期限内和在合同约定的地域范围内以同种文字的原版、修订版出版图书的专有权利。

2. 合作出版合同。合作出版合同是指协作者与出版社就分工合作，共同出版某部作品而达成的协议。合作出版合同的主体一方是出版社，另一方不一定是著作权人而往往是负责组稿、供稿的协作人，出版的作品一般是专业图书。

3. 报刊刊登作品合同。报刊刊登作品合同是指著作权人许可报刊出版者刊登其作品，报刊出版者向其支付报酬而达成的协议。报刊刊登作品合同一般不采用书面形式，但承诺期限严格。

我国《著作权法》规定，作者向报纸、期刊社投稿，报社应在稿件发出之日起 15 日内通知著作权人决定刊登，期刊社应在稿件发出之日起 30 日内通知决定刊登。此期限一过，除双方另有约定，著作权人有权将同一作品向其他报社、期刊社投稿。

4. 作品改编合同。作品改编合同是指作者或其他著作权人与改编者就改编权利人的作品和支付报酬等事项而达成的协议。在作品改编合同中，如改编的作品是职务作品，那么作者所在单位也应成为合同的当事人；如改编的作品是合作作品，所有合作人均应成为合同的当事人。

5. 作品翻译许可合同。作品翻译许可合同是著作权人与翻译者就翻译权利人的作品和支付报酬等事项而达成的协议。合同中将翻译的作品译成何种文字应有明确的约定。将国家通用语言文字作品翻译成少数民族文字作品在国内出版发行，属合理使用范畴，无须与著作权人签订作品翻译许可合同。

6. 表演合同。表演合同是指著作权人与表演者就表演者以表演的方式表演权利人的作品并支付报酬而达成的协议。表演合同可采用书面形式，也可不采用书面形式。在表演的过程中应表明作品的名称、作者的姓名。

7. 音像制作者权许可使用合同。音像制作者权许可使用合同是指音像制作者与使用者就许可使用其音像制品和支付报酬而达成的协议。

二、著作权转让合同

著作权转让合同是指著作权人与受让人，就权利人对作品享有的财产权部分或全部的转让而达成的协议。

著作权转让合同转让的只能是著作财产权，而不能是著作人身权，且这种合同是诺成合同、有偿合同、双务合同。

著作权转让合同一般应采用书面形式，合同应包含下列主要条款：

（1）作品的名称。无论是小说原稿、电影剧作或是音乐作品原始作品，著作权转让所涉及的作品名称都必须明确；如果是全部作品，则需要确定用作者创作的原作品名称还是另选名称；是部分作品的，还要标明开始和结尾及其名称。标明作品名称的目的是确定著作权转让的具体标的。

（2）转让的权利种类、地域范围和期间。著作权中的财产权包括复制权、发行权、出租权、展览权、表演权、放映权、广播权、信息网络传播权、摄制权、改编权、翻译权、汇编权等。转让其部分还是全部权利，当事人应在合同中明确约定。转让后使用的地域范围、使用的时间都应有一个明确的界定，以避免发生纠纷。

（3）转让价金。转让价金是转让人因转让权利而应获得的报酬，也是受让人应承担的主要义务。当事人之间约定转让价金，可考虑转让权利种类的多少、使用的地域范围和期间、作品的质量、作品在社会上影响的程度等因素确定。现实生活中，一些权利人通过拍卖这种方式来选择合同的相对人，也可作为约定价金的一种方法。

（4）交付转让价金的日期和方式。交付转让价金是受让人应承担的主要义务。交付转让价金在什么时间交付、分期交付还是一次性交付，当事人都应在合同中约定。

（5）违约责任。违约责任是指一方当事人不履行合同约定的义务，依照合同约定或法律规定而应承担的法律责任。在合同中约定违约责任条款，可避免或减少纠纷，同时也可为发生纠纷后的处理提供依据。

（6）双方认为需要约定的其他内容。

■ 思考题

1. 简述著作权的转让的特点。
2. 简述著作权转让合同的内容。
3. 简述著作权许可使用合同的内容。

■ 推荐书目

1. 刘春田主编：《知识产权法教程》，中国人民大学出版社 1995 年版。
2. 吴汉东主编：《知识产权法》，中国政法大学出版社 2002 年版。

第十章　著作权管理

■学习目的和要求

　　了解著作权行政管理的概念及内容，著作权集体管理的概念、意义及内容。

　　著作权的管理，包括著作权的司法管理、行政管理和集体管理。其中，集体管理是 2001 年修正后的《著作权法》首次明确规定的。本章主要论述著作权行政管理的概念、特征及内容，著作权集体管理的概念、意义及内容。

第一节　著作权行政管理

一、著作权行政管理的概念和特征

　　著作权行政管理，是指国家著作权行政管理机关，代表国家对著作权工作进行管理的行为。我国《著作权法》规定，国家著作权主管部门负责全国的著作权管理工作；县级以上地方主管著作权的部门负责本行政区域的著作权管理工作。

　　在《著作权法》颁布以前，我国著作权的管理主要表现为行政管理，行政管理在当时的历史条件下发挥了极大的作用。尽管《著作权法》现已颁布施行，但著作权的行政管理仍是著作权管理不可缺少的一部分。著作权行政管理的特征主要表现在以下两个方面：

　　（1）著作权行政管理的性质是行政行为。行政行为是指国家行政机关依照法律实施行政权而产生法律效果的行为。著作权行政管理，就是国家著作权行政管理机关依据《著作权法》及相关法规，实施行政权的行为。

　　（2）行政管理工作是以著作权管理为内容，即运用行政手段协调规范版权市场中的各种行政法律关系。

二、著作权行政管理部门的职能

　　我国《著作权法》将行政管理分为中央管理和地方管理。国家版权局作为国务院著作权行政管理部门，主管全国的著作权管理工作；地方著作权行政管理部门主管本行政区域的著作权管理工作。

　　（一）国务院著作权行政管理部门的职能

　　（1）贯彻著作权法律、法规，制定与著作权行政管理有关的办法。此项职能主要指监督和检查《著作权法》实施的情况，向立法部门反映《著作权法》实施过程中存在的问题并提出补充、修改、废止等意见，起草、制定以国务院著作权行政管理部门名义颁布的行政条例、规定、管理办法等文件。

（2）查处在全国有重大影响的著作权侵权案件。国务院著作权行政管理部门查处的侵权行为主要有：在全国有重大影响的侵权行为；涉外侵权行为；认为应当由其查处的侵权行为。上述侵权行为必须是《著作权法》第53条所规定的侵权行为，且这些侵权行为必须是损害了公共利益。

（3）批准设立著作权集体管理机构、涉外代理机构和合同纠纷仲裁机构，并监督、指导其工作。如国家版权局批准成立的"中国音乐著作权协会"，由其从事音乐著作权的集体管理工作。

（4）负责著作权涉外管理工作。如与外国著作权主管部门商谈互相保护著作权问题，参加著作权保护的国际活动，管理涉外版权贸易等。

（5）负责国家享有的著作权管理工作。如负责民间文学作品和丧失著作权作品的使用管理工作等。

（6）指导地方著作权行政管理部门的工作。此项职能主要是：制定要求地方著作权行政管理机关监督实施的有关规定，听取地方著作权行政管理部门的工作汇报，批复地方著作权行政管理部门的请示报告，帮助地方著作权行政管理部门开展工作等。

（7）颁发强制许可证。我国《著作权法》虽还没有明确这一问题，但强制许可制度在《伯尔尼公约》和《世界版权公约》中均有规定，而我国已加入这两个公约，因此国家著作权行政管理部门应具备这一职能。

（8）承担国务院交办的其他著作权管理工作。

（二）地方著作权行政管理部门的职能

地方著作权行政管理部门是指各省、自治区、直辖市人民政府的版权局，属于地方政府行政职能部门，受地方政府领导，与国家版权局无行政隶属关系，但在业务上受国家版权局指导。地方著作权行政管理部门职能主要有：

（1）检查本地区内著作权法的实施情况，了解本地区著作权法实施过程中存在的问题，提出解决问题的建议，并及时向国家版权局反映。

（2）对于发生在本地区的侵权行为，行使行政处罚权。

（3）接待来信、来访，并为著作权人及有关部门提供法律咨询、服务。

（4）宣传、普及著作权法律知识，组织本地区内的各种宣传工作，为各行业部门举办讲座、培训，编写出版有关著作权保护的资料、刊物。

（5）在人民法院需要时，为其处理著作权纠纷案件提供帮助。

第二节　著作权集体管理

一、著作权集体管理的概念和意义

（一）著作权集体管理的概念

著作权集体管理，是指著作权人和与著作权有关的权利人授权有关组织，代为集中管理著作权、邻接权的制度。

从性质上讲，著作权集体管理是一种民事权利管理制度，是信托的一种具体形式。

有关著作权集体管理组织根据著作权人和与著作权有关的权利人的授权，以自己的名义来行使所管理的权利，并在扣除必要的管理费用后将所获得的收益返还给著作权人和与著作权有关的权利人。

著作权集体管理制度是随着复制、传播技术的发展，作品使用形式日趋多样化，使用范围日趋扩大的情势下产生的。著作权人由于时间和精力的限制，无法确切了解自己的作品被何人、何时、何地使用，更谈不上收取报酬，在此情况下，著作权人需要一种组织机构，代表自己解决这些问题，维护自己的合法权益，在此背景下就产生了著作权集体管理制度。该制度起源于法国。1847年，两位法国作曲家和一位作家在巴黎一家音乐咖啡厅发现后者正在演奏他们的作品，于是拒绝为饮料单方面付款，由此引起一场诉讼，结果他们胜诉，并成立世界上第一个管理音乐演奏权的组织，这就是现在的"音乐作者作曲出版者协会"（SACEM）。1926年，18个国家的音乐演奏者协会联合组成了"国际作者作曲者协会联合会"（CISAC）。集体管理作为对著作权管理的一种制度，逐渐被世界各国肯定，在一些国家已相继成立了各种集体管理组织，而且这种管理模式得到了世界知识产权组织领导机构的重视。1989年，世界知识产权组织领导机构指示该组织国际局准备一份研究报告，就在著作权中某些权利的集体管理问题向各国政府提出适当建议。世界知识产权组织著作权和邻接权集体管理顾问小组曾讨论过研究报告的草案，目前该研究报告已由世界知识产权组织国际局用英、法、德、日文出版。从世界各国的集体管理组织情况看，其重点问题表现在以下两个方面：①集体管理组织的法律地位问题。世界各国集体管理组织有两种类型，即民间性的私人团体和官方或半官方的机构。第二次世界大战前只有民间机构，官方或半官方机构于第二次世界大战后出现在东欧国家，后来又发展到讲法语的非洲国家。而西欧的新趋势是，国家加强了对集体管理协会的监督和政府的干预。②集体管理的布局问题。有的国家按作品的分类分别成立协会，而另一些国家则成立一个包括各创作领域的统一的协会。无论采取何种布局，重要的是管理组织的有效工作，否则著作权人的权利就很难得到保障。值得注意的是，著作权管理机构需要相当程度的垄断性，以求工作的有效性。因此应避免一类作品几个协会同时管理的现象出现，否则就会导致重复管理、力量分散、效率降低，给作品的使用者带来种种不便。

（二）著作权集体管理的意义

著作权的集体管理对权利人的权利实现和保护有着重要的实际意义，主要表现在以下几个方面：

1. 协调著作权人与社会公众的利益关系。一般来说，作品使用者有使用作品的需求，但在无法联系权利人时，可能因未能征得权利人的同意放弃使用作品，从而影响作品的传播；此外，也有可能出现作品使用人使用他人作品不支付报酬，损害著作权人合法权益的情形。对于这种矛盾冲突，集体管理可有效地解决这一问题，在保证著作权人利益的前提下，让公众得到大量的文化产品，满足其精神生活的需要。

2. 保证著作权人权利的实现。著作权包括人身权和财产权两个方面，特别是财产权只有在权利人自己使用或许可他人使用的情况下才能实现。而集体管理组织可代表著作权人就作品的使用与使用者谈判、签约、追索使用费等，以确保著作权人的权益。

更重要的是著作权人可以因此避免耗费大量的时间精力，全身心地投入到创作中去。

3. 减少和避免纠纷。集体管理使得使用作品和支付使用费有了便捷的渠道，可以减少和避免许多因此而发生的纠纷。

集体管理组织在维护著作权人的利益方面发挥了重要的作用。例如，中国音乐著作权协会成立于1992年，在经历了著作权集体管理的最初阶段后，积累了大量的服务与维权的经验，受到音乐著作权人的信赖。中国音乐著作权协会为维护音乐著作权人的合法权益，举起法律之剑开辟了一条集体维权之路。一方面，中国音乐著作权协会通过向使用人收取使用费的方式，有效地维护和实现了权利人的经济利益。据统计，仅2004年度，该协会就收取使用费4800万元人民币。另一方面，在权利人的权益受到侵害时，中国音乐著作权协会则会拿起法律的武器维权。从协会成立至2004年年底，共提起法律诉讼36个，涉及的领域包括音像制品的复制发行、现场演出、播放背景音乐、影视剧制作、网络铃声下载、手机内置铃声、学习机示范曲等。所涉案件遍布全国各大中省市。协会通过法律诉讼，直接为著作权人挽回经济损失近500万元。2019年，中国音乐著作权协会国内会员总数突破1万，全年许可收入达到人民币4.04亿元，仅2019年协会办理维权案件就达381件。

二、著作权集体管理组织的建立和职能

（一）著作权集体管理组织的建立

根据2001年修正后的《著作权法》的规定，2004年12月22日国务院第七十四次常务会议通过了《著作权集体管理条例》，并于2005年3月1日起施行。随着2010年《著作权法》的修改，该条例也于2011年1月8日和2013年12月7日进行修改。

根据该条例的规定，著作权集体管理组织，是指为权利人的利益依法设立，根据权利人授权对权利人的著作权或者与著作权有关的权利进行集体管理的社会团体。著作权集体管理组织应当依照有关社会团体登记管理的行政法规和该条例的规定进行登记并开展活动。依法享有著作权或者与著作权有关的权利的中国公民、法人或者非法人组织，可以发起设立著作权集体管理组织。设立著作权集体管理组织，应当具备下列条件：①发起设立著作权集体管理组织的权利人不少于50人；②不与已经依法登记的著作权集体管理组织的业务范围交叉、重合；③能在全国范围代表相关权利人的利益；④有著作权集体管理组织的章程草案、使用费收取标准草案和向权利人转付使用费的办法草案。

目前我国已成立的著作权集体管理组织有中国音乐著作权协会、中国音像著作权集体管理协会、中国文字著作权协会、中国摄影著作权协会和中国电影著作权协会。

（二）著作权集体管理组织的职能

集体管理组织的职能，主要是经著作权人和与著作权有关的权利人的授权，集中行使权利人的有关权利并以自己的名义进行活动。具体表现为：

（1）与使用者订立著作权或与著作权有关的权利许可使用合同。凡著作权法规定的表演权、放映权、广播权、出租权、信息网络传播权、复制权等权利人自己难以有效行使的权利，权利人可交由著作权集体管理组织集体管理。

（2）向使用者收取使用费。

（3）向权利人转付使用费。

（4）进行涉及著作权或者与著作权有关的权利的诉讼、仲裁等。

■思考题

1. 著作权行政管理的内容是什么？

2. 著作权集体管理的内容是什么？

■参考书目

1. 郑成思：《知识产权论》，法律出版社 1998 年版。

2. 韦之：《著作权法原理》，北京大学出版社 1998 年版。

第十一章 著作权法律保护

■学习目的和要求

了解侵犯著作权行为的概念、构成、种类，明确侵犯著作权的法律责任，领会著作权纠纷的调处方式和著作权管理的有关规定。

对著作权进行法律保护，是著作权立法根本目的之所在。为此，我国《著作权法》第1条明确规定："为保护文学、艺术和科学作品作者的著作权，以及与著作权有关的权益，鼓励有益于社会主义精神文明、物质文明建设的作品的创作和传播，促进社会主义文化和科学事业的发展与繁荣，根据宪法制定本法。"这就说明，我国《著作权法》一方面要保护作者的个人利益，尊重作者的人格和愿望；另一方面鼓励传播智力作品，满足和丰富全体人民的精神生活，促进整个社会的发展，协调作者个人利益与社会利益的关系。著作权的法律保护，主要是通过对著作权侵权行为的处理来体现的。本章主要论述著作权侵权行为的概念、类型，侵犯著作权的法律责任，著作权纠纷的解决途径。

第一节 著作权侵权行为的认定

著作权侵权行为，是指未经著作权人的同意，又无法律上的根据，擅自对著作权作品进行使用以及其他以非法手段行使著作权的行为。

侵犯著作权人的行为可以分为直接侵权和间接侵权两种。直接侵权是指不法行为直接侵犯受著作权法所保护的作品，如未经授权复制、发行权利人的作品。间接侵权是指不法行为并未直接侵犯受著作权法保护的作品，但为侵权行为提供条件，从而对著作权造成侵害，如出售非法复制的图书、影碟等。对于侵犯著作权行为的认定，国际上有三种不同的立法体例：①正面规定著作权法保护的内容；②采取概括性的规定，规定任何人侵犯法律所列的专有权，均视为侵权行为，如意大利和美国著作权法的规定；③对哪些是属于侵犯著作权的行为采取详细的列举式规定。我国《著作权法》采用的是第三种方式。根据《著作权法》第52、53条的规定，归纳起来，主要有以下几种：

一、擅自发表他人的作品

擅自发表他人的作品，是指未经作者同意，公开作者没有公开过的作品的行为。此种行为主要侵犯的是作者所享有的著作人身权中的发表权。作品一经作者创作完成，作者即依法取得对其所享有的著作权，至于是否发表、以何种方式发表，是作者行使权利的表现。未经作者同意，擅自发表其作品，即视为侵权行为。

二、歪曲、篡改他人作品

歪曲、篡改他人作品，是指未经作者同意，以删节、修改等行为破坏作品的真实含义的行为。作品是作者思想情感的反映，如作品中人物命运、情节安排和结尾设置都是作者的创作意图，任何人未经许可破坏作品的这种完整性，就是歪曲篡改作品。歪曲、篡改他人作品，侵犯的是权利人所享有的著作人身权。对此各国著作权法均作了明确的规定，任何人未经作者同意，不得删节、修改、补充其原作，或割裂、变更作品的名目予以发表。歪曲、篡改他人作品的主要表现有以下几点：①在改编、翻译、整理、编辑他人作品或者将他人作品摄制成视听作品时，没有按照被利用作品的原意进行利用，歪曲原作的原意；②出版部门对稿件编辑加工时歪曲篡改作品作者的原意；③将作品用于有损作者尊严的场合。歪曲、篡改作品，既侵犯了作者所享有的保护作品完整权，又损害了作者的一般人格权。

三、侵占他人作品

侵占他人作品，是指未经合作作者的许可，将与他人合作创作的作品当作自己单独创作的作品发表的行为。根据我国《著作权法》的规定，合作作者的著作权归合作作者共同享有，任何一个合作作者，在未征得其他合作者的同意的前提下，不得擅自发表合作作品，更不能把合作作品当作自己单独创作的作品发表，否则，一方面侵犯了他人所享有的发表权，另一方面否认了他人的作者资格，非法剥夺了他人对合作作品所享有的著作权。在实践中，这种侵权行为大体分为两种情况：①合作作品创作完成后，合作作者之一或者一部分抢先以自己的名义单独发表作品，侵犯了其他合作作者的发表权；②将已发表的合作作品又经过改编、加工，形成一部新的改编作品后，未经原合作作者的许可就以本人的名义发表，从而侵犯其他合作作者的改编权。

四、强行在他人的作品上署名

强行在他人的作品上署名，是指自己未参加作品的创作，却以种种不正当的手段在他人创作发表的作品上署名。署名权是作者的一种身份权，是基于创作而产生的。自己没有参加创作，为了谋取个人名利，利用权势、地位等因素，强占他人的创作成果，是对作者署名权的侵犯。同时冒充作者资格，以此获得著作权，也侵犯了作者所享有的著作财产权。但是，如果是作者为了扩大自己的影响而要求一些没有参加作品创作的名人在自己作品上署名的，则不以侵权论处。

五、擅自使用他人的作品

擅自使用他人的作品，是指未经著作权人的许可，又无法律上的规定而使用他人的作品。我国《著作权法》规定，擅自使用他人的作品，主要包括以下几种情形：①擅自以展览、摄制视听作品及以改编、翻译、注释等方式使用他人作品的。②擅自出租权利人的视听作品、计算机软件或者录音录像制品的原件或者复制件的。③擅自复制、发行、表演、放映、广播、汇编、通过信息网络向公众传播权利人作品的。

六、拒付报酬

拒付报酬，是指使用他人的作品，而未按规定支付报酬的行为。我国《著作权法》

规定，著作权人对其作品享有著作权，其权利的内容包含人身权和财产权两个方面。获得报酬，是权利人享有的著作财产权的重要体现。因此，使用他人的作品，必须按照规定或约定向权利人支付报酬，否则即是侵犯他人著作财产权的行为。

七、剽窃他人的作品

剽窃他人的作品，是指将他人的作品当作自己创作的作品发表的行为。此种行为表现为两个方面：①完全照抄他人的作品；②在一定的程度上改变他人作品的形式或内容进行剽窃。不过，对于人所共知的历史素材、自然科学常识、地理知识等反映历史事实或客观事实的素材的利用，对于人类社会的共同文化财富的利用，均不属于剽窃。

剽窃是侵犯著作权的一种常见行为，也是最严重的侵权行为。同时这种行为在司法实践中较难认定。在认定剽窃行为时，应将其与形式上类似的行为相互区别：

1. 剽窃与模仿。模仿之作，就文字作品而言，是指参考、借鉴他人作品后进行创造性劳动所获得的作品。模仿则是指依照一定榜样做出类似动作和行为的过程。作者在创作作品的最初阶段，均要借助于模仿，以此吸取经验作为进一步发挥创造性的基础，因此模仿是一种创作方法，不应混同于剽窃。

2. 剽窃与利用著作权作品的思想和观点。任何一种作品都是由思想内容和思想内容的表现形式两个方面组成的。著作权法保护的是思想内容的表现形式而不是思想内容的本身。因此，利用作品中所反映的观点、思想等进行新的创作，法律上是允许的，不能认定是剽窃。

3. 剽窃与合理使用。合理使用是作者利用他人的作品有法律上的依据，是一种合法行为。但是合理使用存在一个尺度或范围问题，超出了法定的尺度或范围，则构成侵权，但并不一定是剽窃。

4. 剽窃与巧合。巧合，是指一部作品包含了另一部作品中的独创性成果，但能证明是其独创的而非复制或剽窃的。由于著作权法保护的独创作品，而非首创作品，因此巧合不能认定为剽窃。

八、侵犯专有出版权和版式设计权

专有出版权，是指出版单位通过与作者订立合同，而在约定的期限或地域内，获得出版作者作品的一种专有权利。专有出版权受法律保护。因此在此前提下，任何人不得出版同一作品。

版式设计权，是指权利人基于对图书、期刊的字体设计、格式的编排等依法享有的专有权。由于设计者在图书、期刊的字体设计、格式的编排等方面付出了创造性劳动，因此，2001 年修正的《著作权法》增加规定了版式设计权。

对于《著作权法》是否规定出版者的装帧设计权，在 2001 年修改时争论较大。一种观点认为装帧设计属于美术作品，是美术作品著作权的范围，不应该是出版社的权利；而另一种观点认为装帧设计是将美术作品用于出版物，如同文字、图案用于商标，外观图案用于工业品外观设计一样，设计人应当将美术作品的著作权转让于出版者。经过讨论，《著作权法修正案草案（2000）》规定的装帧设计权又在最后的修正案中被删除了。所以目前的著作权法只有出版者的版式设计权，而没有装帧设计权。

九、制作、出售假冒他人署名的作品

此种侵权行为的表现形式主要包括以下三种：①自己创作的作品，借用他人的姓名，进行出售；②临摹他人的作品，署以他人的姓名进行出售；③将他人的作品，署以名家的姓名进行出售。不论以何种方式假冒他人的署名，只要未经他人的同意，以营利为目的，即构成侵权。此种行为既侵犯了他人的著作人身权和财产权，也侵犯了他人的姓名权。需要说明的是，该类侵权行为原限于"制作、出售假冒他人署名的美术作品"的行为。2001年修正后的《著作权法》将这一侵权行为延及所有假冒他人署名作品的行为。

十、侵犯相关权

侵犯相关权，是指侵犯出版者、表演者、录音录像制作者权和广播电视组织权。具体表现为：未经出版者许可，使用其出版的图书、期刊的版式设计的；出版他人享有专有出版权的图书的；未经表演者认可，从现场直播或者公开传送其现场表演，或者录制其表演；未经表演者许可，复制录有其表演的录音录像制品，或者通过信息网络向公众传播其表演而未经录音录像制品者许可，复制、发行、通过信息网络向公众传播其制作的录音录像制品的；未经许可播放或者复制或者通过信息网络向公众传播广播、电视的。

十一、其他侵权行为

除上述10种侵权行为外，下列行为也应属于侵权行为：未经著作权人或者著作权有关权利人的许可，故意避开或者破坏技术措施的，故意制造、进口或者向他人提供主要用于避开、破坏技术措施的装置或者部件的，或者故意为他人避开或者破坏技术措施提供技术服务的；未经著作权人或者与著作权有关的权利人许可，故意删除或者改变作品、版式设计、表演、录音录像制品或者广播、电视上的权利管理信息的，知道或者应当知道作品、版式设计、表演、录音录像制品或者广播、电视上的权利管理信息未经许可被删除或者改变，仍然向公众提供的。

计算机软件的开发者为了维护其合法权益，早在20世纪70年代就采用技术上的"加密"措施来防止他人复制其计算机程序，这种加密措施的意义在于"将数字著作物作为一种著作物加以界定，使其得以在网上流通。众所周知，这种技术性措施现在被理解为杜绝擅自复制、保护著作权人的'反复制保护'"[1]。与此同时，一些不法之徒专门从事软件的"解密"并提供给非法复制者来营利。因此，越来越多的国家在20世纪90年代后开始呼吁授权数字作品的著作权人有权禁止他人未经许可而"解密"的行为。《世界知识产权组织版权条约》和《世界知识产权组织表演和唱片条约》均授权各成员国自己通过立法规定以何种方式禁止未经许可的解密等行为。我国《著作权法》2001年修订时增加了此类规定。《著作权法》2020年修改增加第49条和第50条关于技术措施的规定，为保护著作权和与著作权有关的权利，权利人可以采取技术措施。未经权利人许可，任何组织或者个人不得故意避开或者破坏技术措施，不得以避开或者破坏技术措施为目的制造、进口或者向公众提供有关装置或者部件，不得故意为他

---

〔1〕 ［日］北川善太郎："网上信息、著作权与契约"，渠涛译，载《外国法译评》1998年第3期。

人避开或者破坏技术措施提供技术服务。但是，法律、行政法规规定可以避开的情形除外。下列情形可以避开技术措施，但不得向他人提供避开技术措施的技术、装置或者部件，不得侵犯权利人依法享有的其他权利：为学校课堂教学或者科学研究，提供少量已经发表的作品，供教学或者科研人员使用，而该作品无法通过正常途径获取；不以营利为目的，以阅读障碍者能够感知的无障碍方式向其提供已经发表的作品，而该作品无法通过正常途径获取；国家机关依照行政、监察、司法程序执行公务；对计算机及其系统或者网络的安全性能进行测试；进行加密研究或者计算机软件反向工程研究。

在信息时代，删除或更换作者姓名或作品名称事件常常发生。如果不能及时制止上述活动，将会损害作者的人身权利，为此，我国的《著作权法》根据科技发展的现状，增加规定作品及音像制品的权利管理电子信息不得擅自改动，否则构成违法行为。这种规定对于保证网络上信息的真实性和准确性，保护权利人的利益十分必要。《著作权法》2020 年修改时增加第 51 条关于权利管理电子信息的规定，未经权利人许可，不得进行下列行为：故意删除或者改变作品、版式设计、表演、录音录像制品或者广播、电视上的权利管理信息，但由于技术上的原因无法避免的除外；知道或者应当知道作品、版式设计、表演、录音录像制品或者广播、电视上的权利管理信息未经许可被删除或者改变，仍然向公众提供。

第二节　著作权侵权行为的法律责任

侵犯著作权的法律责任，是指侵权行为人违反著作权法的规定，对他人著作权造成侵害时，依法应承担的法律后果。依照我国著作权法规定，侵犯著作权行为应承担的法律责任主要有民事责任、行政责任、刑事责任。

一、民事责任

知识产权法是民法的一个组成部分，著作权是民事权利中的一种。因此，对于侵权行为人，法律要求行为人对受害人承担主要以补偿损失为目的的民事责任。有我国《著作权法》第 52、53 条规定的侵权行为之一的，承担的民事责任是：

（一）停止侵害

停止侵害是指责令正在实施侵害他人著作权的行为人立即停止其侵权行为。无论侵权行为人主观上有无过错，只要在客观上构成了侵权行为，都应立即停止。如出版发行侵权作品的，应立即停止出版发行。

（二）消除影响

消除影响是指责令侵权行为人在一定范围内澄清事实，以消除人们对权利受害人或其作品的不良印象。消除影响是恢复名誉的一种方式。一般而言，侵权行为人在多大范围内给著作权人造成不利影响和损害，就应在多大范围内消除影响。

（三）公开赔礼道歉

公开赔礼道歉是指责令侵权行为人在一定的范围内，向受害人公开承认错误，表示歉意。其具体方式有登报道歉、在公开场所声明或借助其他媒体表示歉意等。侵权行为人拒绝道歉的，人民法院可以强制执行。

（四）赔偿损失

赔偿损失是指责令侵权行为人以自己的财产弥补受害人因其侵权行为而造成的损失。赔偿损失是最常见的民事责任方式，主要适用于对著作财产权的侵害。《著作权法》第 54 条规定，侵犯著作权或者与著作权有关的权利的，侵权人应当按照权利人因此受到的实际损失或者侵权人的违法所得给予赔偿；权利人的实际损失或者侵权人的违法所得难以计算的，可以参照该权利使用费给予赔偿。对故意侵犯著作权或者与著作权有关的权利，情节严重的，可以在按照上述方法确定数额的 1 倍以上 5 倍以下给予赔偿。权利人的实际损失、侵权人的违法所得、权利使用费难以计算的，由人民法院根据侵权行为的情节，判决给予 500 元以上 500 万元以下的赔偿。赔偿数额还应当包括权利人为制止侵权行为所支付的合理开支。例如，1999 年 6 月，可口可乐公司在为"雪碧"饮料播放的广告中使用了《日出》的主题曲。其主题曲的旋律和歌词与太阳神集团使用的、在广东版权局登记的公司企业广告歌《当太阳升起的时候》的旋律、歌词基本相同。2000 年 4 月北京市高级人民法院受理了太阳神集团对可口可乐公司的侵犯知识产权的起诉。2004 年 12 月，根据北京高级人民法院的宣判结果，被告可口可乐公司被判"停止使用侵犯太阳神公司著作权的词曲；在《法制日报》上就其侵犯太阳神公司的广告歌曲行为向广东太阳神集团有限公司刊登声明致歉；并支付赔偿金 44.5 万元、鉴定费 2.5 万元"。

二、行政责任

行政责任，是指国家著作权行政管理机关依照法律规定，对侵犯著作权行为人给予的行政处罚。对著作权侵权行为给予行政处罚的机关只能是国家著作权行政管理部门，其他任何机关都无权行使这种权利。

对于我国《著作权法》第 53 条规定的侵权行为，主管著作权的部门可视其情节，分别给予责令停止侵权行为，予以警告，没收违法所得，没收、无害化销毁处理侵权复制品以及主要用于制作侵权复制品的材料、工具、设备等，违法经营额 5 万元以上的，可以并处违法经营额 1 倍以上 5 倍以下的罚款；没有违法经营额、违法经营额难以计算或者不足 5 万元的，可以并处 25 万元以下的罚款。

三、刑事责任

刑事责任，是指侵权行为人因其侵犯著作权的行为，触犯《刑法》，依照《刑法》而应承担的法律后果。

我国《著作权法》没有规定刑事责任条款，但我国《刑法》规定了侵犯著作权罪。侵犯著作权罪是指以营利为目的，违反著作权管理法规，侵犯他人著作权或者与著作权有关的权利，违法所得数额较大或有其他严重情节的行为。其特征有：

（1）侵犯著作权罪的主体可以是自然人，也可以是单位。

（2）侵犯著作权罪客体是著作权人对其作品所享有的著作权、相关权利人所享有的与著作权有关的权利及国家对文化市场的管理秩序。

（3）侵犯著作权罪的主观方面表现为故意。

（4）侵犯著作权罪的客观方面表现为：未经著作权人许可，以复制发行、通过信息网络向公众传播其作品方式侵犯其著作权的行为；出版他人享有专有出版权的图书，侵犯图书出版者邻接权的行为；未经录音录像制作者许可，复制发行、通过信息网络向公众传播其制作的录音录像作品，侵犯其邻接权的行为；未经表演者许可，复制发行录有其表演的录音录像制品，或者通过信息网络向公众传播其表演的行为；制作、出售假冒他人署名的美术作品的行为；未经著作权人或者与著作权有关的权利人许可，故意避开或者破坏权利人为其作品、录音录像制品等采取的保护著作权或者与著作权有关的权利的技术措施的行为。

　　构成侵犯著作权罪，除了具备上述条件外，《刑法》还将"违法所得数额较大"和"具有其他严重情节"作为犯罪构成必备条件。根据 2004 年 12 月 22 日起施行的《最高人民法院、最高人民检察院关于办理侵犯知识产权刑事案件具体应用法律若干问题的解释》第 5 条的规定，以营利为目的，实施《刑法》第 217 条所列侵犯著作权行为之一，违法所得数额在 3 万元以上的，属于"违法所得数额较大"；具有下列情形之一的，属于"有其他严重情节"，应当以侵犯著作权罪判处 3 年以下有期徒刑或者拘役，并处或者单处罚金：①非法经营数额在 5 万元以上的；②未经著作权人许可，复制发行其文字作品、音乐、电影、电视、录像作品、计算机软件及其他作品，复制品数量合计在 1000 张（份）以上的；③其他严重情节的情形。以营利为目的，实施《刑法》第 217 条所列侵犯著作权行为之一，违法所得数额在 15 万元以上的，属于"违法所得数额巨大"；具有下列情形之一的，属于"有其他特别严重情节"，应当以侵犯著作权罪判处 3 年以上 7 年以下有期徒刑，并处罚金：①非法经营数额在 25 万元以上的；②未经著作权人许可，复制发行其文字作品、音乐、电影、电视、录像作品、计算机软件及其他作品，复制品数量合计在 5000 张（份）以上的；③其他特别严重情节的情形。

　　根据自 2007 年 4 月 5 日起施行的《最高人民法院、最高人民检察院关于办理侵犯知识产权刑事案件具体应用法律若干问题的解释（二）》第 1 条的规定，以营利为目的，未经著作权人许可，复制发行其文字作品、音乐、电影、电视、录像作品、计算机软件及其他作品，复制品数量合计在 500 张（份）以上的，属于《刑法》第 217 条规定的"有其他严重情节"；复制品数量在 2500 张（份）以上的，属于《刑法》第 217 条规定的"有其他特别严重情节"。

　　四、执行措施

　　为了加强对著作权的法律保护，这次修改的《著作权法》在第五章中新增加了执行措施的有关规定，具体包括诉前权利保全、诉前证据保全、人民法院依法处置权。

　　（一）诉前权利保全

　　为了与 WTO《知识产权协定》的有关司法保护的内容相衔接，《著作权法》第 56 条规定："著作权人或者与著作权有关的权利人有证据证明他人正在实施或者即将实施侵犯其权利、妨碍其实现权利的行为，如不及时制止将会使其合法权益受到难以弥补的损害的，可以在起诉前依法向人民法院申请采取财产保全、责令作出一定行为或者禁止作出一定行为等措施。"作出这样的规定，主要是考虑到有时权利人发现了侵权人正在实施侵权行为而想采取制止的行动，但由于行政程序与诉讼的障碍，著作权人或者其他权利人无能为力。因此，为了防止给著作权人或者其他权利人造成不必要的损失，法律授予其起诉前申请权利保全的权利。《著作权法》规定的诉前权利保全包括两个方面，即申请采取责令停止有关行为的措施和申请财产保全的措施。

申请诉前权利保全应符合以下条件：①申请人应是著作权人及其他与著作权有关的权利人与邻接权人，其他人不能行使此项请求权。②提出请求的前提，一是要有证据证明他人正在实施或即将实施侵犯其权利、妨碍其实现权利的行为；二是如不及时制止将会使其合法权益受到难以弥补的损害。③提出请求的时间为在起诉前。④提出请求的对象是各级人民法院。

此项规定是一项程序比较复杂的司法救济程序，除了严格的程序要求外，还有实体要求。这主要是因为著作权及有关权利的行使具有大众传播的性质，起诉前如不对有关权利保全，不利于著作权人以及有关权利人的合法权益的保护，但如果不对这项权利的申请进行严格规定，就容易造成诉前权利保全的不当，同样会给无辜者造成难以弥补的声誉和经济损失，因此法律对诉前权利保全作出慎重规定是适宜的。

（二）诉前证据保全

证据保全是指法院依据申请人、当事人的请求，对可能灭失或今后难以取得的证据，予以调查收集和固定保存的行为。证据保全可以在起诉前，也可以在诉讼中对证据进行调查的过程中。

《著作权法》第57条规定了诉前证据保全的内容。该条确定了诉前证据保全的权利，即为制止侵权行为，在证据可能灭失或者以后难以取得的情况下，著作权人或者与著作权有关的权利人可以在起诉前依法向人民法院申请保全证据。

（三）人民法院依法处置权

我国各级人民法院是我国的审判机关，有权根据事实和法律对侵权案件进行处理。因此《著作权法》第58条规定："人民法院审理案件，对于侵犯著作权或者与著作权有关的权利的，可以没收违法所得、侵权复制品以及进行违法活动的财物。"即人民法院在审理案件时，对于确属构成侵犯著作权或者与著作权有关的权利的行为，人民法院在作出裁判时，可以裁判没收非法所得、侵权复制品以及进行违法活动的财物，使侵权行为人不能再进行侵权活动。此项规定是有关国际公约中强调司法救济的具体体现，也是多年来理论界与实务界呼吁要求从严管理的结果，同时也有利于维护司法权威。

第三节　著作权纠纷的处理

著作权纠纷，是指著作权人与作品使用人或其他任何第三人，就著作权的行使而发生的争执。著作权纠纷主要包括侵权纠纷和合同纠纷两种，前者是指是否构成侵权而发生的争执，而后者则是指在订立、履行著作权合同中产生的争执。根据我国著作权法的规定，解决著作权纠纷的途径有调解、仲裁和诉讼。

一、调解

调解，是指著作权纠纷的当事人在调解组织的主持下达成的和解。

根据我国《著作权法》规定，主持调解的组织是著作权行政管理部门和其他组织。采取调解这种途径处理著作权纠纷完全取决于当事人的自愿。调解组织在调解的过程中，只能采取说服教育的方式，不得以强迫的方式来促使当事人达成协议。当事人之间是否愿意达成协议、达成什么样的协议，取决于当事人的自愿。同时，调解并不是解决纠纷的法定必经程序，调解协议不具备法律效力。达成协议后一方反悔的，当事人可以采取其他途径解决纠纷。

二、仲裁

仲裁，是指仲裁机构依照一定的仲裁程序和法律，对当事人之间的著作权纠纷进行裁决的一种活动。

仲裁机构受理著作权纠纷仲裁申请，应遵循法律的规定。根据我国《著作权法》和《仲裁法》规定，当事人向仲裁机构申请仲裁，其依据是合同中的仲裁条款或事后达成的书面仲裁协议，缺少这一条件，仲裁机构不得受理当事人的申请，可告知当事人向人民法院起诉。仲裁机构对著作权纠纷作出的仲裁，具备法律效力。一方当事人不履行仲裁裁决，另一方当事人可向人民法院申请强制执行。同时，当事人一方认为仲裁机构的仲裁在程序上不符合法律的规定，或仲裁员有贪赃枉法裁判的行为，或仲裁裁决适用法律有错误，可以向人民法院申请撤销仲裁，或向人民法院申请裁定不予执行。除此之外，仲裁裁决是终局裁决，当事人不得就裁决结果向人民法院再行起诉。

三、诉讼

通过诉讼程序解决著作权纠纷，是我国《著作权法》所规定的主要程序。根据我国法律规定，当事人之间因著作权发生纠纷可以直接向人民法院起诉。向人民法院请求保护著作权的诉讼时效期间为 3 年，时效期间起算的时间从著作权人知道或应当知道权利被侵犯时开始。

■思考题

1. 著作权侵权行为有哪些类型？
2. 侵犯著作权的行为应当承担哪些法律责任？

■参考书目

1. 郑成思：《版权法》，中国人民大学出版社 1990 年版。
2. 世界知识产权组织编：《知识产权纵横谈》，张寅虎等译，世界知识出版社 1992 年版。

第三编 专利权法律制度

第十二章 专利权法律制度概述

■学习目的和要求

通过本章学习，了解专利、专利权与专利法的基本含义，掌握专利权及专利法的法律特征。通过考察专利制度的起源与发展，进一步熟悉我国专利制度的历史演变，并掌握专利制度的作用。

第一节 专利、专利权与专利法

一、专利

"专利"英文为 patent，源自英国中世纪国王常使用的"letters patent"，即可以打开的文件。该文件加盖国王印玺，可以任意打开阅读，其名为文件，实为某种特权的象征，后发展为"patent"。汉语"专利"一词在我国最早见于《国语》。西周大夫芮良夫提出："匹夫专利，犹谓之盗，王而行之，其归鲜矣。"这里所说的"专利"指的是通过垄断而牟取暴利的一种行为。[1]

现代意义上的"专利"具有多种含义：①指专利权，即专利为专利权的简称，是指专利权人依法获得的一种垄断性权利。这是"专利"一词在法律上最基本的含义。②指依法获得专利法保护的发明创造本身。通常被称为"专利技术"。③指记载专利技术的公开的专利文献的总和。具体包括记载发明创造内容的专利文献，如专利说明书及其摘要、权利要求书、外观设计的图形或照片等。但一般情况下，"专利"更多地被认为指"专利权"。由此可见，要了解、掌握及运用"专利"这一概念，必须结合具体的场所和情形来判断其特定的含义。

二、专利权

专利权，是指法律赋予专利权人对其获得专利的发明创造在一定范围内依法享有的专有权利。专利权是知识产权法律制度中的一项重要内容，除具备其他知识产权共有的特征外，还具有以下法律特征：

---

[1] 刘春田主编：《知识产权法教程》，中国人民大学出版社 1995 年版，第 139 页。

（一）专利权具有鲜明的独占性

第一，专利权是一种对世权，即专利权人为权利主体，其他人均为义务主体。

第二，专利权是一种垄断性的权利，即发明创造一旦被授予专利权，除法律另有规定外，其他任何单位和个人不得以营利为目的擅自实施该专利，否则就会构成对专利权的侵犯。

（二）专利权的客体具有公开性

向社会公开发明创造是取得专利权的前提条件，即申请人要想取得专利权，就得在专利申请文件中充分、清楚地将发明创造公开。同时，公开发明创造也是申请人取得专利权所必须付出的代价。国家授予发明创造人专利权的最终目的在于保护发明创造，鼓励人们尽可能地向社会公开其发明创造，及时准确地传递和交流所取得的科技成果，促进科技和经济的发展。此外，专利权作为一种财产权，要想得到社会的承认，必须向社会明示权利客体的具体范围。只有公开发明创造才能使人们了解专利的范围，有利于准确、科学地判断侵害专利权的行为，依法维护专利权人的合法权益。专利权的这一特征使其与非专利技术有了明确的划分界限。

（三）专利权具有法定授权性

与其他民事权利相比，专利权是国家专利主管部门依照法定程序审查批准授予的专有权利。世界各国的专利法对于授予专利的条件虽有不同的规定，但均规定发明创造者或者专利申请人须依法向专利局提出申请，经审查合格后才可依法取得专利权。故专利权不是基于发明创造的事实产生，而是基于专利申请人的申请和专利主管部门的审查、批准授权而产生。因此，取得专利权的唯一途径便是依法提出专利申请且经专利主管部门授权。

（四）专利权的效力具有局限性

专利权作为一种法律授予的专有权利，其效力具有一定的局限性。首先，专利权具有地域限制。专利权仅在授权国家或者地区范围内有效。发明人或者设计人要想其发明创造得到其他国家或者地区的专利保护，就得依照相应国家或者地区专利法的规定取得专利权。其次，专利权具有时间限制。专利权作为一种无形财产权，仅在法定时间范围内有效，法定期限届满，财产权利即刻消灭，该技术便进入公有领域。最后，专利权具有权能限制。为了平衡专利权人与国家社会及其他发明创造人之间的利益，各国专利法均不同程度地规定了对专利权的限制，即确认某些使用专利的行为是法律允许的行为。如《英国专利法》规定，属于个人所为且无商业上的目的或为进行与该发明主题有关的实验的行为等，不视为侵害专利权。我国《专利法》第75条的规定亦体现了对专利权人权利的限制。

三、专利法

（一）专利法的概念

专利法，是指调整因确认发明创造的所有权和因发明创造的实施而产生的各种社会关系的法律规范的总称。各国专利法虽存在一定的差异，但一般主要内容基本相同：包括专利权的主体、客体和内容；授予专利权的条件；专利申请和审批程序；专利权的期限、终止和无效；以及专利权的保护等。

（二）专利法的特征

与其他部门法律制度相比较，专利法具有以下特征：

1. 专利法是国内法。专利法只能在制定国发生法律效力。国家主权原则决定了专利法的效力受国家所辖范围的限制，不发生"域外效力"。因此无论专利权人是本国人或外国人，也无论其住在本国或外国，其专利权只在专利授权国发生法律效力。

2. 专利法是特别法。专利法的实质是确认和保护专利权，因此，就专利法与一般民事法律规范的关系而言，专利法是一种特别法，它只适用于有关专利权确认和保护的范畴，而不适用于所有的民事关系。故法律适用时，有关专利权的归属和使用中的法律问题要优先适用专利法的规定，只有当专利法没有规定或规定不明时才可适用民法中的有关规定。

3. 专利法是实体法和程序法的统一。专利法不仅规定了专利的取得、转让、消灭等应具备的实质条件及专利申请人、专利权人应尽的义务，而且还不同程度地规定了取得、实施专利应具备的形式要件，即申请人和专利局应遵守的程序方面的规定。故专利法是实体法和程序法相结合的统一体。

4. 专利法随科技发展而发展。随着科技水平的不断提高和发展，需要给予专利保护的发明创造的范围在不断地扩展，客观上需要专利法不断增加新的保护对象，发展和完善保护范围，以适应科技和社会发展的需要。因此，专利法随着科技发展而发展，不同时期专利法律制度的发展程度标志着不同时期科技发展的水平。

第二节　专利制度的起源与发展

一、专利制度的概念和特征

（一）专利制度的概念

专利制度是依据专利法而形成的保障发明创造人的利益，鼓励发明创造，促进发明创造成果推广应用，从而推动技术进步和经济发展的法律制度。随着科学技术的发展，目前，世界各国普遍建立了专利制度，它已成为国际上通行的一种法律制度。

专利制度的基本内容是依据专利法对申请专利的发明创造进行科学审查，并授予其专利权。同时将该发明创造公之于世，以促进技术信息的交流和技术的有偿转让；从而确保专利权人的合法权益，促进社会进步和发展。

（二）专利制度的特征

由于各国专利立法方式及专利保护手段的不同，不同国家的专利制度各有特点。但从根本上讲，专利制度应具备以下特征：

1. 法律保护。以法律手段保护符合专利条件的发明创造，是专利制度的中心环节。通过专利法规定授予发明创造专利权的条件、范围和程序，确定专利权的基本内容，并以法律的强制力保障专利权人能正常行使专利权，使侵犯专利权的行为受到追究，从而实现建立专利制度的目的。

2. 科学审查。科学审查是指对申请专利的发明创造是否符合授予专利权的条件所进行的全面审查。其中最主要的是对发明创造的实质性技术内容的专利性审查。科学审查是保证专利质量的必要措施。实施审查的人员一般是专利局的审查员，审查的依据是专利法律、法规及有关技术性规定。

3. 技术公开。技术公开是指专利申请人必须以说明书等专利申请文件充分公开申请专利的发明创造，专利局也应向社会公开通报申请专利的发明创造，使社会了解申请专利的发明创造、监督专利权的授予。同时也为公众提供发明创造的信息和利用发明创造的途径。

4. 国际交流。国际交流是指国与国之间，可以通过共同加入的国际公约或双边协议或依照互惠、对等的原则，进行专利技术情报的交换、专利技术的贸易或合作。随着科技发展，国际的技术交流和合作日益频繁，专利国际交流的地位日益重要。

二、专利制度的起源和发展

（一）专利制度的起源

专利制度起源于中世纪的欧洲。商品经济的发展导致了科学技术的日益商品化，当时人们已经意识到拥有先进的技术，就可在市场竞争中取得优势，商品交换关系导致专利制度萌芽产生。为了鼓励发明创造，封建君主及王室成员以特许的形式，通过"letters patent"恩赐商人或工匠在一定的期限内，可以享有独家经营某些产品或工艺的特权，而不受当地封建行会的干预。例如，公元10世纪雅典政府授予一位烹饪师独占使用其烹调方法的特权；1236年英王亨利三世授予波尔市一市民制作色布的专门技术以15年的垄断权；1331年英王爱德华三世授予约翰肯·普以纺织、漂洗和染色技术的特权。当时英国的各种原料非常充足，但缺乏相应的技术，国王授予有一技之长的工匠们一定的特权，以期有利于吸收外国先进技术、促进英国经济发展。但这种特许并不是现代专利法意义上的"垄断权"或"独占权"。专利制度发展史上第一个真正的发明专利产生在意大利。1421年意大利城市国家佛罗伦萨对建筑师伦内莱希发明的"装有吊机的驳船"授予了3年的垄断权。1443年威尼斯通过颁发的第1号专利，标志着近代意义上的专利产生。

1474年3月19日，威尼斯颁布了世界上第一部专利法。该法规定，任何人在本城市制造了本城市前所未有的、新而精巧的机械装置，一俟改进趋于完善以便能够使用和应用，即应向市政机关登记。本城其他人在10年内没有得到发明人的许可，不得制造与该装置相同或者相似的产品。如有任何制造者，上述发明人有权在本城市任何机关告发，该机关可以命令侵权者赔偿100金币，并将该装置立即销毁。依据此法律，威尼斯共和国授予了不少专利。据记载，威尼斯城市共和国曾于1594年授予著名科学家伽利略发明的"扬水灌溉机"以20年的专利权。威尼斯颁布的专利法虽然比较简单，但已包括了现代专利法的基本特征和内容，因此威尼斯被认为是专利制度的发源地，威尼斯颁布的专利法被认为是现代意义上专利法的雏形。

（二）专利制度的发展

威尼斯的专利制度虽不完备，但对中世纪的欧洲有巨大影响，许多国家相继效仿。如英国从1561年到1590年，曾依照与威尼斯专利制度同样的条件，给50多项发明创造授予垄断权。17世纪初，英国女王伊丽莎白一世也多次采用钦赐形式授予发明专利权。1603年，詹姆士即位，他肯定和继承了伊丽莎白的宣言宗旨。他在位时期，正值工业革命前后，议会中新兴的资产阶级代表尝试用立法取代由君主赐予特权的传统。1623 年英国国会通过并颁布了《垄断法规》（Statute of Monopolies），并于 1624 年开始实施。这个法规被认为是具有现代意义的世界上第一部专利法。该法规定了发明专利权的主体、客体，可以取得专利的发明创造，以及取得专利权的条件，专利有效期及专利权被视为无效的情形等。《垄断法规》对后世立法有很大的影响，许多国家在制定专利法时加以仿效，其中的许多原则和制度一直沿用至今。

英国专利制度的产生标志着现代专利制度步入发展阶段。此后，美国于 1790 年、法国于 1791 年、荷兰于 1809 年、奥地利于 1810 年、普鲁士于 1815 年、瑞典于 1819 年、西班牙于 1826 年、智利于 1840 年、巴西于 1859 年、印度于 1859 年、阿根廷于 1864 年、加拿大于 1869 年、德国于 1877 年、日本于 1885 年相继制定和颁布了专利法。到 1900 年，世界上已有 40 多个国家建立了专利制度。与之同时，随着专利制度的发展，迫切需要国与国之间的交流与合作，以拓展专利权的保护范围。因此，1883 年 3 月 20 日，英国、法国、比利时、意大利、荷兰、葡萄牙和西班牙等 14 国在法国巴黎外交会议上签订了《巴黎公约》，成立了国际保护工业产权巴黎联盟。

第二次世界大战后，专利制度趋向于国际化。1967 年签订的《建立世界知识产权组织公约》、1970 年签订的《专利合作条约》及 1973 年签订的《欧洲专利公约》等，使得专利制度的国际化速度进一步加快，也促使专利制度更趋于完善。

在专利制度产生和发展的过程中，对为何建立专利制度有多种理论解说。其中最具有代表性的理论有"财产权论""受益权论""发明鼓励论""发明公开论"以及"防止不当竞争论"等。[1] 这些理论学说尽管有一定的历史局限性，但均从不同的角度解释了设立专利制度的必然性和必要性。了解这些学说，有助于我们对专利制度的全面理解。至于何种学说更科学、更合理，有待学界进一步研讨。

第三节　我国专利制度的产生与发展

一、我国专利制度的产生和形成

我国古代曾有过许多发明创造，如我国是造纸、火药、指南针、活字印刷四大发明的原生地，并且早在 2000 多年前就有对盐、铁、茶、丝、瓷等的垄断性经营制度，但它仅是一种专营制度，不是专利意义上的法律制度。在我国，首次主张建立专利制度的是太平天国时期的洪仁玕。1859 年洪仁玕在其制定的著名的《资政新篇》中指出："倘若能造如外邦火轮车，一日夜能行七八千里，准以自专其利，限准他人仿效。""兴舟楫之利，以坚固轻便捷巧为妙，或用火用力用风，任乎智者自创。""兴器皿技艺，有能造精奇信利者，准其自售；他人仿造，罪而罚之。"并主张"器小者，尝五年，大者尝十年，益民多者，年数加多"。由于太平天国革命失败，上述建立专利制度的改革建议没能实现。

〔1〕 刘剑文、张里安主编：《现代中国知识产权法》，中国政法大学出版社 1993 年版，第 318~321 页；刘春田主编：《知识产权法教程》，中国人民大学出版社 1995 年版，第 147~150 页。

　　我国近代史上第一个专利法规是清朝光绪皇帝 1898 年颁布的《振兴工艺给奖章程》。该章程因"戊戌变法"失败而夭折。辛亥革命后的民国政府于 1912 年 12 月颁布了《奖励工艺品暂行章程》。

　　1944 年 5 月 29 日，国民党政府颁布了我国历史上第一部正式的专利法。该法于 1949 年 1 月 1 日施行，共分 4 章 133 条。其保护对象分为发明、实用新型和新式样专利，并规定了专利申请的主体、条件及专利审查审批的程序等。该法的实施细则于 1947 年 9 月 24 日颁发，并于 1949 条 1 月 1 日施行。

　　中华人民共和国成立以前，中国共产党建立的解放区人民政府也曾颁布过有关鼓励和保护发明创造的行政法规，如《哈尔滨市优待专门技术人员暂行条例》《华北区奖励科学发明及技术改进暂行条例》等，对推动和促进解放区人民的发明创造起到了积极的作用。

二、新中国专利制度的发展

　　中华人民共和国成立后，中央人民政府政务院于 1950 年 8 月 11 日颁布了《保障发明权与专利权暂行条例》，并于同年 10 月颁发了该条例的实施细则；1954 年 5 月 6 日发布了《有关生产的发明、技术改进及合理化建议的奖励暂行条例》；1963 年又颁布了《发明奖励条例》和《技术改进奖励条例》以取代前两个条例。同时取消了专利制度，实行单一的发明奖励制度。"文化大革命"中，我国的专利制度基本上处于虚无状态。1978 年，国家开始正式着手建立我国的专利制度。同年底重新印发了 1963 年颁布的《技术改进奖励条例》并修改颁发了《发明奖励条例》。1979 年 3 月国务院批准起草《专利法》，同年 11 月颁布了《自然科学奖励条例》，正式开始受理发明奖励申请。1980 年 1 月中国专利局成立。至 1983 年我国已依据《发明奖励条例》的规定，批准了 600 多项获奖发明，但客观情况表明，我国急需尽快制定和颁布专利法。1984 年 3 月 12 日，第六届全国人民代表大会第四次会议通过了《专利法》。该法共分 8 章 69 条，自 1985 年 4 月 1 日起施行。1992 年 12 月 21 日，国务院批准颁发了《专利法实施细则》。专利法的颁布和施行是我国专利制度建立并开始运作的主要里程碑，标志着我国专利制度已进入一个新的时期。继 1984 年专利法颁布后，我国专利局颁布了《中国单位或个人向外国申请专利的办法》（已失效）、《关于我国学者在国外完成的发明创造申请专利的规定》（已失效）、《个人申请专利费用减缓办法》（已失效）、《专利管理机关处理专利纠纷办法》（已失效）、《专利代理条例》（已修订）、《企业专利工作办法》（已失效）等部门规章，以配合专利法的贯彻执行。最高人民法院也作出了一系列司法解释，解决专利司法过程中存在的问题。我国并分别于 1992 年、2000 年、2008 年和 2020 年对《专利法》进行了修改。值得说明的是，在建立和完善专利制度的同时，根据科学技术发展的特点和需要，我国对发明奖励制度也进行了完善。我国分别于 1984 年、1985 年、1993 年修订《发明奖励条例》（已失效），于 1984 年、1993 年修订《自然科学奖励条例》（已失效），于 1985 年颁布、1993 年修订《科学技术进步奖励条例》（已失效），2003 年 12 月 20 日国务院修订《国家科学技术奖励条例》（已修订），2009 年施行《国家科学技术奖励条例实施细则》，从而形成了专利制度与发明奖励制度并存的发明创造保护体系。

三、1992 年对《专利法》的修改

（一）《专利法》修改的背景

1984 年《专利法》的颁布和实施，对鼓励发明创造，保证专利权人的利益，促进我国科技进步和社会经济发展，加强对外科技协作和交流，发挥了积极的作用。截至1992 年 1 月，中国专利局已累计受理专利申请 22 万余件，批准专利 8 万余件。专利技术的实施创造了显著的经济效益和社会效益，《专利法》确实也发挥了积极的保障作用。但是由于制定《专利法》时经验的缺乏，《专利法》存在明显的缺陷。随着我国科技水平在短期内的迅速提高，这些缺陷已明显制约着技术发展，使我国许多行业的正常发展受到限制。另外，随着国际技术贸易的发展，专利制度在国际科技及经济交流中的地位日益重要。我国的《专利法》客观上需要与国际专利制度接轨，以保证我国能够履行已加入的国际公约所要求履行的义务。加之，我国在《专利法》的实施过程中已积累了丰富的理论和实践经验。从各方面分析，我国已具备了修改《专利法》的能力和条件。因此，1986 年我国将《专利法》修改列入了国家"七五"立法规划。1988 年初，中国专利局成立了《专利法》修改小组。1988～1991 年形成了《专利法》修改草案，并先后多次广泛征求意见，反复修改。1992 年 9 月 4 日，在第七届全国人民代表大会常务委员会第二十七次会议上，通过并颁布了《关于修改〈中华人民共和国专利法〉的决定》，定于 1993 年 1 月 1 日起施行。同时，经国务院批准修订的《专利法实施细则》于 1992 年 12 月 21 日由中国专利局正式公布。《专利法》的修改标志着我国的专利保护制度日趋完善和成熟。

（二）《专利法》修改的内容

1. 扩大了专利保护的范围。修改了原《专利法》第 25 条的规定，对食品、饮料和调味品、药品和用化学方法获得的物质给予保护。扩大了对专利方法的保护，把方法专利的保护对象从原《专利法》仅保护生产方法扩大到对生产方法和依照该方法生产的产品本身均予保护。

2. 延长了专利保护期限。原《专利法》第 45 条规定，发明专利的保护期限为 15年，实用新型和外观设计专利的保护期限为 5 年，期限届满可申请续展 3 年，均从申请日起算。修正后的《专利法》规定，发明专利的保护期限为 20 年，实用新型和外观设计专利的保护期限为 10 年，均从申请日起计算。

3. 强化了专利权的保护。

（1）对方法专利的保护延伸到依该方法直接获得的产品。原《专利法》规定，任何单位或者个人未经专利权人许可，不得使用其专利方法。修正后的《专利法》规定，任何人未经专利权人许可，既不得为生产经营目的使用其专利方法，也不得为生产经营目的使用、销售依该方法直接获得的产品。使原《专利法》对方法专利的保护进一步延伸到依据该方法直接获得的产品。这一修改符合国际专利立法的习惯和专利法国际发展的趋势。

（2）增加了专利权人的进口权。专利权人的进口权，是指专利权人有权禁止他人未经其许可进口其专利产品或者进口依据其专利方法直接制造的产品的权利。原《专利法》第 11 条仅规定专利权人有权禁止他人在国内生产、销售、使用专利产品的行

为。这意味着非专利权人从国外进口专利产品不构成专利侵权。《专利法》修改后规定，未经专利权人许可任何单位或者个人不得为生产经营目的进口其专利产品或者进口依照其专利方法直接获得的产品。

（3）修改了强制许可的条件。原《专利法》第 52 条规定，发明和实用新型的专利权人自专利权被授予之日起满 3 年，无正当理由没有履行实施专利义务的，专利局根据具备实施条件的单位的申请，可以给予实施该专利的强制许可。修正后的《专利法》第 51 条规定，具备实施条件的单位以合理的条件请求发明或者实用新型专利权人许可实施其专利，而未能在合理长的时间内获得这种许可时，专利局根据该单位的申请，可以给予实施该发明专利或者实用新型专利的强制许可。同时在第 52 条规定："在国家出现紧急状态或者非常情况时，或者为了公共利益的目的，专利局可以给予实施发明专利或者实用新型专利的强制许可。"

（4）完善了对冒充专利的处罚规定。原《专利法》第 63 条规定，假冒他人专利的，依照《专利法》第 60 条的规定处理；情节严重的，对直接责任人员比照《刑法》第 127 条的规定追究刑事责任。修正后的《专利法》增加第 63 条第 2 款的内容，规定"将非专利产品冒充专利产品或者将非专利方法冒充专利方法的，由专利管理机关责令停止冒充行为，公开更正，并处以罚款"。

4. 完善了专利权审批程序。

（1）增设国内优先权。原《专利法》只规定了国外优先权，对本国优先权未作规定。修正后的《专利法》第 29 条增加了国内优先权，即"申请人自发明或者实用新型在中国第一次提出专利申请之日起 12 个月内，又向专利局就相同主题提出专利申请的，可以享有优先权"。同时，将国外优先权的主体扩展到中国人。依原《专利法》第 29 条的规定，只有外国人才可以享有优先权。根据修正后《专利法》第 29 条的规定，外国人和中国人都可享有优先权。

（2）进一步明确了专利申请文件修改的范围。原《专利法》第 33 条规定，申请人可以对其专利申请文件进行修改，但不得超出原说明书记载的范围。修正后的《专利法》规定，申请人可以对其专利申请文件进行修改，但对发明和实用新型专利申请文件的修改不得超出原说明书和权利要求书记载的范围，对外观设计专利申请文件的修改不得超出原图片或者照片的范围。

（3）改授权前的异议程序为授权后的撤销程序。原《专利法》第 41 条规定："专利申请自公告之日起三个月内，任何人都可以依照本法规定向专利局对该申请提出异议……"修正后的《专利法》规定："自专利局公告授予专利权之日起六个月内，任何单位或者个人认为该专利权的授予不符合本法有关规定的，都可以请求专利局撤销该专利权。"将异议程序改为撤销程序，有利于保护专利申请人的利益。

（4）明确了专利权被宣告无效的法律后果。原《专利法》第 50 条规定："宣告无效的专利权视为自始即不存在。"修正后的《专利法》则规定，宣告专利权无效的决定，对在宣告专利权无效前人民法院作出并已执行的专利侵权的判决、裁定，专利管理机关作出并已执行的专利侵权处理决定，以及已经履行的专利实施许可合同和专利权转让合同，不具有追溯力。但是，因专利权人的恶意给他人造成的损失，应当给予赔偿。

四、2000 年对《专利法》的修改

(一) 2000 年修改《专利法》的背景

2000 年 8 月 25 日第九届全国人民代表大会常务委员会第十七次会议通过了《专利法》的第二次修正案。修正后的《专利法》于 2001 年 7 月 1 日生效。《专利法》的第二次修改基于以下背景：1992 年我国《专利法》第一次修改虽然使《专利法》相对趋于科学并能适应《知识产权协定》及专利保护的基本要求，但随着经济和科学技术的迅速发展和改革开放的不断深化，再一次修改《专利法》成为必然。

首先，从国内情况看，我国自 1992 年以来发生了很大的变化：①我们确立了社会主义市场经济体制改革的总体目标即建立社会主义市场经济体制。这个目标的建立对我国专利制度的影响深刻，我们必须对《专利法》中原带有计划经济模式的内容进行修改，使《专利法》适应市场经济发展的需要。②我们要深化各方面的改革特别是国有企业的改革，就必须使《专利法》更有利于调动它们的积极性，更好地保障它们的权益。③科技进步和技术创新的重要性日益显现出来，客观上需要进一步完善专利法，使《专利法》更好地适应社会主义市场经济的需要，更有力地推进科技进步和创新。④我国专利制度发展的时间较短，公众专利意识有待提高，专利侵权的情况比较严重，对《专利法》中的制裁方式和力度等需要进行调整，进一步完善司法和行政执法，加大保护力度。

其次，从国际情况看，20 世纪最后 20 年特别是进入 90 年代以后，经济的全球化和科学技术的快速发展使专利制度在整个国际社会中的地位日益重要，主要表现在：①20 世纪 90 年代以来，在国际贸易中，专利和其他许可贸易的增长速度已经超过了货物贸易；②科学技术已经成为经济增长的主要动力和主要因素，专利保护变得更加重要；③知识产权的竞争已成为市场竞争的一种重要因素；④《知识产权协定》对知识产权保护水平达到前所未有的高度，对我国知识产权保护影响深远。我国《专利法》的第一次修正虽然实现了与《知识产权协定》的协调，但还有一定的差距，我们必须实现现有《专利法》与《知识产权协定》的全面协调。

再其次，从中国加入 WTO 这方面看，中国加入 WTO 必须实现知识产权保护全面的国际接轨，客观上需要对现行知识产权法进行全面的修改，以适应加入 WTO 后知识产权保护的需要。还有，从我国发展的需要看，修改专利法有利于增强专利保护的力度，更好地调动国内广大企事业单位的积极性，提高保护专利的能力和水平，增强专利国际保护的意识，使专利法更好地服务于我国的经济发展。

最后，从中国知识产权法的整体发展来看，作为知识产权法重要组成部分的专利法需要和其他知识产权制度的发展相协调，以促使知识产权制度的全面进步和发展，实现对知识产权的全面保护。

(二) 2000 年《专利法》修改的主要内容

2000 年《专利法》修改涉及的范围包括：新增 4 条，删除 4 条，修改 27 条，共计 35 条（不包括对个别措辞修改的条款）。修改的主要内容如下：

1. 确定专利立法宗旨为促进科技进步与创新服务，为深化改革创造更好条件。为

了适应建立社会主义市场经济体制的需要，特别是国有企业改革的需要，本次《专利法》修改在第 1 条立法宗旨上把原来的"促进科学技术的发展"改成了"促进科学技术的进步和创新"。这样，就从立法宗旨上明确了专利立法的目的，与此相关还修改了以下内容：

（1）修改了全民所有制单位"持有"专利权的规定。原法第 6 条第 1 款的规定为专利"申请被批准后，全民所有制单位申请的，专利权归该单位持有"。这一规定具有明显的计划经济体制特点，反映了国家直接占有、支配国有企业财产的管理模式。为了适应市场经济发展的需要，将原规定修改为，"职务发明创造申请专利的权利属于该单位；申请被批准后，该单位为专利权人。非职务发明创造，申请专利的权利属于发明人或者设计人；申请被批准后，该发明人或者设计人为专利权人。"通过修改取消了"所有人"和"持有人"的区别，为国有企业进行市场竞争提供了机会，有助于发挥国有企业在国民经济中的主导地位。与本条相关还有对合作发明（第 8 条）、申请权转让及专利权转让（第 10 条）、计划许可（第 14 条）等进行了修改。

（2）对职务发明的标准及奖励和报酬进行了修改。我国原《专利法》规定，职务发明的条件有两个：一是执行本单位的任务所完成的发明创造；二是主要利用本单位的物质条件所完成的发明创造。并规定对于职务发明申请专利和取得的专利权归发明人所在的单位，根据我国《专利法》实施的经验和适应科技项目管理体制改革的需要，特别是课题制的实施需要，修正后的《专利法》第 6 条引入了合同优先的原则，允许科技人员和单位通过合同约定主要利用单位物质技术条件完成的发明创造的归属。本条的修改有利于进一步调动科研人员面向市场、按照市场需求自立课题、自筹资金积极开展科研的积极性，同时也有利于使单位闲置的物质资源得到充分地利用。

2. 明确了对职务发明人应当给予奖励和报酬。原《专利法》第 16 条规定，专利权授予后和实施后，单位应当分别对职务发明创造人给予奖励。本次修改将应当"给予奖励"改为"给予合理的报酬"，即"被授予专利权的单位应当对职务发明创造的发明人或者设计人给予奖励；发明创造专利实施后，根据其推广应用的范围和取得的经济效益，对发明人或者设计人给予合理的报酬"。这个修改既有利于调动科技人员开展发明创造的积极性，也有利于调动科技人员实施发明创造的积极性。它使发明人的利益和发明创造的实施紧密结合，有利于促进科技成果早日转换为生产力。对单位而言本规定也更具有强制性和操作性，有利于更好地鼓励发明创造。

3. 加大了专利保护力度，完善了司法和行政执法规定。

（1）增加禁止许诺销售行为的规定。原《专利法》第 11 条规定，专利权被授予后，任何单位或者个人未经专利权人许可，不得为生产经营目的制造、使用、销售、进口其专利产品或者使用其专利方法以及使用、销售、进口依照该方法直接获得的产品。与《知识产权协定》相比，上述规定缺少"许诺销售权"。许诺销售一般认为是指以做广告、在商店橱窗中陈列或者在展销会上展出等方式作出的愿意销售商品的许诺。增加许诺销售权有利于及时制止可能发生的侵权行为，减少专利侵权行为，也有利于与《知识产权协定》接轨。《专利法》修改时在第 11 条增加了有关禁止"许诺销售"行为的规定。

（2）限制未经许可而制造的专利产品的"合法"销售、使用。原《专利法》第62条第2项规定"使用或者销售不知道是未经专利权人许可而制造并售出的专利产品的"，不视为侵犯专利权。这一规定与多数国家专利法的规定不一致，并为未经专利权许可的制造者寻求非法产品的合法销售和使用提供了方便。为此，修正后的条文修改为："为生产经营目的的使用或者销售不知道是未经专利权人许可而制造并售出的专利产品或者依照专利方法直接获得的产品，能证明其产品合法来源的，不承担赔偿责任。"该规定明确了在不知道的情况下使用、销售未经专利权人许可而制造并售出的侵权产品的行为仍然是侵权行为，只是在能够证明其产品合法来源的情况下才能够免除其赔偿责任。

（3）增加诉前的临时措施。《专利法》修改时增加了诉前可采用的临时措施。《专利法》第61条规定："专利权人或者利害关系人有证据证明他人正在实施或者即将实施侵犯其专利权的行为，如不及时制止将会使其合法权益受到难以弥补的损害的，可以在起诉前向人民法院申请采取责令停止有关行为和财产保全的措施。人民法院处理前款申请，适用《民事诉讼法》第九十三条至第九十六条和第九十九条的规定。"

（4）增加关于侵权赔偿数额计算标准的规定。为了使专利权人因侵权所受到的损失能够得到合理赔偿，增加法律的操作性，《专利法》修改时新增加了关于侵权数额计算的规定。《专利法》第60条规定："侵犯专利权的赔偿数额，依照权利人因被侵权所受到的损失或者侵权人因侵权所获得的利益确定；被侵权人的损失或者侵权人获得的利益难以确定的，参照该专利许可使用费的倍数合理确定。"

（5）规定对假冒他人专利行为的行政处罚。原《专利法》第63条规定，假冒他人专利的，依照《专利法》第60条规定处理，即作为专利侵权纠纷进行处理；情节严重的，对直接责任人员比照刑法有关条款追究刑事责任。但对不构成犯罪的行为，只作为专利侵权行为处理似乎偏轻。从维护正常的社会经济秩序和维护他人合法权益角度讲，对尚未构成犯罪的假冒他人专利的行为，行为人除了承担民事责任外，还应受到行政处罚。因此，《专利法》第58条对上述规定修改为："假冒他人专利的，除依法承担民事责任外，由管理专利工作的部门责令改正并予公告，没收违法所得，可以并处违法所得3倍以下的罚款，没有违法所得的，可以处5万元以下的罚款；构成犯罪的，依法追究刑事责任。"

（6）明确了省、自治区、直辖市人民政府管理专利工作的职能。我国在长期的专利管理工作中培养了大批专利管理队伍，在专利管理方面取得了一定的成绩。为了促进地方专利管理和行政执法工作，修正后的《专利法》规定，省、自治区、直辖市人民政府管理专利工作的部门负责本行政区域内的专利管理工作。这为发挥地方专利管理的作用，强化专利管理职能奠定了基础。

4. 优化、完善专利审批和纠纷处理程序。

（1）取消了撤销程序。为了进一步简化程序，避免因程序重复而导致专利权长期处于不稳定状态，并消除撤销程序对无效程序的干扰，这次《专利法》修改删去了撤销程序。

（2）规定实用新型和外观设计的复审和无效由法院终审。《知识产权协定》第32

条规定，撤销专利或宣布专利无效的任何决定，均应提供机会给予司法审查。由于历史原因，我国原《专利法》规定，对实用新型和外观设计专利申请的确权和宣告无效，复审委员会的决定是终局决定。为了充分保护当事人的合法权益，并与《知识产权协定》的精神一致，《专利法》修改该规定为对实用新型和外观设计专利申请的确权和宣告无效均由人民法院终审。

（3）简化转让专利权和向外国申请专利的手续。此次修改后的《专利法》规定转让专利申请权或者专利权的合同经专利局登记即生效，公告不再是合同生效的条件；并删除了关于我国单位和个人向外国申请专利应当经国务院有关主管部门同意的规定。这些修改有利于我国的单位和个人向外国申请专利和保护自己的利益。

（4）明确了提交国际专利申请的法律依据。按照《专利合作条约》的规定，我国《专利法》修正中增加了关于国际专利申请的相关规定，旨在方便发明人提出专利申请，保护自己的合法权益。修正后的《专利法》第20条作了明确的规定。

（5）与审批程序相关的其他规定。除上述规定外，这次《专利法》修改还对外观设计专利性的条件（第23条）、提交外国检索和审查结果资料（第36条）、专利权的生效日期（第39、40条）及无效程序第三人参加诉讼和诉讼时效（第46条、第62条）等作了修改和调整。

5. 扩大开放迎接入世，与《知识产权协定》更趋一致。为了使我国的专利法律制度与《知识产权协定》一致，强化专利的保护意识，本次《专利法》修正案根据《知识产权协定》作了如下规定：规定了专利权人有权禁止他人未经允许进行许诺销售行为；规定了实用新型和外观设计申请或专利复审的终局裁决权在人民法院；完善了强制许可的条件。通过这些修改使我国的《专利法》和《知识产权协定》更加协调。

6. 建立科学高效廉洁务实的专利审批和专利工作队伍。在《专利法》修改中进一步明确了国务院专利行政部门应当及时审结申请案件。《专利法》第21条规定，国务院专利行政部门、专利复审委员会应当按照客观、公正、准确、及时的要求，依法处理有关专利的申请和请求。并明确管理专利工作的部门不得参与专利产品的经营活动，从严要求专利工作队伍。如：第66条规定，管理专利工作的部门不得参与向社会推荐专利产品等经营活动。并对违法违纪者规定了纪律和法律惩处措施；第19条增加规定了专利代理机构应当遵守法律、行政法规，遵守职业道德；第67条规定了从事专利管理工作的国家机关工作人员玩忽职守、滥用职权等应受到的处罚。

五、2008年对《专利法》的修改

（一）2008年修改《专利法》的背景

随着经济全球化的深入和科技进步，知识产权制度作为鼓励和保护创新、促进经济社会发展的基本法律制度，地位日益重要，作用更加突出。为了更好地适应国际国内形势发展的需要，及时解决我国专利制度运作中存在的问题，更有效地发挥专利制度促进我国自主创新和经济社会发展的重要作用，第三次修订专利法的工作于2005年启动。再次修改涉及专利授权条件、专利权利归属及职务发明创造奖励制度、专利权滥用行为的法律限制、专利侵权判定标准及效力例外、专利间接侵权、遗传资源来源披露以及无效宣告程序等问题。2008年12月27日第十一届全国人民代表大会常务委员会第六次会议通过了《关于修改〈中华人民共和国专利法〉的决定》，第三次修改了《专利法》，新法自 2009 年 10 月 1 日起施行。

（二）2008 年修改《专利法》的主要内容

1. 对立法宗旨进行完善。以建设创新型国家为导向，提出了鼓励发明创造，推动发明创造的应用，提高创新能力，促进科学技术进步和经济社会发展的立法宗旨。

2. 提高了发明和实用新型专利的授权标准，对专利授权的新颖性条件采取了绝对新颖性标准。

3. 提高了外观设计专利的授权标准，提高外观设计专利授权门槛。

4. 对于利用生物遗传资源申请的专利，增加了披露来源的义务。

5. 完善了强制许可制度。对涉及公共健康危机的药品专利、不实施专利、影响公共利益以及妨害竞争的专利，规定了强制许可。

6. 为了防止重复授权，解决发明和实用新型专利的交叉问题，明确了一个技术或设计方案只能授予一种形式的专利权。

7. 简化了专利申请及审批手续。取消了涉外代理机构的限制，并鼓励向国外提出专利申请。

8. 完善了专利侵权判断的标准，进一步明确了不视为专利侵权的情况。

9. 加强了专利行政执法力度。

10. 完善了专利侵权诉讼中的证据保全制度和诉前禁令制度。

六、2020 年对《专利法》的修改

（一）2020 年修改《专利法》的背景

为切实解决我国专利市场"维权难""赔偿数额低""专利转化率低"等问题，进一步推进自主创新、优化营商环境，更好地维护专利权人的合法权益，增强创新主体对专利保护的信心，充分激发全社会的创新活力，我国于 2014 年启动了对《专利法》的第四次修订工作。此次修改的重点内容主要涉及加强对专利权人合法权益的保护、促进专利实施和运用以及完善专利授权制度三个方面。2020 年 10 月 17 日通过的《全国人民代表大会常务委员会关于修改〈中华人民共和国专利法〉的决定》表明，修改后的《专利法》自 2021 年 6 月 1 日起施行。

（二）2020 年修改《专利法》的主要内容

1. 扩大了外观设计专利保护范围。将针对产品局部进行的外观设计纳入到可授予专利权的范围。

2. 完善职务发明制度。明确单位对职务发明创造申请专利的权利和专利权的处置权利。鼓励单位实行产权激励，采取股权、期权、分红等方式，使发明人或者设计人合理分享创新收益。

3. 引入诚实信用原则。规定申请专利和行使专利权应当遵循诚实信用原则。

4. 增加了不丧失新颖性的法定情形。在国家出现紧急状态或者非常情况时，为公共利益目的在申请日以前 6 个月内首次公开的，不丧失新颖性。

5. 缩小原子核变换领域可授予专利权的范围。将"用原子核变换方法获得的物质"修改为"原子核变换方法以及用原子核变换方法获得的物质"。

6. 新增外观设计国内优先权制度。规定自外观设计在中国第一次提出专利申请之日起 6 个月内，又向国务院专利行政部门就相同主题提出专利申请的，可以享有优先权。

7. 修改了主张优先权的程序性规定。

8. 延长了外观设计专利权的保护期限。将外观设计专利权的期限由"十年"延长至"十五年"，使其与《工业品外观设计国际注册海牙协定》中的规定保持一致。

9. 新增发明专利期限补偿制度。

10. 新增新药上市审评审批专利期补偿制度。

11. 新增专利开放许可制度。

12. 完善专利权评价报告制度。规定被控侵权人也可以主动出具专利权评价报告。

13. 加强了专利侵权行政保护力度。对假冒专利的行为，将行政处罚罚款金额从违法所得的 4 倍提高为 5 倍；没有违法所得或违法所得在 5 万元以下的，罚款金额从 20 万元提高到 25 万元。

14. 赋予国务院专利行政部门一定的处理专利侵权纠纷的职责。

15. 引入惩罚性赔偿制度。故意侵犯专利权，情节严重的，可以在按照上述方法确定数额的 1 倍以上 5 倍以下确定赔偿数额。

16. 提高法定赔偿数额。将侵犯专利权的法定赔偿数额幅度由 1 万元以上 100 万元以下调整为到 3 万元以上 500 万元以下。

17. 新增举证责任转移制度。在确定赔偿数额时，在权利人已经尽力举证，而与侵权行为相关的账簿、资料主要由侵权人掌握的情况下，可以责令侵权人提供与侵权行为相关的账簿、资料。

18. 完善诉前保全制度。进一步明确和限定了申请诉前禁令、诉前财产保全的条件，增加了"妨碍其实现权利"的内容，专利权人或者利害关系人可以在起诉前依法向人民法院申请保全证据。

19. 修改专利侵权诉讼时效的规定。侵犯专利权的诉讼时效由"两年"修改为"三年"，自专利权人或者利害关系人知道或者应当知道侵权行为以及侵权人之日起计算。

20. 新增药品专利链接制度。侵害他人专利权的药品禁止上市；药品行政审批程序最终完成要等待法院侵权判定结果；除专利侵权诉讼之外，药品上市期间专利纠纷可以请求国家知识产权局裁决。

21. 针对行政机构改革做了适应性修改，并明确了专利行政部门加强专利信息服务的职责。

第四节　专利制度的作用

从专利制度的产生和发展可以看出，不同时期的专利制度，不仅对促进科学技术发展，保护发明创造者的利益，协调因发明创造的投资、收益、利用及转让而产生的各种社会关系，维护商品经济秩序具有积极的作用，而且对整个人类社会的进步产生了巨大的推动作用。我国专利制度对鼓励发明创造，促进我国科技进步和经济发展以及对外科技交流和经贸往来，同样发挥了积极重要的作用。在我国社会主义市场经济条件下，专利制度作为保护发明创造的手段，必将对繁荣社会主义市场经济，加速我国现代化进程发挥更大作用。根据我国《专利法》第1条之规定，专利制度的作用和意义主要表现为以下几方面：

一、鼓励发明创造

发明创造是人类智力劳动的结晶，亦是人类的一种精神和物质财富。因此，对发明创造的保护和鼓励程度往往标志着社会的文明进步程度。从我国具体情况看，专利制度首先是对发明人的智力成果予以承认和保护。在物质利益方面，专利制度依法确认和保护专利权人享有制造、使用、销售、进口其专利产品、使用专利方法或使用、销售、进口依照专利方法直接获得的产品的权利。在许可他人实施或转让他人使用时，有权获得报酬。在精神利益方面，不论发明创造的专利权为发明人所有还是发明创造单位所有，发明人的人身权均受法律保护，在专利文件和专利证书上都应写明发明人姓名，以确认其身份。这就意味着发明创造人的智力成果得到了社会的肯定和法律的保护，从而调动了个人和单位从事发明创造的积极性。

二、推动发明创造的应用

确立专利制度旨在保障科学技术成果应用，通过建立技术市场，加速发明创造成果的转化。只有这样，才能发挥发明创造巨大的经济效益和社会效益。对此，我国《专利法》一方面将发明创造专利的制造、使用、许诺销售、销售和进口的权利作为专利权人的独占权加以保障，以调动发明创造人推广应用其发明创造成果的积极性；另一方面又规定了专利实施的强制许可，以利于打破技术封锁，避免科研工作的重复劳动，维护国家和社会的整体利益。此外，我国《专利法》还设置了专利实施的特别许可制度：《专利法》第49条规定国有企业事业单位的发明专利，对国家利益或者公共利益具有重大意义的，国务院有关主管部门和省、自治区、直辖市人民政府报经国务院批准，可以决定在批准的范围内推广应用，允许指定的单位实施，由实施单位按照国家规定向专利权人支付使用费；第50条第1款规定专利权人自愿以书面方式向国务院专利行政部门声明愿意许可任何单位或者个人实施其专利，并明确许可使用费支付方式、标准的，由国务院专利行政部门予以公告，实行开放许可。这些规定，既充分体现了专利制度促进发明创造推广应用的立法宗旨，又为发明创造的推广应用提供了可靠的法律制度上的保证。

三、促进科学技术进步创新和经济社会发展

科学技术是第一生产力，振兴经济首先要振兴科技，而要保证科学技术对经济发展的促进作用，就必须要有促进和保障科学技术进步和创新的专利制度。提高创新能力，促进科学技术进步和经济社会发展是专利制度追求的目标，授予发明创造人以专利权则是实现这一目标的重要途径。专利制度首先能够促进技术信息的公开和交流。专利申请批准后，专利机关所公布的专利说明书是最迅速、最详细、最可靠的技术情报。它可使所有单位和个人及时了解到国内外科学技术发展的最新信息，有利于进一步进行科学技术研究，避免因重复研究而造成不应有的浪费。其次，专利制度保障专利权人就其发明创造专利所享有的物质利益，有利于回收科学技术研究的投资，便于科学技术研究得到良性循环，也有利于促进科研工作者大胆创新。最后，通过创新促进企业的技术创新能力，使我国能早日拥有一大批具有自主知识产权的技术成果。

四、促进国际技术交流与合作

科学技术成果是全人类智慧的结晶。在世界上没有任何一个国家能够在所有的技术领域中始终处于领先地位。在当今大多数国家进行贸易和技术交流的过程中，专利制度已成为必不可少的保障手段。我国已步入社会主义市场经济，建立健全完善的专利制度，不仅为外国人在我国申请专利或者转让新技术提供了可靠的法律保障，便于技术贸易的扩展和交流，而且有利于我国的发明创造在国外申请专利和出口技术，有助于维护我国和我国企业在国际经济交往中的利益。

■ 思考题

1. 什么是专利、专利权和专利法？
2. 什么是专利制度？其为何最早会出现在欧洲？
3. 我国专利法历次修改的背景和修改的主要内容是什么？
4. 专利制度的作用是什么？

■ 参考书目

1. 郑成思主编：《知识产权法教程》，法律出版社 1993 年版。
2. 吴汉东主编：《知识产权法》，中国政法大学出版社 2004 年版。
3. 刘春田主编：《知识产权法教程》，中国人民大学出版社 1995 年版。
4. 黄勤南主编：《知识产权法教程》，中国政法大学出版社 2001 年版。

第十三章 专利权客体

■学习目的和要求

通过本章学习，掌握专利权客体的内容及各自的概念与特征，重点理解专利权客体之间的区别，并熟悉不授予专利权的发明创造的具体情形。

专利权的客体，也称专利法保护的对象，是指能取得专利权，可以受专利法保护的发明创造。因世界各国关于专利权客体的内涵和外延认识不一，反映在立法上，对发明创造给予专利保护的范围和方式不尽相同。大体有三种情况：①多数国家专利权的客体仅指发明；②发明、实用新型和外观设计均给予专利保护，但专利法仅保护发明，实用新型和外观设计由专门的立法进行保护；③以发明、实用新型和外观设计作为专利权的客体由统一的专利法保护。我国属于最后一种情况。我国《专利法》第2条第1款规定："本法所称的发明创造是指发明、实用新型和外观设计。"由此可见，作为我国专利权客体——发明创造包括发明、实用新型和外观设计。

第一节　发　明

一、发明的概念和特征

（一）发明的概念

一般意义上的发明，是指通过智力劳动创造或设计出的前所未有的东西。我国古代的四大发明：造纸、指南针、印刷术、火药均属于发明。在社会发展和进步的历程中，人们首先创造出的各种物品也都属于发明。可见发明就是一种前所未有的创造成果。但对于专利法意义上的发明，各国专利法及学术界有不同的解释。例如，《日本专利法》第2条规定："发明是指利用自然规律的技术构思的高度创造。"《美国专利法》第101条称发明为"任何新颖而适用的制法、机器、制造品、物质的组合，或者任何新颖而适用的改进"。世界知识产权组织（WIPO）1979年公布的《发展中国家发明专利示范》认为，"发明是发明人的一种思想，是利用自然规律解决实践中各种问题的技术方案。"我国《专利法》第2条第2款规定："发明，是指对产品、方法或者其改进所提出的新的技术方案。"以上定义表明了专利法意义上的发明具有特定涵义。

（二）发明的特征

1. 发明是一种技术方案。这种技术方案是发明创造人利用自然规律的结果，是发明人将自然规律在特定技术领域的结合和应用。它不是自然规律本身，也不是单纯地揭示自然规律的理论认识和创新。单独地揭示自然规律的思想是发现而不是发明。

2. 发明是一种具体的技术方案。发明应能够解决特定的技术难题，具有一定的实用性，它不是单纯地提出课题或者设想。虽然专利法并不要求发明必须是已经完全实施或已转化为客观存在的产品，但这个技术方案必须是科学的，行之有效的，即只要发明人付诸行动，就可以通过该方案取得一定的效益。就此而言，法律不保护人们的思想意识，单纯存在于大脑中的技术构思或设想不是专利法意义上的发明。

3. 发明必须是一种新的技术方案。专利法意义上的发明与现有技术相比较必须是前所未有的，并且创造性要达到一定的高度。无论是独立开拓性的发明，还是在现有技术基础上作出的改进发明，其与现有技术比较必须有实质性的显著进步。

4. 发明必须是一种符合法律要求的技术方案。专利法所保护的发明除具有一般发明的技术属性外，还应具备一定的法律属性。发明作为一种技术方案，其实质内容必须符合专利法的规定。单纯的技术意义上的发明，并不一定是专利法所保护的发明。

二、发明的种类

基于不同的划分标准，对发明可进行类别划分。按发明的完成状况划分为完成发明和未完成发明；按完成发明的人数划分为独立发明和共同发明；按发明的权利归属划分为职务发明和非职务发明；按发明间的依赖或制约关系划分为基本发明和改良发明；根据发明的动机及表现形式不同将发明分为方法发明、产品发明、物质发明、首创性发明、组合发明、转用发明和选择发明。我国《专利法》上的发明是指对产品、方法及其改进所提出的新的技术方案。因此，依我国《专利法》的规定，发明分为产品发明、方法发明及改进发明。

（一）产品发明

产品发明是指通过智力劳动创造的，能以有形形式表现的各种制成品或产品。这种制成品或产品是自然界从未有过的，是人利用自然规律作用于特定事物的结果。按照发明创造对象的不同，产品发明包括：制造品的发明，如各种设备、机器及生活用品；材料物品的发明，如人造金刚石、人工合成胰岛素、人工牛黄等；物品新用途的发明，指在不改变物品固有的性质和状态的前提下，揭示该物品前所未有的用途和功能。产品发明中的产品，可以是完整的产品，也可以是一件产品的某部分。如果一件物品完全处于自然状态下，没有经过任何人的加工和创制，仅是有人发现和认识了它，则不属于产品发明而属于发现。各国专利法对产品发明的范围规定不尽相同。

（二）方法发明

方法发明是指把一种物品或者物质改变成另一种状态或另一种物品或物质所利用的手段和步骤的发明。方法发明包括一切方法，如制造方法的发明，通常有一系列的步骤，作为方法发明可以是其中一个步骤，也可是制造方法的全过程。如制造彩色胶片及特种钢等均属于制造方法发明；化学方法发明，如合成纤维的方法发明、合成树脂的方法发明等；生物方法的发明，如珍珠的人工培养方法，杂交水稻培育方法，地膜覆盖种植方法，人工牛黄、胰岛素人工合成法等；其他的方法发明，这种方法发明属于纯方法发明，因其实施后果不产生另一种新的物质或产品，例如通讯方法和各种测量方法等。对方法发明的法律保护虽始于19世纪中叶，但目前各国专利法对方法发明的保护程度不同。有的国家只保护方法发明本身，不保护使用方法发明生产的产品，如美国。有的国家的专利法既保护方法发明，也保护依该方法发明生产、制造的产品，即对方法专利的保护延及其制造的产品，如德国。我国现行《专利法》对方法发明的保护延及依照该方法所获得的产品。应注意，纯属抽象思维的方法，如各种智力活动的方法、数学的方法等虽然也属于一种方法，但不属于专利法意义上的方法发明。

（三）改进发明

改进发明是指对已有的产品发明或方法发明所作出的实质性革新的技术方案。作为一种发明创造，改进发明不同于产品发明或方法发明。其区别在于，改进发明不是新的产品或新方法的创造，而是在已有产品和方法的基础上进行的创造性的改善。它能给已有产品和方法带来新的特性、新的部分质变，但从根本上仍不能突破原有产品和方法的格局。例如，爱迪生发明白炽灯，而美国通用电气公司发明了给白炽灯充惰性气体的方法，改进了白炽灯生产的方法，从而使白炽灯的质量得到提高，使用效益大大提高。尽管白炽灯仍然是白炽灯，但它的质量和寿命却都有了明确的改进，这就是改进发明。改进发明对于技术进步有着非常明显的促进作用，因此，有很多国家如美国、加拿大、印度等国的专利法都把改进发明作为专利法的保护对象。我国对于改进发明也给予专利保护。

第二节　实用新型

一、实用新型的概念和特征

（一）实用新型的概念

我国《专利法》第2条第3款规定："实用新型，是指对产品的形状、构造或者其结合所提出的适于实用的新的技术方案。"这一定义中的"产品"是指经过人类加工、生产而形成的物品，其应有特定的性质和外在形态。"产品的形状"是指产品具有的，可以从外部观察到的确定的空间形状，这种形状可以保持并能使产品在使用中具有特定的技术功能和相应的技术效果。"产品的构造"是指产品的零部件为了达到一定的技术功能或效果而形成的有机联结或组合，并且具有特定的空间位置关系。产品的构造可以是直接从外部能够观察到的，也可以是只有剖开才可发现的内部构造。关于"其结合"我国法律没有规定，有学者认为应理解为"产品和产品的结合"。

（二）实用新型的特征

我国《专利法》中规定的实用新型应具备以下特征：

1. 实用新型必须是一种具有形状或者构造的产品。它包含两层含义：①实用新型必须是一种产品。如机器、设备、用具及日用品等。制造产品的各种工艺方法不是实用新型，不受实用新型专利保护。②该产品必须具有确定的形状或构造或者是二者的结合，即应具有特定的立体外形和相应的功能。

2. 实用新型必须具有应用性技术特征，即具有实用价值，可以实施，并可以工业方法再现。关于产品的形状、构造或者其结合的技术方案必须能够产生技术上的积极效果，具有技术性能。如轮胎的花纹，既有立体形状，又有防滑功能。如果单纯表现为视觉上的美感，不具有技术上的特性，则不是实用新型专利权的客体。

3. 实用新型必须具有一定的创新性，即属于一种新的技术方案，它与现有技术方案相比具有创造性。但对实用新型的创造性要求低于发明专利。因此实践中常将实用新型称为"小发明"。

二、实用新型专利和发明专利的区别

实用新型和发明同属专利保护的发明创造，二者有许多相同之处，但就专利法保护的程度及获得专利的要求而言，它们又有诸多差异：

（一）两者的专利性要求不同

相较于发明专利而言，实用新型的创造性水平较低，故人们常将其称为"小发明"，将取得专利的实用新型称为"小专利"。我国《专利法》规定，对发明的创造性要求为与申请日以前已有的技术相比有突出的实质性特点和显著的进步，而对实用新型的创造性仅要求其与申请日以前已有的技术相比有实质性特点和进步。

（二）两者的保护范围不同

发明专利的保护范围宽于实用新型专利的保护范围。获得发明专利保护的发明创造既可以是产品发明、方法发明，也可以是改进发明，即除专利法的限制性规定外，任何发明均可获得专利权。而实用新型专利保护的范围则比较窄，它仅限于对产品的形状、构造或者其结合所提出的适于实用的新的技术方案，不仅不包括产品的制造方法，也不包括没有固定形状和构造的物品等。

（三）两者的申请审批程序不同

根据我国《专利法》规定，申请实用新型专利的手续比较简便，申请人的申请经专利局初步审查认为符合专利法要求的，就不再进行实质审查，专利局即可作出授权决定。因而实用新型专利从申请到授权的期限较短。而对发明专利申请既要经初步审查，还要经过公开和实质审查方可作出授予专利权的决定。所以发明专利从申请到授权的期限较长。

（四）两者的保护期限不同

我国《专利法》规定对实用新型专利保护期限为 10 年，对发明专利的保护期限为 20 年，均自申请日起算。其他各国对发明专利的保护期限一般都远远长于对实用新型专利保护的期限。

除以上不同外，实用新型专利和发明专利在提交的申请文件、优先权的享有、审查复审程序、强制实施许可、推广应用、专利权保护的范围等方面都有较大的差别。因此，一项发明是申请实用新型专利，还是发明专利，申请人应全面慎重考虑。

第三节　外观设计

一、外观设计的概念和特征

（一）外观设计的概念

我国《专利法》第 2 条第 4 款规定："外观设计，是指对产品的整体或者局部的形状、图案或者其结合以及色彩与形状、图案的结合所作出的富有美感并适于工业应用的新设计。"

（二）外观设计的特征

1. 外观设计必须是对产品的外表所作的设计。即外观设计必须以产品的外表为依托，构成产品和设计的组合。其中产品是指任何用工业方法生产出来的具有一定形状的物品，不能重复生产的手工艺品、农产品、畜产品、自然物及气体、液体、呈粉末状或颗粒状的物质等均不能作为外观设计的载体。因此，外观设计常被称为"工业品外观设计"。

2. 外观设计可以体现在产品的整体也可以体现在产品的局部。对产品的外表所做的设计，既可以是针对产品整体，也可以是针对产品的某个部分；既可以以产品的整体申请专利权保护，也可以以产品的某个部分申请专利权保护。

3. 构成外观设计的是产品的形状、图案或者其结合以及色彩与形状、图案的结合。可以构成外观设计的组合有：产品的形状；产品的图案；产品的形状和图案的结合；产品的色彩与形状、图案的组合等。产品的色彩不能独立构成外观设计。脱离开产品的设计仅是图案或色彩的组合，可以作为美术作品，但不是外观设计。

4. 外观设计是适于工业应用的新设计。"适于工业应用"是指该外观设计能应用于产业上并形成批量生产。"新设计"是指该外观设计是一种新的设计方法。即该申请专利的外观设计在申请日或优先权日之前不构成现有的外观设计。即此前没有相同的申请曾向中国专利行政管理部门提出并在《中国专利公报》上公布或者公开，也没有相同的外观设计的产品被公开销售使用。

5. 外观设计必须富有美感。外观设计的功能只是为了美化产品，它仅是对具体产品的形状、图案、色彩或其结合所作的外表设计，目的在于满足人们对产品在视觉和感官等精神方面的要求，吸引人的注意力，丰富消费者的生活，陶冶消费者的情趣，从而增强产品在市场上的竞争力。因此，我国《专利法》要求外观设计必须是通过视觉能引起美感的设计。至于"富有美感"的标准是什么，因受审美主体主观的影响不便统一，一般消费者认可其能给人以美的享受，就可认为富有美感。值得注意的是，有的国家不把富有美感作为外观设计专利授权的条件，如美国、英国等。

二、外观设计专利与实用新型专利的区别

外观设计专利和实用新型专利在专利取得的程序和方式、专利权的保护期限等方面均有相同之处，其均是发明、设计人对产品所作出的发明创造，但究其实质二者仍有不同之处：

（1）外观设计专利保护的是产品外表的设计，不涉及产品本身的技术性能；而实用新型专利保护的范围既涉及产品的外形和外部结构，也涉及产品的内部构造。

（2）外观设计的目的是利用美学原理达到美感效果，而不重视技术效果；但实用新型作为一种技术方案，旨在实现一定的技术效果。

（3）外观设计把产品作为载体仅对其外表进行独特设计；而实用新型的创造性方案与产品本身融为一体，体现于产品本身。

（4）实用新型产品必须以固定的立体形态存在；而外观设计产品既可以是立体的，也可以是平面的。

第四节　不授予专利权的发明创造

发明创造是专利法保护的对象，但并非所有的发明创造都可以授予专利权，成为专利权的客体。各国的专利法均规定了专利保护的范围，对专利权的客体加以限制。其限制的范围因各国情况不同而有区别。协调各国之间专利法保护的范围是当前专利权国际保护的重要任务之一，扩大专利权的保护对象是国际相关立法发展的趋势。《知识产权协定》第 27 条第 3 款规定，各成员国可拒绝对下列内容授予专利权：①人类或动物的诊断、治疗和外科手术方法；②除微生物外的植物和动物，以及除非生物和微生物外的生产植物和动物的主要生物方法。但是，各成员应规定通过专利或一种有效的特殊制度或通过这两者的组合来保护植物品种。本项的规定应在《WTO 协定》生效之日起 4 年后进行审议。我国《专利法》根据本国具体情况和国际公约及国际专利保护制度发展趋势，对违反法律、社会公德或者妨害公共利益的发明创造，不属于专利法所称的发明创造以及暂不授予专利权的发明创造作了明确规定。

一、违反法律、社会公德或妨害公共利益的发明创造

世界各国专利法，一般均把违反法律，违背善良风俗、宗教信仰、公共道德等的发明创造排除于专利保护的范围之外。例如《日本专利法》第 32 条规定，"有碍公共秩序，良好风俗或公共卫生的发明，不授予专利权。"《英国专利法》第 1 条规定，"有可能鼓励违法、不道德或违反社会行为产生的发明，不得授予专利权。"《巴西工业产权法》第 9 条规定，"违反法律、道德、卫生、公共安全、宗教以及公众崇敬的一切思想感情的发明不能取得专利权。"我国《专利法》第 5 条第 1 款规定："对违反法律、社会公德或者妨害公共利益的发明创造，不授予专利权。"在我国，不授予专利权的具体情形有：

（一）违反法律的发明创造

法律是指由全国人民代表大会及其常务委员会制定和颁布的法律。若一项发明创造本身的目的与法律相违背，则不能被授予专利权。如用于赌博的设备、机器和工具；吸毒的器具；伪造国家货币、票据及证件、印章、文物的设备等均属违反法律的发明创造，不能取得专利保护。《专利法》第 5 条第 1 款规定："对违反法律、社会公德或者妨害公共利益的发明创造，不授予专利权。"我国《专利法实施细则》第 10 条规定，"专利法第五条所称违反法律的发明创造，不包括仅其实施为国家法律所禁止的发明创造。"因此，实践中应明确，如果发明创造本身的目的并没有违反法律，但是由于被滥用而违反法律的则不属此列。例如，以医疗为目的的各种毒药、麻醉品、镇静剂、兴奋剂和以娱乐为目的的各种物品等可以申请专利，受到专利权保护。此外，对于发明创造的完成依赖于遗传资源，该遗传资源的获取或者利用违反有关法律法规规定的，也不授予专利权。

（二）违反社会公德的发明创造

社会公德是指公众普遍认为是正当的，并已接受的伦理道德观念。若发明创造在客观上与社会公德相违背，就不能被授予专利权。例如，带有凶杀或者淫秽图片或者

照片的外观设计，因违反社会公德而不能授予专利权。

（三）妨害公共利益的发明创造

妨害公共利益，是指发明创造以致人伤残或损害财物为手段实现其目的，从而会给国家和社会造成危害或者使其正常公共秩序受到不良影响。例如，一种可使盗窃者双目失明或者造成其他伤残的防盗装置就属于在客观上妨害公共利益的发明创造，因此不能被授予专利权。实践中应明确，如果发明创造由于不当利用或者被滥用而可能造成危害的，则要区别对待。例如，对人体有副作用的药品、残留量高的农药、放射性诊断疾病的设备等，就不能以"妨害公共利益"为理由而排除在授予专利权的范围之外。

二、不授予专利权的对象

这类发明创造虽然也是智力劳动创造的成果，但因其不能直接应用于工农业生产，缺乏实用性，不具备完整的专利性，因而不是专利法上所说的发明创造。具体包括：

（一）科学发现

科学发现是指对自然界中客观存在的未知物质、现象、变化过程及其特性和规律的揭示。科学发现对科学技术的发展具有重大的意义，但科学发现不同于科学发明，它是对自然界认识的总结，是人们认识的延伸，而不是改造客观世界的技术方案。虽然科学发现较发明对社会贡献更大，但因其不具备专利法所要求的实用性，不能直接制造出前所未有的东西或直接当作某种方法使用，故不是专利法意义上的发明，而不能授予专利权。例如，发现卤化银在光照下有感光特性的科学发现不能被授予专利权。但是根据这种发现造出感光的材料以及制造方法则可以被授予专利权。此例说明发明和发现虽有本质区别，但两者也有联系密切，往往许多发明是建立在发现的基础之上。例如，当发现了某种化学物质的特殊性质之后，利用这种性质用途的发明则会应运而生。因此，虽然《专利法》不保护发现，但发现仍受到其他法律的保护。

（二）智力活动的规则和方法

智力活动的规则和方法是指人们进行思维、推理、分析和判断的一种规则和方法。它仅有智力和抽象的特点，不是利用自然规律所完成的技术方案。它不能设计或制造出新的东西，不具有实用性，因此不属于专利法意义上的发明创造。例如，运算的方法、教学方法、会计报表、劳动生产率统计方法、商业经营的方法、游戏规则等均不属专利法保护的对象。

（三）疾病的诊断和治疗方法

疾病的诊断和治疗方法是指以有生命的人或者动物为直接实施对象，进行识别、确定或消除病因、病灶的过程。因其实施的对象为有生命的人或动物，无法在工业上利用，不具备实用性，不属于专利法意义上的发明创造。同时出于人道主义的考虑，医生在诊断和治疗疾病的过程中应当有选择各种方法和条件的自由，因此，对诊断和治疗疾病的方法不授予专利权。例如，诊脉法、针灸、麻醉、推拿、刮痧等方法，对有生命的人体或动物的外科手术方法等，均不属专利法意义上的发明创造，不受专利法保护。应明确，虽然疾病的诊断和治疗方法不能取得专利权，但对诊断和治疗疾病所使用的物质和设备及脱离了有生命的人体或动物的组织或者流体进行处理或检测的方法等可以获得专利保护。

（四）动物和植物新品种

我国《专利法》第 25 条规定，对动物和植物品种不授予专利权，但对动物和植物品种的生产方法，可以授予专利权。目前，世界上只有美国、法国、德国等国家，授予植物新品种专利权；美国、罗马尼亚、匈牙利等国家授予动物新品种专利权。这些国家认为动物、植物新品种和其他发明一样，具有专利性，应该给予专利保护。但绝大多数国家目前仍暂不授予动物、植物品种专利权，主张采用专利以外的方式对其进行保护。我国和其他多数国家一样，暂不把动物和植物品种作为专利权的客体给予专利法律保护。但我国已于 1997 年 3 月 20 日由国务院颁布了《植物新品种保护条例》（已分别于 2013 年、2014 年修订），并于 2006 年 12 月 25 日由最高人民法院审判委员会第 1411 次会议通过的《关于审理侵犯植物新品种权纠纷案件具体应用法律问题的若干规定》（已于 2020 年修订）对植物新品种的发明人的权益予以保护。

（五）原子核变换方法以及用原子核变换方法获得的物质

原子核变换方法，是指使一个或几个原子核经分裂或者聚合，形成一个或几个新原子核的过程。用原子核变换方法所获得的物质，主要是指用加速器、反应堆以及其他核反应装置生产、制造的各种放射性同位素。无论原子核裂变或聚变，均会产生巨大的能量，其可以被用于军事目的。因此，出于对国家安全和公众利益及本国核工业保护方面的考虑，除美国、日本等少数国家外，大多数国家均不授予这种发明专利权。

（六）对平面印刷品的图案、色彩或者其结合做出的主要起标识作用的设计

我国每年受理并授予外观设计专利权中，有相当数量涉及的是瓶贴和平面包装袋的主要起标识作用的图案设计。这既不利于激励对产品本身外观设计的创新活动，促进我国知名品牌的形成，也会增大外观设计专利权和商标权之间的交叉与重叠。故对平面印刷品的图案、色彩或者其结合作出的主要起标识作用的设计，排除在授予外观设计专利权的客体之外。

（七）违法获取或者利用遗传资源，并依赖该遗传资源完成的发明创造

我国是生物多样性公约的成员国，并且是生物资源和遗传资源非常丰富的国家，保护遗传资源事关国家利益。为了贯彻生物多样性公约，我国《专利法》规定了依赖遗传资源完成的发明创造申请专利的特殊条件，如果该遗传资源的获取或者利用违反有关法律、行政法规的规定，那么对依赖该遗传资源完成的发明创造，不授予专利权。

■ **思考题**

1. 什么是专利权的客体？其包括哪些种类？
2. 什么是专利法中的发明、实用新型和外观设计？它们有哪些特征？
3. 专利权客体的三种类型的构成要件是什么？
4. 法律规定不授予专利权的对象包括哪些类型？不授予其专利权的原因是什么？

■ **参考书目**

1. 郑成思：《知识产权论》，法律出版社 1998 年版。

2. 汤宗舜:《专利法教程》,法律出版社 2003 年版。

3. 刘春茂主编:《中国民法学·知识产权》,中国人民公安大学出版社 1997 年版。

4. 刘剑文、张里安主编:《现代中国知识产权法》,中国政法大学出版社 1993 年版。

第十四章 专利权主体

■学习目的和要求

通过本章学习，了解专利权主体的概念及确定相同发明创造专利权主体的原则，明确发明人或设计人的概念及与其单位的关系，掌握我国法律对外国人申请专利的规定。

第一节 专利权主体概述

一、专利权主体的概念

专利权的主体即专利权人，是指依法享有专利权并承担与此相应的义务的人。依我国《专利法》之规定，发明人、设计人及其合法受让人有权获得非职务发明创造的专利权；共同发明人与共同设计人对同一项发明创造共同享有专利权；发明人所在单位有权获得职务发明创造的专利权；外国人也可依法在我国申请和获得专利权。从专利权人的自然属性来看，专利权人包括自然人和法人；从专利权人的国籍来看，专利权人包括本国人和外国人；以专利权人是否通过转让获得专利权，专利权主体包括原始主体和继受主体。

二、专利权主体与专利申请权主体

专利权的主体与专利申请权主体不同。专利申请权主体是指依法享有就某项发明创造向国务院专利行政部门提出专利申请的自然人、法人或其他组织。专利申请人依法向国家提出专利申请，经审查合格后方可获得专利权从而成为专利权人。专利权的获得要受多种因素的制约，故专利申请人未必就能成为专利权人。同时，依照我国《专利法》和国际公约的有关规定，专利权可以通过转让、赠与或者继承等方式取得。可见，专利权人取得专利权的方式并不仅限于专利申请。如《美国专利法》规定，专利申请人必须是发明人本人，但实践中大多数专利权人并非发明人。

三、确定相同发明创造专利权主体的原则

专利权具有独占性，同样的发明创造只能被授予一项专利权。若两个专利申请人就相同发明创造向国务院专利行政部门分别提出专利申请，国务院专利行政部门应给谁授予专利权，如何确定专利权人？对于这一问题的解决，国际上通行两种不同的原则，即先发明原则和先申请原则。

（一）先发明原则

先发明原则是指两个以上的申请人就同样的发明创造分别向国务院专利行政部门申请专利，专利权授给最先完成发明创造的人的原则。先发明原则虽符合专利制度鼓

励发明创造的宗旨，体现了专利权授权的公正、合理性，但在操作中存在明显的缺点。首先，确定先发明人非常困难，要花费较多的人力、物力和财力；其次，不利于促使技术早日公开，因为按先发明原则，发明人在后的申请并不影响其获得专利权，故发明人一般不急于申请专利，客观上将使技术成果不能早日公开；最后，会导致已取得的专利权处于不稳定的状态，客观上不利于专利技术的推广和使用。因此，目前仅有美国、加拿大等国采用这一原则确定专利权人。

（二）先申请原则

先申请原则也称优先申请原则，是指两个以上的申请人分别就同样的发明申请专利，专利权授给最先申请人的原则。先申请原则避免和克服了先发明原则的诸多弊端，它是对同样主题的相同专利申请所采取的一种鼓励性措施。目前国际上先申请原则被绝大多数国家的专利法所接受，我国同样也实行先申请原则。我国《专利法》第9条第2款规定："两个以上的申请人分别就同样的发明创造申请专利的，专利权授予最先申请的人。"

应注意，在实行先申请原则的国家中，判断申请先后的时间标准有两种：一是以申请日为判断标准；二是以申请时刻为判断标准。我国采用第一种标准，即以申请日期确定先申请人，日本等国则采用后一标准。

四、专利权的继受主体

专利权的继受主体是指通过转让、继承或者赠与方式依法获得专利权的人。专利申请权和专利权均为民法上的财产权，故其转让已为各国法律所公认。发明人在提出专利申请后可将其专利申请权予以转让。转让时，发明创造人应与受让人订立转让合同，并将该合同交专利行政部门登记，经国务院专利行政部门公告后转让合同方能生效。对此，我国《专利法》第10条明确规定："专利申请权和专利权可以转让。中国单位或者个人向外国人、外国企业或者外国其他组织转让专利申请权或者专利权的，应当依照有关法律、行政法规的规定办理手续。转让专利申请权或者专利权的，当事人应当订立书面合同，并向国务院专利行政部门登记，由国务院专利行政部门予以公告。专利申请权或者专利权的转让自登记之日起生效。"可见，在我国专利申请权和专利权的转让属于要式行为，且受让人一旦通过转让，便可依法获得专利申请权或专利权主体资格。

发明创造人的继承人通过继承亦可取得发明创造的专利申请权和专利权。

在继受取得中，继受主体只能取得专利申请权或者专利权，发明人或者设计人身份权不能适用继受取得，因为它们不可转让和继承。此外，继受人申请专利时，应向国务院专利行政部门提供继受该发明创造的证明。

第二节　发明人或者设计人

一、发明人或者设计人的概念和特征

发明人或者设计人是指对发明创造的实质性特点作出了创造性贡献的人。其中发明人是指发明或者实用新型的完成人，即对产品、方法或者其改进提出新技术方案的人。设计人是指外观设计的完成人。发明人和设计人统称为发明创造人。依我国《专利法》的规定，发明人或设计人基于发明创造可以成为该发明创造的专利申请人和专利权人，是专利权的最基本的主体。发明人或设计人应具备以下特征：

（1）发明人或者设计人是自然人且不受行为能力的限制。由于发明创造是一种智力活动，是人们在认识自然规律的前提下，运用自己的智慧和才能所做出的创造性的劳动。无论这种成果表现为何种形式，均是知识产品，是人脑力劳动的智慧结晶。因此，没有生物意义上的大脑就无法完成发明创造，也就不能成为发明人或设计人。实践中，法人及其他组织可以是专利申请人或专利权人，但其不能作为发明人或设计人。此外，发明创造是一种事实行为，它不受主体行为能力的约束。无论从事发明创造的人是否具备完全的行为能力，只要他完成了发明创造，就认定为是发明创造人。

（2）发明人或设计人是对发明创造的实质性特点作出创造性贡献的人。一是，发明人或设计人必须是直接参加了发明创造活动的人，即在发明创造过程中发明人或设计人投入的是智力劳动，从事的是发明创造的具体工作。二是，发明人或设计人必须对发明创造的实质性特点作出了创造性贡献，即是完成产品、方法发明或实用新型、外观设计的技术方案的人。因此，在发明创造过程中只是负责组织、管理工作或者仅为有关物质条件的获得提供方便的人，或仅提出所要解决的技术问题而没能为解决技术难题提出具体方案的人，或在发明创造过程中仅从事辅助性工作的人，如实验员、描图员、机械加工人员等均不应认定为发明人或设计人。

我国《专利法》第6条第2款规定："非职务发明创造，申请专利的权利属于发明人或者设计人；申请被批准后，该发明人或者设计人为专利权人。"所谓非职务发明创造，相对于职务发明创造而言的，指发明创造人既不是执行本单位的任务，也没有主要利用单位提供的物质技术条件所完成的发明创造。对于非职务发明，发明人和设计人有权申请专利、获得专利权，发明人或设计人以外的任何人均无权申请专利。即使取得了专利权，亦属无效。如果构成了侵权，还应承担一定的法律责任。

对于发明人或者设计人的非职务发明创造专利申请，任何单位或者个人不得压制。特别是发明人或设计人所在的单位不得非法侵占所属工作人员完成的非职务发明创造，不得剥夺发明人或者设计人的专利申请权和依法获得的专利权。

我国《专利法》第16条规定："发明人或者设计人有权在专利文件中写明自己是发明人或者设计人。专利权人有权在其专利产品或者该产品的包装上标明专利标识。"可见，发明人或者设计人除了享有就非职务发明申请和取得专利权外，还享有在专利申请文件和有关专利文献中署名的权利。无论是非职务发明创造，还是职务发明创造，发明创造人均享有署名权。

二、共同发明人或者共同设计人

所谓共同发明人或者共同设计人，指两个或两个以上的对同一发明创造的实质性特点共同作出了创造性贡献的人。既包括共同完成发明的人，也包括共同完成实用新型或外观设计的人，一般统称为共同发明人。共同发明人所完成的发明创造称为共同发明，共同发明申请和取得的专利权归全体共同发明人共有。

确认共同发明创造人，必须注意以下两点：①要以发明创造的事实和技术档案的真实记载为依据，确定每个发明人或设计人在整个发明创造过程中所作的贡献。例如，从项目选择到初步方案制定、完善技术方案以及成果完成的整个过程，能够客观地反映出每个发明人或设计人是否作出了贡献。②坚持以是否作出了创造性贡献为标准。仅提出设想、意图或启发性意见或仅从事组织领导工作或其他辅助性工作，或仅予以指导但没有完成具体发明创造，没有作出创造性贡献的人不构成共同发明人。可见，共同发明人或共同设计人并不是人数上的简单相加，而是基于共同的发明创造。

共同发明创造申请专利和取得的专利权归全体共有人共同所有。专利申请权或者专利权的共有人对权利的行使有约定的，从其约定。没有约定的，共有人可以单独实施或者以普通许可方式许可他人实施该专利；许可他人实施该专利的，收取的使用费应当在共有人之间分配。除此之外，行使共有的专利申请权或者专利权应当取得全体共有人的同意。因此，凡属于共同发明创造，必须由共同发明创造人共同提出专利申请方为有效。其中任何人都无权单独提出专利申请，否则，即使单独提出专利申请的人获得了专利权，亦属无效。在实践中，共同发明创造人申请专利，应由其中一人作为共同发明创造人的代表，便于在专利申请审查过程中与国务院专利行政部门配合；对于基于共同发明所获得的专利权，应严格按照共同共有的原则分享。

第三节　发明人或者设计人的工作单位

随着社会经济和科技水平的不断提高，生产的社会化程度和技术的难度不断增强，科技领域的发明创造日趋复杂。首先，单凭个人的技术力量很难完成复杂的发明创造。一项发明创造往往需要多人的协作努力才能完成。其次，发明创造所涉及的技术领域日渐增多，有时一个技术方案涉及多个技术领域和学科，需要不同行业的专家相互配合才能完成发明创造。最后，发明创造的复杂性决定了其开发周期往往较长、耗资巨大、成本较高，仅凭一个或几个发明人的经济实力无法承受。因此，必须依赖有经济实力的法人或其他经济组织参与共同开发。此外，现代企业非常重视开发新的技术和产品，力求以技术优势作为在市场竞争中取胜的法宝。因此，在实践中以单位为核心完成的发明创造占绝对的多数。基于以上原因，各国法律在平衡发明人和其所在单位之间的技术权益、经济利益方面均有相应规定，即明确界定了职务发明及其权利归属。我国《专利法》也结合本国的实际规定了职务发明及其权利归属。

一、职务发明创造

（一）职务发明的概念及种类

职务发明创造在国外也称为雇员发明，是指发明创造人执行本单位的任务或者主要是利用本单位的物质技术条件所完成的发明创造。

依据我国《专利法》第6条之规定，职务发明包括以下两种情况：

1. 执行本单位的任务所完成的发明创造。具体包括：①在本职工作中作出的发明创造。即履行本岗位的职责，从事日常工作活动中所完成的发明创造。②履行本单位交付的本职工作之外的任务所完成的发明创造。即发明创造人接受所在单位的安排，承担本职责范围之外的某项任务所作出的发明创造。这些任务多数属于临时性、短期内能完成的发明创造工作。该处的"本单位"包括临时工作单位。③退职、退休或者调动工作后1年内作出的，与其在原单位承担的本职工作或者原单位分配的任务有关的发明创造。应注意退职、退休或者调动工作后所作出的发明创造必须同时具备两个条件，才构成职务发明：一是，该发明创造必须是发明人或设计人从原单位退职、退休或者调动工作后1年内作出的；二是，该发明创造与发明人或设计人在原单位承担的本职工作或者原单位分配的任务有联系。如果发明人或设计人的发明创造是在退职、退休或调动工作1年后作出的，无论该发明创造是否与其在原单位承担的本职工作或原单位分配的任务有关，均不构成职务发明。同理，如果发明人或设计人的发明创造与其在原单位承担的本职工作或者单位分配的任务无关，即便是在退职、退休或调动工作1年内作出的，也不属于职务发明。因此，就退职、退休或者调动工作人员而言，衡量一项发明创造是否属于职务发明，必须严格依照以上条件审查判断。

判断是否属于本职工作中作出的发明创造，必须准确掌握标准，严格审查。是否构成职务发明，不是取决于发明创造人完成发明利用的是工作时间或业余时间，而是取决于是否与发明人或设计人所承担的本职工作或者任务有关。

2. 主要利用本单位的物质技术条件所完成的发明创造。本单位的物质技术条件是指单位的资金、设备、零部件、原材料或者不对外公开的技术资料等。对于什么是"主要利用"了本单位的物质条件，《专利法》没有详细规定。学术界认为，主要利用单位的物质条件是指在发明创造过程中，全部或者大部分利用了单位的资金、设备、零部件、原材料及不对外公开的技术资料，且这种利用对发明创造而言是必不可少的起决定性作用的条件，则该发明创造应属职务发明创造。如果发明人或设计人仅少量利用了单位的物质条件，且这种物质条件的利用，对发明创造的完成无关紧要、没有决定性的制约，则该发明创造就不被认为是职务发明。另外，对于使用了单位的设备、零部件或者原材料而按事先约定支付了使用费的，也不应作为职务发明创造。

综上所述，职务发明包括执行本单位的任务或主要利用本单位的物质技术条件所完成的发明创造。实践中应明确，发明创造是一种智力劳动过程，具有一定的连续性，其无法准确地用时间作为划分的界限。因此，在判断职务发明创造和非职务发明创造时，不应以发明创造是在单位内还是在单位外，在工作时间还是在业余时间完成作为标准，必须严格按照专利法及其实施细则的规定准确判断。只要发明创造人属于执行本单位的任务或主要利用了单位的物质技术条件所完成的发明创造，无论其属于主动地发明创造，还是接受单位的指派从事发明创造，无论其在工作时间之内，还是在业余时间所完成的发明创造均属于职务发明创造。

（二）职务发明创造的权利归属

职务发明专利申请权和取得的专利权归发明人或设计人所在的单位。我国《专利法》第6条第1款规定："执行本单位的任务或者主要是利用本单位的物质技术条件所完成的发明创造为职务发明创造。职务发明创造申请专利的权利属于该单位；申请被批准后，该单位为专利权人。该单位可以依法处置其职务发明创造申请专利的权利和专利权，促进相关发明创造的实施和运用。"同条第3款规定："利用本单位的物质技术条件所完成的发明创造，单位与发明人或者设计人订有合同，对申请专利的权利和专利权的归属作出约定的，从其约定。"上述规定表明：首先，职务发明创造人所在的单位拥有就该职务发明创造申请专利的专利申请权，其可依法向国务院专利行政部门申请专利，也可将专利申请权依法转让；其次，一旦专利申请被批准，该单位就成为专利权的主体，享有专利权人的权利；最后，对于利用本单位的物质技术条件所完成的发明创造，单位与发明人之间可以合同约定专利申请权和专利权的归属。依据该合同确定专利申请权和专利权的归属。

职务发明创造申请专利权和取得的专利权归发明创造人所在的单位，但完成职务发明创造的发明人或设计人仍享有一定的权利：①发明人和设计人享有署名权及获得精神奖励的权利，即有权在专利申请文件及有关专利文献中写明自己是发明人或设计人，并可享受荣誉和精神奖励；②取得物质奖励的权利。我国《专利法》第15条规定："被授予专利权的单位应当对职务发明创造的发明人或者设计人给予奖励；发明创造专利实施后，根据其推广应用的范围和取得的经济效益，对发明人或者设计人给予合理的报酬。国家鼓励被授予专利权的单位实行产权激励，采取股权、期权、分红等方式，使发明人或者设计人合理分享创新收益。"

对于承担以国家财政资助为主的科研项目所完成的发明创造，除涉及国家安全或者重大利益的以外，申请专利的权利属于科研项目的承担单位。申请被批准后，该单位为专利权人，但国务院有关主管部门和省、自治区、直辖市人民政府报经国务院批准，可以决定在批准的范围内推广应用被授予专利权的发明创造，允许指定的单位实施。

二、合作完成的发明创造

合作完成的发明创造，是指两个以上的单位或者个人合作研究、设计所完成的发明创造。依我国《专利法》第8条规定，两个以上单位或者个人合作完成的发明创造，除另有协议的以外，申请专利的权利属于完成或者共同完成的单位或者个人，申请被批准后，申请的单位或者个人为专利权人。判断合作完成的发明创造的权利归属应注意以下几点：①单位或者个人之间有合作关系，即为发明创造投入了人、财、物等；②如果合作单位或者个人之间有协议约定，必须按照协议确定专利权的归属及其他利益的分享；③单位或者个人之间如果没有协议约定，申请专利的权利属于"完成"或者"共同完成"的单位或者个人。其中"完成"是指对发明创造的实质性特点作出了创造性贡献。如果合作单位或个人均对发明创造有创造性的贡献，构成了共同发明，那么，合作单位或者个人共有专利申请权和专利权。否则，只有完成发明创造的单位或者个人才有申请和获得专利的权利。因此，单位或者个人之间的合作开发活动一般应事先签订协议，明确规定发明创造完成后专利申请权与专利权的归属，避免因此产生纠纷。

三、委托完成的发明创造

委托完成的发明创造，是指一个单位或者个人接受其他单位或者个人委托的研究、设计任务所完成的发明创造。依据我国《专利法》第8条规定，委托完成的发明创造，除另有协议的以外，申请专利的权利属于完成或者共同完成的单位或者个人；申请被批准后，申请的单位或者个人为专利权人。关于委托完成的发明创造，如果单位或者个人之间协议约定了专利申请权及专利权的归属，应按照协议确定权利归属。如果单位或者个人之间没有协议，构成委托开发的，申请专利权及取得的专利权归受托人，即完成发明创造的单位或者个人，但委托人可以免费使用。

第四节　外国人

外国人是指具有外国国籍的自然人和依照外国法律成立并在外国登记注册的法人。我国《专利法》称之为"外国人、外国企业或者其他组织"。外国人在我国可以依法获得专利，成为专利权的主体。

关于外国人是否可以成为本国专利权的主体，一般国家都予以肯定。《巴黎公约》第2、3条也规定，应允许外国人在本国申请并取得专利权。对于哪些外国人可以申请专利及外国人申请取得专利权的条件，各国却有不同的规定。归纳起来可分为两类：①无条件地给予外国人以国民待遇，采用这种做法的国家主要有美国、德国、英国等；②在互惠对等的基础上给予外国人以国民待遇，采用这种做法的国家有日本、法国、意大利等。我国《专利法》对外国人的保护非常广泛。根据我国的实际情况，参照国际惯例，我国《专利法》对外国人在我国申请专利视不同情况作了相应的规定：

一、在中国有经常居所或者营业所的外国人

在中国有经常居所或者营业所的外国人，包括长期在我国工作学习的外国自然人和在中国长期设立机构、独立经营的外国企业或其他组织。我国《专利法》对该类外国人申请获得专利权给予国民待遇，即这一部分外国人，在申请取得专利权时享有与中国单位和个人完全相同的待遇，没有任何条件限制。

二、在中国没有经常居所或者营业所的外国人

我国《专利法》第17条规定："在中国没有经常居所或者营业所的外国人、外国企业或者外国其他组织在中国申请专利的，依照其所属国同中国签订的协议或者共同参加的国际条约，或者依照互惠原则，根据本法办理。"根据该规定，在中国没有经常居所或者营业所的外国人可以在中国申请并取得专利权，但其必须有法律上的根据，即应符合下列条件之一：

（1）其所属国同中国签订了有关的协议，相互允许对方的公民或组织在该国申请专利。如1979年我国同美国订立的《中美贸易协定》第6条规定，双方同意设法保证给予对方的法人或自然人以专利保护。1992年我国又同美国达成《中美政府关于保护知识产权的谅解备忘录》。我国根据该协议，对在中国申请专利的美国人给予保护。

（2）其所属国和中国共同参加了同一项国际条约，该条约规定成员国的公民或法人可以在其他成员国申请专利。如我国1985年加入了《巴黎公约》，依照该公约，成员国之间在工业产权保护方面应给予国民待遇。各成员国的国民可以在其他任一成员国申请专利，并享有国民待遇。目前《巴黎公约》的成员国有100多个。因此，目前世界上大多数国家的国民可依《巴黎公约》在我国申请专利。当然，我国的公民也可在这些国家申请专利。

（3）其所属国虽未与中国签订有关的双边协议或共同参加有关的国际条约，但双方在专利申请方面给予对方国民互惠和对等的原则。即若该外国国民所属国对中国人的专利申请予以保护,则我国也相应地对该外国国民予以保护。

此外,我国《专利法》第18条第1款规定:"在中国没有经常居所或者营业所的外国人、外国企业或者外国其他组织在中国申请专利和办理其他专利事务的,应当委托依法设立的专利代理机构办理。"这一规定是对外国人申请专利在程序方面的限定,其符合《巴黎公约》的规定。虽然规定了成员国之间在专利保护方面应给予国民待遇,但公约允许在某些具体的程序方面对外国人作出特别规定。如此规定也是为了更好地保护专利申请人的利益。因为专利申请是一件复杂的工作,普通外国人对中国的法律及专利申请程序往往不了解,委托专业的代理机构便于申请和获得专利。同理,根据我国《专利法》第19条和第78条的规定,任何单位或者个人将在中国完成的发明或者实用新型向外国申请专利的,应当事先报经国务院专利行政部门进行保密审查。保密审查的程序、期限等按照国务院的规定执行。中国单位或者个人可以根据中华人民共和国参加的有关国际条约提出专利国际申请。申请人提出专利国际申请的,应当遵守前款规定。国务院专利行政部门依照中华人民共和国参加的有关国际条约、专利法和国务院有关规定处理专利国际申请。对违反该条规定向外国申请专利的发明或者实用新型,在中国申请专利的,不授予专利权。违反规定向外国申请专利,泄露国家秘密的,由所在单位或者上级主管机关给予行政处分;构成犯罪的,依法追究刑事责任。

■思考题

1. 确定相同发明创造专利权的原则是什么?
2. 什么是发明人?职务发明专利权人如何确定?
3. 委托发明与合作发明的区别是什么?
4. 法律对于合作发明的权利归属是如何规定的?
5. 我国《专利法》对外国人取得专利权的特殊规定是什么?

■参考书目

1. 汤宗舜:《专利法教程》,法律出版社2003年版。
2. 程永顺主编:《专利侵权判定实务》,法律出版社2002年版。
3. 刘剑文、张里安主编:《现代中国知识产权法》,中国政法大学出版社1993年版。

第十五章 专利授权条件

■学习目的和要求

通过本章学习，掌握授予专利的三个实质条件及其判断标准，熟悉我国专利法对新颖性、创造性和实用性的具体要求。

发明创造要取得专利权必须具备一定的条件。专利授权条件通常分为实质条件和形式条件。实质条件也称专利性，指申请专利的发明创造自身必须具备的条件，其包括新颖性、创造性和实用性。形式条件则指发明创造自身以外的，获得专利必须具备的程序方面的要件，散见于专利权取得的整个程序。就实质条件而言，我国《专利法》第 22 条第 1 款规定，"授予专利权的发明和实用新型，应当具备新颖性、创造性和实用性。"第 23 条规定："授予专利权的外观设计，应当不属于现有设计；也没有任何单位或者个人就同样的外观设计在申请日以前向国务院专利行政部门提出过申请，并记载在申请日以后公告的专利文件中。授予专利权的外观设计与现有设计或者现有设计特征的组合相比，应当具有明显区别。授予专利权的外观设计不得与他人在申请日以前已经取得的合法权利相冲突。本法所称现有设计，是指申请日以前在国内外为公众所知的设计。"本章主要就授予专利权的实质条件进行阐述。

第一节 新颖性

一、新颖性的概念

新颖性（Novelty）是指发明创造在申请专利之前是现有技术中所没有的，未被公知公用的。关于新颖性在各国专利立法中的规定不一，如《法国专利法》第 8 条规定，如果发明未被现有技术所包括，则它就是新的发明。《泰国专利法》第 6 条规定，一项发明创造不是现有技术的组成部分才算是新的。《英国专利法》第 2 条则规定，一项发明只有当它不构成现有技术的一部分时才被认为是新的。对此，我国《专利法》第 22 条第 2 款规定："新颖性，是指该发明或者实用新型不属于现有技术；也没有任何单位或者个人就同样的发明或者实用新型在申请日以前向国务院专利行政部门提出过申请，并记载在申请日以后公布的专利申请文件或者公告的专利文件中。"

从各国立法规定可以看出，判断新颖性是以已经公开的现有技术为标准。现有技术也称已有技术或技术水平，是指在申请日之前在国内外出版物上公开发表、公开使用或者其他方式为公众所知的技术。如果申请专利的发明创造属于现有技术范围，则不具备新颖性。判断现有技术的客观标准是有关技术的内容是否已经公开。

二、判断新颖性的标准

虽然各国立法对新颖性的判断多以"现有技术"为标准，但在具体理解和操作中仍存有差异。故在具体认定新颖性时，必须把握以下三方面的标准，即公开标准、时间标准和地域标准。

（一）公开标准

公开标准是判断新颖性的首要标准。所谓"公开"，指已为人们知晓，成为众所周知的东西。公开并不要求客观上每个人都知道，仅要求该技术脱离秘密状态。判断某项技术是否属于现有技术，以该项技术是否已经公开为标准。而判断该技术是否已经公开，主要应分析其是否存在以下方式的公开：

1. 书面公开。也称出版物公开，即发明创造的内容以书面形式公开。书面的形式是指将发明创造的具体内容用文字、符号、数字、图形、影像、声音等方式，以印刷或其他机械、化学的方法大量公开复制发行的信息载体。如书籍、报刊、杂志、录音录像制品、微缩胶卷、计算机磁盘等。其中最典型的是专利文献、科学技术杂志和书籍等。判断书面公开，以这类出版物是否处于公开状态，并使发明创造达到了公开的程度为标准。出版物处于公开状态主要是指该出版物属于公开发行出版，没有限定读者范围。如果该出版物是秘密出版，限定了阅览的范围或对象或仅提供给特定的人，则不能认为其已通过书面方式公开。同时对书面公开还有度的限制，即通过出版物公开的发明创造必须达到同行业一般技术水平的人能够了解该发明创造的技术特征并足以实施的程度。我国《专利法》规定，授予专利权的发明和实用新型必须是申请日以前没有同样的发明或者实用新型在国内外出版物上公开发表过，也没有同样的发明或实用新型由他人提出专利申请并记载在申请日以后公布的专利申请文件中；授予专利权的外观设计，同申请日以前在国内外出版物上公开发表过或者国内外公开使用过的外观设计或者特征的组合相比，应当具有明显区别。由此可见我国《专利法》规定的书面公开，主要是指通过公开出版物所进行的公开。

2. 使用公开。即通过公开实施使公众能够了解和掌握该发明创造。如对新产品的制造、使用或销售，对新方法的展示和操作表演等。判断使用是否达到足以导致发明创造丧失新颖性，必须把握两个标准：①使用在公开场所进行。即对发明创造的实施只要求是在任何公众足以到达的场所进行的，客观上并不要求是否有足够多的人真正地参与了该发明创造的实施。②通过实施能够使公众从中了解该技术的实质内容。只有具备以上两条标准的实施，才是使用公开，才会导致发明创造因使用公开而丧失新颖性。根据我国专利法的要求，申请专利的发明、实用新型和外观设计都不得通过使用而公开过。

3. 其他方式的公开。指书面公开和使用公开以外方式的公开，实践中主要指口头公开。口头公开是指以语言的形式公开发明创造的内容。例如，在公开的集会上讲演、报告，在有线或无线广播电台演说，在课堂或成果交流会上讲解等。无论采用何种方式都应达到为公众知晓的程度，仅在限定范围，如讨论会、认证会等局部范围，限定人数场所的公开不构成口头公开。同时，口头公开必须达到使公众所知晓的发明创造内容，达到同行业具有一般技术水平的人足能了解和实施的程度。口头公开的形式简便易行，但对许多较复杂的发明创造的公开不能达到清楚、详细和完整的程度。其常适用于判断较简单的发明创造的公开。

公开作为影响新颖性的条件可以上述公开方式的一种形式出现，也可以三种形式同时构成。其既可由发明创造人本人公开，也可由其以外的人公开。无论采用何种方式，只要导致发明创造脱离了秘密状态，处于一般公众可能得知的状况，就可以认定其丧失了新颖性。当然，法律规定的特殊情况除外。

（二）时间标准

发明创造公开的时间是判断新颖性的一项重要标准。目前世界各国判断新颖性有三种时间标准：

1. 以完成发明创造的时间为标准。即只要发明创造的实质内容在发明完成日之前未被公知公用，就确认该发明创造具有新颖性，而不论该发明在申请专利时是否公开。采用这种标准的国家为数不多，如美国、加拿大、菲律宾等。

2. 以申请的具体时刻为标准，即申请时标准。依照该标准，只有在申请专利的具体时刻以前未公开的发明创造才具有新颖性。该标准对判断新颖性的时间要求更为严格和确切。但实践证明该标准过于严格，缺乏合理性。因此只有极少数的国家采用这种标准，如日本等。

3. 以申请专利的日期作为判断新颖性的时间标准，即申请日标准。依照该标准，凡是发明创造的实质内容在申请日以前未被公知公用，就认为其具备新颖性的条件。其强调的是申请日以前是新的，并不包含申请日在内。即使是在申请日公开的，也不构成对新颖性的影响。我国《专利法》采用了这种判断标准，即以申请日为判断是否具有新颖性的时间标准。

（三）地域标准

地域标准是指确定新颖性的空间范围。在该范围内未被公知公用的发明创造就认为具有新颖性，反之则认为其已丧失新颖性。从目前世界各国专利立法规定来看，判断新颖性的地域标准有三种：

1. 绝对新颖性标准（Absolute novelty），是指在专利审查中，专利主管部门可以引用世界范围内的任何出版物或实际活动去否定一项发明的新颖性。即要求发明创造不构成全世界范围内的"现有技术"，没有以任何方式在世界范围内公开过。如美国、法国专利法规定，除例外规定外，要求申请专利的发明创造必须是申请日以前未在世界范围内公知、公用的。随着经济全球化趋势日益明显和科学技术的飞速发展，尤其是网络技术的发展，出版物公开与非出版物公开之间的界限已经越来越模糊，将非出版物公开的现有技术限制在我国地域之内已变得意义不大，也缺乏可操作性，且国外大多数国家的专利法对现有技术的地域范围都没有加以区分。从我国现行《专利法》的规定来看，我国判断新颖性的标准也采用了绝对新颖性标准。

2. 相对新颖性标准（Relative novelty），是指在专利审查中，专利主管部门只引用一国之内的出版物或实际活动来判断一项发明是否具有新颖性。即要求发明创造没有在该国相对时间内被公开过。如许多发展中国家，为保护本国有关发明创造，发展本国经济，多在其专利法中规定申请专利的发明创造必须是在申请日以前国内未被公众所知或未被公开使用的，以及未在国内出版物上公开发表过的。

3. 混合新颖性标准，是指兼顾绝对与相对新颖性的标准。即在出版物方面采用世界范围内的出版物上是否公开为标准，而在实际活动方面则在一国范围内分析是否公开使用过或以其他方式为公众所知。采取此标准的国家较少。

三、影响新颖性的抵触申请

抵触申请是指一项申请专利的发明或者实用新型在申请日以前，已有同样的发明或者实用新型向国务院专利行政部门提出申请，并且记载在该发明或实用新型申请日以后公布的专利申请文件中，先申请被称为后申请的抵触申请。抵触申请仅指申请日以前他人向国务院专利行政部门提出的同样发明或实用新型专利申请，不包括申请人本人在申请日以前提出的同样申请。设立抵触申请的主要目的是防止专利重复授权。抵触申请是影响和排除新颖性的条件之一。

四、不丧失新颖性的公开

一般情况下，发明创造在申请日以前被公开就丧失了新颖性而不能获得专利，但这一原则也有例外。有的国家的专利法还规定了一些不丧失新颖性的例外情形。依照这种规定，给予申请人一定的优惠期。虽然发明创造已被公开，但只要申请人在优惠期内提出了专利申请，则视为不丧失新颖性。我国《专利法》第24条规定，申请专利的发明创造在申请日以前6个月内，有下列情形之一的，不丧失新颖性：

（一）在国家出现紧急状态或者非常情况时，为公共利益目的首次公开的

国家出现紧急状态是指当国家出于战争等可能危及国家安全的状态，非常情况是指出现严重的自然灾害、流行性疾病等情况。

（二）在中国政府主办或者承认的国际展览会上首次展出的

中国政府主办的国际展览会，包括国务院、各部委主办或国务院批准由其他机关或地方政府举办的国际展览会。中国政府承认的展览会，包括在外国举办的展览会。给予国际展览会上展出发明创造的人6个月的专利申请优惠期，有利于鼓励人们在国际展览会上展出新的发明创造，以促进国际的技术交流。故对该种会议举办者、性质等均有限制，如1999年7月12日专利复审委员会作出的第WX1449号无效宣告请求审查决定所涉及的专利名称是"书报架"，申请日为1993年12月29日。请求人针对本专利提出无效宣告请求的理由是本专利已于申请日前展出并售出，故不符合《专利法》第22条的规定。专利权人在意见陈述书中认为：本专利"书报架"于1993年11月20日~24日在由中国百货商业协会主办的"1993年秋季全国文化用品交易会"上展出，并于同年12月29日申请专利，参展企业中包括有港澳台等地区的企业，故根据《专利法》第24条第1款第1项（即《专利法》第四次修订后的第24条第1款第2项）的规定，本案实用新型未丧失新颖性。同时，上述展出的"书报架"样品的出售未经专利申请人同意，故根据《专利法》第24条第1款第3项（即《专利法》第四次修订后的第24条第1款第4项）的规定不影响本专利的新颖性。后在审查过程中认为，《专利法》第24条第1款第1项（即《专利法》第四次修订后的第24条第1款第2项）中所规定的"中国政府主办或者承认的国际展览会"，按照审查指南第二部分第三章的解释，是指由国务院、各部委主办或者国务院批准由其他机关或者地方政府举办

的国际展览会。而对于在专利权人"意见陈述书"中所述的"1993 年秋季全国文化用品交易会"来说，其主办者（或举办者）中国百货商业协会属于民间机构，不符合上述条件；同时，被主办的是"交易会"而不是"展览会"。所以，认为本专利不能享受《专利法》第 24 条所规定的不丧失新颖性的宽限期。

（三）在规定的学术会议或者技术会议上首次发表的

学术会议指国务院有关主管部门或者全国性学术团体组织召开的学术会议或技术会议，不包括省以下或者受国务院各部委或全国性学会委托或者以其名义组织召开的同类会议。申请人在学术会议上首次发表发明创造，如在发表日起 6 个月内提出专利申请，则该发明创造不因发表而丧失新颖性。

（四）他人未经申请人同意而泄露其内容的

他人未经申请人同意的公开是非法公开，一般主要包括他人未遵守约定将发明创造公开，或采用威胁、欺诈或者间谍活动等手段从发明人或者经发明人告诉而得知发明创造内容的任何其他人那里得知发明创造的内容而后公开。如果申请人以外的人未经申请人许可而使发明创造向社会泄露、公开，申请人只要在泄露发生之日起 6 个月内申请专利，则该发明创造不因泄露而丧失新颖性。

应该明确，一是，上述四种不影响新颖性的例外情况，只是我国《专利法》的规定。申请人如果向外国申请专利，可能就得不到同样的优惠保护。因此，发明创造人是否公开自己的发明创造应全面衡量，酌情行事。二是，前述规定仅是给予提前公开发明创造的申请人一定的优惠期限。如果在优惠期内，申请人本人或他人的再公开，或者他人独立地作出同样的发明创造并提出了专利申请，则会导致享有优惠期的专利申请丧失新颖性。

五、我国《专利法》对不同专利的新颖性要求

根据我国《专利法》之规定，授予专利权的发明与实用新型以及外观设计均需要具备新颖性，但在规定的内容上有所差异。依照《专利法》第 22 条之规定，对发明和实用新型的新颖性要求是在申请日以前没有同样的发明或者实用新型在国内外出版物上公开发表过，在国内外公开使用过或者以其他方式为公众所知，也没有同样的发明或者实用新型由他人向国务院专利行政部门提出过申请并且记载在申请日以后公布的专利申请文件中。而依照《专利法》第 23 条之规定，授予专利权的外观设计，同申请日以前在国内外出版物上公开发表过或者国内外公开使用过的外观设计或者现有设计特征的组合相比，应当具有明显区别，并不得与他人在先取得的合法权利相冲突。由此可见，我国《专利法》对于外观设计，在新颖性的标准上亦采用了与发明、实用新型相同的标准，即在出版物公开方面采用了绝对新颖性标准；在公开使用方面也采用了绝对新颖性标准。所不同的是对于外观设计没有规定抵触申请，也没有规定以其他方式为公众所知。此外，由于外观设计不是技术方案，故客观上可能存在相近似的情况，因此专利法规定以"具有明显区别"作为判断标准。

根据《专利法》第 23 条第 3 款规定，"授予专利权的外观设计不得与他人在申请日以前已经取得的合法权利相冲突"。理解这一内容应注意：①依据《最高人民法院关于审理专利纠纷案件适用法律问题的若干规定（2020 修正）》第 12 条的规定，"专利法第二十三条第三款所称的合法权利，包括就作品、商标、地理标志、姓名、企业名称、肖像，以及有一定影响的商品名称、包装、装潢等享有的合法权利或者权益"。实践中在先取得的合法权益，主要包括商标权和著作权。②相冲突的权利必须是在先取得的。在先取得是指在先权利人的权利产生之日在外观设计专利的申请日或者优先权日之前。其中需要注册和登记而产生的权利，注册登记之日为权利取得之日。③"相冲突"的表现形式根据在先权利的种类不同而有所区别，但总的可以概括为不同权利彼此重叠、交叉，多个权利人能够对包含相同内容的权利客体主张其权利，在行使权利时涉及谁优先的问题。④在先权利必须是合法取得的。如果申请人所申请的外观设计与上述权利人的在先权利发生了冲突，该申请会被认为不具有新颖性而不授予专利权。

第二节 创造性

一、创造性的概念

创造性（Creativeness）在不同国家的专利法中有不同称谓。英、美等国称为"非显而易见性"（Non-obviousness），《欧洲专利公约》的成员国多使用"创造性"或"进步性"等，我国称之为创造性。概览各国专利立法，多数国家在专利法中规定了创造性条件。如《法国专利法》规定，发明应该是创造性活动的结果。《美国专利法》规定，一项发明虽然满足新颖性要求，"但申请专利的内容与已有技术之间的差异甚为微小，以致该项发明在完成时对于本专业普通技术人员而言是显而易见的，则不能取得权利"。1977年《英国专利法》第3条规定，如果一项发明对熟知本专业技术的人而言并非显而易见，那么该项发明应被认为包括了一个创造性步骤。《日本专利法》也有类似的规定。我国《专利法》第22条第3款规定："创造性，是指与现有技术相比，该发明具有突出的实质性特点和显著的进步，该实用新型具有实质性特点和进步。"

上述表明，各国专利法对创造性的规定虽然不同，但均要求申请专利的发明创造在技术上比现有技术先进，其不能仅是对现有技术的简单重复或演绎推理，而必须与现有技术在技术性上有本质的不同，并且对同一技术领域的一般技术水平的人具有非显而易见性。由此可见，创造性是一个相对的概念，是用来说明申请专利的技术同现有技术相比所具有的先进程度。其参照的标准是现有技术，要求与现有技术不仅不相同，且不是仅通过逻辑推理、分析、判断就能必然获得的技术方案，而是通过创造性活动，使技术有质的飞跃和不同程度的进步。同时，衡量创造性，以同领域内具有中等水平的人员作为判断技术水平的人员标准。

二、创造性的判断标准

创造性虽然是客观存在的，但其却是一个无法量化的概念。对创造性的判断往往带有很大的主观性，很难有非常统一的标准。因此，大多数国家的专利法对创造性往往作简单、抽象的规定，具体操作由专利行政部门在审查中自己掌握，我国亦如此。依我国《专利法》第22条之规定，判断创造性应把握以下几点：

1. 判断创造性应参照申请日以前的现有技术。创造性判断应将申请专利的发明创造与申请日以前已有技术进行比较，而不能与审查判断时的已有技术进行比较。因为技术总是不断发展的，而申请日和审查日之间有时间差，现有技术水平会有所提高，若以后者作为认定已有技术的时间，不利于保护申请人的利益。

2. 判断创造性的人应为发明创造所属技术领域的普通技术人员。创造性判断常以申请专利的发明创造所属技术领域的普通技术人员作为标准。"普通技术人员"事实上是为了统一审查标准而虚拟的人。他与申请专利的发明创造应属于相同技术领域，具备该领域已有技术的一切知识，且只能是中等水平，既不是该领域的专家，也不是外行，其仅能在现有技术基础上作简单的逻辑推理和组合。创造性判断中，如果普通技术人员认为申请专利的发明创造是显而易见的，则不具有创造性，若属于非显而易见的则无疑具有创造性。因此，专利审查员在从事创造性审查时，应视自己为普通技术人员。

3. 判断创造性的客观标准，发明应以"突出的实质性特点和显著进步"，实用新型应以"实质性特点和进步"为标准。

实践中，我国常以下列标准作为衡量发明是否具有创造性的参考：

（1）开拓性发明创造。也称首创性发明创造，这种发明创造在国内外科技史上是前所未有的，它为人类科学技术在某个时期的发展开创了新纪元。如中国古代的四大发明、第一台蒸汽机、电子计算机的问世等均属于此类发明创造。这种发明同现有技术相比，具有本质的区别和显著的技术进步，具备创造性。

（2）发明创造解决了人们长期希望解决但始终未能获得成功的技术难题。在科学技术领域，有许多人们渴望解决的技术难题，如果发明人经过努力，解决了这一难题，应认为具有创造性。

（3）发明克服了技术偏见。技术偏见指某段时间内，在某个技术领域中，技术人员对某类技术普遍存在的成见，其客观上阻碍该领域技术的发展和进步。如果发明改变了人们的看法，克服了技术偏见，应认为其有创造性。

（4）发明取得了预料不到的技术效果。即发明同申请日前已有技术相比出现了"质""量"的变化，或产生了新的性能，从而超出了人们预期的想象，且这种质的或者量的变化，是所属技术领域的普通技术人员事先无法预测或推想出来的。当发明产生了以上预料不到的技术效果时，发明即具备创造性。

（5）发明在商业上获得成功。即发明的产品在商业上获得成功时，如果该成功是由于发明的技术特征直接导致的，则该发明具备创造性。

三、我国《专利法》对不同专利的创造性要求

我国《专利法》对发明、实用新型和外观设计在创造性方面有不同的规定。依《专利法》第22条第3款的规定，发明的创造性必须是同申请日以前已有技术相比有"突出的实质性特点和显著的进步"，其中"突出的实质性特点"是指发明相对于现有技术，对所属技术领域的技术人员来说，是非显而易见的。"显著的进步"是指发明与最接近的现有技术相比有长足的进步。这种进步可表现为，发明克服了现有技术存在的不足和缺点，或者表现在发明所代表的某种新技术趋势上。可见我国对发明专利创造性有较高的要求。《专利法》第22条第3款规定，实用新型的创造性是同申请日以

前已有技术相比有"实质性特点和进步"。可见，与发明比较，对实用新型的创造性要求较低。由于外观设计仅是对产品外表所作的富有美感的设计，不是技术性方案，故无法要求其在技术上具有先进性。故《专利法》第23条规定，外观设计应具有"明显区别"的特征，即与现有设计相比或者与现有设计特征的组合相比有明显的区别。学界认为这既是对外观设计的新颖性要求，也是创造性要求。其具体要求类似于著作权法中的原创性或独创性标准，即只要不是抄袭或模仿他人外观设计即可。由于专利法对一切被授予专利的方案均要求新颖性，所以外观设计的独创性要求实际上已包含在新颖性之中。

创造性判断是通过主观判断进行的，在实践中是一项非常复杂和困难的工作。故专利审查员必须努力理解和掌握专利法中的规定，认真审查分析申请专利的发明创造，努力使主客观相统一，以保证所授专利的质量。

第三节　实用性

一、实用性的概念

实用性（Practical utility）又称工业实用性或产业实用性，是发明创造获得专利必须具备的实质条件之一。从专利制度诞生以来，各国不同时期的专利法均不同程度地要求受专利保护的对象必须能够在工业上制造或者使用。如1968年《法国专利法》第6条规定，发明必须具有实用性，并在第11条规定："只有发明对象能在某一工业领域（包括农业领域）制造或者使用时，该发明才能被认为具有工业实用性。"1977年《英国专利法》也作了相同的规定。美国、日本专利法也要求被授予专利的发明必须是实用的、可以在工业上利用的。

我国《专利法》第22条第4款规定："实用性，是指该发明或者实用新型能够制造或者使用，并且能够产生积极效果。"这一规定有两层含义：

（一）必须能够在产业中制造或使用

所谓产业，包括工业、农业、林业、水产业、畜牧业、交通运输业以及文化体育、生活用品和医疗器械等行业。产业中的制造或使用是指具有可实施性及再现性，即属于符合自然法则，具有技术特征的可实施的技术方案。虽然法律并不要求该方案必须已经在产业上制造或使用，但该技术方案在客观上必须具有制造或使用的可能性。如若申请专利的是一种产品，该产品必须可以在产业中重复制造；如果申请专利的是一种生产方法，则该方法必须能够在产业中反复使用。由此可见，实用性强调发明创造必须具有客观上的可实践性。故仅提出问题或单纯地停留在幻想或构思阶段，未创造出具体技术方案的理论不具有实用性，不能授予专利权。

（二）必须能够产生积极效果

这是指发明或实用新型专利申请在提出申请时，其产生的经济、技术和社会效果是所属技术领域的技术人员可以预料到的。同现有技术相比，申请专利的发明或实用新型有更高的经济或社会效益。这种效益通常依靠技术方案的实施而体现，可以表现为产品质量的改善、产品产量或劳动生产率的提高；也可以表现为资源和能源使用效率的提高及产品成本的降低；还可以表现为生产环境、劳动条件的改善等。若发明或实用新型不具有积极效果，或者甚至有碍经济、社会发展，即使其具备可实用性特征，也不具备《专利法》中所要求的实用性，不能授予专利权。

二、判断实用性的标准

判断发明或实用新型是否具有实用性的直接依据是申请文件中所记载的整体技术内容，其不仅包括权利要求书所记载的内容，而且包括说明书、附图中的内容。一般从以下几方面判断：

（一）可实施性

如前所述，可实施性是指能够在产业中应用。一项发明或实用新型是否有可实施性，关键在于其所属技术领域的技术人员能否实现。这就要求该发明创造一是必须是一项完整、成熟的技术方案。未完成的技术方案，因不具备可实施性而不能获得专利，其通常可以表现为：只提出任务和设想，或仅表明某种愿望和结果，而缺乏使所属领域技术人员能够实施的技术手段；或提出了解决手段，但该技术方案含糊不清，无法具体实施；或实施后果不能达到预期的目的；或技术方案缺少所依赖实现的实验证据；等等。二是，该发明或实用新型必须不违背自然规律。违背自然规律的发明创造因缺乏可实施的客观基础，而不具有实用性。例如"永动机"的发明因违背了能量守恒定律，而不能获得专利保护。

（二）可再现性

可再现性是指发明或实用新型所属技术领域的技术人员，根据公开的技术内容，能够重复实施专利申请中为达到其目的所采用的技术方案。这种重复在数量上不应有限制，不得依赖任何随机的因素且无论何次实施其结果应该相同。对于无再现性的发明或实用新型不可授予专利权。实践中，对于利用独一无二的自然条件的创造性设计，如长江大桥因其是利用特定的自然环境创造的，是不可移动的唯一产品，不具有可再现性，因此不能授予专利。对于以人体或动物为实施对象的，无法在产业上使用的疾病诊断、治疗和外科手术方法也不可授予专利权。

（三）有益性

发明或实用新型的实施必须能够产生积极的技术、经济和社会效果。其表现为有利于提高设备性能，改良工艺；有利于节约资源、能源和劳动力，降低产品成本，提高产品质量和劳动生产率；有利于提高社会整体科技水平，充分满足社会各方面发展之需要。

三、我国《专利法》对不同专利的实用性要求

依《专利法》第22条第4款之规定，授予发明或实用新型专利的实用性条件是要求申请专利的发明或实用新型能够制造或者使用，并能产生积极的效果。

而对于外观设计而言，一是，外观设计是为了美化产品的外观而从事的设计，因此，其必须富有美感才可以在产品中应用，不具有美感的外观设计不是专利意义上的外观设计。因而，美感应属于外观设计实用性的组成部分。二是，外观设计本身及作为其载体的产品应能够以工业的方法重复再现、进行大批量的生产，有利于促进产品市场竞争力，丰富人们的生活。

■**思考题**

1. 什么是专利法中的创造性、新颖性、实用性?

2. 我国专利法对专利创造性、新颖性、实用性的不同要求是什么?

3. 如何理解新颖性、创造性与实用性之间的关系?

4. 什么是抵触申请? 什么是不丧失新颖性的公开?

■**参考书目**

1. 世界知识产权组织编著:《知识产权纵横谈》,张寅虎等译,世界知识出版社 1992 年版。

2. 何孝元:《工业所有权之研究》,台湾三民书局 1991 年版。

3. 汤宗舜:《专利法教程》,法律出版社 2003 年版。

第十六章 专利权取得

　　专利权具有授权性特点，不能自动取得。发明创造人要使其发明创造成果获得专利保护，必须依专利法的规定向国务院专利行政部门提出专利申请，并接受审查。对经审查合格的专利申请，国务院专利行政部门才授予专利权。专利权的取得，就是专利申请、审查和授权的全部过程。

第一节　专利申请

一、专利申请的原则

　　专利申请的原则，是指专利申请人及专利管理机关在专利申请阶段应该共同遵守的准则。关于专利申请应坚持的原则，理论界有不同的总结和归纳，一般认为专利申请必须坚持以下原则。

（一）书面申请原则

　　书面申请原则是指专利申请人在专利申请中的各种申请文件及法定手续均应以书面形式办理。书面申请原则是各国普遍使用的一项原则。根据书面申请原则，首先，申请人向国务院专利行政部门提交的各种申请文件须符合《专利法》规定的书面形式，即文件的规格、文字等必须规范；其次，申请文件撰写的顺序、所采用的技术术语和计量单位等须符合《专利法》及国务院专利行政部门的要求；最后，申请人不得以口头、电报、实物等形式代替书面申请。采用书面申请原则，便于国务院专利行政部门受理和审查，便于对申请文件的长期保存，也便于建立准确、全面、科学的专利文献体系。但是，随着计算机和网络技术的广泛使用，用电子文件方式提交专利申请书已在不少国家使用，我国也已开始进行该方面的尝试。因此，书面申请方式将不是唯一的专利申请方式，利用各种快速、安全、方便的方式申请专利将是各国专利申请的发展趋势。《专利法》及《专利法实施细则》规定的各种手续，应当以书面形式或者以国务院专利行政部门规定的其他形式办理。以国务院专利行政部门规定的其他形式申请专利的，应当符合规定的要求。依照《专利法》规定提交的各种文件应当使用中文；国家有统一规定的科技术语的，应当采用规范词；外国人名、地名和科技术语没有统一中文译文的，应当注明原文。依照《专利法》规定提交的各种证件和证明文件是外文的，国务院专利行政部门认为必要时，可以要求当事人在指定期限内附送中文译文；期满未附送的，视为未提交该证件和证明文件。

（二）单一性原则

所谓单一性原则，又称一申请一发明原则，指一件专利申请只能限于一项发明创造。要求一件专利申请仅限于一项发明创造的原因在于，如果一件专利申请案中包含了来自不同技术领域的多个发明创造，将会给专利审查带来难以克服的困难，使申请案的分类、对比文献的检索、实质性审查等工作无法科学进行。因此，世界上实行专利制度的国家一般都要求专利申请应符合单一性原则。

我国《专利法》也采用单一性原则，第31条规定，一件发明或者实用新型专利申请应当限于一项发明或者实用新型。一件外观设计专利申请应当限于一项外观设计。但考虑到发明人的发明创造之间往往有一定的关联性，他们根据一个总的构思可能会完成两个以上的发明创造。因此，我国《专利法》第31条第1款规定："……属于一个总的发明构思的两项以上的发明或者实用新型，可以作为一件申请提出。"具体而言，可以作为一件专利申请提出的属于一个总的发明构思的两项以上的发明或者实用新型，应当在技术上相互关联，包含一个或者多个相同或者相应的特定技术特征，其中特定技术特征是指每一项发明或者实用新型作为整体，对现有技术作出贡献的技术特征。此外，《专利法》第31条第2款还规定，"……同一产品两项以上的相似外观设计，或者用于同一类别并且成套出售或者使用的产品的两项以上外观设计，可以作为一件申请提出。"所谓同一类别，指产品属于分类表中同一小类；成套出售或者使用，是指各产品的设计构思相同，并且习惯上是同时出售、同时使用。前面所述的将两项以上的属于一个总的构思的发明创造合并为一件申请提出的专利申请，称为合案申请。我国《专利法》所规定的单一性原则并不排除合案申请的存在。

（三）优先权原则

优先权（Right of priority）源于《巴黎公约》，是该公约成员国的工业产权所有人依照公约所享有的一项权利。按照《巴黎公约》的规定，在申请专利或商标等工业产权时，各缔约国要互相承认对方国家国民的优先权。申请人在一个缔约国第一次提出专利申请后，在一定期限内（发明和实用新型的优先权期限为12个月，外观设计的优先权期限为6个月）又以相同的发明创造向其他缔约国提出申请的，则该申请人有权要求该缔约国以申请人第一次提出专利申请的缔约国的申请日为申请日，也就是优先权日。我国《专利法》第29条第1款规定："申请人自发明或者实用新型在外国第一次提出专利申请之日起十二个月内，或者自外观设计在外国第一次提出专利申请之日起六个月内，又在中国就相同主题提出专利申请的，依照该外国同中国签订的协议或者共同参加的国际条约，或者依照相互承认优先权的原则，可以享有优先权。"同时我国《专利法》第29条第2款还规定："申请人自发明或者实用新型在中国第一次提出专利申请之日起十二个月内，或者自外观设计在中国第一次提出专利申请之日起六个月内，又向国务院专利行政部门就相同主题提出专利申请的，可以享有优先权。"理论界通常将前者称为国外优先权，后者称为国内优先权或本国优先权。国外优先权第一次的专利申请不在我国，只要申请人符合国外优先权的条件，我国国务院专利行政部门就要以申请人第一次在外国的专利申请日作为在我国的专利申请日。而国内优先权要求申请人先后两次的专利申请均在国内。

申请人依照规定要求享有外国或本国优先权的，应当在申请时提出书面声明，申请人要求发明、实用新型专利优先权的，应当在申请的时候提出书面声明，并且在第一次提出申请之日起16个月内，提交第一次提出的专利申请文件的副本；申请人要求外观设计专利优先权的，应当在申请的时候提出书面声明，并且在3个月内提交第一次提出的专利申请文件的副本；申请人未提出书面声明或者逾期未提交专利申请文件副本的，即被视为未要求优先权。申请人享有优先权的，优先权日视为申请日。

申请人在一件专利申请中，可以要求一项或者多项优先权；要求多项优先权的，该申请的优先权期限从最早的优先权日起计算。申请人要求本国优先权，在先申请是发明专利申请的，可以就相同主题提出发明或者实用新型专利申请；在先申请是实用新型专利申请的，可以就相同主题提出实用新型或者发明专利申请。但是，提出后一申请时，在先申请的主题有下列情形之一的，不得作为要求本国优先权的基础：已经要求外国优先权或者本国优先权的；已经被授予专利权的；属于按照规定提出的分案申请的。申请人要求本国优先权的，其在先申请自后一申请提出之日起即视为撤回。

（四）国际申请原则

专利的国际申请也称为"PCT申请"，是指依据《专利合作条约》（即PCT条约）提出的专利申请。我国于1994年加入PCT条约，同时我国原专利局也成为PCT条约规定的国际申请的受理局、国际检索单位和国际初步审查单位。为了更好地履行该条约规定的义务，解决受理国际申请、进行国际检索和国际初步审查中的问题，使指定或者选定我国的国际申请与国内程序合理接轨，国务院专利行政部门根据《专利法》第19条规定，受理按照《专利合作条约》提出的专利国际申请。

二、专利申请应当提交的文件

（一）申请发明或实用新型专利应当提交的文件

我国《专利法》第26条第1款规定："申请发明或者实用新型专利的，应当提交请求书、说明书及其摘要和权利要求书等文件。"

1. 请求书。请求书是申请人向国家专利管理机关表达请求授予专利权愿望的书面文件。我国《专利法》规定，请求书应当写明发明或者实用新型的名称，发明人的姓名，申请人姓名或者名称、地址，以及其他事项。申请发明或实用新型专利的请求书应包括以下内容：①发明创造的名称。即发明或实用新型的具体名称。该名称必须简易明了，且和发明创造有一定的联系，并在一定程度上能够反映该发明创造的特点和内容；②发明人或者设计人的姓名；③申请人姓名或者名称、地址；④其他事项。其他事项包括：申请人的国籍；申请人是企业或者其他组织的，其总部所在的国家；申请人委托专利代理机构的，应当注明的有关事项；申请人未委托专利代理机构的，其联系人的姓名、地址、邮政编码及联系电话；要求优先权的，应当注明的有关事项；申请人或者专利代理机构的签字或者盖章；申请文件清单；附加文件清单以及其他需要注明的有关事项。同时，申请人有两人以上且未委托专利代理机构的应当指定一人为代表，未指定代表的，除请求书中另有声明的外，以请求书中指明的第一申请人为代表人。

2. 说明书及其摘要。说明书是指阐明发明或者实用新型技术实质的文件，它是发明创造的具体说明。说明书是专利申请文件中最重要的文件之一，是对发明创造的具体文字说明。说明书应当对发明或者实用新型作出清楚、完整的说明，以所属技术领域的技术人员能够实现为准，必要的时候应当有附图。摘要应当简要说明发明或者实用新型的技术要点。我国《专利法》对说明书有以下要求：①说明书应当对发明或者实用新型作出清楚、完整的说明，以所属技术领域的技术人员能够实现为准，必要的时候应当有附图。说明书是申请人向社会公开其发明创造的重要法律文件，因此其起草得好与坏直接影响专利申请的效果和专利保护的程度。实践中，说明书的撰写不仅要清楚，且要能客观、完整、充分地说明要申请专利的发明创造。其应达到所属技术领域的技术人员能够实现的程度，也即本技术领域的任何一个普通的技术人员阅读说明书后，就能实施该项发明创造。②说明书应主要包括以下内容：技术领域，即写明要求保护的技术方案所属的技术领域；背景技术，即要写明对发明或者实用新型的理解、检索、审查有用的背景技术，如果可能的话，要引证反映这些背景技术的文件；发明内容，即发明或者实用新型所要解决的技术问题以及解决该技术问题所采用的技术方案，并对照现有技术写明发明或者实用新型的有益效果；附图说明，即说明书有附图的，对各幅附图作简略说明；具体实施方式，即详细写明申请人认为实现发明或者实用新型的优选方式（必要时举例说明，有附图的对照附图）。在撰写说明书时，除非有更简便易行的办法，申请人一般情况下应该按照以上顺序进行，并在每一部分前写明标题。说明书要求用词规范、语句清楚，并不得有商业性宣传用语。对于《专利法》有特别规定的发明，说明书应遵守法律的特别规定，依赖遗传资源完成的发明创造，申请人应当在专利申请文件中说明该遗传资源的直接来源和原始来源，申请人无法说明原始来源的，应当陈述理由。

说明书摘要，是指说明书公开内容的概要。它仅是一种技术情报，不具有法律效力。摘要的内容不属于发明或者实用新型原始公开的内容，不能作为以后修改说明书或者权利要求书的根据，也不能用来解释专利权的保护范围。我国《专利法》第26条第3款规定：“……摘要应当简要说明发明或者实用新型的技术要点。”说明书摘要应当写明发明或者实用新型专利申请所公开内容的概要，即写明发明或者实用新型的名称和所属技术领域，并清楚地反映所要解决的技术问题、解决该问题的技术方案的要点以及主要用途。此外，摘要可以有化学式、反应式或者数学式，但不得有商业性宣传用语，可以从说明书附图中选取最能说明发明或者实用新型的一幅附图，作为摘要附图。摘要应当简短、全面。

3. 权利要求书。权利要求书是申请人请求给予专利保护的范围的书面表达，主要反映申请人要求给予专利保护的发明创造的技术范围和请求授予的专利权的范围。申请人取得专利权后，权利要求书即是确定该发明或实用新型专利权范围的直接依据，也是判断他人是否构成专利侵权的根据。在申请人获得专利权以后，如果他人未经专利权人许可而实施的技术方案包括了权利要求书中记载的全部技术特征或者与这些技术特征相等同的技术特征，即进入了该权利要求的保护范围，就会构成专利侵权。

按照撰写的内容不同，权利要求分为独立权利要求和从属权利要求。独立权利要求是指从整体上反映发明或实用新型主要技术内容，记载构成发明或实用新型的必要技术特征的权利要求。其中必要技术特征是指发明或者实用新型为达到其目的和效果所不可缺少的技术特征，它们的总和可以构成发明或者实用新型的主题，使之区别于其他技术方案。在一件申请的权利要求书中，独立权利要求所限定的一项发明或者实用新型的保护范围最宽。一件申请的权利要求中应当至少有一项独立权利要求。从属权利要求是指用要求保护的附加技术特征对引用的权利要求作进一步的限定的权利要求。其中要求保护的附加技术特征，应当与发明或者实用新型的目的有关，可以是对引用权利要求的技术特征进一步限定的技术特征，也可以是增加的技术特征。

按照保护的对象不同，权利要求还可以分为产品权利要求和方法权利要求。产品权利要求保护的是具体的产品，例如各种物品、设备、机器等；方法权利要求保护的对象包括制造的方法、使用方法、已知产品的新用途等。

权利要求书应当满足以下要求：权利要求书应当以说明书为依据，清楚、简要地限定要求专利保护的范围。因为权利要求书和说明书有密切的关系，说明书对发明或实用新型的技术特征进行了清楚和完整的说明，是权利要求得以成立的基础。权利要求书中所记载的技术特征必须能在说明书中找到根据，该权利要求才被视为有效，才具有法律上的意义。同时说明书中记载的技术内容只有通过权利要求书的内容表现出来，才能得到法律的保护。因此，权利要求书必须是对说明书中所反映的技术内容的概括和总结。

权利要求书必须清楚反映申请人的请求。权利要求是否清楚，对于确定发明或者实用新型主题要求保护的范围是极为重要的，因此权利要求应当清楚、明了。具体表现在：①每项权利要求的类型应当清楚，且应当与发明或者实用新型的主题一致；②每项权利要求所确定的保护范围应当清楚；③权利要求书中使用的术语应当是国家统一规定的技术用语，不得使用不规范或含义不确定的语言；④权利要求书必须简明。

权利要求书应当按照《专利法》规定的格式和顺序撰写。一是，应当符合《专利法》规定的格式。独立权利要求的撰写应当包括前序部分和特征部分，并按照法定顺序排列；从属权利要求的撰写应当包括引用部分和限定部分。二是，权利要求书的内容应当是技术和法律的有机结合。

（二）申请外观设计专利应当提交的文件

外观设计专利保护的是对产品的外表形状、图案或两者结合以及色彩与形状、图案结合的设计，这种设计的本质特征只有通过图片或者照片才能最形象地反映出来。故确定外观设计专利保护的范围主要是以图片或照片为依据。因此，外观设计专利申请不需要提交以文字叙述为主的说明书及其摘要和权利要求书。依《专利法》第27条之规定，申请外观设计专利应提交以下文件：请求书、该外观设计的图片或者照片以及对该外观设计的简要说明等文件。

1. 请求书。请求书是外观设计申请人向专利局表示请求授予外观设计专利愿望的文件，与发明专利或实用新型专利的请求书的性质相同。外观设计是对产品的形状、图案或者色彩与形状、图案的结合所作出的设计，该设计涉及的是产品的形状、图案、色彩等，故很难命名。因此，请求书无需写明外观设计的名称，但应按照国务院专利行政部门公布的外观设计产品分类表，写明使用外观设计的产品及其所属的类别。我国目前使用的外观设计分类表与《外观设计海牙协定》的国际分类表相同。

2. 图片或者照片。图片或照片能清楚地表达外观设计申请人的要求和申请专利的外观设计的特征。因此，申请人要提交外观设计不同角度、不同侧面和不同状态的图片或照片，以达到能清楚、完整、准确地显示请求保护的外观设计的目的。请求保护色彩的外观设计专利申请，还应当提交彩色图片照片和黑白图片照片各 1 份，并且在黑白图片或照片上注明请求保护的色彩。

3. 简要说明。申请外观设计专利的，必要时应当写明对外观设计产品的简要说明。简要说明应当写明使用该外观设计产品的设计要点、请求保护的色彩、省略视图等情况，以利于对外观设计进行解释。简要说明不得使用商业性宣传用语，也不能用来说明产品的性能。

发明、实用新型、外观设计的专利申请人除应提交以上专利申请文件外，还应根据具体情况提交附加文件。主要包括代理人委托书、不丧失新颖性的证明文件、申请优先权声明及有关文件等。

三、专利申请文件的提交、修改和撤回

（一）专利申请文件的提交

专利申请人将专利申请文件备齐，即可向国务院专利行政部门递交。申请人提交专利申请文件的方式有：直接递交给国务院专利行政部门；递交给国务院专利行政部门指定的专利代办处；通过邮局挂号邮件邮寄给国务院专利行政部门或代办处。申请人邮寄申请文件应在信封正面注明"专利申请"字样。申请人应注意保存挂号邮件收据，以备必要时提供邮寄日证明。

申请专利的发明如果属于涉及新的生物材料，对该生物材料公众不能得到，并且对该生物材料的说明不足以使所属领域的技术人员实施其发明的，除应当符合《专利法》的有关规定外，申请人还应当办理下列手续：①在申请日前或者最迟在申请日（有优先权的，指优先权日），将该生物材料的样品提交国务院专利行政部门认可的保藏单位保藏，并在法定期限内出具有关证明；②在申请文件中，提供有关该生物材料特征的资料；③涉及生物材料样品保藏的专利申请应当在请求书和说明书中写明该生物材料的分类命名（注明拉丁文名称）、保藏该生物材料样品的单位名称、地址、保藏日期、保藏编号；申请时未写明的，应当自申请日起 4 个月内补正；期满未补正的，视为未提交保藏。

申请专利的发明创造涉及国家安全或者重大利益需要保密的，应依据《专利法》第 4、19 条等有关规定办理。

（二）专利申请文件的修改

为了使申请人的专利申请文件充分、准确、完整地表明申请专利的发明创造和申请人请求法律保护的意愿，使申请人的发明创造成果不至于因申请文件不妥或欠缺，而丧失取得专利的良机，依照我国《专利法》第 33 条规定，允许专利申请人主动提出

修改申请文件。同时，在《专利法》及《专利法实施细则》中对申请人修改文件的时间和范围作了限制：①申请人可以对其专利申请文件进行修改，但对发明和实用新型专利申请文件的修改不得超出原说明书和权利要求书的范围；对外观设计专利申请文件的修改不得超出图片或照片表示的范围。②对发明专利申请文件的修改，应在提出实质审查请求或者在收到国务院专利行政部门发出的发明专利申请进入实质审查阶段通知书之日起的 3 个月内提出。对实用新型或者外观设计专利申请文件的修改，应自申请日起 2 个月内主动提出。

因为我国实行先申请原则，专利权授予最先申请的人，若允许申请人就申请文件进行无限制的修改，客观上会导致其申请专利的发明创造的范围处于不固定状态，以至无法确定专利权的范围，不利于保护其他申请人的利益。故对专利申请文件修改有一定的限制显得非常必要。

（三）专利申请的撤回

我国《专利法》第 32 条规定："申请人可以在被授予专利权之前随时撤回其专利申请。"专利申请的撤回可以采取作为的方式和不作为的方式。申请人可以在被授予专利权之前主动要求撤回专利申请，以书面形式向国务院专利行政部门提出声明，写明发明创造的名称、申请号和申请日，表明撤回申请的愿望；申请人也可以不作为的方式撤回申请。如自申请日起 3 年内，发明专利申请人无理由不请求实质审查的，该申请即被视为撤回。申请人撤回申请时应当注意，若申请在公开前撤回，视为该申请自始不存在，其不影响在后申请的新颖性；如果申请是在公开后撤回的，则该发明创造丧失新颖性，进入公有领域，任何申请人均不能以此发明获得专利。

四、专利申请受理及申请日、申请号的确定

专利局收取申请人的申请文件，对申请人明确、申请文件齐全、文件的形式符合《专利法》规定的申请，确定申请日，给予申请号并通知申请人，即为专利申请的受理。专利受理通知书是专利受理的凭证。

确定申请日是国务院专利行政部门在专利申请受理中一项重要的工作。依《专利法》及《专利法实施细则》之规定，专利局确定申请日的方法是：申请人直接向专利局或各代办处递交的专利申请，以收到日为申请日；如果申请文件是邮寄的，以申请人寄出的邮戳日为申请日。邮戳日不清晰的，除当事人能够提出证明外，以国务院专利行政部门收到日为申请日。按照《专利合作条约》，已确定国际申请日并指定中国的国际申请，视为向国务院专利行政部门提出的专利申请，该国际申请日视为《专利法》第 28 条所称的"申请日"。专利申请日的确定对专利申请人和专利行政部门均具有重要的意义。申请日可以确立申请人先申请的地位，使申请日以后的专利申请因丧失新颖性而不能获得专利权；申请日是判断发明创造是否具有新颖性、创造性的时间标准，也是专利审批程序中对专利申请进行公开、实质审查等的时间依据，同时还是专利权保护期限的起算日。因此，依法确定申请日显得十分重要。

专利申请号由 12 位数字组成，是申请人与国务院专利行政部门进行联系的纽带。一件专利申请对应一个专利申请号。申请人的专利号一旦确定，就在专利权有效期内一直沿用。国务院专利行政部门的各种文件，可以通过邮寄、直接送交或者其他方式送达当事人。当事人委托专利代理机构的，文件送交专利代理机构；未委托专利代理机构的，文件送交请求书中指明的联系人。国务院专利行政部门邮寄的各种文件，自文件发出之日起的第 15 日，推定为当事人收到文件之日。根据国务院专利行政部门规定应当直接送交的文件，以交付日为送达日。文件送交地址不清，无法邮寄的，可以通过公告的方式送达当事人。自公告之日起满 1 个月视为该文件已经送达。

五、专利国际申请的特别规定

（一）专利国际申请

专利国际申请是相对于专利的"地区申请"和"国家申请"而言的，它是指依据《专利合作条约》提出的专利申请。该条约第 2 条 VII 规定，"国际申请"是指按本条约提出的申请。我国 1994 年加入《专利合作条约》，是《专利合作条约》的成员国之一，我国原专利局同时成为《专利合作条约》规定的国际申请受理局、国际检索单位和国际初步审查单位。现行《专利法》第 19 条规定，任何单位或者个人将在中国完成的发明或者实用新型向外国申请专利的，应当事先报经国务院专利行政部门进行保密审查。"在中国完成的发明或者实用新型"，是指技术方案的实质性内容是在中国境内完成的发明或者实用新型。保密审查的程序、期限等按照国务院的规定执行。中国单位或者个人可以根据中华人民共和国参加的有关国际条约提出专利国际申请。申请人提出专利国际申请的，应当遵守前述有关保密审查的规定。国务院专利行政部门依照中国参加的有关国际条约、《专利法》和国务院有关规定处理专利国际申请。对违反《专利法》第 19 条规定向外国申请专利的发明或者实用新型，在中国申请专利的，不授予专利权。

（二）国际申请的条件

依据我国《专利法》规定，我国单位或者个人提出国际申请时应当注意：①我国单位或者个人必须根据我国参加的有关国际条约提出国际申请；②我国单位或者个人就其在国内完成的发明创造提交国际申请的，应当首先向国务院专利行政部门提出申请，同时应当委托涉外代理机构办理；③申请人应当遵守关于保密的规定，即申请专利的发明创造涉及国家安全或者重大利益需要保密的，要按国家有关规定办理。当然，现行《专利法》所规定的"中国单位"在实践中范围界定不明，考虑到国家安全和国家重大利益的需要，应当规定任何单位或者个人将在中国完成的发明创造首先向外国申请专利的，其就该发明创造在中国提出的专利申请不得被授予专利权。

（三）国际申请的程序

我国《专利法实施细则》第十章第 101~117 条对国际申请的有关的程序和方式作了具体的规定。《专利法实施细则》规定国务院专利行政部门受理按照《专利合作条约》提出的专利国际申请，并严格按照中国《专利法》及《专利合作条约》的规定对国际申请进行审查。还规定了国际申请中的申请日的确定、优先权确定、申请文件及相关声明的提交、申请进入中国国家阶段的情形及应满足的条件等。

第二节 专利申请的审查和批准

关于专利申请的审查和批准，目前世界上存在三种不同的制度：①登记制，也称为形式审查。在这种制度下，专利局只对申请文件是否完备、文件书写格式是否符合规定、各种手续是否合法以及是否已经缴纳了申请费等进行审查。经审查只要符合条件，便授予专利权。②文献报告制。依该制度，专利局在对专利申请进行形式审查的基础上，进一步进行新颖性的审查。③审查制。在这种制度下，专利局对专利申请既进行形式审查，又进行实质审查，即审查申请专利的发明创造是否具有新颖性、创造性和实用性。只有同时符合形式条件和实质条件的专利申请才可获得专利权。多数国家的专利制度采用了审查制。我国对发明专利审批采用审查制，即必须经过初步审查公开和实质审查才可授予专利权；对实用新型专利和外观设计专利的审批采用登记制，即只经过初步审查就可以授予专利权。实行专利审查审批制度的目的在于统一专利标准，提高专利质量，保证申请人的利益。

一、初步审查

初步审查也称为"形式审查"或"格式审查"，是国务院专利行政部门对发明、实用新型和外观设计专利申请是否具备形式条件进行的审查。初步审查的主要目的，是查明申请专利的发明是否符合《专利法》关于形式要求的规定，为以后的公开和实质审查做准备；查明申请专利的实用新型和外观设计是否符合《专利法》关于授予专利权的规定，对符合授权条件的实用新型和外观设计依法授予专利权。

依《专利法》之规定，发明专利初步审查的内容有：①申请人的申请文件是否完备，撰写是否符合《专利法》及《专利法实施细则》的规定。②申请人的身份是否合法，各种证明文件是否齐全。申请人是外国人的，是否依法进行了委托代理。③申请专利的发明创造是否属于违反国家法律、社会公德或者妨害公共利益的情形及是否属于不授予专利权的对象。④申请人是否缴纳了申请费等。

依《专利法》之规定，专利局对实用新型专利和外观设计专利初步审查的主要内容有：①申请文件的撰写是否符合要求；②对文件的修改是否超越了法定限制；③申请人的资格是否合法，外国申请人是否委托了法定的代理机构办理专利申请；④实用新型或外观设计是否违反法律、社会公德或妨害公共利益，是否属于不给予专利保护的发明创造；⑤申请是否符合单一性要求；⑥有无重复授权的可能；⑦是否为两个相同实用新型或外观设计专利申请的后申请人等。由以上可见，对实用新型和外观设计的初步审查既有格式审查，也包含了部分必要的实质性审查。

国务院专利行政部门在初步审查中，对于申请文件中不符合专利法要求的，应当给予申请人补正机会，通知申请人在指定期限内补正。申请人无正当理由不补正的，其申请视为撤回。补正后仍不符合前款所列要求的，国务院专利行政部门应当予以驳回。申请人不服，可以请求国务院专利行政部门复审。

《专利法》第40条规定："实用新型和外观设计专利申请经初步审查没有发现驳回理由的，由国务院专利行政部门作出授予实用新型专利权或者外观设计专利权的决定，发给相应的专利证书，同时予以登记和公告。实用新型专利权和外观设计专利权自公告之日起生效。"该规定表明，我国对于实用新型专利和外观设计专利仅进行初步审查。因此，国务院专利行政部门应依照《专利法》对实用新型和外观设计的专利申请严格审查，对符合授权条件的申请及时授予专利权。

二、早期公开

所谓早期公开，指经过初步审查，对符合形式条件的发明专利申请，在尚未经过实质审查前进行的公开。我国《专利法》规定，国务院专利行政部门对发明专利申请经初步审查认为符合本法要求的，自申请日（有优先权的自优先权日）起满 18 个月，即行公布。国务院专利行政部门也可以根据申请人的请求早日公布其申请。国务院专利行政部门公布专利申请的方式，是利用《发明专利公报》登载发明专利申请请求书中记载的事项和说明书摘要，另外还可出版发明说明书和权利要求书的全文单行本。早期公开的目的是使公众可以及早自由阅读和索取有关文献，有利于公众对专利申请审批进行监督和协助，也有利于最新技术的迅速传播和利用。申请人请求早日公布其发明专利申请的，应当向国务院专利行政部门声明。国务院专利行政部门对该申请进行初步审查后，除予以驳回的外，应当立即将申请予以公布。

三、实质审查

实质审查也称技术审查，它是对申请专利的发明是否具有专利性所进行的审查。关于实质审查国际上有两种制度：①即时审查，也称为实质审查制或完全审查制。它是指专利机关对通过初步审查的专利申请，立即进行实质审查，中间无间隔。这种审查制度虽有一定的优点，但也存在着不足。其中最大的缺点是随着专利申请数量的急剧增加，会给专利局的审查工作带来不堪负担的压力，导致审查周期延长，使得专利申请长期处于不确定状态，不利于保护申请人的利益。②早期公开、延期审查制，也称延迟审查制。它是指专利局对专利申请初步审查后进行公告，对其实质内容推迟一段时间进行审查的制度。该制度的优点是：可以减轻国务院专利行政部门实质审查的工作量；使社会尽早得到发明创造的信息；使申请人有更多的时间补充和完善发明创造和专利申请文件。该制度的主要缺点是早期公开后的临时保护期内，申请人的权利无法得到充分的保障。

我国对发明专利采用早期公开、延期审查的审批制度。《专利法》第 34 条规定，对发明专利申请经初步审查认为符合法律要求的，自申请日起满 18 个月即行公布，国务院专利行政部门也可以根据申请人的请求早日公布其申请。《专利法》第 35 条规定，发明专利自申请日起 3 年内，国务院专利行政部门可以根据申请人随时提出的请求，对其申请进行实质审查；申请人无正当理由逾期不请求实质审查的，该申请即被视为撤回。国务院专利行政部门认为必要时可以自行对专利申请进行实质审查。实质审查的核心内容是发明是否具有专利性条件，即新颖性、创造性和实用性。审查的办法是通过对国内外专利文献进行检索，对国内现有技术进行比较，分析判断申请专利的发明是否具有"三性"。国务院专利行政部门经实质审查后，对不符合《专利法》规定的专利申请，要求其在指定的期限内陈述意见，或者对其申请进行修改，无正当理由逾期不答复或不补正的，该申请即被视为撤回。陈述意见或修改后仍不符合《专利法》

要求的予以驳回。

四、授权登记公告

我国《专利法》规定，发明专利申请经实质审查没有发现驳回理由的，由国务院专利行政部门作出授予发明专利权的决定，并发给专利证书，同时予以登记和公告。发明专利权自公告之日起生效。国务院专利行政部门发出授予专利权的通知后，申请人应当自收到通知之日起 2 个月内办理登记手续。申请人按期办理登记手续的，国务院专利行政部门应当授予专利权，颁发专利证书，并予以公告。申请人逾期未办理有关手续的，视为放弃已取得专利权。实用新型和外观设计的授权、登记和公告同于发明专利的授权、登记和公告。

应注意，我国专利权的保护期虽然从申请日起算，但专利权从专利授权日才正式生效，因此，对发明专利的完全保护是从专利授权之日开始。发明人申请专利的技术从申请日至公布日为保密阶段，申请未公开，故申请人不能禁止他人实施其发明创造的行为，也不能请求他人支付费用。从公布日至授权日为临时保护阶段，申请人有权要求实施其发明的单位或个人支付适当的使用费，数额可由双方协商决定。若实施人拒绝支付使用费，申请人无权禁止其实施发明创造。申请人只能等到获得专利授权后，才能向有关机关请求处理或提起诉讼，追索临时保护期间的使用费。

由于实用新型专利权的授予不需要经过实质审查，所以在实践中常常存在重复授权多、法律稳定性差、权利纠纷多的问题。为了解决上述问题，授予实用新型专利权的决定公告后，实用新型专利权人可以请求国务院专利行政部门作出实用新型专利检索报告。请求作出实用新型专利检索报告的，应当提交请求书，并指明实用新型专利的专利号。每项请求应当限于一项实用新型专利。国务院专利行政部门收到作出实用新型专利检索报告的请求后，应当进行审查。请求不符合规定要求的，应当通知请求人在指定期限内补正。经审查，实用新型专利检索报告请求书符合规定的，国务院专利行政部门应当及时作出实用新型专利检索报告。经检索，国务院专利行政部门认为所涉及的实用新型专利不符合《专利法》第 22 条关于新颖性或者创造性的规定的，应当引证对比文件，说明理由，并附具所引证对比文件的复印件。

五、复审

复审是指由国务院专利行政部门对当事人不服国务院专利行政部门有关处理决定的请求所进行的审查。由国务院专利行政部门指定的有经验的技术和法律专家组成，其主任委员由国家知识产权局局长兼任。我国《专利法》第 41 条第 1 款规定："专利申请人对国务院专利行政部门驳回申请的决定不服的，可以自收到通知之日起三个月内向国务院专利行政部门请求复审……"由此可见，复审是专利申请人对国务院专利行政部门驳回申请的决定不服所提起的，这种复审发生在专利授权前，提起复审的是专利申请人，提起复审的目的是要求国务院专利行政部门恢复专利申请权。

复审请求必须在收到国务院专利行政部门通知之日起 3 个月内提出。申请人请求复审的，应当向国务院专利行政部门提交复审请求书，说明理由并附具有关证明文件。请求书和证明文件各一式两份。复审请求不符合规定的，复审请求人应在国务院专利行政部门指定的期限内补正；逾期不补正的，该复审请求被视为未提出。申请人或者专利权人请求复审时，可以修改被驳回的专利申请或被撤销的专利文件，但其修改仅限于驳回申请的决定或撤销专利权的决定所涉及的部分。国务院专利行政部门对复审请求应及时进行审查，在调查研究的基础上作出正确的处理决定，并以书面形式通知申请人、专利权人或撤销专利权的请求人。复审请求人对国务院专利行政部门关于专利的复审决定不服的，可以自收到通知之日起 3 个月内向人民法院提起诉讼。需要说明的是，《知识产权协定》明确要求，在获得或者维持知识产权的程序中作出的终局行政决定均应接受司法机关或者准司法机关的审查。为此，《专利法》作了修改，规定有关复审的司法审查也适用于实用新型和外观设计专利申请复审的情形。

■ 思考题

1. 专利申请应当遵守哪些原则?
2. 申请发明和实用新型专利应当提交哪些文件?
3. 发明专利权与实用新型专利权审查要件有何不同?
4. 我国专利法对专利申请复审的规定内容是什么?

■ 参考书目

1. 吴汉东主编:《知识产权法》，中国政法大学出版社 2004 年版。
2. 刘春田主编:《知识产权法教程》，中国人民大学出版社 1995 年版。
3. 黄勤南主编:《知识产权法教程》，中国政法大学出版社 2003 年版。

第十七章 专利权期限、终止和无效

■学习目的和要求

通过本章学习，了解专利权期限的含义及确定专利期限的依据，熟悉专利权终止的含义及原因，并重点掌握专利权被宣告无效的情形及法律效力。

第一节 专利权的期限

一、专利权期限的含义

专利权的期限即专利权受法律保护的期限，它是指专利权人享有的专利权从生效到正常终止的法定期间。在该期间内专利权人享有对专利技术的垄断使用权，除法律另有规定外，其他任何单位和个人未经专利权人许可不得实施其专利。专利权期限届满后，专利权便自动失效，专利技术流入公有领域，任何单位和个人均可无偿使用。关于专利权期限起算的时间，世界各国专利法和国际公约有不同的规定，其具体类别为：①自申请日起算；②自申请后第2日开始计算；③自审查后公告日起计算；④自早期公开日起计算；⑤自完整说明书提出日计算；⑥自专利批准日起计算；⑦《知识产权协定》规定自提交申请之日起计算。《知识产权协定》第33条规定，专利"可获得的保护期限不得在自申请之日起计算的20年期满前结束"。我国和大多数国家以申请日作为专利权有效期间的起算点。

二、确定专利权期限的依据

世界各国关于专利权的期限规定不一。专利权最短的为5年，最长的为20年，多数国家为14~20年之间。法律确定专利权限期的主要依据是：①保护发明创造人的利益，调动其发明创造的积极性。即必须考虑，要使专利权人发明创造所投入的劳动得到有效补偿，使其能在专利权期间得到应有的经济回报，因此专利权期限不宜太短。②有利于技术推广应用。专利权保护期限的确定应考虑有利于专利实施及专利技术的推广，使保护的期限能满足技术的推广和应用。基于此，其保护期限又不宜太长。③考虑保护本国科技发展和经济利益及国际保护的水平。使专利权的保护既有利于本国发展，又和国际保护相协调。④考虑专利权不同客体的特点，根据发明创造性水平、科技发展的速度及技术的更替周期，对不同的专利给予不同的保护期限。

三、我国专利权的保护期限

目前，国际上专利权保护期限虽不统一，但绝大多数国家对发明专利均规定了较长的保护期限，如20年、15年、10年不等，也有国家针对不同领域的发明创造，规定不同的保护期间，例如，印度一般发明的保护期为 20 年，药品发明专利的保护期限仅有 10 年。我国《专利法》第 42 条第 1 款规定："发明专利权的期限为二十年，实用新型专利权的期限为十年，外观设计专利权的期限为十五年，均自申请日起计算。"

我国专利权的期限是在原《专利法》规定的基础上修改确定的。1984 年颁布的《专利法》第 45 条规定，发明专利权的期限为 15 年，自申请日起计算。实用新型和外观设计专利权的期限为 5 年，自申请日起计算，期满前专利权人可以申请续展 3 年。为了使专利权人的权利获得更长时间的法律保护，更好地调动发明创造者的积极性，也使我国《专利法》规定的专利期限同有关的国际公约或协定趋于一致，更好地促进和保障知识产权的国际贸易。我国于 1992 年 9 月 4 日，对原《专利法》的有关规定进行了修改，将发明专利的保护期限从 15 年延长到 20 年，将实用新型和外观设计专利的保护期限从 5 年延长到 10 年。2020 年 10 月 17 日第四次修正的《专利法》将外观设计专利权的保护期限修改为 15 年。

第二节　专利权的终止

一、专利权终止的概念

专利权终止也称专利权消灭，是指专利权因保护期届满或其他原因在保护期届满前失去法律效力。专利权一旦终止，受专利法保护的发明创造即进入公有领域，成为人类共有财富，任何单位和个人均可无偿使用。

专利权终止分正常终止和非正常终止。正常终止是指专利权因保护期限届满而终止；非正常终止是指专利权在保护期内，因法定事由的出现而导致专利权提前终止。

二、专利权终止的原因

依我国《专利法》规定，专利权因以下原因而终止：

1. 保护期届满。专利权有特定的保护期限，一旦保护期限届满，专利权自行终止。

2. 没有按期缴纳年费。依照我国《专利法》规定，缴纳专利年费是专利权人应尽的义务，专利权人必须按照法律和有关规定缴纳年费，以保证其专利权得到维持。如果专利权人不按期缴纳年费，将会导致专利权提前终止。我国《专利法》第 44 条第 1 款第 1 项的规定表明，没有按照规定缴纳年费，专利权将在期限届满前终止。当然，如果因不可抗拒的事由而无法按期缴纳年费，导致专利权提前终止，专利权人可请求恢复其专利权。

3. 专利权人以书面声明方式放弃。专利权人申请专利的目的是要获取更大的经济利益，因此其应竭力维持专利权的有效性。专利权人出于自身利益的考虑，有时会在专利权期限届满前主动提出放弃专利权。如对于已被新技术替代的专利技术或实施困难的专利技术，以及无法给专利权人带来经济利益的专利技术，如果专利权人维持其专利权，不仅不能获得经济上的利益，无法实现申请专利的目的，而且还要缴纳逐年递增的专利年费。在这种情况下，专利权人常选择自动放弃专利权，使专利权在法定保护期限届满之前终止。但如果专利权人在决定放弃专利权之前已许可他人实施专利，则应考虑被许可人的利益。专利权人在放弃专利权之前必须征得被许可人的同意。被许可人不同意放弃专利权的，可由其代缴年费，以保证专利权的效力。专利权人放弃专利权应以书面方式声明。

专利权在期限届满前终止的，由国务院专利行政部门登记和公告。

第三节　专利权的无效

一、专利权无效的含义

专利权的无效也称专利权无效宣告，是指对已经生效的专利权，因不符合专利法的规定，由专利复审委员会宣告其不具有法律约束力的制度。我国《专利法》第45条规定："自国务院专利行政部门公告授予专利权之日起，任何单位或者个人认为该专利权的授予不符合本法有关规定的，可以请求国务院专利行政部门宣告该专利权无效。"

专利无效宣告的目的在于及时纠正专利授权中的失误，确保所授专利权的质量，保护其他发明创造人的利益。实行无效宣告有利于社会对专利授权行为进行监督，以保证专利的质量。

二、宣告专利权无效的理由

申请人必须基于一定的理由，才可向国务院专利行政部门提出宣告专利权无效的申请，国务院专利行政部门才能作出宣告专利权无效的决定。宣告专利权无效的理由既是申请人请求宣告专利权无效的理由，也是国务院专利行政部门宣告专利权无效的理由。依我国《专利法》的规定，宣告专利权无效可以基于以下理由：

（1）授予专利权的发明创造不符合专利授权的实质条件。即授予专利权的发明和实用新型不具备新颖性、创造性和实用性；外观设计不具有新颖性、美观性。

（2）授予专利权的发明创造不是专利法意义上的发明、实用新型或外观设计或超出了专利授权的范围，或者其属于违反国家法律、社会公德或者妨害社会公共利益的发明创造。

（3）专利权人的专利申请文件不符合法律规定，不能充分公开发明创造的技术特征；或权利要求书与说明书不相符合；或发明、实用新型专利申请文件的修改超出了原说明书和权利要求记载的范围，对外观设计专利申请文件的修改超出了原图片或照片表示的范围等。

（4）取得专利权的人无权取得该专利权。如同样的发明创造被授予了两个或两个以上的申请人，致使一项发明创造在事实上出现了不同的专利权人；就同一发明创造的两项以上的专利申请，专利权却被授予后申请人；专利权被授予给职务发明创造的完成人，或非职务发明创造的专利权被授予给职务发明创造的完成人，或非职务发明创造的专利权被授予给了发明人所在的单位等。

任何单位和个人均可基于以上原因在专利授权之日起申请宣告该专利权无效。

三、专利权无效宣告的程序

任何单位和个人请求宣告专利无效，必须依法向国务院专利行政部门提出请求宣告专利权无效的请求书及有关文件，说明理由。国务院专利行政部门收到无效宣告的请求书后，经审查认为不符合规定格式的，通知请求人在指定期限内补正，逾期不补正的，该无效宣告请求书被视为撤回。认为请求人提出请求宣告专利权的理由不符合专利法规定的，或者无效宣告请求已作出决定，又以同一事实和理由请求无效宣告的，国务院专利行政部门不予受理。以授予专利权的外观设计与他人在先取得的合法权利相冲突为理由请求宣告外观设计专利权无效，但是未提交生效的能够证明权利冲突的处理决定或者判决的，国务院专利行政部门不予受理。专利权无效宣告请求书不符合规定格式的，无效宣告请求人应当在国务院专利行政部门指定的期限内补正；期满未补正的，该无效宣告请求被视为未提出。

国务院专利行政部门经审查，认为请求人的请求书符合法律规定的，应将请求书和有关文件的副本送交专利权人，要求其在指定的期限内陈述意见。在此期间专利权人可以对专利文件进行修改，但是其修改不得扩大原专利保护的范围。专利权人逾期不予答复，被视为无反对意见。国务院专利行政部门经审查认为请求人的请求理由全部或部分成立的，应当宣告专利权全部或部分无效；如果专利权无效宣告的理由不成立的，应作出维持该专利权的决定。国务院专利行政部门应将上述决定通知请求人和专利权人，并由国务院专利行政部门登记和公告。对国务院专利行政部门宣告专利权无效或者维持专利权的决定不服的，可以自收到通知之日起3个月内向人民法院起诉。人民法院应当通知无效宣告请求程序的对方当事人作为第三人参加诉讼。

四、专利权无效宣告的法律效力

国务院专利行政部门所作出的宣告专利权无效的决定产生以下法律效力：

（1）被宣告无效的专利权视为自始不存在。即该专利权从授权之日起就不产生法律上的约束力，不仅对专利权人、请求人是无效的，而且对整个社会来讲也是无效的。这充分体现了无效宣告决定有一定的追溯效力及普遍约束力。

（2）宣告专利权无效的决定，对在宣告专利权无效前人民法院作出并已执行的专利侵权的判决、调解书，已经履行或者强制执行的专利侵权纠纷处理决定，以及已经履行的专利实施许可合同和专利权转让合同，不具有追溯力。但在上述情况下，有两种例外：①因专利权人的恶意给他人造成的损失，应由专利权人赔偿；②如果专利权人或者专利权转让人不向被许可实施专利权人或者专利权受让人返还专利使用费或者专利权转让费明显违反公平原则时，专利权人或者专利权转让人应当向被许可实施人或专利权受让人全部或者部分返还上述使用费或转让费。

（3）宣告专利权无效，即产生一事不再理的效力。即如果国务院专利行政部门作出了维持专利权的决定，任何单位和个人均不能基于同一事实和理由，请求宣告专利权无效。当然，如果请求人或他人有了新的理由，其仍可请求宣告专利权无效。

■思考题

1. 什么是专利权的无效？
2. 我国法律对专利权被宣告无效的救济制度的规定是什么？
3. 专利法对三种类型的专利保护期限不同规定的原因何在？

■**参考书目**

1. 黄勤南主编：《知识产权法教程》，中国政法大学出版社 2001 年版。
2. 汤宗舜：《专利法教程》，法律出版社 2003 年版。

第十八章　专利权内容

■学习目的和要求

　　通过本章学习，应当了解专利权内容的含义，重点掌握专利权人的具体权利与义务。

第一节　专利权内容概述

　　专利权是国家依法授予专利申请人对申请专利的发明创造所拥有的垄断性权利。专利权的内容是专利权法律关系的构成要素之一，它是指专利权人依法享有的权利及应承担的义务。

　　专利权人的权利指专利权人对其发明创造依法享有的专有权。其包括两方面的内容：①专利人身权利，是指与发明人或设计人人身不可分割且没有直接财产内容的权利。该权利基于发明人或设计人特定的身份形成，不可转让或继承。当专利权人是发明人或设计人时，该权利体现为其有权在专利文件中写明自己是发明人或设计人。即使在职务发明中，发明人或设计人也依法享有该项权利。②专利财产权利，是指具有经济内容，能为专利权人带来直接经济或物质利益的权利。一般包括制造权、使用权、许诺销售权、销售权、进口权、转让权、许可权等。

　　专利权人的义务是指专利权人依法必须为一定行为或不为一定行为的总和。专利权人在享受权利时，必须承担相应义务，以保障专利权的实现。专利权人的义务在不同国家的专利法中有不同的规定，根据我国《专利法》规定，专利权人的义务主要表现为缴纳专利年费以及不得滥用专利权。

　　关于专利权人权利的具体内容，各国立法规定不一。我国《专利法》第11条规定："发明和实用新型专利权被授予后，除本法另有规定的以外，任何单位或者个人未经专利权人许可，都不得实施其专利，即不得为生产经营目的制造、使用、许诺销售、销售、进口其专利产品，或者使用其专利方法以及使用、许诺销售、销售、进口依照该专利方法直接获得的产品。外观设计专利权被授予后，任何单位或者个人未经专利权人许可，都不得实施其专利，即不得为生产经营目的制造、许诺销售、销售、进口其外观设计专利产品。"第10条第1款规定："专利申请权和专利权可以转让。"第16条规定："发明人或者设计人有权在专利文件中写明自己是发明人或者设计人。专利权人有权在其专利产品或者该产品的包装上标明专利标识。"

　　我国《专利法》关于专利权人权利的规定有以下特点：

　　第一，专利权人享有权利的内容具有多样性。即专利权人基于不同的客体享有多种权利，其中发明和实用新型专利权人的权利包括制造权、使用权、许诺销售权、销售权、进口权、转让权、许可权、标记权和署名权；方法发明专利权人的权利包括使用专利方法的权利及使用、销售依照专利方法直接获得的产品的权利等。

第二，权利的内容具有垄断性。即专利权人不仅有权使用专利，同时除法律另有规定外，有权禁止任何人利用其专利技术。

第三，权利具有有限性。即专利权人的权利不能排斥他人依法对专利的利用，其主要表现为"非营利目的的使用""计划许可和强制实施许可"。

第二节　专利权人的权利

一、制造权

制造权是指专利权人享有独占地制造专利产品，禁止他人未经其许可制造相同或相似于专利产品的产品的垄断权。制造权作为专利权人的首要权利，是专利权人主张和行使其他权利的前提，在专利权人依法所享有的权利中具有重要地位。所谓"制造专利产品"，指为生产经营目的而进行的批量制造专利产品的行为。制造专利产品是专利权人拥有的一种排他性的权利，除法律另有规定外，任何单位和个人非经专利权人许可不得擅自制造专利产品，否则即构成专利侵权。所谓"与专利产品相同的产品"，指所制造的产品就是专利说明书和权利要求书所记载的产品。所谓"与专利产品相似的产品"，指与专利产品主要技术特征实质上相近的类似产品。实践中判断相同或相似产品主要是依据专利申请文件中的专利说明书和权利要求书的内容。专利权人可以依法自己行使制造权，也可将其在一定范围内许可他人行使，并收取一定使用费。但根据大多数国家专利法的规定，无论如何，专利权人制造权的专有性对以下行为不具有约束力：①依强制实施许可或公共利益需要而给予许可制造专利产品的行为；②专为科学研究和实验目的的制造行为；③在专利申请日前已经制造相同产品或已做好制造该产品的必要准备，并且仅在原有范围内继续制造该产品的行为。我国《专利法》也有类似规定。

二、使用权

使用权，是指专利权人享有的使用专利产品或专利方法及依照专利方法直接获得的产品的专有权。使用权包括对专利产品的使用和对专利方法的使用。对专利产品而言，使用专利产品是指根据专利产品的技术性能使该产品得到应用。实践中不管该产品有一种或几种用途，不管实际使用了它的一种或多种用途，也不管是使用了一次，还是反复使用，只要客观上使用了，都属于对专利产品的使用。这种使用权归属于专利权人，除法律另有规定外，任何单位和个人无论采用何种使用方式，均应得到专利权人的许可。对方法专利而言，专利权人享有使用该方法的专有权是公认的，但关于方法专利的内涵，世界上有两种不同的规定：一种认为方法专利权的保护对象仅是取得专利权的该方法，它不涉及用该方法生产的产品；而另一种观点则认为方法专利权的内涵广泛，其既包括该方法，也包括用该方法所直接生产出来的产品。我国1984年《专利法》对于方法专利权的保护仅限于该方法的使用，而不涉及保护依照该方法直接获得的产品的使用和销售。但实践证明这种规定存在明显不足，不利于对方法专利权的充分保护，因为任何人使用或销售这种方法获得的产品都不构成侵权，至于第三者的产品是否是依靠该方法所取得的则更难以证明。同时他人还可以规避专利法的规定，在该方法未取得专利保护的国家，用该方法生产产品，然后再进口到保护该方法的专利国，因方法专利权不涉及产品，故不构成侵权。因此我国1992年修正后的《专利法》规定，任何单位或个人未经专利权人许可不得以生产经营目的使用其专利方法以及使用、销售依照该专利方法直接获得的产品，从而把对方法专利的保护拓展到依照该方法直接取得的产品。

三、许诺销售权

许诺销售是为了促使销售的成立而在实际销售行为成立之前所为的旨在实现销售目的的行为。许诺销售权是专利权人有明确表示愿意出售具有权利要求书所述技术特征的专利产品以及禁止他人未经专利权人许可许诺销售专利产品的权利。许诺销售行为可以表现为面向特定和不特定的对象，以口头或书面等形式，以及以产品展示、展览、陈列及各种广告明确表示愿意销售专利产品的愿望的行为。许诺销售权是我国《专利法》第二次修正增加的内容。《专利法》修改之所以增加许诺销售权，原因有三：①《知识产权协定》第28条规定，禁止他人未经许可而许诺销售专利产品或者依照专利方法直接获得的产品，是专利权人享有的权利之一。我国原《专利法》中没有关于许诺销售的规定，与《知识产权协定》中的规定显然不协调。②实践中因我国没有相关规定，导致因擅自许诺销售专利产品而给专利权人所造成的损害无法诉诸法律寻求救济。③对专利权人专利权的保护力度不够。因此，为了实现我国专利保护与《知识产权协定》相协调，强化对专利权人权利的全面保护，我国第二次《专利法》修正时新增加了关于发明和实用新型专利权人的许诺销售权的规定，第三次《专利法》修正时增加了关于外观设计专利权人的许诺销售权的规定。

四、销售权

销售权是指专利权人享有的独自销售专利产品或依照专利方法直接获得的产品的权利。这种独占销售通常仅指专利产品所有权的第一次转移。其中专利产品既可以是由专利权人制造的，也可以是经专利权人许可制造的；既可是一般的专利产品，也可是依照专利方法直接获得的产品。只要该产品的技术特征符合专利权人的说明书和权利要求书的内容即为专利产品，除法律另有规定外，任何人销售专利产品都应经专利权人许可，否则便会构成侵权。在销售过程中，专利产品的出售方只能是专利权人或经专利权人许可的其他人。专利产品所有权第一次转移后，他人再经销专利产品的行为无需经专利权人同意，也不构成侵权。因为专利权人自己经销或许可他人经销的专利产品一旦投入市场，专利权人的独占销售权即用尽。

五、进口权

进口权是专利权人享有自己进口或禁止他人未经许可为制造、许诺销售、销售、使用等生产经营目的而进口其专利产品或进口依照其专利方法直接获得的产品的权利。进口权包含三方面的内容：①专利权人可以自己进口专利产品，特别是在法律规定专利权人必须实施专利的情况下，专利权人可以通过进口专利产品履行在本国实施专利的义务。我国《专利法》虽然没有规定专利权人必须实施专利，但专利权人保留自己的进口权依然具有重要意义。②专利权人有权禁止他人进口专利产品。我国《专利法》第 11 条规定，专利权人有权阻止他人未经专利权人许可实施其专利，即不得为生产经营目的制造、使用、许诺销售、销售、进口其专利产品，或者使用其专利方法以及使用、许诺销售、销售、进口依照该专利方法直接获得的产品；不得为生产经营目的制造、许诺销售、销售、进口其外观设计专利产品。③进口权具有一定的限制性。即在法律另有规定的情况下，专利权人无权禁止他人进口专利产品。如依照强制许可进口的、为科学研究目的或个人消费性使用等进口不构成专利侵权。

专利权人的进口权是我国《专利法》1992 年修改时基于我国的国情和国际专利保护的惯例和发展趋势而新增加的一项权利。依 1984 年《专利法》规定，专利权人无权禁止他人从国外进口专利产品，其他人从国外进口专利产品不构成侵权行为。这样的规定既不利于保护专利权人的利益，也不符合国际惯例。为了使这一规定与《巴黎公约》有关专利部分和关贸总协定《知识产权协定》的规定相协调，1992 年《专利法》第一次修正时加入了进口权。从我国的实际情况看，增加进口权有利于提高我国专利保护的力度，也为外国人在我国申请专利提供了更有利的条件。关于专利产品进口，实践中存在这样一种情况，即同一专利权人就同一项发明创造在两个国家获得了专利权，专利权人或者专利权被许可人在其中一个国家制造的专利产品售出后，购买者将其购买的专利产品进口到另一个国家（即平行进口）是否应当获得该专利权人的许可，即是否允许平行进口。对此理论上有不同认识，有的主张允许平行进口，有的认为应当禁止平行进口。

六、转让权

转让权是指专利权人享有的将自己的专利所有权依法转让给他人的权利。我国《专利法》第 10 条规定："专利申请权和专利权可以转让。中国单位或者个人向外国人、外国企业或者外国其他组织转让专利申请权或者专利权的，应当依照有关法律、行政法规的规定办理手续。转让专利申请权或者专利权的，当事人应当订立书面合同，并向国务院专利行政部门登记，由国务院专利行政部门予以公告。专利申请权或者专利权的转让自登记之日起生效。"专利权转让的标的是专利权。专利权转让后原专利权人丧失专利权和专利权人资格，受让人依法获得专利权，成为专利权人。在我国，专利权转让合同属于技术转让合同的基本类型之一，是指专利权人作为转让方将其发明创造专利的所有权移交受让方，受让方支付约定价款所订立的协议。专利权转让合同包括发明专利权转让合同、实用新型专利权转让合同和外观设计专利权转让合同三种。专利权人行使转让权必须遵守《专利法》及《民法典》的有关规定，办理如下手续：①中国单位或个人向外国人转让专利权的，必须依照有关法律、行政法规的规定办理手续；②必须以书面形式转让，并经国务院专利行政部门公告和登记。专利申请权或专利权的转让自登记之日起生效。

七、许可权

许可权是指专利权人享有的许可他人实施其专利的权利。专利权人有权独占地实施专利技术，也可把这种实施权全部或部分转让给他人，由实施专利方支付费用。与转让权不同，许可权行使会导致专利使用权部分或全部在合同约定时间内转让，而专利所有权仍归专利权人。专利权人行使许可权的方式是签订专利实施许可合同。专利实施许可合同是技术转让合同的基本类型之一。根据专利实施许可内容的不同，专利实施许可分为普通实施许可、独家实施许可、独占实施许可、交叉实施许可和分售实施许可。我国《专利法》第 12 条规定："任何单位或者个人实施他人专利的，应当与专利权人订立实施许可合同，向专利权人支付专利使用费。被许可人无权允许合同规定以外的任何单位或者个人实施该专利。"

按照我国法律规定，除计划许可和强制实施许可外，任何单位或个人实施他人专利均应与专利权人订立专利实施许可合同。关于专利实施许可合同的订立、条款、履行以及有关事宜，应遵守我国《专利法》《民法典》的具体规定。

八、标记权

标记权是指专利权人享有的在其专利产品或该产品包装上标明专利标记和专利号的权利。我国《专利法》第 16 条规定："发明人或者设计人有权在专利文件中写明自己是发明人或者设计人。专利权人有权在其专利产品或者该产品的包装上标明专利标识。"关于专利标记的具体内容和要求，我国没有统一的规定，专利权人可以根据自己的专利产品自行设计。实践中经常使用"中国专利""专利""专利产品"等作为专利产品的专利标记。所谓专利号，指专利权人申请专利时由国家专利行政主管部门确定的专利号码，该号码在专利权有效期内始终如一。专利权人行使标记权的意义在于向社会明示该产品获得了专利权，该产品是专利产品，具有独占权，以提高产品的竞争力和信誉，同时也起到一定的防止侵权的作用。

应当注意，标记权在我国是专利权人的一种权利，行使还是放弃标记权法律上没有强制性的规定，完全取决于当事人的意愿。而在有些国家，标明专利标记是专利权人必须履行义务的。如加拿大《专利法》规定，在产品上不履行加注专利标记义务的，将处以罚款。有的国家规定专利权人的专利产品必须有专利标记，否则在发生侵权行为时，不能得到很好的法律保护。从专利标记的作用看，把其作为专利权人的义务既有利于专利权人维护自己的专利权，又有利于社会专利信息的交流及新的专利产品的开发。

九、署名权

署名权是指发明人或设计人享有在专利申请文件和专利文件中写明自己是发明人或设计人的权利。《巴黎公约》第 4 条之三规定："发明人有权要求在专利证书上写明发明人的名字。"我国《专利法》第 16 条规定："发明人或者设计人有权在专利文件中写明自己是发明人或者设计人。专利权人有权在其专利产品或者该产品的包装上标明专利标识。"署名权是与发明人的人身不可分离的人格权，只能由发明人或设计人享有，不可转让和继承。法律之所以规定署名权，在于实践中专利权人有时并不一定是发明人。同时，随着科技发展，单个私人所完成的发明越来越少，更多的发明创造属于职务发明、雇佣发明或委托发明，专利权归发明人所在的单位、雇主或委托人所有。而署名权属于与发明人人身不可分割的权利，因此，署名权无论在什么情况下都应归发明人享有。基于这一原理，许多国家专利法规定，发明人有权在专利申请文件和专利证书上写明自己是发明人。

<h1 style="text-align:center">第三节 专利权人的义务</h1>

一、缴纳专利年费

专利年费，是指专利权人依照专利法规定，自被授予专利权的当年开始，在专利权有效期内应向专利局逐年缴纳的费用。我国《专利法》第 43 条规定："专利权人应当自被授予专利权的当年开始缴纳年费。"

专利年费在国外被称为专利维持费或续展费，其作用表现在三个方面：①维持专利权的有效性。缴纳专利年费是专利权人的主要义务，专利权人是否依法缴纳了专利年费关系到专利权能否存续。专利权人缴纳年费的行为是向专利局表明愿意维持专利权效力的一种意思表示。专利权人如果不按期缴纳年费，将导致专利权在保护期限届满前终止。②淘汰失去经济价值的专利权，促使专利技术早日进入公有领域。要求专利人缴纳专利年费，可以促使专利权人认真、充分地衡量专利权还能否为其带来经济上的利益，是否继续保持专利的有效性，督促其及时放弃没有经济价值的专利，使专利早日进入公有领域，促进社会科技发展。③增强专利局的经济实力，提高专利工作的质量。缴纳年费可以增加专利局的经费收入，以补偿专利机关从事专利管理工作的支出，减轻国家的负担。同时促使专利权人尽早放弃意义不大的专利，使专利局维持专利的工作量减少，从而把更多的精力投入到现有专利管理中，减少工作失误，保证专利得到更有效的管理。

二、不得滥用专利权

不得滥用专利权是指专利权人必须在法律规定的范围内正确行使专利权，而不得利用专利权损害社会利益或他人合法权益。专利权作为无形财产所有权具有绝对性的特点，任何单位和个人都不得侵犯，但并不意味着专利权人可以毫无限制地行使该权利，这是由权利和义务的相对性所决定的。因此专利权人必须在法律规定的范围内行使专利权。如果专利权人向受让人提出限制竞争和技术发展的交易条件、非法垄断技术、妨碍技术进步、泄露属于国家秘密的专利等，则属滥用专利权的行为，客观上会损害他人、国家或社会利益，必须依法予以禁止。

三、依照国家需要推广应用专利

我国《专利法》规定，专利权人有义务按照国家需要，推广应用专利，允许指定单位实施其专利。在世界各国的专利法中，专利权人并不承担推广应用专利的义务，但考虑到我国是社会主义国家，存在着全民所有制、集体所有制等不同的经济成分，同时我国《专利法》的主要目的之一是推广应用发明创造，促进科学技术和经济的发展。因此，根据我国《专利法》第 49 条规定之精神，国有企业事业单位的发明专利，对国家利益或者公共利益具有重大意义的，国务院有关主管部门和省、自治区、直辖市人民政府报经国务院批准，可以决定在批准的范围内推广应用，允许指定的单位实施，由实施单位按照国家规定向专利权人支付使用费。由此可见，基于国家公共利益，中国的专利权人负有接受国家强制扩大应用的义务，对其专利技术进行推广、应用的义务。

四、对发明创造人给予奖励

对发明创造人给予奖励，是指职务发明创造专利的所有人或持有人有义务给予发明人或设计人以精神和物质奖励，在专利技术实施后应依法给予法定报酬。我国《专利法》第15条第1款规定："被授予专利权的单位应当对职务发明创造的发明人或者设计人给予奖励；发明创造专利实施后，根据其推广应用的范围和取得的经济效益，对发明人或者设计人给予合理的报酬。"我国《专利法》这一新的规定，体现了科技成果的经济价值，有利于刺激和提高科技人员努力从事发明创造的积极性。

■思考题

1. 专利权人有哪些权利和义务？
2. 什么是许诺销售权和进口权？
3. 专利权人所享有的许可权的类型及其权限内容是什么？
4. 国家强制推广专利应用的正当性是什么？

■参考书目

1. 吴汉东、胡开忠等：《走向知识经济时代的知识产权法》，法律出版社2002年版。
2. 费安玲主编：《知识产权法学案例教程》，知识产权出版社2004年版。

第十九章　专利实施许可与专利权转让

■学习目的和要求

通过本章学习，了解专利实施与专利实施许可的概念、种类和特征，掌握专利实施许可的种类及各自的特征，了解专利实施许可合同的主要条款并熟悉专利转让合同的概念、特征与内容。

申请人以向社会公开发明创造为代价获得专利权，其目的在于利用专利权获取更大的经济利益。申请人的经济利益能否实现，取决于专利权的利用。专利权人可以通过专利实施，即以生产经营为目的制造、使用、许诺销售、销售、进口专利产品，或者使用专利方法，实现专利权的利用。某些情况下，专利权人不可能自己实施或虽有实施的可能，但因受各种客观条件的限制，仅靠自身的实施或使用难以获得较好或最好的经济效益，难以实现申请专利的最终目标。同时，专利权作为一种财产权，其可以在贸易活动中进行转让，专利权人可以通过转让专利获得更大的经济利益。因此，专利权的实施许可和转让成为多数专利权人实现专利权价值的一种最主要的带有普遍意义的方式。

根据专利权人对专利权转让的内容不同可以分为专利许可实施和专利权转让。专利许可实施是专利权人对专利权中使用权的部分或全部在一定范围内的转让；专利权转让是专利权人对专利权所有权的处分。

第一节　专利实施许可

一、专利实施及专利实施许可

（一）专利实施

对专利实施有两种不同的认识：一种认为专利实施就是广义上的专利利用；一种认为专利实施是指把已经获得专利权的发明创造应用于工业生产中，不管是专利权人自己应用，或者许可他人应用，只要是把已获得专利权的技术真正应用于工业生产中即为专利的实施。实施的通常含义是指制造专利产品或者使用专利方法。[1] 我国《专利法》所规定的专利实施属于广义上的专利利用，即专利实施是指专利权人或经过许可的人，制造、使用、许诺销售、销售、进口其专利产品，或者使用其专利方法，以及使用、销售或进口依照该专利方法直接获得的产品的行为。各国专利法均不同程度

---

[1]　郑成思主编：《知识产权法教程》，法律出版社1993年版，第199页。

地规定了专利权人有实施其专利的权利和义务，以促进科学技术和经济的发展。专利权人也通过各种不同方式使自己的专利得到实施。专利实施的主要方式有：

1. 自行实施。即专利权人自己制造、使用、许诺销售、销售、进口其专利产品，或自行使用其专利方法，以及使用、销售或进口依照该专利方法直接获得的产品。实践中，这仅是专利权人实施专利的一种方式，但不是主要的方式。

2. 自愿实施许可。即专利权人根据自己的意愿以签订专利实施许可合同的方式许可他人实施专利。这种方式是专利实施的主要方式。

3. 强制实施许可。即为了促进专利实施，违背专利权人的意愿由国家专利管理机关强制许可他人的实施。

4. 推广应用许可。即对国家利益或者公共利益具有重大意义的国有企事业单位的发明专利，国家在一定条件下有权予以推广，许可指定单位实施。推广应用许可是《专利法》基于我国实际情况所规定的一种实施许可。

5. 国家征用。即强制将专利权人的专利所有权征收为国家所有。一些国家规定了国家征用措施，其目的在于维护其国防、社会公共利益及国家经济秩序等。我国《专利法》对此没有规定。

（二）专利实施许可

专利实施许可也称专利许可证贸易，是指专利权人或其授权的人作为许可方，以订立专利实施许可合同的方式许可被许可方在一定范围内使用其专利，并支付使用费的一种许可贸易。在国际技术转让中，通常称其为专利许可证贸易，它是专利实施最主要的方式，是专利权人实现专利经济利益的最佳途径，也是技术贸易的重要组成部分。我国《专利法》第12条规定："任何单位或者个人实施他人专利的，应当与专利权人订立实施许可合同，向专利权人支付专利使用费。被许可人无权允许合同规定以外的任何单位或者个人实施该专利。"由此可见，法律规定的专利实施许可具有以下特征：

1. 专利实施许可以专利权有效存在为前提。专利权人对专利享有的独占性权利，仅在专利法规定的有效期内具有排他性。任何单位或个人以生产经营为目的实施专利均应经专利权人许可，专利权人也有权通过合同方式许可他人实施自己的专利。专利实施许可合同只在该项专利权的存续期间内有效。专利权有效期限届满或者专利权宣告无效或因其他原因提前终止以后，专利权人不得就该专利与他人订立专利实施许可合同。

2. 专利实施许可是许可方对专利使用权的有偿转让。许可方以合同方式许可被许可人在一定范围内实施专利，其实质是对专利使用权的部分或全部让渡，并不影响专利权人对专利所拥有的所有权。无论许可方进行过多少次专利的实施许可，也不论被许可人在多大的范围内可以实施专利，专利权都仍归专利权人。被许可人依专利实施许可方式仅能得到专利在合同约定范围的使用权。由于专利权是一种无形财产权，其具有经济价值，同时专利权人许可他人实施专利的目的也在于获得经济上的对价。因此，专利实施许可具有有偿性，被许可人必须向专利权人支付相应的专利使用费。

3. 专利实施许可有一定的范围限制。专利实施许可一般有时间、地域和方式等范围的限制。许可人和被许可人以合同方式约定专利实施许可的方式及被许可人实施专利的时间、地域、方式等范围，被许可人必须严格按照合同约定，在许可的范围内实施专利。被许可人不得超出约定范围使用专利，也不可擅自将专利转让或许可任何人使用。

4. 必须签订书面的专利实施许可合同。专利实施涉及许多非常复杂的技术和法律问题，以书面的形式明确约定双方的权利、义务，便于双方履行合同，也有利于保证充分有序地实施专利，避免和减少纠纷的发生。因此，按照国际惯例及我国法律规定，专利实施许可必须以书面的形式签订合同。

二、专利实施许可的种类

专利权虽然仅归专利权人所有，但在同一时间内专利权人可以许可多人同时实施专利。联结专利权人和其他专利使用人之间关系的纽带是专利实施许可合同。专利实施许可合同是专利权人或者其授权的人作为许可方许可被许可方在约定的范围内实施专利，被许可方支付约定使用费所订立的协议。根据专利实施许可合同中双方当事人权利、义务的不同，可以将其分为以下几类：

（一）独占实施许可

独占实施许可也称为"完全独占性许可"，是指被许可方在合同约定的时间和地域范围内，独占性拥有许可方专利使用权，排斥包括许可方在内的一切人使用供方技术的一种许可。在独占性专利实施许可合同的有效期内，被许可方是该专利的唯一合法使用者，许可方和任何第三人均不得在合同约定范围内使用该专利。独占实施许可有以下特征：

1. 在合同约定的时间和地域范围内，被许可人获得完全的专利使用权。其实质是专利使用权在合同约定范围内的完全转让。由于这种许可意味着许可方失去在合同范围内的专利实施权，因此，实践中许可方常按照地域、时间等对合同进行限制。

2. 按照独占实施许可合同，专利权人暂时丧失专利使用权。即专利权人不但不能再将该专利许可他人实施，同时自己也不能够使用该发明创造专利。只有当合同的期限届满时，许可方才可恢复行使专利权中的专利使用权。如果独占实施许可合同的期限等同于专利权保护的期限，实质上等于专利权人丧失了专利的使用权，但实际中这种情况并不多见。

3. 被许可人必须向许可方支付约定的报酬。独占实施许可是专利权中的使用权在约定范围内的完全转让，故被许可方一般要支付较高的报酬，以保证专利权人经济利益的实现。

（二）排他实施许可

排他实施许可也称为"独家实施许可"或"部分独占性许可"，是指许可方允许被许可方在约定的范围内独家实施其专利，而不再许可任何第三方在该范围内使用该专利，但许可方仍保留自己在该范围内实施该专利的权利。排他实施许可有以下特征：

1. 排他实施许可的被许可方取得在合同规定范围内部分独占实施该专利的权利，但无权排斥供方自己在同一地域和同一时间内使用有关技术。即按照合同约定，专利权人仅许可被许可方在合同规定的范围内使用专利，不再许可被许可方以外的任何第三人在相同范围内实施专利。

2. 许可人自己仍保留实施专利的权利，并有权要求被许可方支付专利使用费。由此可见，按照排他实施许可，在合同约定的范围内只有许可方和被许可方拥有该专利的使用权，客观上排除了任何其他第三方使用该专利的可能性。因此"排他实施许可"是排除专利权人和被许可方以外的其他第三人在合同约定范围的使用。

（三）普通实施许可

普通实施许可又称为"一般实施许可"或"非独占性许可"，是指许可方许可被许可方在规定的范围内使用专利，同时保留自己在该范围内使用该专利以及许可被许可方以外的他人实施该专利的许可方式。普通许可有以下特征：

1. 按照普通实施许可，被许可方在一定范围内取得专利使用权，并应按照合同约定向专利权人支付报酬，但普通许可合同的费用较低。

2. 依照普通许可，许可方不仅保留自己在合同约定范围内实施专利的权利，而且仍然有权将该专利许可被许可方以外的其他任何第三人使用，从而获得经济上的利益。

3. 普通实施许可是一种允许许可方多次许可他人在同一范围实施专利的许可方式。许可方可以根据市场对专利技术的需求，在同一地域内将其专利同时许可不同的人使用并收取报酬。这种许可贸易方式有利于先进技术的推广和应用，但对于被许可方而言往往增加了专利产品的市场风险。

（四）分实施许可

分实施许可也称为"分售许可"或"分许可证"，是指专利实施许可的被许可方依据合同规定，除了取得在规定的范围内使用许可方的专利的权利外，还可以许可第三方部分或全部实施专利。这种许可相对于原许可合同而言，在原许可合同的基础上产生，故称之为分许可合同。分实施许可有以下特点：

1. 分实施许可基于许可方和被许可方的实施许可产生。被许可方是否有权许可他人实施专利，取决于其与许可方在实施许可合同中的约定。只有专利实施许可合同中规定了被许可方可以在一定范围内许可他人实施专利，被许可方与其他人签订的分实施许可合同才有效。如果双方在合同中没有就此作出约定，一般认为被许可方无权许可他人实施专利。

2. 许可方有权从分实施许可中获得报酬。一般情况下，许可方会与被许可方在实施许可合同中约定许可方应从分实施许可中收取的报酬比例。

（五）交叉实施许可

交叉实施许可也称"相互许可"，即许可方和被许可方相互许可对方实施自己所拥有的专利技术而形成的实施许可。其特征表现为：

1. 许可方和被许可方是两项不同专利技术的拥有人。交叉实施许可以存在两项有效专利为前提，实践中常表现为从属专利权人和原专利权人之间的许可贸易。

2. 双方互为许可方和被许可方。实施许可的双方均拥有对方意欲实施的专利技术。

3. 通过实施许可合同约定双方实施专利的范围，其结果是双方各自实施对方的专利技术，双方既是对方专利实施的被许可方，又是对方专利实施的许可方。应该明确，专利实施许可的种类仅反映专利许可贸易中许可方和被许可方权利、义务范围的划分，其不反映进入许可贸易的专利技术的内容，当事人选择何种实施许可形式，要根据市场的需求、技术的质量及自身的实际来分析，并以合同的方式确定。

三、专利实施许可合同的主要条款

专利实施许可合同，是规定许可方与被许可方权利、义务的法律文书，是许可方许可被许可方实施专利及被许可方取得专利实施权的客观凭证；也是双方产生争议和纠纷时，调处争议和纠纷的客观依据。因此，拟订科学完善的合同条款是专利许可贸易非常重要的环节。专利技术的复杂性决定了专利实施许可合同有诸多的类型，但根据国际技术贸易的惯例及我国《民法典》有关技术合同的规定，专利实施许可合同应包括以下主要条款：

（一）前言

前言也称为序文，是合同的开头部分，一般应写明：合同名称、合同号、双方当事人的全名称及法定地址，合同签订的时间和地点，许可实施的专利的种类、名称、专利号、批准日期、有效期限等。

（二）定义

定义条款是对合同中关键性名词、术语的解释，目的在于避免双方因对关键性词语认识不同而发生争议。合同中定义的关键词语一般有：专利、技术诀窍、产品、技术资料、实施条件、技术服务、质量批准、销售额、净利润等。

（三）实施许可范围

实施许可范围是合同的核心条款。应写明专利实施许可的种类是属于普通许可合同、排他许可合同还是独占许可合同。其中应当规定使用专利技术的领域和范围，对专利产品制造、使用或销售的国家和地区范围、时间范围及其他需要明确划分的范围等。

（四）使用费及其支付

使用费即专利实施许可中被许可方应向专利权人支付的对价及其他费用。合同中应规定支付使用费的数额、货币种类及支付的方式。支付方式一般包括：①一次总算总付或分期支付，即确定应支付的使用费，由支付方一次或分期支付。这种支付方式实践中采用得较多。②提成支付，即根据技术使用后的经济效益，按产量、销售额或者利润等的一定比例提取。③入门费加提成支付，即被许可方在合同生效或收到技术资料时先支付一定数额的费用（入门费），再按提成支付的方式支付。

（五）担保条款

担保条款应包括技术担保和权利保证。即供方应给予受方技术上的担保，保证按照合同规定向受方提供的技术完整、无误和有效，并具有实用性和可靠性。权利保证是指供方要保证其转让技术的合法、有效，并保证自己是所提供的技术的合法拥有者，有关权利不受第三方的追索。如果在合同有效期内，因专利权属产生纠纷，应由供方承担全部责任。

（六）技术的改进与发展

应明确双方在合同期内对技术改进成果的权利归属及包括所有权、使用权及申请专利的权利的归属，并应约定在合同有效期内许可方是否继续向受方提供技术援助，受方是否有提供技术回馈的义务，以及是否属于有偿提供或回馈。

（七）专利的维持

专利许可以专利有效存在为前提。因此，合同中应约定维持专利有效的有关事宜，包括专利年费的缴纳和分担办法等。

（八）违约及其补救措施

在该条款中应明确约定一方违约应承担的责任和具体补救的办法。约定一方违约时对方可要求违约方严格执行合同、赔偿损失或终止合同，还可以约定在出现纠纷时应采用友好协商的方式解决，若不能协商解决，则可提请仲裁机构仲裁或向法院起诉。

（九）不可抗力

因合同生效后，经常发生由于人力不可抗拒的意外事故，致使合同不能履行或不能正常履行。因此，合同应明确规定不可抗力的范围、发生不可抗力双方应采取的措施、不可抗力后果的分担等。

（十）合同的生效与终止

合同中应明确规定合同生效的具体日期、有效期限及合同终止的日期及延长期等。合同的有效期可由当事人进行协商，但最长期限不得超过专利权的有效期。

由于专利许可合同是规定许可双方权利和义务的法律文书。因此，合同应始终围绕双方权利、义务进行规定。实践中各个合同都有自身的特殊性，因此，以上条款仅表明专利许可实施合同最主要的内容。除此之外，该类合同通常还包括技术诀窍的提供等条款，当事人在签订合同时可根据具体情况进行商定。

第二节　专利权转让

一、专利权转让合同的概念和特征

（一）专利权转让合同的概念

专利权转让合同，是指专利权人作为转让方将其发明创造专利的所有权或持有权移交受让方，受让方支付约定价款所订立的协议。我国《专利法》第 10 条规定："专利申请权和专利权可以转让。中国单位或者个人向外国人、外国企业或者外国其他组织转让专利申请权或者专利权的，应当依照有关法律、行政法规的规定办理手续。转让专利申请权或者专利权的，当事人应当订立书面合同，并向国务院专利行政部门登记，由国务院专利行政部门予以公告。专利申请权或者专利权的转让自登记之日起生效。"我国《民法典》规定，技术转让合同是指当事人就专利权转让、专利申请权转让、专利实施许可、非专利技术的转让所订立的合同。由此可见，专利权转让合同属于技术转让合同的一种。

（二）专利权转让合同的特征

1. 专利权转让合同的标的是专利权。这是专利权转让合同最主要的法律特征之一。专利权是一种无形财产权，法律对其转让的内容、方式等均作了特别规定。因此，专利权转让合同除应遵守一般合同原则、制度外，还应考虑合同标的的特殊性，且必须遵守法律的特别规定。

2. 专利权转让是专利所有权转让。专利权转让合同一旦成立，原专利权人即丧失对专利的所有权，受让方成为新的专利权人。就此而言，专利权转让就是专利权的主体发生了变更。它不同于专利实施许可，专利实施许可通过合同转让的是专利的实施权，专利权仍归专利权人所有，专利权的主体并没有发生改变。这是专利权转让和专利实施许可最本质的区别。

3. 专利权转让必须以书面合同方式进行。专利权转让行为涉及专利技术所有权的归属，对双方当事人而言，是获得或丧失专利权的客观凭证。专利技术本身不仅复杂，且与技术发展有一定的同步性。因此客观上要求该类合同必须采用书面合同的方式。

4. 专利权转让必须履行法定手续。专利权转让必须经国家专利主管机关登记和公告后方能生效。未经国家专利主管机关登记和公告的专利权转让合同是无效合同，不具有法律约束力。除此之外，依我国《专利法》规定，中国的单位或者个人向外国人转让其专利申请权或专利权必须依照有关法律、行政法规的规定办理相关手续。

二、专利权转让与专利申请权转让

专利申请权转让是指转让方通过订立合同，由对方支付约定价款而将其特定的发明创造申请专利的权利转让给对方的行为。专利权转让和专利申请权转让，二者既有相同之处，也有本质区别。相同处在于：二者均属于技术权益转让，同受专利法及技术合同法的调整，转让的标的同为无形财产权，都要以书面形式转让并履行必要的手续。二者的区别表现为：专利权转让合同的标的是专利权的所有权，而专利申请权转让合同的标的是专利申请权。前者发生在专利授权之后，转让人为专利权人；后者发生在专利授权之前，转让人是专利申请人。此外，当事人的权利和义务也有较大的差异。在实践中还可能涉及申请专利的权利问题，即发明创造人完成发明创造之后但尚未提出专利申请，发明创造人对该发明创造依法享有申请专利的权利。发明创造人是否申请专利以及是否转让申请专利的权利完全是由自己来决定。因此，应从理论上区分专利权转让合同、专利申请权转让合同与申请专利的权利转让合同。

三、专利权转让合同的主要条款

专利权转让合同一般应具备以下条款：①项目名称；②发明创造的名称和内容；③专利申请日、申请号、专利号和专利权的有效期限；④专利实施和实施许可的情况；⑤专利情报和资料的清单；⑥价款及其支付方式；⑦违约金或者赔偿损失的计算方法；⑧争议的解决办法。

除以上条款外，双方当事人还可以约定其认为必要的条款，以保证合同的顺利履行。

■**思考题**

1. 什么是专利实施许可，其有何意义？
2. 独占实施许可与排他实施许可的区别是什么？
3. 专利权转让与专利申请权转让的区别是什么？
4. 专利实施许可合同应当包括哪些内容？

■**参考书目**

1. 郑成思主编:《知识产权与国际关系》,北京出版社 1996 年版。
2. 李永军:《合同法》,法律出版社 2004 年版。
3. 胡开忠:《权利质权制度研究》,中国政法大学出版社 2004 年版。

第二十章　专利权限制

■学习目的和要求

　　通过本章学习，掌握我国专利法对不视为侵犯专利权的使用行为的具体规定，重点掌握专利法对专利实施强制许可的规定，包括种类、程序以及专利权人和实施人的权利义务，并了解专利法对专利强制推广应用的具体规定。

专利权的独占性，决定了未经专利权人的同意，任何单位和个人均不得以营利为目的实施该专利，否则就构成对专利权的侵犯。但专利权作为法律授予权利人的权利，其独占性是相对的。为了平衡专利权人与国家和社会之间的利益，各国专利法均不同程度地对专利权人的权利作了限制性的规定。在我国，专利权的限制主要表现为《专利法》所规定的不构成专利侵权的使用行为、强制实施许可和强制推广应用。

第一节　不视为侵犯专利权的使用行为

根据我国《专利法》规定，下列方式对专利技术的使用不需要经过专利权人的许可，也不构成对专利权的侵犯：

一、权利用尽后的使用、许诺销售或销售

按照国际上通行的"权利用尽原则"，大多数国家专利法规定，专利权人制造或者经专利权人授权许可制造的专利产品售出后，其他人不需经过许可就可以使用或再销售该产品。即专利权人无论自己制造，还是许可他人制造的专利产品售出后，其权利即视为用尽，他人使用或销售该专利产品的行为无需得到专利权人的许可，也不构成专利侵权。我国《专利法》第 75 条第 1 款第 1 项规定，专利产品或者依照专利方法直接获得的产品，由专利权人或者经其许可的单位、个人售出后，使用、许诺销售、销售、进口该产品的，不视为侵犯专利权行为。规定权利用尽原则可防止专利权人滥用专利权而妨碍专利产品的分销与使用，有利于商品流通。实践中必须注意：①专利权的用尽是相对于每一件投放市场的专利产品而言。专利权人对经其同意而售出的每一件专利产品不再拥有控制权，无论购买者如何使用或销售该专利产品都不会构成侵权。②专利权用尽只限于专利权人或经其许可的人售出专利产品以后，他人的使用或销售行为，不包括他人的制造行为。③当专利权人就某一项发明创造在两个或两个以上的国家都获得专利权后，其在某一国家许可他人制造并出售有关产品后，并不会导致在其他国家专利权的用尽。

二、先用权人的制造和使用

我国《专利法》第 75 条第 1 款第 2 项规定，在专利申请日前已经制造相同产品、使用相同方法或者已经作好制造、使用的必要准备，并且仅在原有范围内继续制造、使用的，不视为侵犯专利权。由此可见，先用权人是指在专利申请日前已经制造与专利产品相同产品、使用相同方法或者已经作好制造、使用的必要准备，并且仅在原有范围内继续制造专利产品或使用专利方法的人。先用权人的使用必须具备以下条件：①先用权人所使用的与专利技术相同的发明创造，必须是自己发明创造或通过合法的方式得到的。非法得到的技术不得享有先用权。②先用权人开始使用这种技术必须是在他人的专利申请日以前而不是在申请日之后。如果在申请日后开始使用这种技术，即使申请专利的发明创造还没有公开，也不属先用权人的使用。③先用权人必须具备先使用的事实，即有制造与申请专利的产品相同的产品、使用与申请专利的方法相同的方法或已经作好了制造或使用的必要准备的事实。④申请人获得专利后先用权人只能在原有的范围内继续使用，不得自行扩大专利技术使用的范围，也无权许可他人使用该技术。先用权人的使用是对专利权人专利权的一种限制，其目的在于保护其他发明创造人的合法权利，推动发明创造的积极推广和使用，从而增强我国的经济实力。

三、外国临时过境交通工具上的使用

我国《专利法》第 75 条第 1 款第 3 项规定，临时通过中国领陆、领水、领空的外国运输工具，依照其所属国同中国签订的协议或者共同参加的国际条约，或者依照互惠原则，为运输工具自身需要而在其装置和设备中使用有关专利的，不视为侵犯专利权。这一规定不仅符合国际惯例，而且体现了《巴黎公约》的精神。《巴黎公约》规定，在暂时或者偶然进入巴黎联盟成员国的运输工具（船舶、航空器或车辆）上使用发明专利装置，不视为侵犯专利权人的权利。

四、非生产经营目的的利用

我国《专利法》第 75 条第 1 款第 4 项规定，专为科学研究和实验而使用有关专利的，不视为侵犯专利权。其中"科学研究和实验"是指专门针对专利技术本身进行的科学研究和实验。其目的是研究专利技术本身的技术特性或者效果，或对该专利技术进行进一步的改进。"使用专利"是指为上述目的对专利技术进行分析、考察。由于科学研究和实验是非生产经营目的的使用，不具有任何直接的工业或商业目的，不会构成对专利权人权利的妨碍。同时利用专利技术进行科学研究有利于促进社会科技发展，因此这种使用专利技术的方式不构成侵权。实践中对"专为科学研究和实验"应作广义理解。一般情况下，凡非工业方式的使用或非营利目的的使用行为应不构成侵权。如为了教学的目的而使用或为了个人使用的目的而使用专利的不属生产经营目的的利用，不构成侵权。

五、医药审批的使用

我国《专利法》第 75 条第 1 款第 5 项规定，为提供行政审批所需要的信息，制造、使用、进口专利药品或者专利医疗器械的，以及专门为其制造、进口专利药品或者专利医疗器械的，不属于专利侵权。这是国际上通用的"药品和医疗器械实验例外"规则，该规则主要借鉴了美国的 Bolar 豁免规则。在 Roche v. Bolar 案中，Bolar 公司为了赶在 Roche 公司药品专利权到期时推出其仿制品，在专利到期前从国外获取专利药品进行实验以收集仿制药品报批所需的数据，法院认定其构成侵权。这一判决结果最终促成美国国会通过《药品价格竞争和专利期限恢复法案》，允许仿制药厂商在专利到期前进行临床实验和收集药品审批所需的数据，并不视之为侵权。专利法第三次修正案开始实施之后，我国药品和医疗器械生产企业完全可以利用这一规则，在相关专利权保护期届满之前，进行药品或医疗器械的实验和申请生产许可，在专利权到期时可立即推出替代产品。

我国《专利法》第 77 条规定："为生产经营目的使用、许诺销售或者销售不知道是未经专利权人许可而制造并售出的专利侵权产品，能证明该产品合法来源的，不承担赔偿责任。""善意第三人的使用"构成侵犯专利权的行为，但能够证明其产品有合法来源的，可以免除其赔偿责任。

第二节　专利实施的强制许可

一、强制许可的概念

强制许可，也称为"强制许可使用"，是指国务院专利行政部门依照法律规定，可以不经专利权人的同意，直接允许申请人实施专利权人的发明或实用新型专利的一种行政措施。这种措施是相对于专利权人的自由使用和自愿许可他人使用而言的，故称为强制许可。它是国务院专利行政部门的行政措施之一，是对专利权人专利权的一种限制。其根本目的是促使获得专利的发明创造得以实施，防止专利权人滥用专利权，维护国家利益和社会公共利益。

关于强制许可，世界多数国家的专利法中有相应的规定。《巴黎公约》也规定，允许各缔约国采取立法措施授予强制许可，"以防止由于行使专利所赋予的专利权而可能产生的滥用"。上述规定旨在防止专利权人对专利技术进行垄断，导致专利权滥用，以至于损害国家或社会的利益。《知识产权协定》第 31 条对强制许可也作了规定。我国《专利法》规定了不同情况下的强制许可，但强制许可的对象仅限于发明专利和实用新型专利，对外观设计专利不实施强制许可，这是由其所具有的发明创造的特征所决定的。国家知识产权局颁行的《专利实施强制许可办法》自 2003 年 7 月 15 日起施行，为强制许可的申请提供了程序方面的操作规则。

二、强制许可的种类

对发明专利和实用新型专利的强制许可根据不同的条件可分为三类：

（一）依申请给予的强制许可

这种强制许可也称申请人未能获得专利权人许可实施专利时申请的强制许可。我国《专利法》第 53 条规定："有下列情形之一的，国务院专利行政部门根据具备实施条件的单位或者个人的申请，可以给予实施发明专利或者实用新型专利的强制许可：①专利权人自专利权被授予之日起满三年，且自提出专利申请之日起满四年，无正当理由未实施或者未充分实施其专利的……"由此可见，依申请给予的强制许可必须具备以下条件：①申请实施专利的单位必须具备实施专利的条件。即要有能够实施专利的基本技术、设备、厂房、资金、人员等条件，以保证能够充分地实现专利技术的价值。②专利权被授予之日起满3年，且自提出专利申请之日起满4年。③专利权人未实施该专利且无正当理由，同时，申请人必须是在合理长的时间内，仍不能获得专利权人的许可时，才能申请实施强制许可。一般表现为，申请人向专利权人提出了实施专利的要求，但专利权人没有在一定的时间内作出许可决定，允许申请人实施其专利。④申请人必须向国务院专利行政部门提出专利实施强制许可请求及有关证明专利权人没有允许其实施专利的证明文件，国务院专利行政部门必须认真审查申请人的申请及有关文件，并应当允许专利权人就此陈述意见。

此外，为了和反垄断相关法律制度相衔接，在专利权人行使其专利权的行为经司法程序或者行政程序确定为排除、限制竞争行为的情况下，可以给予强制许可。

（二）根据公共利益需要给予的强制许可

这种强制许可也称为特殊情况下的强制许可，是指当法律规定的特殊情况出现时，为了国家和社会公共利益，专利局有权决定对专利权人的专利给予强制许可使用，以维持社会的稳定和保障公众的利益。我国《专利法》第54条规定："在国家出现紧急状态或者非常情况时，或者为了公共利益的目的，国务院专利行政部门可以给予实施发明专利或者实用新型专利的强制许可。"第55条进一步规定："为了公共健康目的，对取得专利权的药品，国务院专利行政部门可以给予制造并将其出口到符合中华人民共和国参加的有关国际条约规定的国家或者地区的强制许可。"根据公共利益给予的强制许可必须具备以下条件：①国家出现紧急状态或者非常情况，即指国家发生了战争、社会动乱、自然灾害等不利于国家稳定或安宁的状态或情况，导致国家处于一种非常的时期；②为了公共利益的目的，即使用专利的目的应当是为了公共目的的非商业性使用，具体可体现为是为了公众的利益或国防等关系到国计民生情况下的使用。根据世界贸易组织《关于Trips协议与公共健康的宣言》的规定，公共健康危机，包括与艾滋病、结核病等流行病有关的危机，属于国家紧急状态或者非常情况。故为了预防、治疗和控制流行病，国务院专利行政管理部门可以给予强制许可。同时，在我国批准《修改〈与贸易有关的知识产权协定〉议定书》之后，治疗流行病的药品在中国被授予专利权，不具有制造该药品的能力或者能力不足的发展中国家或者最不发达国家希望从中国进口该药品的，国务院专利行政主管部门可以给予具备实施条件的单位制造该药品并将其出口到上述国家的强制许可。

（三）根据专利之间相互关系给予的强制许可

这种强制许可也称从属专利的强制许可。我国《专利法》第56规定，一项取得专利权的发明或者实用新型比前已经取得专利权的发明或者实用新型具有显著经济意义的重大技术进步，其实施又有赖于前一发明或者实用新型的实施的，国务院专利行政部门根据后一专利权人的申请，可以给予实施前一发明或者实用新型的强制许可。在依照前款规定给予实施强制许可的情形下，国务院专利行政部门根据前一专利权人的申请，也可以给予其实施后一发明或者实用新型的强制许可。按照我国《专利法》规定，申请获得从属专利强制许可必须具备以下条件：①申请人必须是要实施专利技术的专利权人。其既可以是单位，也可以是个人。②已取得专利权的两项发明或实用新型之间存在相互依存的关系。就技术的先进性而言，后一项专利在技术上必须先进于前一技术，但其实施又依赖于前一技术，即没有前一项发明的实施，后一项发明就不能实施。至于前后两项发明是否必须同是发明或实用新型，法律没有规定，对此理论界有不同认识。③必须是后一项发明的专利权人申请强制许可，并且获得强制许可实施后，前一项发明的专利权人才可申请实施后一项发明的强制许可。如果后一专利权人没有申请要求实施前一发明创造，或申请了没有被批准，则前一专利权人不能获得对后一专利的实施权。法律如此规定有利于充分保证在技术上较为先进的专利权人的利益。

三、强制许可的程序

依据我国《专利法》的规定，申请强制许可的，须向国务院专利行政部门提交强制许可请求书，说明理由并附具有关证明文件各一式两份，并应当提出未能以合理条件与专利权人签订实施许可合同的证明。国务院专利行政部门收到请求书及有关证明文件后，应将强制许可申请书的副本送交专利权人，并通知专利权人在指定的期限内陈述意见。专利权人是否陈述意见，不影响国务院专利行政部门作出关于强制许可的决定。对于申请人申请强制许可的请求进行审查后，认为不符合强制许可实施条件的可以驳回请求；认为符合条件的，应当作出决定给予强制许可。

为了与《知识产权协定》相一致，我国《专利法》规定，强制许可实施主要为供应国内市场；强制许可涉及的发明创造是半导体技术的，强制许可实施仅限于公共利益的目的使用，或者经司法程序或者行政程序确定为反竞争行为而给予救济的使用。

关于强制许可实施的范围，主要指被许可制造、销售或者进口专利新产品的数量以及使用专利技术的地域范围和时间范围。实施强制许可的决定可以规定受益人有权制造、使用、销售、进口专利产品，或者使用专利方法以及使用、销售、进口依照专利方法直接获得的产品，但是这些使用的目的必须主要是为了满足国内市场的需求。因为从理论上讲，强制许可的目的在于使我国已经获得专利的技术得到实施和推广，以促进科学技术的发展。关于强制实施许可的时间范围，《专利法》没有明确规定，实践中应根据具体情况而定。

关于强制许可的时间，从专利强制许可的特点看，对于从属专利的强制许可来说，应当限于在先权利的有效期限内；对因为紧急状态或者非常情况为理由的强制许可，规定的强制许可时间期限不应当超过紧急状态或者非常情况持续的时间。

国务院专利行政部门作出强制许可决定的，应当尽快通知专利权人，并予以登记和公告。通过国家知识产权局对强制许可决定进行登记制许可和公告，有利于公众了解该专利强制许可的现状，有利于防止强制许可的被许可人转让专利实施权。

国务院专利行政部门的强制许可决定，对专利权人及被许可实施人均产生法律效力，专利权人对国务院专利行政部门关于实施强制许可的决定不服的，专利权人和取得实施强制许可的单位或者个人对国务院专利行政部门关于实施强制许可的使用费的裁决不服的，可以在收到通知之日起3个月内向人民法院起诉。

四、强制许可实施中专利权人及实施人的权利和义务

（一）专利权人的权利和义务

强制许可实施虽然以强制性的方法许可了专利权人以外的主体实施专利，但是专利权并没有发生转移。专利权人仍享有专利权的各项权能，具体表现在：①专利权人可以自己实施，也可以许可他人实施专利。②有权要求强制许可受益人支付合理的使用费。该使用费由双方商定，商定不成的由国务院专利行政部门在收到裁决请求书之日起3个月内作出裁决并通知当事人。当事人对裁决不服的，可以在收到通知之日起3个月内向人民法院起诉。③有权制止强制许可受益人权利的滥用。包括阻止其许可第三人使用和监督其在规定的时间和范围使用等。④当专利强制许可的法定事由消失或时间届满，专利权人可以请求国务院专利行政部门终止实施强制许可。国务院专利行政部门可以根据该请求，审查授予强制许可的条件是否仍然存在，如果强制许可的理由消除或者不再发生时，可根据具体情况作出终止实施强制许可的决定。同时，专利权人必须履行一定的义务，主要体现为必须维持专利的有效性。

（二）被许可实施人的权利和义务

被许可实施人有权实施该专利。其义务表现为：①应当向专利权人支付专利使用费；②取得实施强制许可的单位或者个人不享有独占的实施权，并且无权允许他人实施该专利；③必须按照国务院专利行政部门强制实施许可决定规定的范围和方式实施专利。

第三节 专利的强制推广应用

一、强制推广应用的概念

强制推广应用，是指国家主管机关对国有企业事业单位拥有的对国家利益或者公共利益具有重大意义的需要推广应用的发明专利，按照法定程序报经国务院批准在一定范围内推广应用，许可指定单位实施的一种行政措施。这种措施是为了保障国家利益和公共利益，运用行政权力对重要专利技术的推广应用，它是对专利权人专利权的一种限制。我国《专利法》第49条规定："国有企业事业单位的发明专利，对国家利益或者公共利益具有重大意义的，国务院有关主管部门和省、自治区、直辖市人民政府报经国务院批准，可以决定在批准的范围内推广应用，允许指定的单位实施，由实施单位按照国家规定向专利权人支付使用费。"

二、强制推广应用的对象

强制推广应用的对象可以从以下三方面确定：

1. 推广应用的专利的主体范围仅限于国有企事业单位。对外国人、中国境内的三资企业、中国私营企业以及其他性质的单位的专利不适用推广应用制度。这些主体的专利确实对国家利益和公共利益具有重大意义的，可以运用强制许可制度。

2. 推广应用的对象只限于发明专利。对实用新型专利和外观设计专利不适用。因为发明专利对国家和社会有重大意义，而实用新型和外观设计是对产品外表及外部形状和构造的设计，是否对其实施一般不会涉及重大的国家利益和公共利益，因而没有必要对其实施强制推广应用。

3. 推广应用的是对国家利益和公共利益具有重大意义的发明专利。所谓"对国家利益和公共利益具有重大意义",指对经济建设、科技进步、国家安全、环境保护、病疫防治等方面具有重大意义,需要推广应用的发明专利。值得注意的是,国务院有关主管部门和省、自治区、直辖市人民政府决定对某项发明专利进行推广应用的,应当首先报经国务院批准。未经批准,不得进行推广,以防止滥用行政权力而损害专利权人的利益。

三、强制推广应用中专利实施单位和专利权人的权利和义务

推广应用中被授权的单位应当向专利权人支付使用费。该费用应由授权单位确定,原则上相同于通常情况下的专利使用费用,政府机关可以在听取双方意见的基础上按照专利实施的实际情况确定。关于依据该规定实施发明专利的单位的范围,我国《专利法》中没有明确规定,可以理解为只要在中国具有生产经营资格,具有专利实施能力的单位都可以成为被授权的实施主体。推广应用实施中专利权人具有自己实施专利、向被授权实施专利的单位收取专利使用费和监督被授权实施的单位在指定范围实施专利的权利。

■ **思考题**

1. 什么是对专利权人权利的限制?为什么要对专利权人的权利进行限制?

2. 什么是专利强制许可?强制许可需要具备哪些条件?

3. 专利法上规定专利强制许可和强制推广的原因及正当性是什么?

4. 专利权人的权利在强制许可和强制推广中如何得到保障?

■ **参考书目**

1. 王先林:《知识产权与反垄断法:知识产权滥用的反垄断问题研究》,法律出版社 2001 年版。

2. 郭禾主编:《知识产权法案例分析》,中国人民大学出版社 2000 年版。

第二十一章 专利管理和专利代理

■学习目的和要求

　　通过本章学习，了解我国专利法对专利管理的相关规定，重点掌握专利代理制度的具体内容以及专利代理与一般民事代理的区别。

第一节 专利管理

一、专利管理及其意义

（一）专利管理

　　专利管理是指国家专利管理机关采用教育、行政、经济、法律等手段管理有关专利事务的活动。专利管理由专利管理部门负责。我国《专利法》第3条规定："国务院专利行政部门负责管理全国的专利工作；统一受理和审查专利申请，依法授予专利权。省、自治区、直辖市人民政府管理专利工作的部门负责本行政区域内的专利管理工作。"

　　专利管理是现代专利制度的产物。概览各国专利制度的产生和发展，凡是建立了专利制度的国家都相应地建立了较为完整的专利管理体制。我国的专利管理是随着我国专利制度的发展而逐步建立和完善的。

（二）专利管理的意义

　　专利管理活动是一项内容复杂的工作。它的实践表明，专利管理具有以下意义：

　　1. 保障专利制度得到更好的贯彻和落实。专利管理机关具有行政执法职能，有权处理专利纠纷。对此，我国《专利法》第65条作了明确规定。专利管理机关调处专利纠纷，不仅有利于贯彻落实各项专利制度，而且能保证有效地实施专利法。

　　2. 切实有效地保护专利权人的合法权益。通过专利管理，及时处理专利纠纷和争议，如关于专利权属的争议；关于发明专利申请公布后，专利权授予前使用发明创造的费用争议；以及关于专利许可证合同纠纷及专利侵权纠纷；等等。这些纠纷均可通过专利管理机关解决，这样便于专利权人的合法权益得到及时保护。

　　3. 推动专利技术更好地推广和应用。制定本地区、本部门专利工作规划和计划是专利管理的一项重要任务。通过专利管理机关的规划协调，便于推动专利技术的交流与合作，从而更好地推广和应用专利技术，加速科技成果的转化和创新。

　　4. 促进社会科技进步和经济发展。这是专利制度的目的所在，也是专利管理活动的最终目标。通过专利管理，不仅便于专利权人推广和应用专利技术，而且有助于协调、处理各项专利纠纷和争议，从而确保专利权人的合法权益，激发专利权人发明创造的积极性，最终促进整个社会科技进步和经济发展。

二、专利管理机构

（一）国务院专利行政部门

国务院专利行政部门是指国家知识产权局，是运用教育、经济、行政、法律等手段负责管理全国的专利工作的国务院的行政机构。根据我国1998年机构改革的方案，原中国专利局更名为国家知识产权局，直属于国务院。更名后的国家知识产权局增加了许多统筹和协调涉外知识产权事宜的职能，并承担原中国专利局对专利申请、受理、审查、复审以及对无效宣告请求的审查业务。其职能主要是：执行专利法及其实施细则，研究相关专利管理机关的执法职能，监督各项专利法律、法规的执行，对违法侵权行为进行处罚。

（二）地方各级人民政府管理专利工作的部门

我国专利管理机关是随着专利制度的建立和发展逐步建立和完善起来的。为了健全专利管理机关，1984年8月23日，国家经委、国家科委、劳动人事部、中国专利局联合颁发了《关于在全国设置专利工作机构的通知》，要求各省、自治区、直辖市建立专利管理局（处）、国务院有关部委建立专利管理处。为了规范专利机关的管理行为，1989年12月4日国家专利局颁发了《专利管理机关处理专利纠纷办法》，1990年2月2日国家科委、国家专利局联合颁发了《关于加强专利管理工作的通知》，肯定了专利管理机关在专利管理工作中的成绩，强调了加强专利管理机关建设的必要性。国家专利局先后于1991年12月29日、1995年1月10日发布了《中华人民共和国专利局行政复议规程（试行）》（已失效）以及《中华人民共和国专利局行政复议规程》。另外，国家知识产权局也于2002年1月25日发布了《国家知识产权局行政复议规程》，并于2012年7月18日对该规程进行了修正，修正后的《国家知识产权局行政复议规程》自2020年9月1日起施行。目前，我国已经形成了具有中国特色的专利管理体制。

三、专利管理机关的职能

我国专利管理机关是指国务院专利行政部门和地方各级人民政府管理专利工作的部门，它有行使专利行政执法、专利行政管理和促进专利实施的多种职能。

（一）专利管理机关的执法职能

专利管理机关的执法职能主要体现为调解和处理各种专利纠纷，监督各项专利法律、法规的执行，对违法侵权行为进行处罚。根据有关规定，专利管理机关具有以下执法职能：①调处关于专利申请权的争议和专利权纠纷；②调处关于发明专利申请公布后，或实用新型、外观设计专利申请公告后，专利授权前，使用发明、实用新型和外观设计的费用纠纷；③调处专利权或专利申请权转让纠纷；④调处专利实施许可合同引起的纠纷；⑤调处发明人或设计人与其所在单位对申请专利的发明创造是否属于职务发明创造的争议；⑥调处专利侵权纠纷以及其他依法应由专利管理机关处理的争议和纠纷。

（二）专利管理机关的管理职能

专利管理机关的管理职能，是指专利管理机关在开展企业专利工作、进行专利宣传、培训和法规建设等方面所做的工作。根据国家科委和国家知识产权局有关规定，专利管理机关的管理职能主要是：①宣传《专利法》，普及专利知识，组织培训专利工作人员；②起草、制定本地区、本部门专利管理工作的法规、规定和办法；③协调本地区、本部门的专利工作，并进行业务指导；④管理本地区、本部门技术进出口中有关专利工作；⑤领导本地区、本部门的专利服务机构，包括专利代理机构、专利技术实施机构、专利文献和咨询服务机构；⑥组织制定本地区、本部门专利工作的发展规划；⑦逐步建立和完善本地区、本部门的专利工作体系；⑧协助有关部门监督和检查本地区、本部门贯彻执行《专利法》及《专利法实施细则》的情况。

（三）促进专利技术实施的职能

为了使专利技术尽快转化为生产力，专利管理机关有必要加强对专利技术实施工作的管理。其主要任务是：①组织制定促进专利技术开发与实施的规定和办法；②统计、分析专利技术开发与实施的经济效益和社会效益；③管理本地区、本部门的专利技术实施许可合同；④筹集和管理专利开发、实施基金；⑤向有关部门提出计划许可项目的建议，并会同有关部门组织本地区、本部门专利技术许可和重大专利技术项目的实施。

第二节　专利代理

一、专利代理概述

（一）专利代理的概念和特征

专利代理是指专利代理机构以委托人的名义，在代理权限范围内，办理专利申请或者办理其他专利事务的法律行为。专利代理具有以下特征：

1. 专利代理人以被代理人的名义办理专利事务。专利代理人只有以被代理人的名义为法律行为，才能为被代理人设定法律上的权利和义务。若专利代理人以自己或被代理人以外的他人的名义申请专利，办理有关专利事务，则不属于专利代理。

2. 专利代理行为必须在委托人授权范围之内。专利代理人必须在委托人授权范围内从事代理活动，才对委托人产生法律效力，委托人才承担法律后果。超出授权范围或者代理权终止后的代理行为应由专利代理人自己承担后果，但委托人追认的除外。

3. 专利代理人在代理权限内独立地进行意思表示。专利代理人在代理活动中，根据实际情况和自己的经验判断，自行决定如何向专利管理机关或第三人为意思表示或接受意思表示，这是由代理的性质决定的。例如，专利代理人撰写专利申请文件或答复专利审查人员的审查意见等，均是专利代理人独立地为意思表示。

4. 专利代理行为必须能够引起民事法律后果。专利代理行为必须具有法律意义，即专利代理人的代理行为必须能够在委托人和专利局或其他第三人之间设立、变更或终止某种专利法意义上的权利和义务关系。专利代理行为如果不能为被代理人设定法律意义上的后果，则不为专利代理。

5. 专利代理人代理行为所产生的法律后果直接由被代理人承担。专利代理人以委托人的名义，在委托人指定的范围内实施的有关专利事务的行为和被代理人自己实施的行为具有同等的法律效力。该行为的法律后果，直接由被代理人承担。

6. 专利代理人必须具备专利代理资格。专利代理属于带有法律性质的科技服务活动，它不同于一般民事代理。专利代理活动既涉及科学技术领域的发明创造，又涉及国家的专利法律、法规。因此要求专利代理人必须具备相应的科学技术知识，并熟悉掌握相关的法律、法规。如专利申请代理中，专利代理人撰写各种申请文件属于技术性较强的高智能创造性活动，其融法律和技术于一体，具有科技服务的特点，与一般民事代理有较大的区别。

（二）专利代理的作用

专利制度的存在奠定了专利代理的基础，并促使其发挥不可替代的作用。专利制度涉及技术、经济和法律，是一种十分复杂的制度。专利制度的复杂性及日趋完善性决定了专利代理制度产生和存在的必要性，表现在：①专利取得程序复杂、要求严格、专业性强，一般人难以准确掌握；②专利权人权利的实现不仅涉及技术，且涉及经济、法律，往往需要精通各环节的人士帮助，才能保证实现最佳的效益；③随着国际技术贸易的广泛开展，要想在本国以外的国家获得专利，必须借助通晓外国专利法律制度的人士代为办理；④专利权人在保护自己的专利权，防止专利侵权行为的产生，以及运用法律手段追究专利侵权行为的法律责任等方面均需要得到有专门知识的人士的帮助。

目前，世界各国普遍建立了专利代理体系，绝大多数的专利申请是通过专利代理人办理的。专利代理发挥着愈来愈重要的作用，具体表现为：

1. 有利于保护专利申请人的合法利益。发明人的发明创造完成后，若不科学地决策和经营，就无法实现最佳的效果。因此，发明人可委托专利代理人进行综合分析是否应申请专利、申请何种专利。专利代理人可以根据自己掌握的信息和资料，帮助委托人在专利申请前科学决策。在专利申请、审批阶段专利代理人可代理委托人撰写专利申请文件，提出申请文件的修改或撤回意见，答复专利局的各种质问，代理提出复审请求，从而提高专利申请阶段各种文件的质量，减少不必要的手续，缩短专利审批的进程。这些都有助于申请人早日顺利地获得专利，保护申请人的合法权益。

2. 有利于提高专利管理机关的工作效率。申请人各种申请文件撰写质量的好坏，直接关系到专利管理机关审查的后果。如果申请人的各种文件不符合《专利法》规定的要求或文件不齐全，专利管理机关就要通知申请人修改、补充，客观上会增加专利管理机关的工作强度，造成不必要的时间、人力浪费。如果委托专利代理人代为从事专利申请活动，就会使专利申请的质量提高，有利于减轻专利管理机关的工作负担，提高工作效率。

3. 有利于开展许可证贸易。由于专利代理人参加了专利申请、审批阶段的具体工作，对取得专利权的发明创造的技术特征、功能和用途有清楚地了解；同时，专利代理人既与专利情报有密切的联系，又掌握大量的技术市场信息，且精通专利法律知识。因此，专利代理人可在专利许可证贸易中牵线搭桥，加强联系，充当技术和法律方面的顾问，保证贸易活动顺利进行，从而促进专利的实施。

4. 有利于普及专利法律知识。《专利法》是专利代理的直接依据，专利代理人通过专利代理活动可以向广大科技工作者传播专利法律知识。专利代理人在代理活动中，通过对发明人和申请人所提问题的解答，向科技人员传授专利法律知识；通过撰写专利申请文件及与专利局规范的往来，使委托人进一步了解和掌握专利法律知识，也有利于全民专利法知识的普及。

二、专利代理机构

专利代理机构，是指接受委托人的委托，在委托权限范围内，办理专利申请或其他专利事务的服务机构，其性质属于科技服务机构。

在国外，专利代理机构一般分为两种：一是专门的专利代理机构；二是各企业内部设立的专利代理机构。前者面向社会从事各种专利事务的代理，提供服务，收取佣金；后者主要从事与本企业有关专利事务的代理活动。

我国的专利代理机构包括三种：

（一）办理涉外专利事务的专门代理机构

我国办理涉外专利事务的专利代理机构有：中国国际贸易促进委员会专利代理部、上海专利事务所、中国专利代理有限公司、永新专利代理有限公司等。根据法律规定，外国人、外国企业或其他组织在中国申请专利和办理其他专利事务以及中国单位或个人向外国申请专利均可委托以上机构中的任何一个代为办理。

（二）办理国内专利事务的代理机构

办理国内专利事务的专利代理机构是指由国务院有关主管部门和省、自治区、直辖市、经济特区人民政府专利管理机关批准设立的专利代理机构。

（三）办理国内专利事务的律师事务所

律师事务所可以兼从事专利代理业务。按照有关规定，律师事务所开展专利代理业务，必须在该所内有 3 名以上具有专利代理人资格的专职工作人员，否则不具有从事专利代理工作的资格。上述专利代理机构成立必须符合以下条件：①有自己的名称、章程、固定办公场所；②有必要的资金和工作设施；③财务独立，并能独立承担民事责任；④有 3 名以上具有专利代理人资格的专职人员和符合国家专利局规定比例的具有专利代理人资格的兼职人员。专利代理机构应当聘任有《专利代理人资格证书》的人员为专利代理人，并按有关规定办理相应手续。专利代理机构从被批准之日起，可以开展专利代理业务。

三、专利代理人

专利代理人是指具有专利代理资格，可以接受委托从事专利代理活动的人。依据《专利代理条例》之规定，专利代理人必须获得专利代理人资格证，并持有专利代理人工作证件，才可从事专利代理活动。

按照《专利代理条例》第 10 条的规定，具有高等院校理工科专业专科以上学历的中国公民可以参加全国专利代理师资格考试，经本人申请，专利代理人考核委员会考核合格，由国家专利管理机关发给专利代理人资格证书后，方可接受专利代理机构的聘任，获得专利代理机构颁发的专利代理人工作证，成为专利代理人。

专利代理人依法从事专利代理业务，受国家法律保护，不受任何单位和个人的干涉。同时专利代理人应遵守以下规定：①必须承办所在专利代理机构委派的专利代理工作，不得自行接受委托；②不得同时在两个以上专利代理机构从事专利代理业务；③如调离所在专利代理机构，必须在调离前妥善处理尚未办结的专利代理案件；④获得《专利代理人资格证书》5 年内未从事专利代理业务或者专利行政管理工作的，其《专利代理人资格证书》自动失效；⑤专利代理人在从事专利代理业务期间和脱离专利代理业务后 1 年内，不得申请专利；⑥国家机关工作人员不得在专利代理机构兼职，从事专利代理工作。

专利代理人必须严格依法从事专利代理业务，积极维护委托人的利益。如果专利代理人不履行职责或者不称职以致损害委托人的利益，泄露或者剽窃委托人的发明创造内容，或超越代理权限，损害委托人的利益，或私自接受委托，承办专利代理业务，收取费用的，根据具体情节，由专利代理机构给予批评教育。情节严重的，可以由其所在的专利代理机构解除聘任关系，并收回其专利代理人工作证，由省、自治区、直辖市专利管理机关给予警告或由国家专利局吊销《专利代理人资格证书》等处罚。如果因以上行为给委托人造成经济损失，专利代理机构承担经济赔偿责任后，可以按一定比例向专利代理人追偿。

四、专利代理的任务

我国《专利法》第 18 条规定："在中国没有经常居所或者营业所的外国人、外国企业或者外国其他组织在中国申请专利和办理其他专利事务的，应当委托依法设立的专利代理机构办理。中国单位或者个人在国内申请专利和办理其他专利事务的，可以委托依法设立的专利代理机构办理。专利代理机构应当遵守法律、行政法规，按照被代理人的委托办理专利申请或者其他专利事务；对被代理人发明创造的内容，除专利申请已经公布或者公告的以外，负有保密责任。专利代理机构的具体管理办法由国务院规定。"专利代理的任务可以分为以下几方面：

（一）提供专利事务方面的咨询

专利代理人在申请专利前、专利取得过程中、专利授权后及专利权终止前均可以为委托人提供有关咨询。在专利申请前，可以根据发明人提供的资料，就该发明创造是否应该申请专利以及能否获得专利提供咨询意见。例如，选择申请专利还是作为"技术秘密"使用；代理查找专利文献；就该发明创造是否可以申请专利，申请何种专利，以及是否符合专利授权的条件等提供咨询；在专利申请审批阶段可以为委托人提供与之有关的咨询；在专利授权后，可以为专利权人提供专利实施及专利权利用的最佳方案，以及维持或放弃专利等方面的咨询。

（二）代为办理专利申请事务

撰写专利文件，向国家专利管理机关提出专利申请，办理专利申请手续是专利代理的重要任务之一。通常包括：①撰写专利文件。代理人应根据委托人提供的资料，全面地理解发明创造的构思、技术特征、方案、要点等具体内容，寻找具有创造性的技术特征，并将其与已有技术加以区别，并据此撰写说明书和权利要求书，按照《专利法》要求使用法律术语界定专利权的保护范围，使所有的专利申请文件既要符合技术上的逻辑关系和技术惯例，又要符合《专利法》的要求。②提出专利申请。专利代理人经委托人同意，应尽早地向专利管理机关提交专利申请文件，并按法律规定及时缴纳有关费用，及时了解专利申请的受理情况和专利申请日、申请号，以保证申请人的申请迅速、准确、有效。

（三）在专利审批阶段，为获得专利权提供服务

在专利审批阶段，专利代理人为委托人提供以下服务：①提出实质审查请求。代理人可根据《专利法》第35条的规定和委托人的实际情况适时地向委托人提出请求实质审查的分析及建议，尽早地向专利管理机关提出实质审查的请求；②对专利申请文件进行必要的修改。代理人可根据专利管理机关的要求或应委托人的要求对专利文件进行必要的修改，以保证早日获得委托人所期望的专利权；③答复专利管理机关的审查意见。在专利审查中，专利管理机关对不符合《专利法》规定的申请，应通知申请人，限其在指定期限陈述意见。专利代理人可代理申请人认真分析，进行恰当修改，必要时可用口头方式向专利审查员阐释，以便于问题的解决。

（四）在复审中协助委托人行使权利

对专利管理机关驳回申请的决定不服，申请人有权提请复审。代理人可代理委托人请求专利复审委员会复审。委托人不服复审决定的，专利代理人可协助委托人根据法律规定，向人民法院起诉。

（五）专利实施事务代理

在专利权有效期内，代理人可以代理专利权人订立专利实施许可合同和专利权转让合同。专利代理人可以接受专利权人的委托，根据市场的需求和专利技术的具体情况，代理专利权人洽谈和订立专利实施许可合同，帮助专利权人处理和解决在合同签订、履行等方面产生的问题。同时，在专利权被强制许可时，还可充当专利权人在强制许可中的代理人，办理有关事宜。

（六）代理维护专利权

专利代理人可以代理专利权人维护专利权的有效性，同时，对专利侵权行为依法追究责任。专利代理人可以代理专利权人从事维持专利有效的工作，如代为缴纳专利年费；对于侵犯专利权的行为，专利代理人可以帮助专利权人分析具体情况，选择最佳救济方式，以保护专利权人的合法权益。

除以上代理任务外，专利代理人还可接受申请人、发明人及专利权人的委托，从事专利文献的查询检索、专利信息的跟踪服务；代理申请人向国外申请专利或进行专利许可证贸易；代理委托人参加专利行政纠纷和专利诉讼的调处以及代理单位或个人对专利管理机关已批准的专利，提出无效宣告请求。

■**思考题**

1. 简述专利管理及管理体制。
2. 简述专利管理机关的法定职能。
3. 专利代理与普通民事代理的区别是什么？
4. 什么是专利代理机构？专利代理及其作用是什么？

■**参考书目**

1. 江平主编：《民法学》，中国政法大学出版社 2000 年版。
2. 程永顺：《专利诉讼》，专利文献出版社 1994 年版。

第二十二章　专利权法律保护

■学习目的和要求

　　通过本章学习，了解专利权保护范围的认定原则及我国对此的相关规定，重点掌握专利侵权行为的构成要件和种类，并熟悉专利侵权行为的救济方式。

第一节　专利权的保护范围

一、专利权的保护范围及其认定原则

　　所谓专利权的保护范围，指专利权的法律效力所涉及的发明创造的范围。各国普遍认为，确定专利权保护范围的依据是权利要求书。但对权利要求如何理解，存在着"文字解释说""等同说""主要技术特征分解说""一般发明概念说"等不同的观点。反映在立法上，对权利保护范围的解释方式有以下三种立法例：

　　（一）周边限定原则

　　根据该原则规定，权利要求书是专利权保护范围的根据，必须严格根据权利要求书的文字进行解释，权利要求书所记载的范围是专利保护的最大限度。在一般情况下，对专利权保护范围的解释要比权利要求书记载的范围窄，不能超出该范围。说明书或附图不能作为确定专利权保护范围的根据。只有在权利要求书不准确、不清楚的情况下，说明书或附图才可以用来对保护范围作限制性的解释。美国、英国、巴西等国采用这一立法方式。

　　（二）中心限定原则

　　根据该原则，权利要求书是专利保护范围的依据，但在对权利要求书解释时，不必拘泥于权利要求书的文字记载，而应以权利要求书所表明的实质内容为中心，全面考虑发明创造的目的、性质以及说明书和附图，将中心周围一定范围内的技术也包括在专利权保护范围之内。

　　（三）折中原则

　　根据该原则，专利权的保护范围应根据权利要求所表示的实质内容确定，对权利要求中所表示的技术特征有疑义时，可以引用说明书和附图进行解释。《欧洲专利公约》及该公约的成员国采用了折中原则。我国专利立法也采用了这一原则。

二、我国专利权的保护范围

　　（一）发明、实用新型专利权的保护范围

　　我国《专利法》第64条规定："发明或者实用新型专利权的保护范围以其权利要

求的内容为准，说明书及附图可以用于解释权利要求的内容。"《专利法》第26条第4款规定："权利要求书应当以说明书为依据，清楚、简要地限定要求专利保护的范围。"据此规定，确定发明和实用新型专利权的保护范围应注意以下几点：

1. 确定发明或实用新型专利权的保护范围，应以权利要求的内容为准。根据《专利法》的规定，权利要求是确定专利权保护范围最根本的依据。权利要求是指被授予专利权后在专利文件中记载权利要求的整体内容表达，而不是以权利要求的个别文字或者措词为准。凡是权利要求中没有记载的，不属于专利权保护的范围。尽管一项技术构思在说明书或附图中有所体现，但如果权利要求书中没有记载，就不属于专利保护范围，因为说明书仅处于从属地位，其本身不能确定专利保护范围。

2. 确定发明或实用新型专利权保护范围应当准确把握权利要求书的实质内容和技术特征，同时也要参考和研究说明书或附图，了解发明或实用新型的目的、作用和技术效果。因为实践中，侵权产品很少有一模一样地抄袭或仿制，其大多是改头换面地仿制产品。只有准确了解权利要求的实质性内容和技术特征等，才便于进行分析和比较，准确判断侵权行为。

3. 明确权利要求中的技术用语。为了清楚掌握权利要求中某一技术术语的含义，必要时可以参考专利申请过程中申请人和国务院专利行政部门之间关于专利申请、审批的往来文件或参考申请人提出专利申请时的现有技术，以利于准确判断。

4. 不同类型发明创造的保护范围有其特殊性。对产品发明专利的保护范围包括具有同样特征、结构和性能的产品，而不论其是用何种方法制造的。同时，对专利产品保护的范围也不应受说明书中所述作用的限制；对方法发明专利的保护范围，包括所有具有相同特征、参数和相同效果的方法，并延及到依该制造方法所直接获得的产品。

(二) 外观设计专利权的保护范围

外观设计专利权的保护范围与发明、实用新型专利权的保护范围不同。因为外观设计专利申请文件中没有权利要求书，也没有说明书，只有表现该外观设计的图片或照片。故外观设计专利权的保护范围，只能根据外观设计的图片或照片确定。我国《专利法》第64条第2款规定："外观设计专利权的保护范围以表示在图片或者照片中的该产品的外观设计为准，简要说明可以用于解释图片或者照片所表示的该产品的外观设计。"确定外观设计专利权保护范围应注意以下几点：

1. 外观设计专利权保护的范围是表示在图片或照片中的外观设计。任何单位或个人不得仿制外观设计专利权人提交的图片或照片中的外观设计。所谓仿制，不仅包括一模一样的摹仿，也包括实质上的摹仿，即仅仿制外观设计中具有新颖性和独创性的部分。

2. 外观设计专利保护的范围取决于专利授权时指定的外观设计使用产品的范围。许多实行外观设计注册的国家采用使用外观设计的产品分类法，要求申请人声明该外观设计所使用产品的种类，外观设计专利权的范围限于其所应用的产品范围。我国《专利法》也要求以表示在图片或照片中的该外观设计专利产品为准，判断外观设计专利权的保护范围。

3. 外观设计专利权的保护范围不仅涉及相同的产品上使用相同的外观设计，而且也包括相同的产品上使用近似的外观设计。

4. 简要说明是申请外观设计专利时应当提交的文件之一，可以用于解释图片或者照片所表示的该产品的外观设计。

第二节　专利侵权行为

一、专利侵权行为的概念和构成要件

专利侵权行为，是指在专利权有效期内，行为人未经许可，以营利为目的实施他人专利的行为。我国《专利法》第 65 条规定，未经专利权人许可，实施其专利的行为，是侵犯专利权的行为。由此可见，构成专利侵权行为应同时具备以下条件：

（一）侵害的对象应是有效的专利

专利权是专利权人依法取得的对发明创造独占实施的权利，该权利在有效期间内受法律保护，他人擅自实施该发明创造才可能构成侵权行为。因此，构成专利侵权必须以存在有效的专利为前提。侵害的对象是实施专利授权以前的技术、已经被宣告无效、被专利权人放弃的专利或者专利权期限届满的技术，不构成侵权行为。如果专利侵权纠纷涉及实用新型专利或者外观设计专利的，专利权人或者利害关系人应当向人民法院或者专利行政管理部门出具由国务院专利行政部门作出的检索报告。

（二）必须有侵害行为

侵害行为是指行为人在客观上未经许可实施了他人的专利，并构成侵害行为。对产品专利而言，对专利权的法定侵害行为是指未经专利权人许可，以生产经营为目的制造、使用、许诺销售、销售、进口该专利产品的行为；对方法专利而言，侵害行为是指使用该专利方法及使用、许诺销售、销售、进口依该专利方法直接获得的产品的行为；对外观设计专利而言，这种侵害行为是指制造、销售，或者进口体现了该外观设计产品的行为。除此之外，未经专利权人授权而许可或委托他人实施专利、共有专利权人未经其他共有人的同意而许可他人实施专利，或转让超过其应有份额的专利权的行为及假冒专利等亦属侵害专利权的行为。

（三）以生产经营为目的

我国《专利法》第 11 条规定，发明和实用新型专利权被授予后，除本法另有规定的以外，任何单位或者个人未经专利权人许可，都不得实施其专利，即不得为生产经营目的制造、使用、许诺销售、销售、进口其专利产品，或者使用其专利方法以及使用、许诺销售、销售、进口依照该专利方法直接获得的产品。外观设计专利权被授予后，任何单位或者个人未经专利权人许可，都不得实施其专利，即不得为生产经营目的制造、许诺销售、销售、进口其外观设计专利产品。因为专利具有商业性，他人实施侵害行为的结果，会占领本来属于专利权人的市场，给专利权人带来一定的损害。由此可见，以生产经营为目的是构成专利侵权的条件之一。如专利权人许赞有从事草、柳、藤、竹、芒、葵等自然纤维编织研究长达 40 余年，有遍布江苏、山东、安徽、河南、湖北、天津等地的数百家企业和数以万计的农村家庭作坊提供产品。1995 年后，该发明人先后研制出 50 余项新产品并获得国家知识产权局授予的发明专利和外观设计

专利，产品销到以欧美为主的国际市场。由于其产品遭到侵权，2004 年后，许赞有以上述外观专利权在海关总署备案，后在上海海关和杭州海关等申请扣押安吉等地侵权企业的竹凉席、竹地毯出口产品，先后有多个集装箱被扣押。在一系列针对或者涉及许赞有竹地毯外观设计专利的专利无效宣告请求案和专利侵权案中，许赞有先后打了30 余场官司并全部胜诉。[1] 非生产经营目的的实施，不构成侵权。如专为科学研究和实验而使用有关专利的、出自个人爱好和需要实施有关专利的等均不属于专利侵权行为。

（四）侵权人主观上有过错

侵权人主观上的过错包括故意和过失。所谓故意，指行为人明知自己的行为是侵犯他人专利权的行为而实施该行为。如侵害人明知某产品为专利产品，却擅自以生产经营为目的制造该专利产品。所谓过失，指行为人因疏忽或过于自信而实施了侵犯他人专利权的行为。如发明创造人不知自己独立完成的发明创造与已被授予专利权的发明创造相同，而使用或转让该发明创造的行为。在专利侵权纠纷处理中，承担侵权责任以行为人主观上是否有过错为判断原则，但也有例外。

二、专利侵权行为的种类

对专利侵权行为用不同的标准，从不同的角度，可以作不同的划分。学术界通常依据侵权行为是否由行为人本身的行为所造成，将专利侵权行为划分为直接侵权行为和间接侵权行为。

（一）直接侵权行为

所谓直接侵害专利权行为，指专利侵权行为是由行为人本身的行为所造成的。依据我国《专利法》第 11 条及有关规定，直接侵害专利权行为大体有以下几种：

1. 制造专利产品的行为。专利产品是指专利权人在发明或者实用新型的权利要求书中所描述的产品，或者在外观设计专利申请文件中写明的使用该外观设计的产品。不论制造者是否知道是专利产品，也不论制造者是用什么方法，只要未经许可，为生产经营目的制造了专利产品，均为专利侵权行为。

2. 故意使用发明或实用新型专利产品的行为。即侵权人知道或者应该知道该产品是未经专利权人许可制造的侵权产品，而仍然以生产经营为目的购买使用。

3. 故意销售他人专利产品的行为。即侵权人知道或者应该知道该产品是未经专利权人许可制造的侵权产品，而仍然以生产经营为目的有偿转让专利产品所有权的行为。此外，该种销售行为还包括对专利技术的许可、转让。

4. 进口他人专利产品的行为。即侵权人知道或者应该知道该产品是未经专利权人许可制造、销售的侵权产品，而以生产经营为目的将该产品从国外进口到中国。

5. 使用他人专利方法以及使用、许诺销售、销售、进口依照专利方法直接获得的产品的行为。这种行为主要是对方法专利的侵害，包括使用该专利方法，即使用受专利法保护的方法专利的行为；使用依该专利方法直接获得的产品的许诺销售行为；销

---

[1] 谭华霖、宏方：“从‘安吉现象’透视外观设计专利权”，载《国际商报》2005 年 7 月 18 日，第 A04 版。

售依该专利方法直接获得的产品的行为；进口依该专利方法直接获得的产品的行为。

6. 假冒专利的行为。包括假冒他人专利和冒充专利两种行为，是指在与他人专利产品类似的产品或者产品的包装上，加上专利权人的专利标记或者专利号，足以使他人相信该产品是专利产品的行为。这种行为不仅直接侵害了专利权人的利益，而且具有欺骗公众的性质，严重损害公众利益，扰乱市场秩序，带有较大的社会危害性。假冒专利的行为主要包括：未经许可，在其制造或者销售的产品、产品的包装上标注他人的专利号；未经许可，在广告或者其他宣传材料中使用他人的专利号，使人将所涉及的技术误认为是他人的专利技术；未经许可，在合同中使用他人的专利号，使人将合同涉及的技术误认为是他人的专利技术；伪造或者变造他人的专利证书、专利文件或者专利申请文件。

（二）间接侵权行为

所谓间接侵权行为，指行为人本身的行为并不构成对专利权的侵害，而是诱导、怂恿、教唆别人实施他人专利，从而发生侵害专利权的行为。间接侵权行为的主要特征在于：在主观上，行为人有诱导、怂恿、教唆他人侵犯专利权的故意；在客观上，间接侵权行为为直接侵权行为的发生提供了必要的条件；在法律后果上，发生了直接侵权行为，且间接侵权人从其行为获得了一定的不法利益。常见的间接侵权行为主要表现为：行为人销售专利产品的零部件或者专门用于实施专利产品的模具，或者用于实施专利方法的机器设备；或者行为人未经专利权人授权而许可或者委托他人实施专利。多数国家立法与实践对间接侵权行为进行规制，我国《专利法》尚未明确规定，有待学术界研究和实践探索。

第三节　专利权的法律保护

对侵害专利权的行为，专利权人或者利害关系人可以就侵权行为与侵权人进行协商解决；不愿协商或者协商不成的，可以请求专利管理机关依行政程序进行处理；也可直接向人民法院起诉。专利权的具体保护方式包括民事保护、行政保护和刑事保护三种。此外，为了有效保护专利权人的合法权益，我国《专利法》还规定了"诉前临时禁止令"和"诉前证据保全"。

一、诉前措施

（一）诉前禁止令

《知识产权协定》第41条规定，执法程序应允许采取反对侵权行为的有效措施，包括及时地防止侵权的救济，以及阻止进一步侵权的救济。我国执法程序中由于无该种诉前可以停止有关行为的制度，导致可能发生的侵权行为无法得到及时地遏制，从而给权利人造成了无法回复的损害。为了与国际规定相一致，防止被侵权人的损失扩大，更好地保护专利权，我国《专利法》第72条规定，专利权人或者利害关系人有证据证明他人正在实施或者即将实施侵犯专利权的行为，如不及时制止将会使其合法权益受到难以弥补的损害的，可以在起诉前向人民法院申请采取责令停止有关行为的措施。人民法院在处理这一申请时，程序上应适用我国《民事诉讼法》的有关规定。依据 2001 年 6 月 7 日发布的《最高人民法院关于对诉前停止侵权行为适用法律问题的若干规定》，提出申请人包括专利权人和利害关系人，利害关系人主要包括专利实施许可合同的被许可人、专利财产权利的继承人等。申请人提出申请应当向有专利侵权案件管辖权的人民法院递交书面申请状，并载明当事人及其基本情况、申请的具体内容、范围和理由等事项并应提交相关证据和提供担保。申请人提出申请时不提供担保的，驳回申请。

（二）诉前证据保全

为了制止专利侵权行为，在证据可能灭失或者以后难以取得的情况下，专利权人或者利害关系人可以在起诉前向法院申请保全证据。法院采取保全措施，可以责令申请人提供担保；申请人不提供担保的，驳回申请。法院应当自接受申请之时起 48 小时内作出裁定；裁定采取保全措施的，应当立即执行。申请人自法院采取保全措施之日起 15 日内不起诉的，法院应当解除该措施。

二、民事保护

（一）民事保护的管辖

人民法院审理各类专利纠纷案件，是按照民事诉讼法和专利法规定的诉讼程序进行的。但专利纠纷与一般民事案件相比，具有很强的专业性、技术性和国际性。基于此，我国《专利法》和有关司法解释对专利侵权纠纷案件在管辖方面作了特别规定。依据 2001 年 6 月 22 日发布的《最高人民法院关于审理专利纠纷案件适用法律问题的若干规定》的规定，专利纠纷第一审案件由省、自治区、直辖市人民政府所在地的中级人民法院和最高人民法院指定的中级人民法院管辖。因侵犯专利权的行为提起的诉讼，由侵权行为地或者被告住所地人民法院管辖。其中侵权行为地包括被控侵犯发明、实用新型专利权产品的制造、使用、许诺销售、销售、进口等行为的实施地；专利方法使用行为的实施地；依照该专利方法直接获得的产品的使用、许诺销售、销售、进口等行为的实施地；外观设计专利产品的制造、销售、进口等行为的实施地；假冒他人专利的行为实施地；以及上述侵权行为的侵权结果发生地。原告如果仅对侵权产品制造者提起诉讼的，不起诉销售者，侵权产品制造地与产品销售地不一致的，制造地人民法院有管辖权；以制造者与销售者为共同被告的起诉的，销售地人民法院有管辖权。销售者如果是制造者的分支机构，原告在销售地起诉侵权产品制造者的制造、销售行为的，销售地人民法院有管辖权。

（二）民事保护的时效

我国《专利法》第 74 条规定："侵犯专利权的诉讼时效为三年，自专利权人或者利害关系人知道或者应当知道侵权行为以及侵权人之日起计算。发明专利申请公布后至专利权授予前使用该发明未支付适当使用费的，专利权人要求支付使用费的诉讼时效为三年，自专利权人知道或者应当知道他人使用其发明之日起计算，但是，专利权人于专利权授予之日前即已知道或者应当知道的，自专利权授予之日起计算。"专利权人或者利害关系人超过诉讼时效向人民法院起诉或者请求专利行政管理部门处理的，可以对起诉或者请求处理之日前 2 年内的侵权行为获得赔偿；无正当理由超过 3 年诉讼时效后才向人民法院起诉或者请求专利行政管理部门处理的，无权对起诉或者请求处理之日前的侵权行为获得赔偿；但侵权行为在起诉或者请求处理时仍在继续的，可以请求人民法院或者专利管理部门责令侵权人立即停止侵权行为。

上述规定中的"利害关系人"，一般来讲，主要是指独占专利实施许可合同的被许可方和排他专利实施许可合同的被许可方。因为独占专利实施许可合同的被许可方享有专利实施的独占权，而排他专利实施许可合同的被许可方，则与专利权人共同享有专利实施权。

关于专利诉讼时效的起算，依《专利法》规定，自专利权人或者利害关系人得知或者应当得知侵权行为之日起计算。

（三）民事诉讼的举证责任

关于当事人的举证责任，对一般专利侵权诉讼而言，仍实行由当事人对自己提出的诉讼请求所依据的事实或者反驳对方诉讼请求所依据的事实提供证据加以证明的原则。如上诉人黄卓林因专利侵权纠纷一案，不服上海市第一中级人民法院［2005］沪一中民五（知）初字第281号民事判决，上诉宝钢集团有限公司专利侵权纠纷一案。原审法院经审理查明：2000年11月30日，原告向国家知识产权局申请名为"氯化亚铁溶液中硅、铝的去除方法"的发明专利，2004年10月20日被授予专利权，专利号为ZL 00133281.3。该发明专利权利要求书中的记载为："一种氯化亚铁溶液中硅、铝元素的去除方法，其特征是先用废冷轧薄板或铁屑把氯化亚铁溶液中的余酸消除，然后加氨水调整氯化亚铁溶液中的pH值至4~6，使硅离子生成硅酸铁沉淀，铝离子生成氢氧化铝沉淀，并和已生成的 $Fe(OH)_2$ 沉淀一起析出，过滤分离沉淀物，滤液经喷射焙烧，制得高纯度氧化铁红粉产品。"1997年2月28日，被告从国外引进1550毫米冷轧带钢工程酸洗轧机联合机组成套设备；2001年1月5日，被告引进1420毫米冷轧酸再生机组除硅设备；2002年5月31日，被告引进1800毫米冷轧带钢工程酸洗轧机联合机组整套设备。上述三套设备均采用了鲁特纳（WAPUR）除硅技术。

一审庭审中，原告撤回了对被告1550毫米冷轧带钢工程酸洗轧机生产线侵权的指控，并申请对被告其余两条生产线中的除硅技术是否与原告发明专利权利要求书所载的必要技术特征相同进行鉴定。2005年11月20日，原告撤回了鉴定申请。原审法院认为：原告的"氯化亚铁溶液中硅、铝的去除方法"发明专利合法有效，应当受到法律保护。原告主张被告侵权除了有合法有效的专利外，还应当对被告实施侵权行为的事实负举证责任，但原告未能提供被告实施了原告发明专利的证据。原告以被告被控生产线的除硅技术中pH值调整在4.2~4.5为由，认定被告采用的除硅技术主要特征完全覆盖了原告的专利保护范围，侵犯了原告的专利权，上述理由依据不足，难以采信。对被控生产线是否实施了原告专利这一事实，原告可以通过申请鉴定完成举证，但原告放弃了申请鉴定的权利，应当承担举证不能的法律后果。据此，原审法院依照《民事诉讼法》第64条第1款、《专利法》第11条第1款的规定，判决对原告黄卓林的诉讼请求不予支持。黄卓林不服一审判决，提起上诉。经二审审理查明，原审判决认定的事实属实。判决驳回上诉，维持原判。[1]

---

[1]　参见上海市高级人民法院［2006］沪高民三（知）终字第22号民事判决书。

但在方法专利的侵权诉讼中实行举证责任倒置的原则。《专利法》第 66 条第 1 款规定，专利侵权纠纷涉及新产品制造方法的发明专利的，制造同样产品的单位或者个人应当提供其产品制造方法不同于专利方法的证明。专利侵权纠纷涉及实用新型专利或者外观设计专利的，人民法院或者管理专利工作的部门可以要求专利权人或者利害关系人出具由国务院专利行政部门对相关实用新型或者外观设计进行检索、分析和评价后作出的专利权评价报告，作为审理、处理专利侵权纠纷的证据。2002 年 4 月 1 日起施行的《最高人民法院关于民事诉讼证据的若干规定》第 4 条规定，因产品制造方法发明专利引起的专利侵权诉讼，由制造同样产品的单位或者个人对其产品制造方法不同于专利方法承担举证责任。可见，在方法专利侵权纠纷中，实行的是由被告举证的原则。根据《专利法》第 67 条，在专利侵权纠纷的审理或者处理过程中，被控侵权人有证据证明其实施的技术或者设计属于现有技术或者现有设计的，不构成侵犯专利权。

（四）民事保护的方式

侵犯专利权引起纠纷的，当事人可协商解决；不愿协商或协商不成的，专利权人或者利害关系人可以向人民法院起诉。人民法院经审理确认被告构成侵权时，则依法追究侵权人以下民事责任：

1. 责令侵权人停止侵权行为。这种规定的目的在于防止侵权人继续进行侵权活动，避免给权利人或者利害关系人造成更大损失。一般情况下，该种方式是首先适用的一种措施。

2. 责令侵权人赔偿损失。其目的在于救济专利权人或者利害关系人。依最高人民法院有关专利侵权的损害赔偿规定，应当贯彻公正原则，使专利权人或者利害关系人因侵权行为受到的实际损失能够得到合理的赔偿。赔偿数额应当包括权利人为制止侵权行为所支付的合理开支。专利侵权的损失赔偿额可按照以下方法计算：侵犯专利权的赔偿数额按照权利人因被侵权所受到的实际损失确定；实际损失难以确定的，可以按照侵权人因侵权所获得的利益确定；权利人的损失或者侵权人获得的利益难以确定的，参照该专利许可使用费的倍数合理确定。赔偿数额还应当包括权利人为制止侵权行为所支付的合理开支。

（1）以专利权人因侵权行为受到的实际经济损失作为损失赔偿额。具体计算方法为：因侵权人的侵权产品（包括使用他人专利方法生产的产品）在市场上销售使专利权人的专利产品的销售量下降，其销售量减少的总数乘以每件专利产品的利润所得之积，即为专利权人的实际经济损失。

（2）以侵权人因侵权行为获得的全部利润作为损失赔偿额。权利人因被侵权所受到的实际损失难以确定的，可以按照侵权人因侵权所获得的利益确定。具体计算方法为：侵权人从每件侵权产品（包括使用他人专利方法生产的产品）获得的利润乘以在市场上销售的总数所得之积，即为侵权人所得的全部利润。

（3）参照该专利许可使用费的倍数合理确定损失赔偿额。权利人的损失或者侵权人获得的利益难以确定的，参照该专利许可使用费的倍数合理确定。赔偿数额还应当包括权利人为制止侵权行为所支付的合理开支。

对于上述三种计算方法，人民法院可以根据案情的不同情况选择适用。当事人双方商定用其他计算方法计算损失赔偿额的，只要公平合理，人民法院可予准许。

权利人的损失、侵权人获得的利益和专利许可使用费均难以确定的，人民法院可以根据专利权的类型、侵权行为的性质和情节等因素，确定给予3万元以上500万元以下的赔偿。

3. 没收侵权人由侵权行为所得的产品。这是人民法院对侵权人采取的一种制裁措施，目的在于恢复专利权人被侵害的权利，防止侵权人继续进行侵权活动。

4. 消除影响。依我国《民法典》第179条之规定，公民、法人的专利权受到侵害的，有权要求消除影响。这一规定的目的在于恢复专利产品的信誉，消除由于专利侵权造成的不良影响。

专利权人明知其获得专利的技术或者设计属于现有技术或者现有设计，以他人侵犯其专利权为由向人民法院起诉或者请求专利管理部门处理的，被控侵权人可以请求人民法院责令专利权人赔偿由此给其造成的损失。

三、行政保护

（一）行政保护的程序

专利权的行政保护是通过行政诉讼程序实现的。依据我国《专利法》第41条、第46条及第63条之规定，专利申请人对国务院专利行政部门驳回申请的决定不服的，可以自收到通知之日起3个月内，向国务院专利行政部门请求复审。国务院专利行政部门复审后，作出决定，并通知专利申请人。专利申请人对国务院专利行政部门复审决定不服的，可以自收到通知之日起3个月内向人民法院起诉。对国务院专利行政部门宣告专利权无效或者维持专利权的决定不服的，可以自收到通知之日起3个月内向人民法院起诉。专利权人对国务院专利行政部门关于实施强制许可的决定或者关于实施强制许可的使用费的裁决不服的，可以自收到通知之日起3个月内向人民法院起诉。

修正后的《专利法》规定管理专利工作的部门有权对是否侵犯专利权作出认定；认定侵权行为成立的，可以责令侵权人立即停止侵权行为；当事人不服的，可以自收到处理通知之日起15日内，依照《行政诉讼法》向人民法院起诉；侵权人期满不起诉又不停止侵权行为的、管理专利工作的部门可以申请人民法院强制执行。这一行政途径有"程序简便、处理快、效率高"的优势，是对专利权人最迅速、有效的保护。就侵犯专利权的赔偿数额而言，管理专利工作的部门可以应当事人的请求仅作调解，不作处理决定；调解不成的，当事人可以依照《民事诉讼法》向人民法院起诉。

（二）行政保护的方式

根据我国《专利法》第65条之规定，未经专利权人许可，实施其专利，即侵犯其专利权，引起纠纷的，当事人可以向人民法院起诉，也可以请求管理专利工作的部门处理。管理专利工作的部门处理时，认定侵权行为成立的，可以责令侵权人立即停止侵权行为，当事人不服的，可以自收到处理通知之日起15日内依照《行政诉讼法》向人民法院起诉；侵权人期满不起诉又不停止侵权行为的，管理专利工作的部门可以申请人民法院强制执行。进行处理的管理专利工作的部门应当事人的请求，可以就侵犯专利权的赔偿数额进行调解；调解不成的，当事人可以依照《民事诉讼法》向人民法院起诉。综上所述，我国专利行政保护的方式如下：

1. 责令侵权人停止侵权行为。即责令侵权人立即停止擅自制造、使用、许诺销售、销售、进口专利产品或使用专利方法以及使用、许诺销售、销售、进口依据专利方法直接获得的产品的行为。

2. 调解。管理专利工作的部门应当事人的请求，可以就侵犯专利权损失赔偿数额进行调解，调解不成的，当事人可以依照《民事诉讼法》向人民法院起诉。

3. 责令改正、没收违法所得、罚款。对于假冒专利的，除依法承担民事责任外，由负责专利执法的部门责令改正并予公告，没收违法所得，可以并处违法所得 5 倍以下的罚款；没有违法所得或者违法所得在 5 万元以下的，可以处 25 万元以下的罚款；构成犯罪的，依法追究刑事责任。

四、刑事保护

（一）刑事保护的程序

专利权的刑事保护是通过刑事诉讼程序实现的。关于侵害专利权是否承担刑事责任这一问题，各国立法规定不一。英美法系大多数国家基于侵害专利权仅损害权利人的利益而不会起到欺骗公众作用的理论，对专利侵权行为不实行刑事制裁。而一些大陆法系国家基于侵害专利权不仅损害了权利人的利益，也直接损害了社会的公共利益的理论，将专利方面的"违法"行为与侵权行为放在一起规定，并对其中严重的，给予刑事制裁。[1] 我国《专利法》及《刑法》规定，专利违法行为和专利侵权行为情节严重，构成犯罪的，应承担刑事责任。

（二）刑事保护的方式

根据我国《专利法》和《刑法》之有关规定，侵害专利权及违反《专利法》应承担刑事责任的情形有以下几种：

1. 假冒他人专利。我国《专利法》第68条规定，假冒专利，构成犯罪的，依法追究刑事责任。我国《刑法》第216条规定，假冒他人专利，情节严重的，处3年以下有期徒刑或者拘役，并处或者单处罚金。

2. 泄露国家机密。根据我国《专利法》第78条规定，违反《专利法》第19条规定向外国申请专利、泄露国家秘密，构成犯罪的，依法追究刑事责任。我国《刑法》第397条规定，国家机关工作人员违反保守国家秘密法的规定，故意或者过失泄露国家秘密，情节严重的，处3年以下有期徒刑或者拘役；情节特别严重的，处3年以上7年以下有期徒刑。

3. 玩忽职守、滥用职权、徇私舞弊。依照我国《专利法》第80条之规定，从事专利管理工作的国家机关工作人员以及其他有关国家机关工作人员玩忽职守、滥用职权、徇私舞弊，构成犯罪的，依法追究刑事责任。

■ **思考题**

1. 试述认定专利权保护范围的原则。

---

〔1〕 郑成思：《知识产权法》，法律出版社 1997 年版，第 281~283 页。

2. 什么是专利侵权行为，其与一般侵权行为的区别是什么？

3. 简述专利侵权中的举证责任。

4. 我国专利侵权救济制度与著作权和商标权侵权救济制度有何差异？

■参考书目

1. 尹新天：《专利权的保护》，专利文献出版社 1998 年版。

2. 张广良：《知识产权侵权民事救济》，法律出版社 2003 年版。

第四编　商标权法律制度

第二十三章　商标与商标法概述

■学习目的和要求

　　通过本章有关商标和商标法基础知识的学习，要求学生掌握商标的概念，商标与其他商业标识，如商品装潢、地理标志的联系与区别，商标的类别及分类的意义，商标法律制度的演进，我国商标法的发展历程和修改情况。

第一节　商标的含义和特征

一、商标的含义

　　商标（Trademark），是指能够将不同的经营者提供的商品或者服务区别开来，并可为视觉感知的显著标记。商标一般由文字、图形或者其组合图案构成，附注在商品、商品包装、服务设施或者相关的广告宣传品上，显著而醒目，有助于消费者将一定的商品或者服务项目与经营者联系起来，使其与其他经营者的同类商品或者服务项目相区别，便于认牌购物，也便于经营者展开正当竞争。商标作为一种识别性标记，具有以下基本特征：

　　1. 商标是指代商品或者服务项目的标记。在社会生活中，人们为了识别某种事物，常常需要使用某种标记，以便将其与相同或者类似的事物相区分，各种标记的共性是都具有代表、象征或者识别某种事物的功能。商标依附于商品或服务而存在，与一定的经营对象密不可分，其识别对象是商品或者服务。

　　2. 商标是经营者用来区别商品或者服务来源的标记。有许多生产者、经营者制造或销售同一种商品，他们使用不同的商标为的是相互区分。消费者根据商标识别商品以决定购买谁的产品。为了起到区分来源的作用，商标必须是不同的，而且相互间的区别应当是明显的，商品或者服务项目的通用名称当然不能用作商标，直接描述产品或者服务内在特点的标记符号也不适宜作为商标。

　　3. 商标以工商业活动为基础。单纯从图文设计上看，构成商标的符号图案可视为一项美术作品得到著作权法的保护。然而商标与美术作品不同，它是一种识别性标记，具有标记所固有的指代、象征等基本功能。由于商标与一定的经营对象密不可分，商标被用来标识、宣传、推荐商品或服务，体现商品或服务提供者的独特个性，帮助消费者辨认、记忆该标识，因而构成商标的文字、图形或者其组合必须从商业竞争的角度出发，考虑产品的特点、消费者心理等。离开一定的经营对象，不管符号构思如何巧妙，设计如何新颖，只要不是以识别商品或者服务为目的，脱离工商业活动的标记，就不是商标。

二、商标的功能与作用

商标的功能是指由商标的自然属性决定的特有的作用。商标的发展经历了一个漫长的过程，从烙印在牲口上作为所有权象征的标记、工匠在器具上留下作为产品来源和质量保证的记号，到商品或服务的表彰标志、信誉保证。随着商业和贸易的发展繁荣，商标的功能在不断扩展，其重要性也越来越受到重视。

（一）商标的功能

1. 标示来源。商标最原始、最基本的作用是表明来源。不同经营者的商品或服务项目使用不同的商标，特定的商标总是和特定的经营对象联系在一起。有商标做媒介，消费者可以将不同来源的商品或者服务项目区别开来；经营者可以让消费者同自己的商品或者服务联系起来，并将自己商品的信誉和名声集于商标，使商标产生"顾客吸引力"。

商品来源即商品的出处，不仅包括商品的生产、制造，也包括商品的加工、拣选或者经销。因此"标示来源"，并非仅表示商品的生产者，有时也表示加工者、销售者和进口者。

2. 保证品质。商标是产品质量的可靠指示器。这并不意味着商标标示的商品或服务一定是高档的、优质的，但它却标示着一定经营对象持续稳定的品质。如果没有商标，消费者购买商品时必须弄清每种商品的性能和质量，而有了商标，消费者可借此将过去的经验用在选择相同商标的商品上，而经营者为维护自己商标在消费者心目中的信誉，就要努力保证使用同一商标的商品质量相同。下面一个例子可以说明这一点：在苏联取消区别各种消费品生产厂的标志以后，那些产品的平均质量都下降了。[1] 凭借商标，消费者将特定产品与品质、信誉等联系起来，从而能够在知情的前提下选择产品。商标的这一功能特别有利于维护消费者的利益，反过来消费者对品牌的认知，又激励商标所有人精心维护在品牌价值上的投入。

3. 广告宣传。商标简洁明快，具有显著性，便于呼叫和记忆，是进行广告宣传的便利工具。商标的广告功能主要通过两种途径产生，一种是消费者口碑相传，商标不仅对再次购买起到引导作用，还会通过消费者之间的介绍，使商标广为人知而扩大商品的销路；另一种是对潜在消费者进行广告宣传，广告中突出使用商标，使人对商标产生好感并及于商品或者服务，从而激发人们的购买欲，有利于推动商品销售和扩大商标的知名度。在传播十分发达的信息社会，商标的广告作用越来越重要。借助广告

---

〔1〕 转引自［美］罗伯特·考特、托马斯·尤伦：《法和经济学》，张军等译，上海三联书店、上海人民出版社 1994 年版，第 197 页。

宣传、公关活动，商标对商品的影响被大大强化，品牌深入人心形成偏好，成为了强有力的营销工具。传统的商标和商品名与实、标与本的关系也在逐渐发生着变化。

4. 彰显个性。随着社会经济的发展，人们的生活水平不断提高，对商品的需求不再停留于货真价实，讲求实用，而且要能满足人们一定程度的精神需求。这时候的商标就不单纯是识别出处的手段，同时也承担着彰显个性风格、代表时尚品位的功效。某种品牌代表的是生活阶层、社会地位、个性风格，甚至是生活方式。商标，特别是著名商品的商标能够赋予其使用者以精神享受、情感满足。购买者对品牌的追求，客观上拓展了商标的功能，提升了商标的价值，使其从固有的指示来源的功能成为彰显主体身份、地位，满足荣誉感、成就感的象征性符号。

（二）商标的作用

商标的作用是指商标发挥自身功能而对经济生活产生的影响。商标最重要的经济作用是降低消费者的搜寻成本。由于商标具有帮助购买者认牌购物、指导消费的作用。为吸引和保持顾客，企业有了维持持续稳定的商品品质的动力，而当一个品牌的质量持续稳定时，购买者会把这个商标和将来的消费活动联系起来，依赖于商标选择商品，这样消费者就可以节约搜寻成本，即以较少的时间、精力和金钱找到所需要的商品。消费者搜寻成本的降低，也有助于及时、高效地交易，这对于提高社会经济效率是有益的。商标的另一重要作用是维护消费者权益。商标具有品质保证的功能，持之以恒的质量品质是消费者认可和追随某一商标商品或服务的原因，一旦商品品质降低或发生改变，消费者就不再愿意付出更高价格去购买该品牌商品。这样不仅消费者无法从商标指代功能上受益，企业也会因此受到损失。所以，从实际效果来看，商标能够促使企业关注产品质量。理性的生产经营者会有动力在产品品质、服务上下功夫，以维护商标声誉。若生产经营者都能够重质量、讲信誉，受益的首先是消费者，整个社会的经济效率也在健康运行中提高。

三、商标的性质

商标首先是一种符号，是信息传递之媒介，其初始功能为表现产品出处，代表商品声誉。传统商标法始终注重商标的标识性质，保护商标的区别功能——防止和制止混淆。在知识产权法中，专利权及著作权包含较高程度的创造性劳动，保护发明创造和独创性作品是为了激励公众创作出更多的智慧产品。商标则不同，商标所采用的符号元素往往来自公有领域的词汇、图形。保护商标的目的并非为了激励创造，而是保护经营成果和劳动回报。通过酬劳机制鼓励经营者正确标明商品来源，以此保护消费者并促进经营者提高产品和服务品质。正是由于上述原因，商标在很长时间里不被承认为知识产权。美国是世界上唯一一个用根本大法规定知识产权的国家。《美国宪法》第1条第8款第8项被称为"版权与专利条款"，其规定为："为了促进科学和实用技术的发展，国会有权保障作者和发明者在有限的期间内对他们的作品和发明享有专有权利。"根据这一条款，美国1790年就制定了《版权法》《专利法》。然而，1870年美国国会根据"版权与专利条款"颁布了《商标法》，却被最高法院宣布为违宪，理由是商标既不是可获保护的作品，也不是可获专利保护的发明。也就是说，商标是非创造性成果。的确，商标可以是，而且经常是把已经存在的东西"拿来"，而不是依赖于新颖性或任何智力劳动而取得的。因此，商标进入知识产权领域会遇到困难。后来美国国会依据《美国宪法》的"贸易条款"制定了《联邦商标法》和《反不正当竞争法》。依据的理由是，与商标联系在一起的绝大多数商品或服务，都是美国对外贸易及各州之间贸易的客体；商标与对外贸易和州际贸易密切相关，属于"贸易条款"规范的对象。[1] 这才使商标法立法具有了宪法依据。从这段历史故事中我们可以领悟到：商标属于知识产权中识别性标志一类，和创造性成果相比较，它的受保护利益不在于闪现天才之火的发明创造或凝结心智的文学艺术创作，而是与工商业活动密切相关的商品经营者的合法利益和消费者利益。

商标的价值来源于商标的使用。随着商标的市场使用，经营者在商标上的投资逐步增加，商标的记号本质被弱化，商标本身成为一种独立的财产和交易的对象，而且其价值远远大于商品本身的价值。譬如，一件"皮尔·卡丹"牌子的西服，作为商标的"皮尔·卡丹"几个字的价值远非一套西服可比。更有实例佐证，20 世纪 80 年代上海生产的优质录音机卖给日本索尼公司每台 37 元，而索尼公司贴上自己的商标后可以卖到 560 元，这里面商标的价值就远远超过了商品的价值。2002 年，"可口可乐"商标的价值就突破了 690 亿美元，"IBM"商标的价值达到了 512 亿美元。最新的数据表明，国内"万家乐""恒源祥"等知名商标的价值，也已分别达到 2 亿元人民币和 9000 万元人民币。商标的价值与商标的投入相关。对商标投入的成本越多，商标知名度越高。商标投入主要是广告宣传、事业赞助。商标所有者的投资必须有所回报，这个回报就是商标声誉和企业信誉的提升，从而使企业实力增加，商品的市场占有率扩大。可以说，商标的财产价值来源于商标的持续性使用和各种生产要素的注入，未经实际使用和大量投入的商标不可能凝集财产价值。

综上，商标首先是一种标记，然后才是一种财产；标记可来源于公有领域，财产属性产生于商标使用、商标投入、商标信誉。市场是商标财产化的温床，只有在市场中才能将本是标识的商标转化成为具有巨大经济价值的财产。经过市场竞争的洗礼，能够给其所有人带来经济效益和社会效益的商标，构成了企业的无形资产，正是从这个意义上讲，商标是工业产权。

第二节　商标与其他商业标识

商品上除了使用商标之外，还有其他一些标识，如商品装潢、企业名称、产地等。这些标识和商标一起统称为商业标识。它们和商标既有联系又有区别。了解它们和商标之间的关系，有助于进一步认识商标的特征。

一、商品装潢

商品装潢，是指为宣传和美化商品而附加的装饰，其构成为文字、图案、色彩、造型或其他组合。美观大方、新颖别致的装潢设计能够引起消费者的注意和兴趣，激发其购买欲望。经过一段时间的使用，当购买者仍然根据某一装潢选择商品时，便不

---

〔1〕　参见李明德:《美国知识产权法》，法律出版社 2003 年版，第 2 页。

会再被它的美观所吸引，而是基于它所标识的商品令人放心。可见，装潢也具有识别商品的作用。如果一个装潢长期使用，保持一致，产生了识别来源、表彰商品的作用，就成为事实上的未注册商标，其所有人阻止他人仿冒使用的请求可以受到反不正当竞争法的保护。

装潢和商标存在着明显的区别：

（1）使用目的不同。使用商标的目的主要是识别不同经营者的商品或者服务项目；使用商品装潢的目的主要在于说明或美化商品，刺激消费者的购买欲望。

（2）构图设计不同。商标构图力求简洁、明快，突出其显著特征，以达到识别经营对象的目的；而商品装潢着力于渲染、美化商品，浓墨重彩，图案绚丽，以便吸引消费者。

（3）选材要求不同。商标的选材不得与商品内容相同，例如不能用"牛"的文字或图形作为牛肉罐头的商标；而商品装潢则不受此限制，例如"人参蜂王浆"的包装上可以绘以"人参"的图案，说明该商品的主要原料是人参，而不是其他物品。

（4）使用要求不同。商标的使用受到法律的限制和保护，而商品装潢则不然。因此，必须在核准注册的范围之内对商标进行使用，非经主管机关核准不得随意改变商标的样态，未注册商标的使用也受到商标法的约束；而商品装潢的使用者可以根据市场销售的需要，随意变动装潢图案和文字。

二、商号

商号，即企业名称中的特征部分。在现实中，不少企业的商号和商标相同，例如，"海尔"是青岛海尔股份有限公司的商号，同时也是其生产的各类电器的商标，类似的还有"柯达""松下""双星"等；还有不少企业的商号和产品商标并不一致，例如广州宝洁公司的商号是"宝洁"，但是其生产的产品却使用"玉兰油""舒肤佳""潘婷"等商标。

商号和商标的主要区别如下：

（1）识别的对象不同。企业名称是区别市场的标志，由行政区划、字号、行业或者经营特点、组织形式构成，其中字号是区别不同企业的主要标志，即商号。一个企业只能有一个商号，或者没有自己的商号（计划经济体制下我国一些国有企业只有名称却没有商号，诸如第二汽车制造厂、自行车一厂）。商标是区别商品或服务来源的标志，一个企业可以有若干个商标。

（2）使用要求不同。商标注册大都实行自愿注册原则，需要取得专用权的商标应当注册，不经注册的商标可以使用，但一般情况下不享有专用权。商号不经登记不得使用。登记企业名称是工商业组织取得市场主体资格的前提条件，在企业名称名义下，经营者从事工商业活动，享受权利、承担义务。从这个意义上讲，商号具有人身权的属性。

（3）登记注册的法律效力不同。商号依《企业名称登记管理规定》进行登记后，企业所享有的企业名称专用权仅限于登记主管机关所辖范围；而商标经注册登记后在全国范围内享有注册商标专用权。

（4）使用企业名称可能和商标冲突。将与他人注册商标相同或近似的文字作为企业名称中的字号注册使用，使商标与字号发生冲突，或者将与他人企业名称中的字号相同或近似的文字注册为商标，会引起商标与字号发生冲突。处理此类冲突首先应看相同或近似使用是否可能造成混淆，从而构成不正当竞争。如果是，则本着保护依法在先取得的权利、诚实使用和保护消费者利益的原则，制止恶意注册或者恶意使用。

三、商务口号

商务口号或商务标语是用于产品或者服务中的一个短句，它常常与商标相配合出现在广告、商品宣传材料上。商务标语使用的语言文字简练形象、生动活泼，其构思主要从产品或服务的性能、特点出发，多为赞美、称颂之辞，例如，海尔产品的"海尔真诚到永远"、鄂尔多斯产品的"鄂尔多斯温暖全世界"等。商务标语一般不宜作为商标，因为其往往不具有商标的显著性。如一些现成的短语，普通的口号很难让人将其和特定的产品或服务相联系。雀巢公司拥有"have a break, have a kit kat"（休息一会，来块奇巧）口号商标。2002 年该公司向英国专利局申请注册其中的"have a break"口号商标，被竞争对手玛氏公司提起异议，审查官驳回了该申请，理由是"have a break"口号商标缺乏显著性。消费者看到标有这个口号的商品并不能就此认出是雀巢公司。[1] 有的商务标语反复使用具有一定影响之后，如有他人仿用，可根据反不正当竞争法请求保护。也有些商务标语具有创造性、文学性，可以成为著作权法的保护对象。

四、地理标志

地理标志是指标示某商品来源于某地区，该商品特定质量、信誉或者其他特征，主要由该地区的自然环境或者人文因素决定的标志。我们耳熟能详的地理标记有"吐鲁番葡萄""涪陵榨菜""烟台苹果"。地理标志其实就是一个地名，当把它用于商品和服务的经营活动中，特别是用作农产品和地方特色产品上，就会产生重要的经济意义：①带来产品增值。地理标志具有表明商品质量、信誉的作用，一旦和产品结合起来就可以产生品牌效益，使产品附加值提高。市场情况确实如此，农产品在没有商标的时候是一个价，有了商标以后就是一个更高的价。②促进规模经营。地理标志用来标示产品或服务的特定来源。凡是产于同一地区的商品，达到一定标准质量的都可以使用同一标志，从而将小型、分散的生产经营活动通过商标组织起来形成专业化生产和现代市场营销，使一个地区生产和经营的同一种商品增加同样的附加值，共同受益。③扩大出口。农产品、土特产品没有商标难以进入国际市场。我国地大物博，历史文化悠久，自然人文因素也很多样，因而具有丰富的地理标志资源。在市场经济条件下，促进农产品走向市场参与激烈市场竞争，地理标志具有不可估量的作用。当然，一个地名能够具有商标法上地理标记的意义完全取决于该地方地理环境与地方产品之间的关系。俗话说，一方水土养一方人，天然产品和地方农副产品又何尝不是如此，地理标记就是在长期历史发展过程中形成的，代表一个地区传统文化和地方特色的无形资产。

地理标志可以用作商标，但和普通商标的区别在于以下两点：

---

〔1〕 参见"雀巢口号商标注册被拒"，载《中华商标》2005 年第 2 期。

（1）涵义不同。地理标志表明商品产地、商品质量和特色品质。商标表明商品的生产经营者，并不直接反映商品质量特色。由于地理标志是一地方、区域的名称，故不宜作为普通商标，不该由某一个企业或个人申请注册。

（2）归属不同。地理标志可以作为集体商标或者证明商标，由该标志所标示的代表性机构，如行业协会申请注册，由该地区内的经营者共同使用。商标则由独立的民事主体申请注册取得专用权，可排除任何第三人的使用。

五、特殊标志

特殊标志，是指在经国务院批准举办的全国性或国际性的文化、体育、科学研究及其他社会公益活动中所使用的，由文字、图形组成的名称及其缩写、会徽、吉祥物等标志。例如奥林匹克五环图案、奥林匹克旗、奥林匹克格言、奥林匹克徽记等奥林匹克标志，希望工程标志等均属于特殊标志。

特殊标志也可用于商品包装、商品广告，但它与商标有着明显区别：

（1）特殊标志的所有人是文化、体育、科学研究及其他社会公益活动的主办者，而不是以营利为目的的经营者。如奥林匹克五环图案标志、奥林匹克旗、奥林匹克格言、奥林匹克徽记、奥林匹克会歌等标志的所有人是国际奥林匹克委员会；第29届奥林匹克运动会的吉祥物、会歌、口号等标志的所有人是中国奥林匹克委员会和第29届奥林匹克运动会组委会。

（2）特殊标志的所有人对其标志享有专有权，可以在与所有人的公益活动相关的广告、纪念品及其他物品上使用该标志，并可许可他人为商业目的而将该标志用于商品或者服务项目上。

（3）在商品上使用特殊标志并不是为了表示产品的出处，而是表明该商品或者服务项目的经营者取得了标志所有人的许可，或者与标志所标示的事业或者活动之间有支持关系、赞助关系。经营者在商品上使用特殊标志的同时，还应当使用商标以便确定商品来源。

上述商业标识经常出现在商品上，是我们日常生活消费中经少许留意就可以观察到的现象。从构成元素上说，商标和相邻标记都采用视觉可感知的文字、图形或者两者的组合。从使用目的上看，都是为了表彰商品、说明商品，引起消费者注意，帮助消费者做出购买选择。从商标法的角度来看，凡经过商标注册的标识即可取得专用权，商标注册人有权禁止他人在相同或类似商品上使用与其注册商标相同或近似的商标。未经商标注册的标识一般不具有对抗他人使用的权利。但是，如果一个商标具有一定影响力、知名度，那就可能获得特殊保护，就可以对抗他人将商标作为商品装潢、商品名称、企业字号使用的行为。实际生活中发生的与商标相冲突的商品名称、商号等大多是瞄准信誉良好、有市场影响力的商标进行"搭便车"，这些不正当竞争行为一方面可以通过对驰名商标的保护加以制止，另一方面还可以通过反不正当竞争法的规定加以制裁。

六、域名

域名是互联网上地址的表示形式，由字母、数字组成。从技术角度看，域名与互联网地址对应的外部代码符号，为网络上的信息传输提供技术支持。从商业角度看，域名把用户引导到网络上某个特定位置，成为识别网上主体身份的标志。因此将域名称为"网上商标"，并不为过。

虽然域名具有商业标志的某些功能，但和商标之间存在明显的区别：

（1）域名具有国际性。"互联网无国界"也使得域名具有不受地域限制的特征，更没有商品或服务类别的限制。域名中的类别域名只是表示注册人所属行业、机构性质。商标具有地域性，只在特定国家和地区范围内受法律保护，并且以商品或服务类别为界。

（2）域名具有唯一性。域名一经在先申请注册就在事实上排除了相同域名存在的可能性。这种强有力的"排他性"是由域名技术属性决定的。商标所要避免的混淆和冲突，以一定商品或服务为界，然而相同或近似的商标却可以为不同人所拥有，例如使用"天坛""熊猫""长城"之类商标的商品有很多种类，但只要各自的商品类别不同，就可以平行使用，相安无事。

（3）域名实行先注册先占原则。所有的域名都必须经注册才能使用，一旦注册，就在网络空间内获得唯一存在的权利。商标不经注册也可以使用，经注册便可取得商标权。

域名和商标是两个不同的符号，分别看待二者时，完全可以区别开来。但是现实中常有把他人商标当作域名的一部分去注册的现象，这就产生了二者的冲突，而如何解决类似权利冲突属于知识产权领域一个较新的问题。概括地说，注册商标专用权有着法定的保护范围，一般情况下并不能用来对抗他人的域名注册。但如果争议所涉及的商标具有一定知名度，而域名注册人主观又具有不正当竞争的恶意，则注册商标所有人就有权禁止相关的域名注册行为。

第三节　商标的种类

一、注册商标和未注册商标

根据商标是否登记注册，可将商标划分为注册商标和未注册商标。注册商标是经商标行政机关核准注册的商标。注册商标和未注册商标二者都可以使用，但一般而言，未注册商标的使用不得对抗注册商标，未注册商标一旦被他人注册便会被禁止使用。因此，需要取得商标专用权的，应当向商标管理机关申请商标注册。凡是实行注册制度的国家，注册商标都受法律保护，注册是取得商标权的根据。未注册商标一般不受商标法保护，但是也有例外，当一个长期使用的标识，具有识别作用，取得消费者的认可，享有一定声誉的时候，该未注册商标也可获得商标法一定程度的保护，例如通过驰名商标制度给予未注册商标的保护。我国《商标法》实行自愿注册制度，且注册申请由于种种原因会历经多年而未果，因此市场上使用的商标必然有一部分是未注册的。另外，商品装潢、特有名称等标识，凡能够起到识别来源作用的，都属于"商标"，在满足一定条件的情况下，这些未注册商标可以获得商标法或反不正当竞争法的保护。

二、商品商标和服务商标

根据商标标示对象的不同，可以将商标划分为商品商标和服务商标。商品商标是使用于生产、制造、加工、拣选或者经销的商品上的商标。服务商标是提供服务的经营者在其向社会提供的服务项目上使用的标记，也称为服务标记，如中国航空公司的CAAC 标记、中国人民保险公司的 PICC 标记。"服务"是看不见的商品，但可独立成为市场交易对象的无形商品。可作为标志对象的服务项目包括了广告、运输、旅游、建筑、金融、法律服务等 11 个类别。[1] 我国《商标法》第 4 条第 3 款规定："本法有关商品商标的规定，适用于服务商标。"

服务商标与传统意义上的商品商标一样，通常是由文字、图形或文字与图形的组合构成。它既是某种服务项目的专用标志，也是代表服务项目提供者的专用标志，具有区别服务出处、表明服务质量的功能。与商品商标相比，服务商标的特殊之处主要表现在使用方式和宣传效果方面。商品商标的使用以附置于商品的实际使用为主，因而随着商品的流转而广为传播，使消费者易于识别、辨认；而服务是无形的，不像商品那样可以流通，因而服务商标只能在服务场所显示或者借助服务过程中的器具、用品来宣传显示，以及通过广告来扩大商标的公众认知度。

三、平面商标和立体商标

根据形态的不同，商标可划分为平面商标和立体商标。平面商标是一种最为主要的商标形态，又可细分为文字商标、图形商标及文字图形的组合商标。立体商标是指以商品形状或者其容器、包装的形状构成的三维标志。例如，"奔驰"车的标记是一个环，中间是一个三角星；"凯迪拉克"汽车的标记是一位张开手臂，迎风飞翔的纯银女神；"麦当劳"快餐厅的标记是线条非常圆滑的大"M"等。《商标法》第二次修订后扩大了商标权的客体，三维标志被列入其中，可以作为商标申请注册。

四、集体商标和证明商标

根据商标具有的特殊作用，可以将其分为集体商标和证明商标。集体商标是指以工商业团体、协会或者其他组织名义注册、供该组织成员在工商业活动中使用，以表明使用者在该组织中的成员资格的标志。例如合作社、行业协会注册的商标供合作社成员、协会成员使用。集体商标的作用是向消费者表明使用该商标的集体组织成员所经营的商品或服务项目具有的共同特点。

证明商标是指由对某个具体商品或者服务有检测和监督能力的组织注册，而由注册人以外的人使用其商品或者服务，用以证明该商品或者服务的原产地、原料、制造方法、质量或者其他特定品质的标志。使用证明商标须经商标注册人认证许可，被许可使用人经营的商品必须符合证明商标使用章程规定的条件。证明商标的使用，可以促进商品质量的提高，加强商品的竞争力，保护消费者权益。国际羊毛局注册并负责管理的纯羊毛标志就是著名的证明商标，还有绿色食品标志、真皮标志等，都是市场上常见的证明商标。

---

〔1〕《商标注册用商品和服务国际分类尼斯协定》（以下简称《尼斯协定》），该协定将商品分为 34 个类别，将服务分为 11 个类别。

五、制造商标与销售商标

根据商标使用者在商品的生产、流通过程中所处的不同环节，可以将商标划分为制造商标和销售商标。制造商标又称生产商标，是商品生产者在其制造的商品上使用的商标。例如，南京熊猫电子集团公司在生产的收录机上使用的"熊猫"商标；重庆啤酒集团股份公司在自己生产的啤酒上使用的"山城"商标。制造商标的目的在于区别不同的生产厂家，而且还可以在商品销售中突出表明制造者，有利于增强顾客对生产厂商的信任感。

销售商标又叫商业商标，是商品经营者使用的商标。比较常见的有"屈臣氏""家乐福""国美电器""超市发"等，这些都是商业企业所使用的商标。使用销售商标的意义在于宣传销售商的商业信誉，用来说明商标的使用者是销售者，而不是生产厂家，从而使自己经营销售的商品与别的同类商品相区别，与别的经销商销售的同类商品展开商业竞争。当一种商品既使用了制造商标，又使用了销售商标的时候，此种商品上的两种商标就分别起到了宣传生产厂家和经销商的作用。这种情况大都反映了生产厂商与经销商之间的良好的合作关系。

六、等级商标和防卫商标

等级商标是指同一个企业对同类商品因规格、质量不同而使用的系列商标。等级商标的作用在于区别同一企业生产的不同规格、不同质量的同类商品，以便消费者鉴别选购。例如青岛同泰橡胶厂生产的轮胎，因规格不同，分别使用"骆驼""金鹿""工农"等商标。依我国《商标法》规定，等级商标可以一并申请注册、一并转让或许可他人使用，其中某一个商标被注销或撤销，并不影响其他商标的存在，因而等级商标中的系列商标具有相对的独立性。

防卫商标是指为了防止他人的使用或注册而对自己的核心商标所进行的注册，包括联合商标和防御商标两种形式。联合商标是指同一企业在同一或类似商品上申请注册两个或者两个以上的近似商标。其中一个指定为正商标，与其他近似的商标一起构成具有防卫性质的联合商标。例如，杭州娃哈哈集团就注册了"娃哈哈""哈哈娃""娃娃哈"等一系列商标。商标所有人只要使用正商标，即视为全部联合商标的使用。联合商标中的每一个商标不能单独转让，而必须全部一同转让或许可他人使用。防御商标是指同一商标所有人把自己的商标同时注册在其他非同种或非类似的商品上的商标。例如，"海尔"商标，可以在家用电器之外的其他商品，甚至所有类别商品上进行注册，以阻止他人的注册和使用。防御商标的注册可以保护知名商标，不必担心因不使用而被撤销，不必担心他人申请注册在先，可以追究他人在指定商品上使用该防御商标的侵权责任，延伸注册商标的权利。

第四节　商标法概述

一、世界商标制度的产生

早期的商标制度是通过法院的判例形成的。第一个经法院判决保护商品提供者的案例发生在 1618 年的英国。[1] 此后，在英美国家，商标制度作为不公平竞争法的一部分，从反假冒侵权基本规则发展起来，逐步形成了独立的商标法律制度。按照不公平竞争法，一个生产者把自己的商品假冒成另一个生产者的商品出售，让消费者误认的，被告的行为就构成"假冒"。假冒诉讼的意义在于阻止一个低级生产者生产冒用一个高级生产者的商誉进行商业活动。[2] 在各种假冒活动中，假冒他人商标是一种典型的、主要的不正当竞争行为，因此早期的假冒诉讼可称为普通法上的商标法，换言之，假冒侵权行为与商标法有共同的根源。[3] 随着商业的发展，假冒行为又出现了其他形式，不公平竞争的范围扩大了，有关防止商品来源混淆，保护商业标识不被侵犯的法律从不公平竞争法中独立出来，形成有别于不公平竞争法的商标法律制度。大陆法国家早期对商标的保护适用民法上的侵权责任制度。1804 年《法国民法典》第一次肯定了商标权应与其他财产权同样受到保护，无法律上之原因而使用他人的商标者，应负损害赔偿及刑事责任。[4] 世界上第一部商标成文法于 1857 年诞生在法国，从那以后欧洲大陆的工业国家才相继制定商标法。

与商标的国内立法不同，商标法属于最早的纳入国际协调进程的法律之一。根据学者研究，这是因为国际贸易为其提供了先决条件。[5] 19 世纪以后，由于国际交通发达，国际贸易兴盛，各国来往频繁，带有商标的商品已跨过国际边界，而商标作为一种符号标记，不像有形的动产、不动产那样能够排他地占有一定的空间，且其随着商品流通超越本国地域极易造成国际侵害。所以，对外贸易较为发达的西方各国出于维护本国商标利益，消除国际的不正当竞争，积极倡议讨论保护工业产权。1883 年《巴黎公约》应运而生，成为知识产权国际保护的第一个世界性的公约。此后，又依据《巴黎公约》制定了多个有关商标的国际协定。

随着国际经济贸易的发展和各国知识产权法的一体化进程，在《巴黎公约》制定后的一个世纪，1994 年世界贸易组织成立。该组织制定的《与贸易有关的知识产权协定》成为知识产权国际保护领域影响力最大、保护范围最广、最具权威的一个国际公约。其中有关商标的规定，总结了该领域历年发展的重要成果，提出了新的保护标准。

二、我国商标立法沿革

我国自清末开始商标立法。清朝末期，清政府迫于外来压力，为了保持和资本主义列强的通商贸易，开始对商标进行保护。1902 年清政府和英国政府签订《续议通商行船条例》，其中规定建立牌号注册局。1903 年清政府与美国、日本签订了《通商行船条约》，美日两国政府也提出了与英国类似的要求。1904 年清政府在外国列强的压力下，颁布了《商标注册试办章程》，这是我国历史上第一个商标的成文立法，尽管该法最后未正式施行，但还是为后来的商标立法奠定了基础。1927 年 12 月 1 日国民政府在

---

〔1〕　转引自郑成思：《知识产权法》，法律出版社 1997 年版，第 168 页。

〔2〕　[美] 阿瑟·R. 米勒、迈克尔·H. 戴维斯：《知识产权法概要》，周林、孙建红、张灏译，中国社会科学出版社 1998 年版，第 102 页。

〔3〕　沈达明编著：《知识产权法》，对外经济贸易大学出版社 1998 年版，第 256 页。

〔4〕　曾陈明汝：《商标法原理》，中国人民大学出版社 2003 年版，第 4 页。

〔5〕　曾陈明汝：《商标法原理》，中国人民大学出版社 2003 年版，第 6 页。

南京设立全国注册局，专门办理商标等注册事项。1930 年国民党政府公布了《商标法》及《商标法实施细则》，并于 1931 年 1 月 1 日起施行。

中华人民共和国成立后，废除了民国时期的商标法，并于 1950 年 8 月 28 日通过了第一个商标法规定——《商标注册暂行条例》。该条例简明扼要，特别强调了对商标专用权的保护，现行商标法的诸多规定实际都可以说是脱胎于此。1963 年 3 月 30 日，我国通过《商标管理条例》，实行商标强制注册。该条例第 3 条完全将商标作为"代表商品一定质量的标志"，其立法宗旨也相应修改为"加强商标的管理，促使企业保证和提高产品的质量"，并确立了强制注册的原则，具有浓厚的计划经济的色彩。1982 年 8 月 23 日，我国通过《商标法》，并于 1983 年 3 月 1 日生效，该法是我国在知识产权领域的第一个法律。它综合了前两个条例的精神，反映了计划经济和商品经济的双重需要，目的是通过"加强商标管理，保护商标专用权"，从而"促进生产者保证商品质量和维护商品信誉，以保障消费者的利益，促进社会商品经济的发展"。该法强调保护商标专用权，同时也要求"商标使用人应当对其使用的商标的商品质量负责"，此外还保留了个别商品强制注册的规定。该法反映了立法指导思想上仍带有的将商标作为经济管理的一种手段的痕迹。

在改革开放中，《商标法》对发展我国商品经济发挥了重要作用。随着我国市场经济的发展，为了适应对内搞活、对外开放的需要，1993 年 2 月 22 日第七届全国人大常委会第三十次会议通过了《关于修改〈中华人民共和国商标法〉的决定》，对 1982 年《商标法》进行了第一次修订，主要修改之处是，增加了保护服务商标和对不当注册商标撤销的规定，加强了对商标侵权行为的打击力度。修改后的《商标法》更好地贯彻了保护公平竞争、保护注册商标专用权的原则。随着我国社会主义市场经济的发展，并适应我国加入世界贸易组织的需要，2001 年 10 月通过了《商标法》第二次修正案，修订后的《商标法》自 2001 年 12 月 1 日起施行。2002 年 8 月 3 日《商标法实施条例》由国务院公布实施。修订后的《商标法》在以下几个方面有显著的变化：①扩大了商标权的客体和主体。立体标志可作为商标注册，商标注册申请人不再排除自然人。②明确规定了驰名商标的认定和保护。③增设地理标志的保护，明确了地理标志和商标的关系。④完善了商标权的取得和维持程序。禁止恶意抢注商标，将行政裁决置于司法审查之中。⑤强化商标权的保护，增加了新的侵权行为类型。除了《商标法》及其实施条例之外，原国家工商行政管理总局发布的《商标评审规则》《集体商标、证明商标注册和管理办法》《驰名商标认定和保护规定》，最高人民法院发布的《关于审理商标民事纠纷案件适用法律若干问题的解释》等，也是商标法的组成部分。

2013 年 8 月 30 日，在历经多年的研究和讨论后，《商标法》第三次修改终于完成，并于 2014 年 5 月 1 日起正式实施。本次修订从总体思路上看具有以下三个特点：①在与我国参加的国际条约保持一致的前提下，重在立足国内实际需要进行修改。②本次修改具有较强的针对性，即围绕我国近年来司法和执法中存在的主要问题来完善有关制度。③在修改方式上，本次修改采取了修正案的形式，在解决问题的同时，维持了现行商标法体例结构的稳定性，避免因改动幅度过大导致过高的执行和适用成本。[1]在《商标法》修改后，《商标法实施条例》也进行了新修订并于 2014 年 5 月 1 日起施行。2019 年，我国《商标法》进行了第四次修改，提高了商标侵权的法律责任，加大了商标违法成本。2019 年 4 月 23 日第十三届全国人民代表大会常务委员会第十次会议审议通过了关于修改我国《商标法》的决定，新法自 2019 年 11 月 1 日起施行。此次立法修订围绕遏制恶意申请注册、商标囤积牟利等行为和加大对侵犯知识产权行为惩罚力度两方面内容作出了个别条款的修改。同时，配合此次《商标法》的修订，国家市场监督管理总局也发布了《规范商标申请注册行为若干规定》，细化处理商标注册相关行政行为的标准规范，进一步加强行政执法的落实。该规定自 2019 年 12 月 1 日起施行。

■ 思考题

1. 商标的基本功能是什么？它对商标保护产生何种影响？
2. 怎样看待商标所具有的财产价值？

■ 参考书目

1. 郑成思：《知识产权法》，法律出版社 1997 年版。
2. 沈达明编著：《知识产权法》，对外经济贸易大学出版社 1998 年版。
3. 曾陈明汝：《商标法原理》，中国人民大学出版社 2003 年版。

---

〔1〕　参见 2012 年 12 月 28 日由全国人大常委会发布的《中华人民共和国商标法修正案（草案）条文及说明》。

第二十四章　商标的构成

■学习目的和要求

　　通过本章学习，让学生认识商标标志的构成要素和注册条件，对商标法的核心概念——"显著性"有所理解，了解我国商标法有关商标注册的法律规定。

第一节　可视性

一、可视性的意义

商标的区分功能和象征作用要求被用作商标的标志可为人们所感知，进而借以识别和选择产品。人类感知外界事物有以下几种方式：视、听、触、嗅。"视"是获取信息的第一渠道，"听"是获取信息的第二渠道，仅次于视觉信息。视比听更重要，所以失明比失聪更为痛苦。由人类的感知方式所决定，传达商品信息的商标应当考虑能够为视觉所感知。可视性理所当然成为商标标志的首要条件。

以视觉感知的商标大都为平面形象，此外，立体标志、颜色的组合也可以通过视觉让人想起特定事物，故可以作为商标。各国商标法都首先规定哪些标志可以作为商标，其中"视觉可感知的标志"是一通例，这可以通过世界贸易组织《知识产权协定》的相关规定得到印证。该协定第15条为"可保护的客体"，内容为"能够将一企业的商品或服务与其他企业的商品或服务区分开的任何标记或标记组合，均能够构成商标。这类标记，尤其是文字，包括人名、字母、数字、图形要素、色彩的组合以及上述内容的任何组合，均应能够作为商标获得注册。如果标志不具有区别相关商品或者服务的固有属性，成员可以根据其通过使用取得的显著性，给予注册。成员可以将视觉上可感知作为注册条件"。该规定第一句话强调的是标志的显著性，第二句话强调的是标志的可视性。除了视觉感知以外，声音、气味都可以帮助人们辨认事物。因此，在商标法上，非视觉商标得到一些国家的承认。法国、英国、美国的商标法对可注册商标的构成要素，都是要求其有显著特征，但并未限于视觉可感知。由此推知，声音、音乐、语言，甚至气味，都可以作为商标注册。[1] 但是，非视觉"标识"在实际中极少使用，并且保护起来很困难，因此商标标识的主流是文字、图形及其组合构成的平面形象。按照《知识产权协定》第15条规定，成员"可以"将视觉可感知作为注册的条

---

　　〔1〕　参见陆普舜主编：《各国商标法律与实务》，中国工商出版社2006年版，第246页、第363页、第384页。

件，而不是"应当"。这样一些国家可以根据本国的情况，自由决定是否对非视觉感知的标志，如声音或气味给予商标保护。

我国《商标法》修订时根据《知识产权协定》的上述规定，以视觉可感知为基准界定商标的标志范围，改变了原来商标构成要素仅限于平面形象的规定，将其扩展到三维标志、颜色的组合和声音。《商标法》第8条规定，"任何能够将自然人、法人或者其他组织的商品与他人的商品区别开的标志，包括文字、图形、字母、数字、三维标志、颜色组合和声音等，以及上述要素的组合，均可以作为商标申请注册。"

二、平面商标

平面商标是一种最基本的商标形态，包括文字、图形或文字和图形的组合。文字作商标的范围很广，可以是中国文字也可以是外国文字。文字商标可臆造词汇，如"柯达""施乐""尼康"，也可选用普通词汇，如"苹果""绿叶"等。文字中的姓氏、地名、字母、数字作为商标标志会受到一些限制，除非经过使用特定化，且不妨碍他人正常使用，否则难以作为商标注册和使用。从文字的选用来看，文字商标可分为臆造商标、暗示商标和描述性商标。

书名、报纸杂志名称属于文字，这类文字能否作为商标注册，需从商标的功能以及书籍和刊物的性质来分析。通常认为，单行书的名称不可注册商标，而期刊和杂志的名称可以注册商标。商标的基本功能为表示出处和保证商品质量，看到商标即可识别某种商品、它的来源和质量。书名仅仅表示书的内容，既没有识别出处（哪一家出版社）的作用，也没有保证书的版式装帧设计、编校质量、印刷质量的作用。所以若将书名作为商标保护与商标的功能不符。期刊、杂志是汇编作品，它的名称并不表示每个作品的内容，每个作品的内容由其标题来表示。相反，期刊、报纸的名称可以用于区别生产者。报社和杂志社不间断地生产具有固定栏目、不同内容、不同版面的期刊产品，报刊名称就是产品品牌。所以定期刊物的名称具有商标的属性。我国和其他国家一样允许报纸杂志名称作为商标注册。

图形的取材范围非常广泛，可以由几何图形、想象物的图形等创造性题材或者动物、植物、日月星辰等自然题材设计出的图案所构成。图形商标形象生动、立意明朗，不仅具有识别作用还可使人赏心悦目。但图形商标不便于呼叫，因而被单独使用者日益减少，多为与文字相结合构成组合商标。

三、立体商标

立体商标出现较晚，但它比平面商标更形象、更直观，对视觉具有较强的吸引力。三维形象可分为以下几类：①与商品无关的立体形状；②商品的容器、包装的形状；③商品本身的外形。前两种三维形象的商标注册没有什么障碍，因为它们和所标识的商品或服务没有直接关系，也不是商品的一部分。而第三种三维标志必须符合一定条件才可以注册为商标，例如该主体形态必须是非功能性的，或者有选择余地的。

立体商标是在20世纪90年代相继进入各国商标法的，其主要原因是维护市场竞争秩序的需要。商标是便利购销的商品交易工具，商品竞争日益激烈必然促使经营者最大限度地发挥商标先声夺人的作用，无论是标志的设计选择还是宣传使用，都呈现出从平面向立体扩张、从静态向动态扩张、声形并茂、多姿多彩的形态。随之而来侵权假冒也无孔不入，当一些企业的产品造型或者包装具有显著特点，在市场上得到广泛认同，拥有大量的用户，从而成为仿冒者觊觎的对象时，仅仅保护商品的平面标志不足以制止侵权假冒，此时便提出了保护立体标志的问题。较早保护立体商标的一些欧美国家正是经历了上述这样一个过程。20 世纪 90 年代以来许多国家和地区都对商标法进行修改，其中一项内容就是吸收立体标记、颜色组合等其他可视性标志作为商标。我国原《商标法》不含立体标志，在商标实务中，行政主管部门就曾拒绝过美国可口可乐公司将"可口可乐"牌饮料容器进行商标注册的申请。但是这并不意味着我国法律排除了对立体标记的保护，某些商品的容器、包装和形状如果是设计新颖、富有美感的，可以获得外观设计专利的保护。同时，这些标记如果是知名商标所特有的，还可以获得反不正当竞争法的保护。我国《商标法》第二次修订时，在商标构成要素中增加了三维标志，同时又对这种标志的可注册性进行了必要的限制，以防止不适当的注册。

四、颜色商标

颜色商标是指由两种以上颜色排列、组合而成的商标，但不包括单一颜色。颜色是视觉可以感知的，颜色的组合可具有显著特征，如"麦当劳"快餐厅的标志除了使用文字之外，还使用红黄颜色组合，形成强烈的视觉冲击力，十分引人注目。在某些场合，颜色组合是人们辨认事物的主要手段，如加油站特有的色彩招牌对行车的司机来说格外醒目，比文字、图形等其他记号的识别作用更强。不过，颜色做商标仍然存在一些困难，比如，单一的颜色、商品本身的颜色就不宜作为商标，而且，由于颜色的数量有限，允许作为商标的话，可能会妨碍其他经营者对颜色的正当使用，穷尽了颜色后以色差区分，而色差是难以辨认的，不像文字、图形那样具有直接的标示作用。所以，颜色商标往往是在经过使用产生了识别作用以后，才允许注册的。

第二节　显著性

一、显著性的含义

商标最基本的作用是区别商品来源，保护商标的出发点和归宿在于防止混淆，因此，一个标记是否可以作为商标受到保护，其核心要件在于其是否具有显著特征，便于识别。

在学理上，商标的显著性又被称为"识别性""区别性"。识别性，是指某个标志能使人识别出是谁的商品。区别性，是指能够将不同经营者提供的相同或类似商标相互区分开来。如此看来，商标的显著性包括了指示来源显著性和区别显著性两个方面，二者密切相关，相辅相成。一个标识不能将特定的产品指向特定的经营者，该标识就不可能起到区别不同来源之商品的作用。反之亦然，一个标识不能将不同经营者提供的商品区分开来，它就不能将特定的商品指向特定的经营者。简言之，来源显著性是区别显著性的基础，而区别显著性又服务于来源显著性。实务中，一个商标只有与众不同、个性突出、特征明显才能让人过目不忘、印象深刻，达到和同类商品相区别的目的。

显著性是商标的核心要件，缺乏显著性的标志不能作为商标注册，各国商标法及国际公约都毫无例外地将显著性规定为商标构成之必要条件以及商标注册的积极条件。我国《商标法》第9条第1款规定："申请注册的商标，应当有显著特征，便于识别，并不得与他人在先取得的合法权利相冲突。"什么是显著性？如何判断商标是否具有显著性？这在各国商标法中均没有明文规定。因为这种判定带有一定主观色彩，无法通过一个肯定的表述来确定。但商标显著性是客观的，它取决于商标的构成、商标与商品或服务的关系、商标的使用情况。实务中，在判断一个商标是否具有显著性时，往往需结合各种因素加以综合考虑，一般包括以下几点：

（1）使用的商品或服务。商标与商品的联系越密切，商标的显著性越弱；反之，商标的显著性越强。例如"薄脆"使用在饼干上，就缺乏显著性。而将其用于其他商品上，就可能是一个具有显著特征的商标。

（2）商标的实际使用。以市场为背景，考察商标使用的时间，广告宣传的力度，商品的销售范围、时间以及市场占有率。这一判断要素和驰名商标的认定相类似，都是由商标功能决定的。商标是用来证明商品来源的，因此总是和商业活动相联系。凡经过市场使用，被消费者认知，就意味着该商标产生了区别能力。即使在设计上缺乏固有显著性，也可以因为实际使用而获得显著性。

（3）整体认定原则。将商标构成要素作为一个有机整体加以观察。整体形象上给人留下的印象牢固，便于识别的，即具有显著特征。组成要素中虽然无显著性成分，但与其他成分组合在一起，整体上符合能够产生识别作用的也被视为具有显著特征。

显著性有强弱之分，又是可变动的，可以从有到无、由强变弱，也可能从无到有、由弱变强。根据取得方式不同，商标显著性可划分为三种情形：固有显著性、通过使用获得显著性、显著性的消失。

二、固有显著性

（一）不得注册为商标的标志

固有显著性是指一个标志由于其创造性或者正确选用而具有天然的显著特征。从商标创设角度而言，由法律正面表述商标的显著性几乎不可能，各国立法均从反面规定不得作为商标使用的文字、图形，从而对显著性进行解说。我国《商标法》第9~12条对显著性作出规定，根据这些法律规定，商标标识中凡含有下列要素的，均属于缺乏显著特征：

1. 官方标志、徽记。

（1）同中华人民共和国的国家名称、国旗、国徽、国歌、军旗、军徽、军歌、勋章相同或者近似的，以及同中央国家机关的名称、标志、所在地特定地点的名称或者标志性建筑物的名称、图形相同的。

（2）同外国的国家名称、国旗、国徽、军旗等相同或者近似的，但该国政府同意的除外。

（3）同政府间国际组织的名称、旗帜、徽记等相同或者近似的，但经该组织同意或者不易误导公众的除外。

（4）与表明实施控制、予以保证的官方标志、检验印记相同或者近似的，但经授权的除外。

（5）同"红十字""红新月"的名称、标志相同或者近似的。

（6）带有民族歧视性的。

（7）带有欺骗性，容易使公众对商品的质量等特点或者产地产生误认的。

（8）有害于社会主义道德风尚或者有其他不良影响的。

上述标志不可以注册为商标，也不得作为商标而使用，其目的主要是维护国家、国际组织或团体的尊严和权威。

2. 通用名称。通用名称是表示某一商品或服务的种类或者型号的通常名称或者约定俗成的称谓。通用名称是一类商品的统称，没有使人识别出商品来源的作用。并且，这类名称或图形、图案处于公有领域，任何经营者均有权将其使用在商品交易过程中，用来称呼其产品。由于它们的通用性，消费者也视其为商品的通称或通常的商品信息，而难以将它们和某个特定的商品生产经营者联系在一起。正是由于这个原因，通用名称一般不适宜作为商标注册和使用。《商标法》第11条第1款第1项规定，仅有本商品的通用名称、图形、型号的标志不得作为商标注册。通用名称有两种情况，一种是本来就是商品的名称、称谓，如酒类商品的通用名称是"酒"，指用谷物、水果等含淀粉或糖的物质经发酵制成的含乙醇的饮料，按品种区分为白酒、啤酒、黄酒、果酒等，"酒"的同义词"醇""酿"也是指含有酒精的饮料。这些产品的通用名词就不能用作酒类商品的商标。另一种是原本具有显著特征的标识，但在使用中变成了普通名称，为同一行业所共同使用，这样词汇也不适宜再作为商标。

3. 描述性标志。描述性标志是指由直接表示商品属性或特点的词语构成的标记，如表示商品主要原料的"鸭绒""纯棉"，表示产品功能的"热得快""保暖"等字样，以及表明产品的用途、重量、数量及其他特点的词语。《商标法》第11条第1款第2项规定，仅仅直接表示商品的质量、主要原料、功能、用途、重量、数量及其他特点的标志不得作为商标注册。如实准确地提供商品信息是经营者对消费者应尽的义务。《产品质量法》第27条规定，根据产品的特点和使用要求，需要标明产品规格、等级、所含主要成分的名称和含量的，用中文相应予以标明；需要事先让消费者知晓的，应当在外包装上标明，或者预先向消费者提供有关资料。《消费者权益保护法》第8条规定，消费者有权根据商品或者服务的不同情况，要求经营者提供商品的价格、产地、生产者、用途、性能、规格、等级、主要成分、生产日期、有效期限、检验合格证明、使用方法说明书、售后服务，或者服务的内容、规格、费用等有关情况。而要让消费者了解这些情况，就需要在产品或产品的包装上对商品进行说明，也需要在产品或产品的包装上使用各种标识。从企业经营者自身利益出发，通过商标向消费者传达商品或服务信息是企业选用商标时的必然倾向。观察市场上绚丽多姿的商标，无不遵循着一个共同的原则：商标与商品之间有着若即若离、或明或暗的关系，从酒类商品上的"云南红""新疆红"，到化妆品上的"小护士""美加净"，从药品上的"康源""咳必停"，到餐饮业的"小肥羊""九头鸟"，试图描述产品用途、特点的商标比比皆是。其中采用间接的、暗示的手法对产品进行描述的文字、图形，属于暗示性标志，通常被认为具有获得注册的最低限度——显著性。直截了当地说明产品的主要原料、功能或某一方面的特性的，就属于描述性标志，无法满足最低限度——显著性的要求。例如，"黑又亮"牌皮鞋油、"脱脂"牌奶粉、"莲蓉"牌月饼等，因为这些标志直接表示了商品的主要原料、功能和其他特点，属于描述性标志，原则上不允许作为商标注册。暗示性标志和描述性标志二者之间的区别在于是否"直接"反映了产品的特性。这需要在个案中进行审查判定。

4. 地名。地名不得作为商标，这是各国商标法的通行做法，我国也不例外。《商标法》第10条第2款规定："县级以上行政区划的地名或者公众知晓的外国地名，不得作为商标。"以地名指示某一商品，无从识别商品的生产经营者，而是给人以商品或服务来源地的印象，如果确实如此，地名商标便产生了两个问题：①产品或服务确实来自地名所指的地方，允许该地名作商标，就意味着该地方的其他企业不能在产品或服务上使用这一地名。这无异于授予一个企业不合理的垄断权。②如果产品或服务并非来自地名所指的地方，该地名商标就会带有欺骗性。可见，限制地名商标的目的在于保证地名与特定产品之间的联系、产地与地域内所有经营者的联系不被垄断。而地名不得作为商标的根本理由在于地名所固有的描述性使其不能满足商标显著性的要求。由于地名商标构成对商品地理来源的客观描述，决定了应将其保留在公有领域为地域内的所有经营者共同使用，用以标明产品的来源或经营场所，对经营者来说，这是如实告知商品信息的一项义务，对消费者来说则是获知商品信息的知情权。如果对地名只允许一个经营者使用而禁止其他人使用，并因此妨碍其他经营者标示产品产地的信息，将会导致不公平竞争。

但是地名主要是地理标志，作为集体商标而出现，证明商标则与其集体属性相吻合，因而集体商标、证明商标含有地名是被允许的。另外，具有其他含义的地名可以作为商标。"其他含义"是指除地名意义之外，人们最容易联想到的地名用词的字面含义。实践中，有些商标由地名和其他要素组成，在这种情形下，如果商标因有其他要素的加入，在整体上具有显著特征，而不再具有地名含义或者不以地名为主要含义的，就不宜因其含有县级以上行政区划的地名或者公众知晓的外国地名，而认定其属于不得注册的商标。

5. 功能性三维标志。《商标法》第12条规定："以三维标志申请注册商标的，仅由商品自身的性质产生的形状、为获得技术效果而需有的商品形状或者使商品具有实质性价值的形状，不得注册。"该条规定所排除注册的标志即功能性三维标志。举例来说，一个轮胎的制造者不能以其圆圈形状作为商标，却可以用一个不规则形状的毂盖作为商标。一把牛排刀的制造者不能以锯齿形刀刃作为商标，但可以用一种嵌入刀柄的阿拉伯式复杂纹饰作为商标。[1] 排除功能性三维标志的商标注册，是为了避免由于商标保护而妨碍合法的自由竞争。试想，所有的商品都有外形结构，许多商品还需要包装、容器，这些立体的外观设计有的是商品用途或质量所必需的，没有选择余地的，如果允许某个人借商标注册进行独占，岂不妨碍了同业者对商品的制造和销售，还有

---

〔1〕 转引自［美］威廉·M. 兰德斯、理查德·A. 波斯纳：《知识产权法的经济结构》，金海军译，北京大学出版社2005年版，第254页。

的产品的外观设计属于可申请专利的对象,专利权一到期,受保护的对象将进入公有领域,人人都有权使用。同时,随着技术的发展,最开始属于商品的特定形状可能发展成通用形状,如果允许作为商标注册获得无期限的保护,就会冲击专利制度的实施,并会妨碍市场竞争所需的适度模仿。因此,三维标志既可获得商标注册又要进行必要限制,这种限制就是功能性三维标志禁止注册。

(二)固有显著性的程度

不含禁用元素的标志是具有内在显著特征的商标,符合注册的条件。即便如此,商标显著性程度是有差别的。按照显著性程度强弱来划分,依次为:臆造商标最具有显著性,任意性商标次之,暗示性商标显著性较弱。

1. 臆造商标。臆造商标是由杜撰的文字、词汇所构成的无特定含义的商标。杜撰的词汇从未在字典上出现过,是由设计者为了作为商标使用而创造出来的,例如"kodak"(柯达)、"Exxon"(爱克森)、"xerox"(施乐)就是这种商标的典型。由于杜撰词汇、文字本无任何含义,与其标示的商品或服务不存在任何联系,其他经营者如果不是出于恶意也就不会使用,因而,这种词汇的唯一性和独特性使其成为理想的商标标识,且有助于行使商标独占权,是显著性最强和受保护力度最强的商标。

2. 任意商标。任意商标由一个现成的、具有字典含义的词汇构成的商标,其文字意义与所表述的商品或服务没有特别联系。在美国司法实践中,任意商标被解释为这样一些字词,发明它们的唯一目的就是将它们作为商标来使用,是常用的字词以非同寻常的方式来使用。[1] 如"娃哈哈"用于儿童食品,"苹果"用于计算机,威士忌酒的商标"BLACK&WHITE"等,都是将普通词汇用作商标,但词汇本身又与商品之间没有什么关联性。任意商标的显著性程度低于臆造商标,但仍属于显著性较强的商标。

3. 暗示性商标。暗示性商标由常用词汇构成,它以隐喻、暗示的手法提示商品的属性或某一特点。典型的例子有:饮料商标"健力宝"、自行车商标"野马"、捕虫器商标"Roach Hotel"等。"显著特征"要求商标的组成要素不得涉及产品的属性和功能,不得直接描述产品的种类、质量、主要原料、产地等。暗示性商标尚未违反这一最低限度要求,因此是具有显著特征的商标,但其显著性较弱,同时,也很容易演变成通用名称。尽管如此,还是有很多经营者倾向于选择暗示性商标,其中的原因就在于,暗示性商标向消费者传达了更多的商品信息,不仅是关于来源,还有关于商品特征的信息,这无疑构成了广告的一部分,减少了产品宣传成本和进入市场的时间。此外,地名商标、姓氏商标也都属于显著性弱的商标。

三、获得显著性

(一)获得显著性的含义

获得显著性,或称"第二含义"是商标法的一个术语,意指一个缺乏固有显著性的标志通过长期连续使用而产生新的含义,具备识别商品的能力时,该标志即被视为具备了显著特征。在商业活动中,将通用名称、描述性词汇或者地名使用于商品之上,直接功能在于告知商品的用途特点、成分和其他特性,而并无使其商品和其他商品相

---

〔1〕 李明德:《美国知识产权法》,法律出版社 2003 年版,第 283 页。

区别的作用，故不合乎商标显著性要求。然而，当这些文字、词汇被独家长期使用于商品之上，在行业内及相关消费者中间已为人所知，并能够使人能够将它和一种商品相联系时，这个标志就在其原始意义上产生了"第二含义"。例如一个描述性词汇，它的第一含义是字面含义，即描述产品特征的含义，第二含义则是指示产品来源。如果描述性商标经过长久持续的使用，消费者已将其识别为代表某一特定厂商，具有了识别来源的能力，该描述性词汇就称为"第二含义商标"。

获得显著性在《巴黎公约》和《知识产权协定》中均有所规定，《巴黎公约》第6条之五规定，"在决定一个商标是否符合条件时，必须考虑所有实际情况，特别是商标使用时间的长短。"《知识产权协定》第15条第1项在《巴黎公约》基础上更进一步规定，"如标记无固有的区别有关货物或服务的特征，则各成员可以由通过使用而获得的显著性作为注册的条件。"获得显著性的合理性在于，使用者对于一个本属于公有领域的词汇进行长期投资，付出代价，对此予以承认并赋予使用人专有性权利，不仅是对市场主体经营成果的认可，也扩大了商标注册标志的资源，有助于维护消费者利益。

我国《商标法》原没有获得显著性的规定，但商标主管部门运用这一规则处理过某些特例。如对"黑又亮"（鞋油）、"两面针"（中草药牙膏）、"五粮液"（酒）等商标准予注册，均是考虑到这些商标在长时间的实际使用中已经取得了标识能力。

2001年《商标法》第二次修订后，从立法上确认了使用获得显著性这一规则，《商标法》第11条规定，仅有商品的通用名称、图形、型号；仅仅直接表示商品的质量、主要原料、功能、用途、重量、数量及其他特点的标志不得作为商标注册。上述标志经过使用取得显著特征，便于识别的，可以作为商标注册。这一规定将获得显著性规则（第二含义）确立为一项法定规则。

值得一提的是，商标法理论上的"第二含义"与我国《商标法》关于地名商标的"其他含义"意义不同。根据《商标法》第10条第2款的规定，县级以上行政区划的地名或者公众知晓的外国地名，不得作为商标。但是地名具有其他含义的除外。这里的"其他含义"，是指某些地名词汇本身含有的寓意或多重字面含义，例如长安（县）、凤凰（县）、同心（县）、保安（县）等，这类地名从文字本身看，一般公众由此联想到的首先是其他含义，即日常生活中该词汇所包含的意思，字典、辞书中解释的含义，而不是一个地方的名称。这样的地名由于多重含义，其指示地理位置的意义反而被淡化了，故而可以作为商标使用。这与上面讲的通过使用产生"第二含义"是不同的。

取得第二含义的商标，虽可允许注册受到保护。但其商标专用权的效力范围较之前商标受到更多的限制。他人对于该商标的使用只有在具有恶意，或不正当使用的情况下，商标注册人才可加以禁止。对于善意的、正当的使用，商标注册人应当容忍。[1]

（二）获得显著性规则的应用

依《商标法》第11条规定，获得显著性规则适用于下列标志：

（1）通用名称。通用名称一般不适宜作为商标注册。只有当其在商业活动使用中

---

[1]　详见本书"商标权的限制"部分。

产生了原有含义之外、能够辨认商品来源的"第二含义"时，才可以作为禁止注册的例外。

（2）描述性标志。和通用名称一样，描述性标志是公有公用的，如果允许进行商标注册，就会妨碍其他经营者用来说明自己的产品。但是，当描述性标志在市场上经过长期使用产生了表明产品出处的"第二含义"时，就可以作为禁止注册之例外。

（3）其他缺乏显著性的标志。如纯粹的颜色组合、单纯的字母、数字、过长的商务口号、广告用语等。这些标志一旦经商业使用获得了"第二含义"，即可允许注册。

除上述之外，《商标法》第10条规定的禁用标志，如国家、国际组织名称、徽记、官方标志以及违反公共秩序和社会伦理道德或者带有不良影响的标志，不适用获得显著性规则，含有这些因素的标志无论是否取得显著性，都不能作为商标使用，更谈不上注册。

实践中，某个缺乏显著性的商标是否具有了第二含义是一个事实判断问题，判断的标准在于消费者是否已经将该标识作为商品来源的指示。实务中，由负责商标注册、商标管理的机关及处理商标侵权纠纷的人民法院在个案中加以认定。根据《商标法》的规定，申请人在申请商标注册时无须提供其商标使用的证明，因此，注册申请的实质审查仅限于通过商标检索而作出判断，并不涉及商标的实际使用情况。审查中对通用名称和描述性标志一般会引用商标禁用条款予以驳回。如果申请人对驳回申请的决定不服，可向商标评审委员会请求复审。在复审中商标评审委员会根据申请人提供的证据材料，综合考虑商标构成和实际使用情况、相关公众对该标识的认知情况，对该标识是否已通过使用获得了显著性作出判定。

四、显著性的退化和消失

商标的显著性是一项可变因素。缺乏内在显著性的商标可通过使用获得显著性，而具有显著性的商标经过使用也可能导致显著性的退化或丧失。一个商标无论注册与否，都有可能变成商品通用名称，导致商标变为通用名称的原因有商标使用人主观上的疏忽大意，也有客观环境的影响。例如，一个非常著名的商标，由于商标所有人的使用和管理不当，造成该商标逐渐成为同种商品的代名词，而商品广告以及媒体也把该商标作为普通名称使用；为了利用驰名商标的信誉，同行业竞争者也将此商标指代为同类商品，最终使该驰名商标失去了识别功能而成为一个普通名词。而从商标的显著性程度看，描述性商标比臆造商标更容易变为通用名称，因为一个臆造商标仅仅指代其特定的使用者，而一个描述性或者是暗示性商标更具有指示意义的则是针对一个类别。[1] 这从另一个角度说明了描述性词汇不宜作为商标的道理。例如，"Thermos"原是一家企业就真空玻璃保温瓶享有的商标，但由于这家企业在文教等其他商业活动中的不谨慎，"Thermos"逐渐演变为该类产品的通用名称，而不再是产品来源的指示者。[2] 类似的例子还有"aspirin"（阿司匹林）、"cellophane"（玻璃纸）、"dry ice"

---

〔1〕 转引自［美］威廉·M. 兰德斯、理查德·A. 波斯纳：《知识产权法的经济结构》，金海军译，北京大学出版社2005年版，第247页。

〔2〕 李明德：《美国知识产权法》，法律出版社2003年版，第287页。

（干冰）等，它们原来是商品商标，后来演变为通用名称。

商标退化的法律后果是导致注册商标被注销。在考虑是否撤销注册商标时，首先需要对以下两个事实加以确认：①该商标是否变成了商品通用名称。其标准是看该标志的主要含义是指称产品的来源还是产品本身。[1] ②显著性退化是否由商标所有人的过失而导致。只有因为商标使用者的不当使用或者管理不善导致商标成为产品或服务的普通名称的，才可撤销注册。为了防止商标变成通用名称，商标所有者在使用商标时尤其是广告宣传中，应始终坚持表明它是一个商标，而不是一个产品或服务的名称，还要防止他人对商标的淡化或其他不正当使用。

我国《商标法》对商标退化及其法律后果未作规定，实践中曾遇到此类情况，商标主管部门根据商标的使用情况、是否为驰名商标等因素综合考虑后，慎重对待，对由于商标所有人意志以外无法控制的原因而造成显著性退化，采取积极的挽救措施，保留该注册商标，避免商标被当作通用名称的后果。

第三节　非冲突性

本节所讲的条件也称为消极条件，指《商标法》上关于不能取得注册的情形。

一、不得违反公序良俗

商标附着于商品行销市面，又借助广告宣传使公众普遍知晓，必然兼有传播信息、引导时尚和推广风气的社会功能，因此是否符合公共秩序和社会道德风尚，是商标注册条件中必须予以考虑的。公共秩序和道德的要求为所有国家所公认。《商标法》第10条第1款第6、8两项规定将带有民族歧视性的、有害于社会主义道德风尚和具有不良影响的标志作为绝对禁止条件。据此，带有民族歧视性的、夸大宣传并带有欺骗性的、有害于社会主义道德风尚或者有其他不良影响的文字或者图形，不得作为商标使用。

可能欺骗消费者或引起混淆的标志不能注册为商标，这是基于商标的作用和社会功能的考虑。欺骗性标志的例子包括：暗示地理来源的标记、暗示商品性质的标记。带有民族歧视性的标志不得作为商标使用，更不得予以注册，首先因为我国是个多民族的国家，民族团结是我国社会经济健康发展的保障。因此，带有民族歧视性的词语都不能作为商标使用。此外，商标是商品的代言人和企业的形象，在国际贸易、国家交往中应当尊重各国各地区风俗习惯、宗教信仰等，任何不友好的表示都会带来不良后果。例如20世纪90年代初期，原国家工商行政管理总局曾发出通知，要求各地查处带有"DARKIE"商标的进口商品，因为"DARKIE"一词源于"DARLIE"，而"DARLIE"意为黑鬼，是对黑人的蔑称，属种族歧视性语言。实践中，有些标志或者其构成要素虽有夸大成分，但根据日常生活经验或者相关公众的通常认识等并不足以引人误解。对于这种情形，人民法院不宜将其认定为夸大宣传并带有欺骗性的标志。

判断一个标志是否有害于社会道德风尚或者有其他不良影响，应采用客观标准，即根据社会的通常看法或者一般公众的道德观念来判断，而商标使用人设计或选择标

---

〔1〕 李明德：《美国知识产权法》，法律出版社2003年版，第278页。

志时的主观愿望不作为判断标准。在审查判断有关标志是否构成具有其他不良影响的情形时,应当考虑该标志或者其构成要素是否可能对我国政治、经济、文化、宗教、民族等社会公共利益和公共秩序产生消极、负面影响。如果有关标志的注册仅损害特定民事权益,由于《商标法》已经另行规定了救济方式和相应程序,不宜认定其属于具有其他不良影响的情形。例如,某企业申请注册"乡巴佬"商标,被商标局以该商标有贬低人格的含义,具有不良影响为理由驳回。申请人认为"乡巴佬"出自农民自谦之词,是对农民善意称颂,没有贬低人格的含义,不会产生不良影响。复审中商标评审委员会认为:商标一旦进入市场,将面对广大消费者,而消费者并不了解"乡巴佬"一词是申请人的心愿。客观上,"乡巴佬"是对农民的鄙称,反映出对农民群众的不尊重,用其作商标易产生不良影响。商标评审委员会作出终局决定,驳回"乡巴佬"的注册申请。又如1997年6月,长江中游某市一家企业使用"福尔摩萨"商标,遭到当地各界的谴责后,该企业又将商标改为"福摩萨",引起公众更为强烈的愤慨,因为这一词语是当年荷兰殖民者对我国宝岛台湾的蔑称。当地工商部门果断对该企业的商标行为予以查处,停止其使用并令其销毁所有商标标识。上述两个案例中商标评审委员会和地方工商管理部门所依据的正是《商标法》第10条第1款第8项之规定。

二、不得与在先合法权利相冲突

在先权利,是指在申请商标注册之前的他人已有的合法权利,其对象可能涉及其他知识产权或者民事权利。概括起来说,凡是可用来作为商标的主题都可能产生在先权利,例如,利用已有的绘画、图案作为商标,创作者享有的著作权即为在先权利。在先权利包括但不限于下列权利:商标权、著作权、地理标志权、商号权、外观设计专利权、姓名权、肖像权,这些权利客体的共同性在于:均为文字、图形、图案、数字或组合的形象化标识,适合于商标的选材。需要特别说明的是在先商标。在先商标是最容易与在后商标发生冲突的一种在先权利,先注册商标和后注册商标的冲突也称为商标混同,发生在商品相同或类似,而商标相同或近似的情况下。[1] 在先商标又可分为:在先注册的商标、在先初步审定的商标、先申请的商标、被代理人或被代表人的商标、在先使用并有一定影响的商标以及驰名商标。

《商标法》第9条第1款规定:"申请注册的商标,应当有显著特征,便于识别,并不得与他人在先取得的合法权利相冲突。"不与在先权利相冲突,是商标注册应满足的条件,它要求申请人遵循诚实信用原则,在从事商标法律行为时,顾及他人合法利益。然而尊重在先权利,应当始于商标的设计和选材。凡是商标主题涉及已有创作成果或者是他人权利的,商标使用人须征得权利人的许可再加以利用。例如,将已有的著作权作品(摄影、图形、图案)作为商标使用或注册的,应事先取得著作权人的授权许可。如果擅自拿来作为商标使用,便有可能导致注册失败或者注册被撤销。又如,地理标志是一种可以对抗商标注册的在先权利的情形,如果商标中含有地理标志,而该商品并非来源于该地理标志所标示的地区,构成虚假产地名称商标,不仅会给利害关系人,即在真实产地的生产经营者造成侵害,还会欺骗和误导公众,使人轻信商品

---

〔1〕 如何判断类似商品和近似商标的问题,将在下一章第四节详述。

质量与心目中具有良好声誉的产地有着联系。对于此种商标注册行为，与该地理标志有利害关系的人可以行使请求权，阻止不当注册。

■思考题

1. 商标的后天显著性是怎样产生的？
2. 地名是否可以作为商标？怎样把具有商业价值的地理标志和商标保护结合起来？

■参考书目

1. 李明德：《美国知识产权法》，法律出版社 2003 年版。

2. ［美］威廉·M. 兰德斯、理查德·A. 波斯纳：《知识产权法的经济结构》，金海军译，北京大学出版社 2005 年版。

第二十五章 商标权的取得

■学习目的和要求

　　本章重点为商标注册制度。通过学习让学生理解商标注册的意义、商标注册中的申请在先原则、自愿注册原则、优先权原则，了解商标注册的审核标准、商标注册制度与商标使用的关系。

第一节　商标权取得的方式

　　商标权的取得方式分为原始取得和继受取得，原始取得又分为使用取得和注册取得两种方式。以下着重阐述商标权的使用取得和注册取得。

一、使用取得

　　商标创设后须实际使用于商业活动，商标权基于商标的使用事实而形成，此即称为使用原则。使用原则在历史上曾是商标权产生的唯一依据，这是因商标功能而决定的。商标是作为证明某个商人商品的手段而出现的，如果该商品不出售，商标既不证明来源又不证明商品，就毫无意义。基于此，商标上的权利是凭借使用获得的，而不能仅仅由于选定了某个标记就可以获得。最早保护商标的成文法律即以使用为基础并按照使用的先后决定商标权利的归属。法国是第一个制定商标法的国家，1857 年《以使用原则和不审查原则为内容的商标法律》是首部具有现代意义的商标法。依据该法，第一个公开地、不含糊地使用商标的人取得商标上的权利。申请注册只起宣告作用。同样的商标，先使用的优于先申请的。直到 1964 年法国改用申请注册制，商标权由注册而产生，申请注册才成为商标权产生的依据。[1]

　　仍保留使用原则的只有英美法系的极少数国家，最典型的是美国。根据普通法，任何商家、个人只要在商业活动中采用了具有显著性的商标，就可以获得商标权。美国商标法来源于普通法中的"假冒诉讼"——法律禁止把一个商人的商品假冒成另一个商人的商品出售。这种保护的目的显然是阻止一个低级生产者冒用一个高级生产者的商誉进行商业活动。提起假冒诉讼的条件是原告必须证明自己已获得一定商誉。就商标而言，只有实际使用的商标才能产生商业信誉，如果没有商业活动，商标就不存在，商标信誉也无从谈起。这就是说，只有经过使用的商标才能通过假冒诉讼获得保护，因而获得一种商标上的权利。在制定了商标成文法（《兰哈姆法》）以后，美国建立了联邦商标注册制度，但是，商业上的使用仍是进行注册的先决条件。商标权的

---

　　〔1〕　沈达明：《知识产权法》，对外经济贸易大学出版社 1998 年版，第 305 页。

最终取得，须要凭借对商标的使用。"商业上使用"是指在州际贸易或对外贸易上的使用。使用必须是在商业上的实际使用，而不是象征性使用，即把商品投放市场，使商标和消费者发生接触，使商标发挥识别商品来源的作用。已经使用的商标可以申请注册，但注册并不决定权利的产生，而是给予注册人程序上和实体上某些额外的好处。[1] 注册的效力在于：①推定通知。经过联邦注册即推定向以后的使用者发出了通知，后来的使用者不得以不知情而证实他的善意。②商标权利不受地域限制。联邦注册就是向全国发出的公示，注册人的商标权在全国范围内都有效力，尽管在某些地区该商标并未使用。③商标权利有效的初步证据。商标注册证书是注册人享有对该商标专有权的初步证据，当另一方主张商标权无效时，在侵权诉讼中免除举证责任。④不可争议的法律地位。注册商标在注册后连续使用 5 年，将取得不可争议的权利，即他人不能以某种理由提出否定该商标权的请求。此外，根据《美国贸易法》第 1337 条规定，商标所有人可依据联邦注册向美国海关提出申请，阻止侵权物品的进口。1988 年《美国商标法》修订以后，使用原则发生了一些变化，"实际使用"和"意图使用"都符合使用原则的要求。厂商只要具有真诚使用某一商标的意图，就可以申请联邦商标注册。增订"意图使用"作为商标注册要件，是《美国商标法》40 年来最重大的变化。对外国申请人来说，商标在其本国注册即视为已经实际使用。

　　使用原则反映了商标功能的要求，但也不可避免地存在某些弊端，主要表现在以下方面：一是，使用事实即可产生权利，如何使他人知晓这一事实。使用人的经营活动限于某一地区，那么所产生的权利是限于该地区还是遍及全国所有地区，如果遍及其他地区，又怎样通知大家。二是，由于不知情而善意使用相同商标引发争议时，不易查明究竟谁是首先使用商标的人，为了解决争议，当事人和商标主管部门都将付出较高的成本。正因为如此，目前世界上绝大多数国家不再采用使用原则。

　　使用原则的一个特例是因驰名而取得权利。某些商标尚未注册但基于其已享有的知名度可以对抗他人的注册或使用，这就是驰名商标保护制度。驰名商标是指为相关公众知晓并享有较高声誉的商标。商标之所以驰名是长期使用、持续投入的结果。相反，一个从未使用的、与市场和消费者相脱离的商标是无法达到广为知晓的程度的。正是从这个意义上说，因驰名而取得的权利是使用原则的一个特例，驰名商标制度也是对注册原则的补充。注册原则，即"不注册，不保护"，这一原则在某些情况下可能导致很不公平的结果，例如，某个商标在其本国或相关国家已经注册并为相关公众所熟知，却未在国外注册，对外国来说该商标即为未注册商标。当该商标在国外被他人抢先注册时，必然会对该商标所有人造成损害。此类商标抢注是知识产权地域性和注册制度下不可避免的一个国际性问题。又如，某个商标已经申请注册，但尚未被核准注册或者在注册程序中发生了异议，复审或司法争议致使申请周期延长，在这期间里未获核准的商标一直在实际使用，事实上已形成驰名商标。此外，有一些未以"商标"称呼但具有商标功能的标识，如商品装潢、商品特有名称等都可归入未注册商标之列，经营者对此所做的使用和宣传也可使其成为事实上的驰名商标。对这些未注册但经实

---

〔1〕　李明德：《美国知识产权法》，法律出版社 2003 年版，第 292 页。

际使用业已驰名的商标，如果因为注册原则而一概拒绝保护，显然对付出劳动和投资的经营者是不公平的，也不利于鼓励诚实经营和促进市场竞争秩序的建立。驰名商标保护制度的初衷就是为了解决未注册商标的保护问题，尤其是商标的域外保护。为此，在1911年的《巴黎公约》修订会上，法国率先提出对驰名商标予以特殊保护，但其建议未被此次会议通过；1925年的修订会议上一些国家再次提出驰名商标保护问题，终于在《巴黎公约》增订了第6条之二；1934年伦敦会议上又对该条进行调整，形成现在的第6条之二。该条规定：对外国驰名商标，构成复制、模仿或者翻译，且用于相同或类似商品的，成员国应拒绝或撤销注册并禁止使用。该条款的基本精神是：未经注册但享有知名度的商标应当和注册商标一样，具有禁止他人注册使用的效力。换言之，驰名商标所有人享有的"撤销他人的注册、禁止他人使用"的权利，并非来自注册，而是由于商标的知名度。

商标因驰名而取得保护这一特例，在某些国家甚至得到立法上的肯定。例如德国原来是一个只承认注册的国家，但后来，法院承认了在市场上带来声誉的使用也具有同样的效力。接着立法机关肯定了这一原则。《德国商标法》第4条规定，商标保护产生于：①一个标志在专利局设立的注册簿上作为商标注册；②通过在商业过程中使用，一个标志在相关商业范围内获得作为商标的第二含义；③具有《巴黎公约》第6条之二意义上的驰名商标的知名度。依据德国法律的这一规定，商标权既可以通过注册的途径获得，也可通过在市场上的使用而获得。但这种使用必须是公众将商标与使用者连接起来的使用，简单的、没有得到公众承认的使用，是不足以产生实质性商标权的。[1]

我国《商标法》修订后新增的第13条明确规定了对驰名商标的保护。该条规定："为相关公众所熟知的商标，持有人认为其权利受到侵害时，可以依照本法规定请求驰名商标保护。就相同或者类似商品申请注册的商标是复制、摹仿或者翻译他人未在中国注册的驰名商标，容易导致混淆的，不予注册并禁止使用。就不相同或者不相类似商品申请注册的商标是复制、摹仿或者翻译他人已经在中国注册的驰名商标，误导公众，致使该驰名商标注册人的利益可能受到损害的，不予注册并禁止使用。"这一规定的第2款和第3款将驰名商标区分为注册的和未注册的，两者的保护水平有所不同。如果某一驰名商标是未注册的，其权利范围限制在相同或类似商品上；如果某一驰名商标是注册的，那么其权利存在就不以相同或类似商品为限，可以扩大到不相同或不类似的商品。无论是经注册的驰名商标还是未注册的驰名商标，都享有特殊保护，其特殊保护可以概括为：有权禁止他人注册、有权禁止他人使用，这一效力和注册商标并无差异。特殊保护所产生的这一效力，无疑可看作是驰名商标拥有人所享有的专有权利。

二、注册取得

注册取得是指商标权的取得必须经过登记注册，注册商标受法律保护，未经注册

---

〔1〕 ［德〕阿博莱特·克里格："商标法律的理论和历史"，载李继忠、董葆霖主编：《外国专家商标法律讲座》，工商出版社1991年版，第15页。

的商标，一般得不到法律的保护。

在商标保护的历史上，注册原则的出现晚于使用原则，但却为世界上绝大多数国家所采用，其主要原因是随着经济的发展，市场不再限于一定的地理范围，如本地区，而是扩大到全国和本国以外，以商标的实际使用作为向他人发出权利通知难以满足市场要求。在扩大了的市场上商标使用的事实难以查证，相同或近似标志的混同也就难以避免，而通过登记注册的方式进行权利推定和权利公示是最安全最简便的。其次，法律所保护的商标权具有排他性，权利人对某一标记享有权利即排除他人使用相同或近似商标。为了准确地确定权利的归属和存在状态，保障权利获得者是唯一的权利人，使公众对某一标记的权利状态有据可查，必须以公众可以得知的方式进行通知，这就是商标的登记注册。再次，注册还有助于商标权人行使商标权利。注册商标可以通过权利转让、许可使用、质押等实现商标权的价值。在上述商标权交易中，唯有通过注册，进行权利公示才能确保交易安全。

注册原则也有其制度上的缺陷：一是，从制度的基础来看，使用原则强调商标总是和商业活动联系在一起的，如果商品不出售，商标就毫无意义，商标也不会存在，商标权也没有保护的必要，这是使用原则的合理性所在。相比之下，注册制度强调注册保护、申请在先，从而容易产生一些注册而不使用的垃圾商标，这些没有生命的商标反而会给市场公平竞争造成一些障碍。二是，"注册原则"必然和"申请原则"相结合，注册原则必然按照注册申请时间上的先后决定权利的归属。这就有可能出现利用程序进行不正当竞争的行为，如抢先注册，阻碍他人正当注册、损害先使用人的利益，以及利用程序拖延、阻碍竞争对手等现象。

我国《商标法》实行注册制度和先申请原则。《商标法》实施20多年来，利用注册程序进行不正当竞争、损害未注册商标所有人正当权益的现象一直存在。为了确保公正性，维护诚实信用原则在商标注册中的根本地位，《商标法》修改都从立法角度对未注册商标予以一定程度的保护。1988年第一次修改《商标法实施细则》时，增加了关于撤销注册不当商标的有关规定（第25条），1993年和2001年修改《商标法》时，对未注册商标的保护又一步加强，形成现行法律第13、31、41条等规定。这些涉及未注册商标的法律规定的基本内容为：对未注册商标实行有条件的适度保护。以不正当手段抢先注册他人驰名商标、使用在先并有一定影响的商标的，商标局在异议程序、商标评审委员会在商标评审程序中应予撤销；以不正当竞争目的使用他人驰名商标的，应当制止。以"红双喜"商标为例，沈阳双喜压力锅厂最早使用"红双喜"商标并使其享有一定知名度。但是由于未能及时注册而被他人抢先取得"红双喜"商标的专用权，这是否公平呢？从程序上来看抢先注册者并无不当，但从实质正义看，无疑伤害了实际上为"红双喜"商标付出大量投入的最先使用者。在《商标法》修改之前，上述抢注行为很难受到制约，先使用人的商标合法利益也无法得到适当保护。但现行《商标法》强调诚实信用原则，使得制止不正当抢注行为、保护未注册商标的合法利益具有明确法律依据及可操作性。

综上，从制度沿革来看使用原则出现在注册制度之前，后来与注册制度结合起来，逐步由使用原则的法律制度过渡到注册原则的法律制度。即使是仍采用使用原则的国家也实行商标注册。这一沿革主要发生在工业发达国家商标制度中，在这些国家的商标法制度出现之前，普通法（主要是判例法）已禁止不正当竞争行为。但在无此基础或此基础不稳固的国家，如发展中国家的商标制度，是直接从注册原则开始的。

第二节　商标注册的原则

一、申请在先原则

（一）申请在先原则的含义

申请在先原则又称注册在先原则，指两个或两个以上的申请人，在相同或类似的商品上以相同或者近似的商标申请注册时，申请在先的商标，其申请人可获得商标专用权，对在后的商标注册申请予以驳回。

从制度构成上讲，申请在先原则是商标注册原则的延伸。既然商标权的取得以注册为依据，而不考虑商标是否使用，那么自然就是谁先申请注册，谁就有可能取得商标权。申请在先原则意味着，任何经营者如果只是一味地使用商标，而未将该商标申请注册，仍然不能获得受法律保护的独占权。而另一个后来者将该商标进行注册申请，就有可能取得商标专用权进而阻止第一个使用者继续使用其注册商标。申请在先原则用来处理两个以上的人申请注册相同商标时的关系。《商标法》第 31 条规定："两个或者两个以上的商标注册申请人，在同一种商品或者类似商品上，以相同或者近似的商标申请注册的，初步审定并公告申请在先的商标；同一天申请的，初步审定并公告使用在先的商标，驳回其他人的申请，不予公告。"该规定明确了我国实行的是以申请在先原则为主，以使用在先为补充的审核制度。申请日不同的，申请在先的商标不论其使用与否，优先审查，优先注册，申请在后的商标则无条件地应予驳回。申请日为同一天的，采用使用在先的办法，优先考虑首先使用该商标人的申请。申请人应当提供最早使用该商标的日期的证据。同日使用或者均未使用的，申请人可以自行协商解决。协商不成的，申请人以抽签方式确定一个申请人或者由商标局裁定确定一个申请人。

与申请在先原则相对应的是使用在先原则，它是依附于使用原则而存在的。实行使用原则的美国，一个商标须经过商业上的使用才可能获得注册。申请商标注册时，申请人应提交商标使用情况的证明。如果有两个以上的人申请注册相同商标，则根据使用时间的前后来决定谁可能获得注册。不过，对于外国商标来说，只要该商标已在其本国注册，均被视为"已在商业上使用"。

（二）申请在先原则的正当性

申请在先原则亦有不足之处，抢注他人商标或恶意阻拦他人注册商标的现象，就是注册制度下容易发生的不正当竞争行为。前文中关于"红双喜"牌压力锅的遭遇，现实中屡屡发生的中国老字号、著名商标在境外被抢注的案例，不排除注册人利用申请在先制度的程序规则，行恶意竞争之实。固然，注册制度和申请在先原则作为商标权产生的基础不可动摇，但是，申请在先原则应建立在诚实信用原则的基础之上。诚实信用原则作为民法基本原则，其核心要求是人们在契约的订立和履行、权利的取得和行使过程中应心存善意，不欺不霸，不以损害他人利益为取得自己权利的条件。诚实信用原则包含了市场经济的一般道德要求，体现公平、正义的价值取向，其抽象性和基础性特点决定了任何民事行为、经营活动都应无一例外地普遍适用。我国《商标法》在商标的确权程序方面体现了诚实信用原则，第 7 条第 1 款规定："申请注册和使用商标，应当遵循诚实信用原则。"第 32 条规定："申请商标注册不得损害他人现有的在先权利，也不得以不正当手段抢先注册他人已经使用并有一定影响的商标。"这一规定明确提出了申请在先原则的正当性，包含两层含义：①对在先权利给予保护。此属遵循法理和国际惯例，也是我国商标实务中一贯奉行的原则。"在先权利"指他人享有的其他知识产权和某些民事权利。②对未注册商标给予有条件的适度保护，即赋予先使用人制止恶意抢注的权利。"抢注"就是将他人尚未注册的商标申请注册，在时间上，抢在他人之前，在对象上，将他人的商标作为自己的商标来注册。如前所述，抢注行为在程序上符合申请在先原则以时间先后决定商标权归属的出发点。但从抢注的目的和社会效果看，被抢注的商标往往是他人经过使用在一定范围内具有影响的或者已在其他类别的商标或服务上注册的商标，使用人投入了一定人力、物力才使商标产生财产价值，抢注人无偿利用他人经营成果获取利益或者企图阻止实际使用人获得商标权，构成对先使用人合法权益的损害，如不加以约束将会助长某些损人利己、违反诚实原则的不当行为。因此，对商标抢注行为进行适当限制是完全必要的。

二、自愿注册原则

自愿注册，是指商标使用人是否申请商标注册取决于自己的意愿。自愿注册原则是一种国际惯例，符合知识产权的私权本质。商标使用人是否要取得或者放弃商标权利，都是在行使自己的民事权利，不受他人非法干涉，也不应当受行政权力的制约。依自愿注册原则，商标无论注册与否均可使用，但注册商标和未注册商标在法律上地位不同。注册商标享有专用权，未注册商标不具有受法律保护的专用权。即使如此，商标使用人依自愿注册原则仍可以根据自身需要决定是否申请注册以及确定企业商标战略，如一些地产地销、试产试销的产品、短期经营的产品使用商标多不申请注册。而对那些长期生产经销、质量稳定可靠、有市场潜力的商品使用的商标就应及时申请注册。

在实行自愿注册原则的同时，《商标法》对极少数商品仍保留了强制注册规定。《商标法》第 6 条规定，法律、行政法规规定必须使用注册商标的商品，必须申请商标注册，未经核准注册的，不得在市场销售。依此强制性规定，使用的商标必须注册是一种义务，违反此项义务的，将产生相应的法律责任。目前要求必须使用注册商标的商品是烟草制品。

三、优先权原则

优先权是《巴黎公约》赋予其成员国国民申请工业产权时在申请日期上的优先利益。根据《巴黎公约》第 4、11 条的规定，商标注册申请的优先权，时间为 6 个月；对在国际展览会上首次展出的商品的临时保护，可以给予优先权，时间也是 6 个月。世界上大多数国家都实行先申请原则，而且要求申请客体的新颖性，所以申请人要在几个国家申请同样内容的保护，如果没有优先权的话，就必须同时在几个国家提出同样内容的申请，否则后来提出的申请有可能得不到保护。但要同时在国内外几个国家提出同样的申请，事实上很难办到。优先权制度就是为了适应这种需要而建立的。我国《商标法》在 2001 年之前没有优先权的规定，只是在《商标法实施细则》有相关规定。实务中，商标主管部门承认和保护外国申请人的优先权，但是没有涉及展览会临时保护的优先权形式。2001 年《商标法》对优先权作出专门规定，并且分别规定了申请优先权和展览优先权。

商标注册申请的优先权是指，商标注册申请人在外国第一次提出商标注册申请之日起 6 个月内，若向中国提出同样申请的，将优先于他人在该申请日后提出的申请，取得申请在先的地位。产生优先权的根据有两个，一个是首次申请，另一个是首次使用。首次申请而产生的优先权，也可称为申请优先权，[1] 即在国外提出商标注册申请后又在中国提出商标注册申请的，可以享有优先权。《商标法》第 25 条规定，商标注册申请人自其商标在外国第一次提出商标注册申请之日起 6 个月内，又在中国就相同商品以同一种商标提出商标注册申请的，依照该外国同中国签订的协议或者共同参加的国际条约，或者按照相互承认优先权的原则，可以享有优先权。

首次使用而产生的优先权，也可称为展览优先权，[2] 是指商标在展览会展出商品上首次使用的，可以享有优先权。《商标法》第 26 条规定，商标在中国政府主办的或者承认的国际展览会展出的商品上首次使用的，自该商品展出之日起 6 个月内，该商标的注册申请人可以享有优先权。

对于一个希望在外国得到工业产权保护的人来说，优先权是一项非常重要的权利。申请人到外国申请专利之前只要先在其本国提出申请，那么，规定期限内在其他国家（缔约国）后来提出的申请，就不会因为在这期间的任何行为，特别是另外一个专利申请的提出、发明的公布或利用、外观设计复制品的出售或商标的使用而成为无效。[3]

优先权并不自动产生。申请人要求优先权的，应当在提出商标注册申请的时候提出书面声明，并且在 3 个月内提交第一次提出的商标注册申请文件的副本或者展出其商品的展览会名称、在展出商品上使用该商标的证据、展出日期等证明文件；未提出优先权声明或者逾期未提交证明文件的，视为未要求优先权。

第三节　商标注册的申请

商标注册是指商标使用人为了取得商标专用权，将其使用的商标向商标行政主管机关提出申请，商标行政主管机关经过审核登记备案的制度。对申请人来说，商标注册是一种法律行为，必须依照法定程序和条件，向商标主管机关申请注册，方能取得商标权；从商标主管机关的角度看，对申请的审查属于行政许可行为，商标局、商标评审委员会的审查工作关系到相对人的重要民事权益，应当依照法定程序行使职权。

---

〔1〕 黄晖：《商标法》，法律出版社 2004 年版，第 90 页。
〔2〕 黄晖：《商标法》，法律出版社 2004 年版，第 90~91 页。
〔3〕 汤宗舜：《知识产权的国际保护》，人民法院出版社 1999 年版，第 40 页。

一、商标注册申请人

任何民事主体都可以申请商标注册。依《商标法》第 4 条规定，自然人、法人或者其他组织在生产经营活动中，对其商品或者服务需要取得商标专用权的，应当向商标局申请商标注册。不以使用为目的的恶意商标注册申请，应当予以驳回。在过去很长一段时间里，我国《商标法》不承认自然人的商标注册申请人资格。现在，商标注册申请人扩大到自然人，这是《商标法》修改后的结果。允许个人申请商标使广大农村种植户、养殖户和城镇自由职业者有可能成为商标权人，这不仅满足了公民使用商标的要求，更重要的是它尊重个人的市场主体地位，有利于推动城乡经济全面繁荣。实际生活中，个人申请商标主要基于以下一些考虑：计划在 3 年内从事经营活动，先以个人名义注册商标，待正式经营时商标已核准注册，既不耽误使用也可在合伙经营时作为无形资产进行投入；在非营利、公益事业的个人网站上注册个人商标，除了作为认知标识外，还可将商标作为个人资产运作。

申请人也可以是两个以上的自然人、法人或者其他组织。多个主体共同向商标局申请注册同一商标的，共同享有和行使该商标专用权。

外国人在我国申请商标注册的，应当按其所属国和我国签订的协议或者共同参加的国际条约办理，或者按对等原则办理。我国在 1985 年加入了《巴黎公约》，由于《巴黎公约》对于商标的跨国保护有明确规定，公约的成员国已包括了世界上绝大多数国家。因此，我国对待外国申请人主要依据《巴黎公约》的规定，凡属公约成员国的自然人和法人都可以在我国申请商标注册。

申请商标注册或者办理其他商标事宜的国内申请人可以自己直接到商标局办理注册申请手续，也可以委托商标代理组织办理。外国人或者外国企业在我国申请注册商标和办理其他商标事宜的，应当委托我国政府认可的商标代理组织代理。对外国申请人这一程序上的要求是为了保护外国申请人的合法权益，保证商标法律事务的质量和提高商标注册机关的工作效率。其他国家也都对外国申请人规定了强制委托代理制度。

二、商标注册文件

首次申请商标注册，申请人应当提交申请书、商标图样、证明文件，并交纳申请费。

（一）商标注册申请书

第一次商标注册申请应当向商标局提交《商标注册申请书》1 份。《商标注册申请书》应当列明当事人的基本情况，加盖申请人的印章，自然人必须签字。

申请注册的商标应当按规定的商品分类填报使用该商标的商品类别和商品名称。商品分类表是划分商品及服务类别以便商标注册管理的重要依据。我国现采用的是《尼斯协定》。最新调整的尼斯分类从原有 42 类增至 45 类，包括 34 类商品和 11 类服务。[1] 正确填报商品名称服务项目是注册申请工作的重要一步，这有助于注册进程的顺利进行，保证申请人及时获得注册。此外，它还决定了日后商标权的保护范围。

---

〔1〕 "尼斯分类 NCL11-2020 文本中日韩商品和服务类似群编码对照表"，载 http://sbj.cnipa.gov.cn/tzgg/202101/t20z10126_325518.html，最后访问日期：2021 年 12 月 22 日。

（二）商标图样

每一件注册申请应当向商标局提交商标图样 10 份。以三维标志申请注册商标的，应当在申请书中予以声明，并提交能够确定三维形状的图样。以颜色组合申请注册商标，应当在申请书中予以声明，并提交文字说明。商标为外文或者包含外文的，应当说明含义。

（三）证明文件

与申请书同时提交的证明文件包括：自然人的身份证，法人的《营业执照》副本或登记机关颁发的证件。

使用人物肖像作为商标申请注册的，申请人必须提供经公证机关公证过的肖像权人的授权书。

人用药品商标注册，应当附送卫生行政部门发给的《药品生产企业许可证》或者《药品经营企业许可证》；申请卷烟、雪茄烟和有包装烟丝的商标注册申请，应当附送国家烟草主管机关批准生产的证明文件。

办理集体商标注册申请的，应附送申请人主体资格证明和商标使用管理规则；办理证明商标注册申请的，应当提交申请人主体资格证明、国家或者省级主管部门出具的证明申请人对指定的商品或服务具有检测和监督能力的文件。

申请人要求优先权的，应当提交经有关国家主管机关予以证明的优先权证明文件。

三、其他情形的注册申请

商标注册涵盖的范围很广，为取得商标专用权而进行的首次注册是一种最基础的注册，除此之外，需要办理注册手续的商标事务还有下列各项：

1. 另行注册。《商标法》第 23 条规定，注册商标需要在核定使用范围之外的商品上使用的，应当另行提出注册申请。另行注册实际上就是一个新商标的注册申请，因为商标是与商品紧密相连的，注册商标专用权的范围仅限于注册时确定的特定商品上。因此，即使已经注册的商标，如果需要在同一类商品的其他商品上使用，仍然需要提出商标注册申请，以使注册商标专有权延伸至其他商品。

2. 重新注册。《商标法》第 24 条规定，注册商标需要改变其标志的，应当重新提出注册申请。经核准注册的商标标识，即由法律加以特定化，成为注册人商标权的客体，专有权的效力也就限定于该特有的标志，一旦超出这个范围，法律就不给予保护了。改变文字、图形或者标志形状即意味着整个商标的改变，从而形成一个新的商标，因此必须重新注册才能取得该新商标的专有权。

3. 变更注册。《商标法》第 41 条规定，注册商标需要变更注册人的名义、地址或者其他注册事项的，应当提出变更申请。这里所涉及的商标变更是指注册人因某种原因需要改变名义或姓名、地址或者其他事项的，不包括使用商标的商品范围的变更和商标权利的转让。注册人自然状况发生变化应及时进行变更注册，保证《商标注册簿》中的记载与实际情况保持一致，这是维护商标权正当行使所必须的。

4. 转移注册。商标权的转移，是指因商标权人死亡或消灭、法院判决执行质押等原因而发生商标权的转移。根据《商标法实施条例》第 32 条规定，注册商标专用权因转让以外的其他事由发生移转的，接受该注册商标专用权移转的当事人应当凭有关证明文件或者法律文书到商标局办理注册商标专用权移转手续。这里所说的移转手续即转移注册。

第四节　注册申请的审查和核准

一、形式审查

形式审查是对商标注册申请的文件、手续是否符合法律规定的审查。通过形式审查认为文件填写准确、规范，手续齐备的即予以受理，并编写申请号，发给《受理通知书》。

（一）申请日的确定

形式审查的主要目的是确定商标注册的申请日期。申请日以商标局收到申请文件的日期为准，申请人享有优先权的，优先权日为申请日。申请日是一个十分重要的期日，《商标法》实行申请在先原则，如有两个或两个以上的申请人，在同一种商品或者类似商品上，分别以相同或近似的商标申请注册的，申请日的先后就成为确定商标权归属的法律依据。如有两个或两个以上的申请人，在同一种商品或者类似商品上，分别以相同或近似的商标在同一天申请注册的，则按使用的时间确定先申请人。

（二）申请的补正

在形式审查过程中，商标局发现申请文件中存在非实质性问题的，通知当事人加以弥补，例如申请人名称与章戳或证件不一致、申请书未附商标图样等情况。申请人接到商标局的补正通知后，应及时按规定进行补正，并按时将申请文件寄回商标局。

（三）申请的退回

商标局经过形式审查，对申请手续不齐备或者未按规定填写申请书文件的，予以退回，申请日期不予保留。对商标局要求补正的，如申请人未作补正或者超过期限补正的，商标局也予以退回，申请日期不予保留。

二、实质审查

实质审查是对商标是否具备注册条件的审查。《商标法》所说的审查主要是指实质审查。实质审查的内容包括禁止注册的积极条件和在先性等消极条件。

积极条件的审查主要针对商标标志是否可为视觉感知、是否具有显著特征，是否便于识别、是否违反公序良俗等，其判断标准即《商标法》第9~12条的规定。消极条件是指商标与在先权利的关系，如是否与已注册商标的构成相同或者近似，是否是抢注他人已有一定影响的商标等。这方面的审查工作往往与在先权利人或者利害关系人的请求有关。相关内容在前一章有详尽阐述，此不赘述。下面仅就待审商标是否和已注册商标构成相同或近似展开说明：

（一）商标近似

商标相同或者近似是商标法的一个重要概念。明确商标近似的判断标准，是适用商标法的一个重要问题。商标近似的判断标准通常不出现在商标法的条文中，而是表现为从商标实务中总结的一些经验性、惯例性标准。20世纪70年代末，世界知识产权组织对某些国家近似商标的判断标准做了研究，结果表明，所有国家的某些基本标准是十分接近的，例如文字商标的字形、字意和发音近似的判断标准，似乎存在于每个国家的标准之中，即使这些并不是商标法本身所提到的标准。[1] 我国也不例外。在《商标法》实施近 20 年并经过两次修订之后，最高人民法院以司法解释的形式对近似商标认定标准作出了规定。[2]

近似商标是指两个商标相比较，文字的字形、读音、含义，或者图形的构成及颜色，或者文字与图形的整体结构混同、近似，容易使消费者对商品或者服务来源产生混淆。在上述三个要素中，如有一个以上的要素相同或者近似，即构成近似商标。

判断时应遵循以下原则：①以相关公众的一般注意力为标准。②隔离观察。即将商标置于不同的时间和不同的地点进行观察，凡足以造成混淆的商标即为近似商标。③整体观察。应从整体上或者主要部分看商标，凡商标主要部分或整体印象足以令人与另一商标混同的，即应认定为近似商标。

（二）商品类似

商标近似是基于商品的关系而作出判断的，因此，商品类似也是商标上的一个重要概念。

类似商品是指在功能、用途、原料、生产部门、销售渠道、消费对象等某一方面有相同之处或者存在特定联系的商品。例如：冰柜和冰箱、运动服和旅游鞋、照相机与摄像机，上述每组中的两个商品互为类似商品。

类似服务是指在服务的目的、内容、方式、对象等方面相关联，或者存在着特定联系的服务。

判断商品类似或者服务类似，应当遵循下述原则：①相关公众对商品或者服务的认识。②参考商品分类表。《尼斯协定》是为了方便商标注册而设置的供行政主管部门使用的分类标准。判断商品是否类似是以消费者认知为基准的，其目的是解决消费者是否会对两种商品的来源产生混淆，或误以为它们的生产经营者之间具有某种联系。所以，商品分类表不能成为判断商品类似的标准，只能作为参考。即使在商品分类表中为一类商品，如果其在上述几项因素方面有明显区别，也不应划为类似商品；反之，一些消费习惯中密不可分的商品，尽管在分类表中将其划分为不同类商品，也应考虑认定为类似商品。

待审商标经过相对性审查，如果检索出可能和他人在同一种商品或类似商标上已经注册的或者初步审定的商标相同或者近似的，还要进一步仔细分析、对比，最后作出初步审定、予以公告或者驳回申请、不予公告的裁定。

三、初步审定和公告异议

申请注册的商标经过实质审查，凡符合《商标法》有关规定的，予以初步审定和公告。初步审定不等于核准注册，还需要经过公告异议程序才能决定是否核准注册。将初步审定的商标在《商标公告》上公布，这一程序称为审定公告。自公告之日起 3 个月内，任何人都可以对初步审定的商标提出异议，这一程序称为商标异议。异议的

---

〔1〕 李继忠、董葆霖主编：《外国专家商标法律讲座》，工商出版社 1991 年版，第 241 页。
〔2〕 《最高人民法院关于审理商标民事纠纷案件适用法律若干问题的解释》第 10 条。

理由可以是该商标不符合积极条件，也可以是其在消极条件上的缺陷。异议申请人没有限制，既可以是拥有在先权利的著作权人、外观设计专利权人，也可以是与申请注册的商标没有任何利害关系的公民或法人。公告异议程序的目的是征询社会对初步审定商标的意见，实行商标审查工作的社会监督，从而有利于维护有关当事人的合法权益，有助于及时纠正商标审查工作中的偏差。

异议申请由商标局受理。商标局在对异议进行裁定前，必须听取异议人和被异议人陈述事实和理由，经调查核实后作出裁定。当事人对裁定不服的，可以自收到通知之日起 30 日内向商标评审委员会申请复审。当事人对商标评审委员会作出的复审决定不服的，可以在收到通知之日起 30 日内向人民法院起诉。

经裁定异议不能成立而核准注册的，涉及申请人取得商标权的时间从何时起算的问题。如果以核准注册之日起算，注册人的权利取得时间会因异议审查程序而延误，其中也不排除有人利用异议程序故意延迟他人注册日期。对此，《商标法》第 36 条第 2 款规定："经审查异议不能成立而准予注册的商标，商标注册申请人取得商标专用权的时间自初步审定公告三个月期满之日起计算。"这样就避免了因他人不能成立的理由而影响申请人的合法权益。

四、核准注册

初步审定的商标经公告期满无人提出异议或异议不成立的，商标局予以正式核准注册。所谓注册，即指将核准的商标和核定使用的商品在"商标注册簿"上登记、编号，在《商标公告》上刊登注册公告，并向申请人颁发"商标注册证"。商标注册申请人自其商标核准注册之日起成为注册商标专用权人。"商标注册证"是国家商标管理机关发给商标注册人具有法律效力的权利证书，是商标注册人合法使用注册商标的依据。"商标注册证"如果遗失或者破损，应当向商标局申请补发。"商标注册证"遗失的，应在《商标公告》上刊登遗失声明。伪造或者变造"商标注册证"的，依照《刑法》关于伪造、变造国家机关证件罪的规定，依法追究责任。

五、商标评审

商标评审属于商标审查制度的重要组成部分，是指由特定机构对商标争议事宜进行复审的制度。在商标注册申请的审查核准工作中，由于种种原因，不可能保证所有审定公告的商标或核准注册的商标完全符合法律规定。为了保护当事人的合法利益，同时也为加强对商标局确权工作的内部监督，《商标法》设置了商标评审程序。《商标法》第 2 条规定："国务院工商行政管理部门商标局主管全国商标注册和管理的工作。国务院工商行政管理部门设立商标评审委员会，负责处理商标争议事宜。"所谓"商标争议"，指我国商标法上特有的概念，其含义很广，既包括商标权确认过程中商标主管机关与申请人、注册人之间的争议，又包括申请人、注册人与其他平等主体之间因商标权属产生的争议。在商标确权过程中，凡当事人对于商标局作出的驳回申请、异议决定不服的，都可以请求商标评审委员会复审。如果当事人对已经注册的商标认为有注册不当等问题，可以直接请求商标评审委员会予以撤销。

商标评审委员会属于行政司法机构，其处理的争议是与其行政管理事务有关的民事权利争议。由行政机关作为处理民事争议的机构，主要是因为这些争议涉及专门知识。商标评审委员会和商标局都是国家工商总局下设的行政机关，级别相同，互不隶属，但在职能上既相互关联又相互制约。商标局承担着普通程序的商标注册审核（确权）工作，商标评审委员会承担着特殊程序的商标复审（确权）工作。从程序上看，商标评审是商标局审查注册、异议、撤销等程序的后续程序。商标评审委员会作出的评审决定又是人民法院司法审查的对象。

归纳起来，商标评审委员会负责处理的商标争议案件包括：①不服商标局驳回商标注册申请的决定，申请复审的案件；②不服商标局的异议裁定，申请复审的案件；③对已经注册的商标，认为注册不当或者与在先合法权益发生冲突而请求裁定撤销的案件；④不服商标局作出撤销注册商标的决定，申请复审的案件。

商标评审委员会审理商标争议案件实行合议制度，进行书面审理。商标评审委员会设立专家咨询小组，就商标评审中的有关问题听取咨询意见。商标评审委员会作出的评审决定为行政终局决定，当事人不服的，可以自收到通知之日起 30 日内向人民法院起诉。

■思考题

1. 试述注册原则和使用原则两种制度的不同之处以及它们各自的利弊。
2. 如何判断商标近似？如何判断商品类似？

■参考书目

1. 汤宗舜：《知识产权的国际保护》，人民法院出版社 1999 年版。
2. 黄晖：《商标法》，法律出版社 2004 年版。

第二十六章　商标权

■学习目的和要求

　　通过本章的学习，使学生了解注册商标专用权、商标权的不同涵义，掌握注册商标专用权的权能，未注册商标保护的条件和方式。在利益平衡原则的指导下准确理解商标权限制制度，特别是其中的商标合理使用制度。

第一节　商标权的概念

　　商标权是商标法的核心概念，商标法基本的任务就是确认并保护商标权。但是我国《商标法》并没有"商标权"这一概念，而是以"商标专用权"代之。理论上对商标权的含义也各有不同理解。主要分歧在于：商标权的客体仅为注册商标，还是也包括未注册商标在内。

　　我国的商标理论长期以来把注册商标专用权和商标权当作同义语，注册商标被当作商标权的唯一客体。例如，较有影响的观点认为"商标权，是商标注册人对其注册商标所享有的权利"，[1]"法律赋予商标所有人对其注册商标进行支配的权利"，[2] 上述观点都将商标权与注册商标联系在一起，甚至有学者非常明确地指出，"对于未注册商标，只要不是禁止用作商标的标志，也允许使用，但使用者不享有商标权，故得不到法律保护"。[3] 按照上述观点，商标权实际上应是"注册商标权"。长期以来这似乎已经成为我国知识产权法学界的一种"共识"。

　　从商标制度的历史沿革看，商标使用是商标制度产生的基础。商标作为区别来源和表彰质量的手段，是和商品的市场交易联系在一起的，离开商品和商业活动的任何标记都不属于商标。因此，不能仅仅由于选定了某个标记就取得了商标权，一个标记要得到保护，必须通过使用。只有通过使用，一个商标才能实现其功能；只有通过使用，才能产生商标的财产利益并使法律保护成为必要。简言之，关于商标的权利只能通过使用才能取得。早期的商标制度就是在使用的基础之上建立起来的。直到今天，在只承认使用产生权利的国家以及同时承认使用和注册都产生权利的国家里，商标权的客体不只是注册商标，未注册商标也可以受到商标法和反不正当竞争法的保护。

---

　　[1]　张序九主编：《商标法教程》，法律出版社1997年版，第47页。
　　[2]　刘春田主编：《知识产权法》，中国人民大学出版社2000年版，第291页。
　　[3]　张序九主编：《商标法教程》，法律出版社1997年版，第47页。

从现行商标制度来看，将未注册商标排除在保护范围之外的商标法规定和实际情况不符。世界上大多数国家商标法都实行注册制度，即使如此，商标法所保护的对象也并不局限于注册商标。最典型的例子莫过于驰名商标的特别保护。各国遵照《巴黎公约》的要求给予驰名商标某些特殊保护，其目的就是为了保护未注册商标。我国《商标法》经过修订也已经完善了对未注册商标的保护，规定了未注册商标的有条件保护和适度保护。《商标法》第13条第2款规定："就相同或者类似商品申请注册的商标是复制、摹仿或者翻译他人未在中国注册的驰名商标，容易导致混淆的，不予注册并禁止使用。"此规定表明，未注册商标受保护的条件为商标已经知名。虽未注册但已经在中国驰名的商标，其所有人有权阻止他人的注册和使用，这一权利和注册商标享有的专有权利没有实质上的区别。《商标法》第32条规定："申请商标注册不得损害他人现有的在先权利，也不得以不正当手段抢先注册他人已经使用并有一定影响的商标。"此规定同样表明对未注册商标的适度保护，即通过在确权程序中制止不正当抢注，保护未注册商标的合法权益。

商标的生命在于使用。在市场使用中，未注册商标和注册商标具有同样的功能：识别商品来源，表彰商品信誉，促进商品营销。经过使用的未注册商标不仅包含着其所有人的投资利益，也赢得了消费者的认可，对于这样已经具备法律保护基础的商标，如果仅仅以缺少程序条件为由不予以保护，有悖于商标法保护合法使用、维护公平竞争这一实质正义。具有可保护利益的未注册商标的情况复杂而多样，除了极少数可归于商标使用人松懈大意的情形之外，大多数是由于注册受阻久拖不决，如遭受恶意异议，还有些是由于制度设计上的某些缺陷导致商标确权周期较长。对于这样的未注册商标如果排除在法律保护之外，会有可能助长商标领域中的不正当竞争行为。

本书认为，依据商标理论和商标法法律制度的宗旨，商标权应是商标所有人对其商标的使用享有的支配权。商标权的客体以注册商标为主，同时包括未注册商标。商标法以保护注册商标专用权为重点，同时有条件地适度保护未注册商标。商标权在权利内容上分为注册商标专用权和未注册商标的正当权益。注册商标专用权即通常意义上的商标权，包括专用权、禁止权、转让权、使用许可权等。其中，注册商标专用权是一项最基本的权利，其他权利则是由专用权派生而来。未注册商标正当权益是指对抗不正当注册的权利和在先使用权。

第二节　注册商标专用权

一、商标专用权

（一）商标专用权的含义

在我国商标法上，"商标专用权"专门用来描述注册商标受保护的法律后果和状况。"商标专用权"即"注册商标专用权"，所提供的保护无法及于那些未注册的商标。对于注册商标来说，使用"商标专用权"还是"商标权"，似乎并无实质性区别；但对于未注册商标而言，由于不享有"商标专用权"，故而"商标权"这一概念似乎更有法律意义。

专用权即是商标权人对其注册商标享有独占性使用的权利。我国《商标法》将这一权利表述为：注册商标的专用权，以核准注册的商标和核定使用的商品为限（《商标法》第 56 条）。赋予注册商标所有人独占使用权的目的，是为了通过注册建立起来特定商标与特定商品的固定联系，从而促使生产经营者保持商品声誉，保证消费者能够避免混淆并能接受到准确无误的商品来源信息。[1] 商标权人除了自己使用商标外，也可以将注册商标转让给他人或许可他人使用。允许权利人利用其商标，这种效力叫作商标权的积极效力。

"使用"是商标法的一个重要概念，商标权的获得与使用有关，商标专用权的维持须以使用为前提，侵犯商标权的行为也是因为非法使用而构成。因此，何谓商标使用，应由法律做出解释。《商标法》第 48 条规定：本法所称商标的使用，是指将商标用于商品、商品包装或者容器以及商品交易文书上，或者将商标用于广告宣传、展览以及其他商业活动中，用于识别商品来源的行为。

根据这一规定，符合以下情况之一的都属于商标的使用：①直接附着于商品、商品包装或者容器上的使用或者在商业广告、产品说明书等其他商业文件中的间接使用；②注册商标所有人的自行使用或者是商标权人以外的第三人被许可使用、与商标所有人有业务关联的人的使用；③商品或服务经销中的使用或者是产品销售前的使用，如广告宣传。上述任何一种形式的使用，都可满足商标法对"使用"的要求。虽然商标使用的方式有多种，但从使用目的来看，使用商标应当真实有效地使用，能够使商标发挥区别作用，能够提高商标承载信誉的能力。

（二）商标专用权的范围

与财产所有权不同，商标权是一种无形财产权，基于其客体非物质性的特点，法律须对权利范围作出明确划定，以便于权利人正当行使权利，也有利于他人知悉属于私权的领地，避免闯入而造成侵权。商标专用权的范围是从商标和商品两个方面的结合加以界定的。《商标法》第 56 条规定："注册商标的专用权，以核准注册的商标和核定使用的商品为限。"这表明，商标法对注册商标专用权的保护有很强的确定性，以注册登记的事项为准，即核定使用的商品和核准注册的商标文字、图形或者两者的组合，注册商标所有人在此范围内的使用行为可受法律保护。超出核定的商品范围或者改变核准注册的商标形态的使用行为，法律不予保护。

商标保护范围是判断商标侵权行为的基础，只有明确了商标专用权的范围才可能依此认定他人行为是否构成侵权。商标的标识力和区别力是商标的生命所在，对商标的保护实质上就是保护商标的标识功能和区别功能，即商标的显著性。如果他人的注册或使用行为致使消费者不能区分不同经营者提供的商品或服务，导致混淆、误认或欺骗，商标所有人和消费者都将因此遭受损失。因此，他人的行为是否导致发生混淆，是判断其行为是否构成商标侵权的最基本标准，而最有可能导致消费者发生混淆的情形莫过于在相同或类似商品上使用相同或近似的商标。所以只有在商标专用权范围的基础上才能对他人的注册或使用行为是否构成侵权作出判断。

---

[1] 黄晖：《商标法》，法律出版社 2004 年版，第 113 页。

二、禁止权

(一) 禁止权的含义

禁止权即指商标权人有权禁止他人未经许可使用其注册商标。商标权是一种绝对权，具有较强的排他性。排除他人干涉，即禁止他人非法使用、非法印制注册商标以及禁止他人非法销售侵犯注册商标的商品。禁止权和专用权是彼此联系的两个方面的权利，专用权涉及的是商标权人使用注册商标的问题，禁止权涉及的是其他人非法使用注册商标的问题。

使用权和禁止权是商标专用权不可分割的两个方面。一是，专用权是积极权利，禁止权是消极权利。专用权从积极权利方面确认注册人的权利范围，在这一范围内，注册人得自由支配商标及商标权利。禁止权从消极权利方面规范第三人的行为，使之处于一种对注册人的义务、责任状态。第三人的商标活动在这一约束之下，保证了专用权的实现。如若没有专用权作为基础，禁止权的行使便无法律依据，而没有禁止权，专用权的实现则失去了保障。具体而言，假如没有专用权界定商品范围和标识的范围，第三人的使用行为是否构成侵犯注册商标专用权便无从界定；假如不能排除他人对注册商标的非法使用，注册人的专有使用权就会形同虚设。二是，专用权是一种实体权，禁止权是一种请求权。在注册商标的专用权没有受到他人的干涉和侵害时，商标注册人就不需要提出针对特定人的请求权。其注册商标事实上的状态和应然状态是一致的。但只要有人侵入了专用权的保护范围，并由此使注册人的权利受到损害，商标专用权就有了针对特定人的特征，注册人就可以要求停止侵害和赔偿损失，即行使禁止权。这时，禁止权是以请求他人不作为的形式来保护商标专用权的应有状态。从上述意义上讲，禁止权来源于专用权，是专用权的对象化，故禁止权不可脱离专用权而独立存在。将禁止权单独出来的意义在于：有权利便有救济，商标专用权的实现在执法层面体现为禁止权，即请求权的行使，没有禁止权的参照，专用权的存在便无以体现。

(二) 禁止权的范围

禁止权的效力范围大于专用权的范围。根据《商标法》第 57 条之规定，对于未经商标注册人的许可，在同一种商品或者类似商品上使用与其注册商标相同或者近似的商标的，均有权禁止。这就是说，禁止权的效力范围及于"类似商品"和"近似商标"。

禁止权的效力范围宽于专用权的范围是由商标法防止混淆的基本宗旨决定的。试想，为了保障商标权人的专用权，仅仅排除他人使用该注册商标是否能够达到目的呢？显然不能，因为近似的标识和标识对象的类似都会使人发生辨认困难甚至产生混淆。如果允许其他人在与注册商标近似的范围内和与核定商品类似的范围内使用商标，是无法实现商标法制止混淆以保护商标权人的权利和维护消费者权益的目的的。正如实际当中反映出来的那样，利用商标近似制造混淆从中获利，是一种惯用的侵权手段，大量近似商标的存在必然对注册商标所有人的合法权益造成直接损害。从消费者利益考虑，在近似的范围内使用商标极易造成混淆甚至上当受骗，如果容忍在类似商品上并行使用若干近似商标，以致消费者非悉心辨认不可免除混淆和受骗，商标就失去了其本来意义。

三、许可权

使用许可，是指注册商标所有人将其对注册商标的专用权许可他人行使。许可他人使用注册商标是商标所有人利用商标权的一种重要方式。行使此项权利的法律形式是商标所有人作为许可人与被许可人签订许可使用合同。对此类合同的详述见第二十八章。

四、转让权

转让，是指注册商标所有人将其对注册商标的所有权转移给他人所有。注册商标转让的法律后果是商标权利主体变更。转让权是商标所有人对其商标权最重要的一种处分方式。转让注册商标，应由双方当事人签订合同，并应共同向商标局提出申请，经商标局核准公告后方为有效。关于此类合同，详述见第二十八章。

第三节　未注册商标的法律地位

商标注册制度决定了法律保护的对象主要是注册商标，未注册商标有条件的适度保护是这一制度的例外。一般的未注册商标，法律并不予以保护，有条件保护即指对未注册商标中的驰名商标和有一定影响的商标，在注册制度之外给予特别保护。

一、保护未注册商标的必要性

一个商标受到保护的并不是它的标识，而是它和市场上商品之间的联系、和商品生产经营者之间的联系。这种联系就是商标声誉和商标所有人的利益所在。一个商标是否为公众所知享有声誉，是在市场竞争中形成的一种客观事实，跟它是否注册并无直接关系。事实上，商标一旦驰名之后，更容易受到不正当竞争行为的侵害，因此，对驰名商标的保护应该成为商标法律的重点。追溯保护驰名商标的法律渊源，最早出现在《巴黎公约》1925 年修订文本中，后逐步形成公约有关驰名商标的规定即第 6 条之二。《巴黎公约》增订驰名商标条款的根本原因在于考虑到由于商标注册的地域性，某些商标没有在请求保护国注册，但事实上已经广为人知。从商标的功能和消费者的利益出发，商标已经驰名了，消费者也认为它是一个特定来源标识了，因此有必要制止与其相抵触的商标注册。按照《巴黎公约》的要求，成员国对驰名商标给予的保护应当是，按照其所有人的请求拒绝或取消与其相同或近似商标的注册。由此可见，驰名商标保护的精髓正是未注册商标。《巴黎公约》第 6 条之二的规定是协调注册制度和使用制度两种确权制度相互冲突的产物，是在普遍实行以注册确定商标权的情况下，对未注册商标采取的一个有限例外。

从实际情况来看，未注册商标只是在程序上未完成注册，它们当中有的是外国商标在其原属国或者其他国家已经注册，但在中国来说这个商标是一个未注册商标。有的是中国企业的商标，其未注册的情况也很复杂，既有未提出注册申请的，也有注册申请被驳回的，更有许多商标是处在注册程序之中尚未获得核准注册的。最后一种情况现实中已十分普遍，一个商标早已提出注册申请，却因在注册程序中遇到商标异议、商标评审等争议解决程序，致使商标久久不能获准注册。而这个商标早已使用，商标所有人在商标上的投入也日益增多，已形成了商标上的财产利益。如果对这种正当利益法律不能给予适当保护，显然是不利于商标的合法使用，不利于维护市场公平竞争秩序的。

二、保护未注册商标的条件

注册取得权利是商标法的一项基本原则，这一制度选择不是偶然的。注册制度对于权利归属和权利范围具有公示公信、高效便捷的优点，同时它固有的弊端也需要从不同角度加以弥补。保护未注册商标就是在坚持注册制度前提下实行的一个例外。因此，未注册商标的保护需要满足一定条件，否则，就可导致未注册商标保护的泛化，从而动摇注册制度作为商标法的根基的地位。

（一）驰名商标

《巴黎公约》提出保护驰名商标，其本意是保护未注册的驰名商标。驰名商标所有人可以通过商标异议或者撤销程序对抗他人对冲突商标的注册申请，并可以禁止他人使用。这是对注册原则的补充。由于凭借商标的知名度可以对抗他人对冲突商标的注册和使用，因此认定一个商标是否已经驰名成为对驰名商标进行保护的前提。对驰名商标的认定主要依据商标的使用情况。根据有关国际公约和国际惯例，我国《商标法》第14条规定了认定驰名商标应当考虑的几个主要因素：相关公众对该商标的知晓程度；该商标使用的持续时间；该商标的任何宣传工作的持续时间、程度和地理范围；该商标作为驰名商标受保护的记录；以及该商标驰名的其他因素。关于驰名商标认定问题的详述，参见本编第二十九章。

（二）有一定影响的商标

有一定影响的商标在知名度上未达到驰名商标的状态，但它在一定范围内为相关消费者所知，具有一定知名度。判断一个商标的影响力如何，首先要看它是否已经"使用"。使用是商标财产化的基础，也是商标为消费者认知的必经途径，因而这里的"使用"应当作严格解释。首先，应当是实际使用，即商标附着于行销市面的商品或服务的使用，而不仅仅是将商标用于广告宣传或其他交易文书中；其次，是公开使用，即以普通消费者可以接触到、可感知的方式使用，而不仅仅是在生产或销售活动中商标所有人和相关联企业的内部使用；最后，是持续使用，带有商标的商品在市场上连续销售一段时间，如至少6个月以上，时间太短，不足以达到被相关消费者认知的程度。总之，有一定影响和商标的商业使用密不可分，在使用过程中，商标的声誉才能得以积累，而这种声誉正是商标财产性质的基础，没有这一利益基础又未获得注册的商标，便没有给予法律保护的理由。

三、对未注册商标的法律保护

（一）禁止注册和使用

我国《商标法》对符合一定条件的未注册商标予以保护。《商标法》第13条第2款规定，未注册的驰名商标，该商标所有人有权禁止他人就相同或近似商标的注册，并有权禁止使用。《商标法》第32条规定，未注册商标是有一定影响的，该商标所有人有权禁止他人不正当抢注。另据《商标法》第15条之规定，被代理人或被代表人有权禁止代理人或代表人抢注或使用其未注册商标，此项禁止权可以通过商标异议或者撤销程序行使。禁止使用的权利可以通过向法院提起民事诉讼或者请求工商行政管理部门查处的途径得以实现。

（二）先使用权

先使用权是指，某个商标虽由他人取得注册，但在其申请注册前已经有一定影响或者已为驰名商标，该商标的先使用人可在原有范围内继续使用，不受注册商标专用权的拘束。

先使用权的目的是保护已经享有信誉的非注册商标使用人的利益，[1] 也是对"注册商标"和"申请在先原则"的一个重要补充。如前所述，注册制度和申请在先原则有使成立的商标权稳定、权利主体和权利范围明确等优点。但是，如果先使用的商标已享有信誉，具有财产价值，仅仅因为未取得注册而使善意使用该商标的人丧失已取得的利益，似不公平。这就需要法律在一定条件下对两者的利益作以调整。既要坚持和维护商标注册制度，又要给予已驰名或有一定影响的未注册商标适度保护。"禁止注册和使用"赋予未注册商标所有人消极权利，但是这些"禁止权"还不能使先用人的利益得到充分保护。而先使用权是积极权利，对于平衡利益具有积极作用。当然，先使用权应当符合一定条件，包括但不限于：①在他人申请注册前，已对该商标进行实际使用并持续一定时间。先使用权成立的条件是已经实际使用并产生一定影响。"实际使用"要求在特定产品或服务上使用，与消费者有直接联系。使用期间应以消费者知悉、认可该商标的必要时间为基准。②在他人商标注册前，先使用的商标已在市场上产生一定影响，为相关消费者所知悉。在考虑该商标是否具有一定影响时，使用期间是一重要参考因素。"一定影响"是一个较为主观的标准，原则上应当把握在商品主要销售地相关公众中为人所知。③继续使用的范围应限于原使用商品上。先使用权的效力为继续使用。本来，未注册商标在相同或类似商品上使用是注册商标专用权所禁止的，但如果具备上述条件则可允许先使用人继续使用。"继续使用"所保护的是既有事实，因此使用人不得以任何形式扩大使用范围。④继续使用必须基于善意。如按照商标专用权人的要求，在使用该商标的同时附加适当标识加以区别，避免造成消费者混淆。此外，先使用权所涉及的商标应当是属于自己的商标，如果商标是许可人、被代理人的，即使使用该商标的时间再长也不能取得先使用权。

（三）未注册商标的其他法律保护

未注册商标的范围很广，"任何一个能够将企业的商品或服务与其他企业的商品或服务区别开来的标记或标记的组合，均应称为商标"。商品上具有显著特征的商业标志都可视为商标，如商品名称、包装、装潢均属于此类商业标志范围，且属于未注册商标。对这样一些未注册商标，不仅有商标法提供保护，还有反不正当竞争法的保护。我国《反不正当竞争法》第6条第1款第1项规定"他人有一定影响的商品名称、包装、装潢"，从标识功能和市场作用来看，实际上就是未注册商标。反不正当竞争法的保护和商标法一样，需要满足一定的条件，譬如：商品为知名商品，而非普通商品；商品名称、包装等为特有的，而非通用的。此外，两个法律的保护方式也有共同之处：一个未注册商标能否得到保护，保护的范围多大，这些都需要在个案中加以确定。

---

〔1〕　［日］纹谷畅男编：《商标法50讲》，魏启学译，法律出版社1987年版，第233页。

第四节 商标权的续展和终止

一、商标权的续展

（一）续展的概念及意义

商标权的续展又称注册商标的续展，是指通过法定程序延续注册商标的有效期限。注册商标的有效期为 10 年，自该商标上一届有效期满次日起计算。在有效期内，商标注册人对该商标之利用享有排他性权利，有效期届满，商标注册人的权利即告终止。但是续展可使商标权继续维持。因此注册商标续展制度的作用在于将有期限的商标权延续下去。

商标权续展还可以补充其他知识产权保护的不足。带有技术含量的产品或方法可以申请专利保护，但防止他人仿造专利品只有 20 年或 10 年的效力。如果产品进行商标注册并且及时续展，就可以借助商标权继续保持对产品销售市场的垄断。产品外观设计除了专利保护之外还可以申请立体商标注册并续展以延长保护期限，以防止他人在专利保护期 10 年届满后任意仿造。续展制度还有利于企业为培育驰名商标而注重对商品和服务质量改进的提高，从而有利于维护消费者利益和建立市场公平竞争的秩序。

（二）续展注册

续展注册商标应依法履行必要程序。续展注册应当在注册商标有效期届满前 12 个月内办理，这 12 个月为续展期。如果在续展期未能提出续展注册申请的，可再给予 6 个月的期限，在此期限内商标所有人仍可以申请续展注册，这 6 个月称为宽展期。如果在宽展期仍未提出续展注册的申请，宽展期届满后，商标局则注销该注册商标。该注册商标的所有权利即在有效期届满时自动失效。法律之所以规定续展期，旨在慎重地保护商标所有人的权利，使商标所有人不至于因不可抗力或者其他正当事由错过时机而丧失商标权。

进行续展注册时，每一个申请都应当交送"商标续展注册申请书"1 份，商标图样 5 份，并交回原来的"商标注册证"，并按规定缴纳费用。商标局收到续展注册申请后，原则上不进行实质审查，而只是对续展注册申请进行必要的形式审查，认为符合规定的，即予以核准，并将原来的"商标注册证"加注返还，并予以公告。如果认为不符合规定的，不准其续展，并以书面形式驳回申请。申请人对商标局驳回续展注册申请不服的，还可以申请复审。

二、商标权的终止

商标权的终止，是指因法定事由的发生，注册商标所有人丧失其对注册商标的权利。注册商标因注销或者撤销而终止。

（一）因注销而终止

注销指商标局对注册商标所有人自愿放弃或因故不能使用注册商标的事实的确认行为。注销注册商标须由商标局备案，并予以公告。注册商标在下述情况下，因注销而终止：①未申请续展注册。注册商标有效期届满，宽展期已过，而商标所有人仍未提出续展申请的；或者虽提出续展申请，但被依法驳回续展注册申请的。②自动放弃。

商标权可以自由放弃，放弃权利时须办理注销手续。申请注销注册商标或者注销其商标在部分指定商品上的注册的，应当向商标局提交商标注册申请书，并交回原"商标权注册证"。③主体消亡。商标权如无继承人或者继受人的，商标权随之被注销而终止。商标注册人死亡或者终止，自死亡或者终止之日起1年期满，该注册商标没有办理移转手续的，任何人可以向商标局申请注销该注册商标。

（二）因撤销而终止

撤销指因商标注册人未遵守注册商标使用的规定而导致其商标权消灭。具体地说，包括以下两种情形：①违法使用注册商标。违法使用主要是指这样的行为：自行改变注册商标；自行改变注册商标的注册人名义、地址或者其他注册事项的；自行转让注册商标的。这些使用行为超出了商标保护范围，影响了商标作用的正常发挥，容易引起出处混淆或质量误认，因此为了维护商品交易秩序，可由商标局撤销该注册商标。②不使用。商标取得注册后不使用，将妨碍他人使用该商标，无法使商标发挥其本来的作用，甚至还可能给"商标掮客"造成可乘之机。为了避免这种弊端，《商标法》规定在3年期限内未予使用的注册商标，可由商标局予以撤销。撤销注册商标是较为严厉的行政处罚，故只有当违法使用行为较为严重，拒不改正的，才可给予撤销注册的处罚。

注册商标被注销或者撤销的，其商标专用权即时终止。但是为了防止发生商品出处的混淆，自撤销或者注销之日起1年内，对与该商标相同或者近似的商标注册申请，不予核准。这样规定并非保护已被撤销的或注销的商标，而是从保证商标正常发挥作用和维护消费者利益的角度出发，避免造成不必要的混淆。如果被撤销的注册商标是连续3年停止使用的，则不受上述限制。

（三）因无效而中止

此种情形是指商标本不具备注册条件但取得注册的，通过注册商标无效程序使商标权归于消灭。注册商标无效的原因有以下几种：①不以使用为目的的恶意商标注册；②注册商标含有禁止使用的标志；③以不正当手段取得注册；④与在先权利冲突；⑤损害驰名商标。（详见第二十七章"商标注册的无效"）

第五节　商标权的限制

商标权限制，是指在某些情况下注册商标所有人享有的权利因与他人正当权利和公众利益产生冲突，为了协调权利人与社会公众利益之间的关系，而对商标权的行使和保护作出的必要约束。

商标权利限制主要分为合理使用和非商业性使用。大部分国家的法律都只明文规定了商标在商业上的合理使用。非商业性使用的法律依据为商标法以外的法律，如宪法关于言论自由的规定，市场竞争法保障商品正常流通的基本理念等。此外，商标权利限制还包括权利用尽和比较广告。

一、合理使用

合理使用是指他人在经营活动中以善意、正当的方式使用描述性商标的，不视为侵犯商标专用权的行为。允许经营者对描述性商标进行使用，是现代商标法权利限制中最为常见的一种。世界贸易组织《知识产权协定》第 17 条对此作了一个原则性的规定，成员可以对商标权规定有限的例外。诸如描述性词汇的合理使用，只要此种例外考虑了商标所有人和第三人的合法权益。如我国《商标法》第 59 条第 1 款规定：注册商标中含有的本商品的通用名称、图形、型号，或者直接表示商品的质量、主要原料、功能、用途、重量、数量及其他特点，或者含有的地名，注册商标专用权人无权禁止他人正当使用。所谓"商标合理使用"可分为两种情况，一种指对商标的叙述性使用，一种指对商标的指示性使用，分述如下：

（一）叙述性使用

合理使用作为一种最重要的侵权抗辩事由，主要针对描述性商标。描述性商标通常由直接表示商品质量、主要原料、功能、用途等通用名称的普通词汇构成，或者是含有地名的商标。尽管描述性商标经过使用可能产生"第二含义"，获得商标注册，但这仍无法改变描述性商标缺乏显著特征的本质。也就是说，描述性商标在取得"第二含义"的情况下，它的"原有含义"并未消失，由于该商标所用的文字词汇是惯常的、公用的，因而不可避免地被人在原有意义上进行使用，用来说明商品的质量、主要原料、功能、用途及其他特点。例如，通化是行政区划名称，不具有商标应具备的显著特征。由于历史的原因，通化二字被某一企业作为商标注册。但是吉林省通化市的企业在他们生产的商品上使用"通化"二字以表明商品真实产地，是完全正当的、合理的。如果描述性词汇被垄断起来，社会就失去了一个公有物。从商标注册人的角度看，既然选择了一个不适宜独占的公有物作为权利客体，那么就没有理由对其能获得的保护期望过高。因此，对描述性商标应当有必要的权利限制，否则，会妨碍其他经营者对公共资源的使用，商标法上的获得显著性规则也就会因此而失去存在的合理性。叙述性使用作为商标权利的例外，就是允许商标权利人以外的经营者对描述性商标做善意、正当地使用。

认定描述性使用需要考虑以下几个因素：①不可避免地使用。商标注册人以外的经营者使用该商标的目的是说明本商品的型号、质量、主要原料、功能、用途、数量及其他特点，如不使用则无法真实说明产品或服务。②使用是善意的。仅仅使用为了说明产品或服务所必需的文字、词汇，并未涉及商标中其他成分，并同时标有自己的商标；使用方式中不含有与商标注册人之间存在某种关系的任何暗示。

（二）指示性使用[1]

指示性使用是指为指明产品、服务的种类而使用他人的商标。允许指示性使用主要考虑到消费者对于与产品有关的真实信息的需要，以及某些行业惯例。指示性使用多见于零配件销售、保养维修（汽车、电子消费品的维修服务），例如"大众汽车维修""联想耗材营销"，这种店铺名称或服务招牌中使用商标是为了表明本店经营的零部件、耗材及服务项目，即属于指示性使用。指示性使用例外也须满足一定条件，不得使人误认为该经营与商标所有人有商业上的联系，尤其不得使人误以为他是商标所

---

[1] 参见黄晖：《商标法》，法律出版社 2004 年版，第 170~172 页。

有人的特约经销商。《商标法》及《商标法实施条例》没有明确指出这种例外性使用，但为了解决一些地方的汽车零部件销售商店、汽车维修站点未经商标所有人许可，擅自在店铺的招牌上使用某些中外汽车企业的注册商标的问题，国家工商总局曾于1995年发出通知，要求：汽车零部件销售商店、汽车维修站点，为了说明本店经营汽车零部件品种及提供服务的范围，应直接使用叙述性的文字，如"本店销售某某汽车零部件""本店维修某某汽车"等字样，字体应当一致，不得突出其中的文字商标的部分，也不得使用他人的图形商标或单独使用他人的文字商标。此外，作为招牌、企业名称使用的，应当经过商标注册人允许。这些规范性规定的出发点是在保证避免消费者混淆，维护商标专用权专有性的前提下，合理使用商标指示商品种类和服务范围。

二、比较广告

比较广告里对商标的使用属于权利限制的一种。比较广告是指使用人在广告中将自己的产品与商标所有人的产品相媲美。[1] 比较广告是后来的竞争者进入市场的一种手段，它借助一个消费者熟悉的商品和自己的进行比较，而广告中往往会涉及商标。比较广告具有两面性：有利的一方面是，向消费者提供更多的信息，从而有利于消费者了解商品作出选择；不利的一面是，它可以用来攀附名牌提高自己，还可能会出现贬低他人抬高自己的现象，因而给被比较的经营者造成损害。权衡比较广告的利弊，对涉及商标的比较广告各国立法多采取肯定其合理性同时附加一系列限制的态度。例如美国，对于利用竞争对手的商标所做的广告一般认为并不构成对商标的侵权，因为这种使用不会产生商品来源的任何混淆。一般而言，商标权人无理由阻止他人在广告中使用其商标。

我国法律对比较广告没有正面规定，即并未一概禁止比较广告。考虑到比较广告具有的两面性特点，实践中只要是不违反下列原则的比较广告应当允许：①对比内容真实、客观、全面；②不得造成对竞争对手商业信誉和商品声誉的贬低、损害。

三、商标用尽

商标用尽也称为商标权利用尽，是指经商标所有人或其本人同意将带有商标的产品投放市场后，任何人使用或销售该产品，商标权人无权禁止。易言之，带有商标的商品投放市场后，商标权人的权利即告终结，再无权以商标权禁止在该商品上使用商标。商标权的核心是专用权和禁止权，商标权人有权排除他人在可能引起混淆的情况下，在相同或类似的商品或服务上使用与注册商标相同或近似的商标。然而，一旦商标所有人自己或许可他人使用了商标并将商品售出，任何人均可在贸易活动中继续使用该注册商标销售商品，因为商标权人已经行使了他应有的权利，权利因行使而穷竭了。由此可见，商标用尽的意义在于保障商品正常流通，保证交易安全。如果没有商标用尽的限制，商标权人可能利用商标控制商品流通，分割市场，保持垄断地位或维持高价。这对其他经营者以及消费者来说显然是不利的。

商标权利用尽后其他人可在贸易活动中继续使用该商标分销或转销已经售出的商品，但须以该商品未发生变化、未经过重新包装为条件。因为在流通过程中重新包装

---

〔1〕 参见《欧洲联盟理事会关于误导广告和比较广告的指令》第2条第2款之二对比较广告的定义。

或改变商品都容易破坏商标指示来源和保证质量的功能，同时对消费者来说，根据熟悉的商标而选择的商品并不是所期望的，势必影响对商标的信赖程度。

四、非商业性使用

合理使用、比较广告、商标用尽都属于商标的商业性使用。在符合一定条件的情况下，上述商业性使用即构成侵犯商标权之例外。除此之外，商标还可以被用于非商业性使用，即与标识商品或服务无关的使用，这类使用通常属于商标侵权之例外。

(一) 新闻报道及评论

商标的非商业性使用主要发生在新闻报道及评论当中。新闻报道和新闻评论中提及商标是一种正当使用，一般不得视为对商标权的损害。新闻媒体在新闻报道和新闻评论中不可避免地提及某个商标，即使是对该商标商品的批评指责，只要基于事实进行客观报道和评论，商标所有人都不能以商标侵权为由阻止此种非商业性使用。如果媒体的报道严重失实，批评不当，构成新闻侵权的，商标所有人可依法维护自己的名誉权。

(二) 滑稽模仿

滑稽模仿是对一部严肃作品进行的荒唐可笑的模仿。在著作权领域，滑稽模仿可能被认为是演绎作品的一种。与一般演绎作品所不同的是，滑稽模仿借助于一个作品，通过对其片段、人物对话或者特定情节进行调侃或嘲弄，以达到幽默或讽刺的效果。正是由于滑稽模仿具有讽刺性，就出现了可能引起著作权人指控侵犯著作权的问题。在一些国家，滑稽模仿被列入著作权的限制范围内，条件是这类模仿不应是原作品的复制品、不应与原作品混淆并不得损害其声誉，例如法国。[1]

商标一般不涉及滑稽模仿。但是当一个商标驰名以后或者代表着某种社会观念、生活时尚的时候，可能会成为模仿者的模仿对象或者批评讽刺的目标，这在国外已不乏其例，国内也已经出现这种现象。例如，在影视作品或者文艺表演中借用一个商标，对其进行诙谐可笑的演绎，从而达到喜剧效果。某部贺岁片中，剧中人物多次拿现实中的某些著名商标演绎、搞笑。"报喜鸟"被说成是"报丧鸟"，"娃哈哈"说成是"乐哈哈"。听到这样的字眼观众很容易将影片中虚拟商标与现实生活中的某个商标相联系。这种情形就叫作商标滑稽模仿。在滑稽模仿中，喜剧效果的出现是由模仿和被模仿对象之间的强烈反差形成的。模仿所追求的喜剧效果是否能够实现，取决于被模仿对象的知名度，越是广为人知的，越是容易产生联想和共鸣。因此可以说，对商标的滑稽模仿主要与驰名商标有关。

从滑稽模仿的特征来看，所突出的是模仿与被模仿对象不同，强调二者之间的区别。同时，被模仿商标并非用于商品或服务的交易活动中，使用的方式不是作为识别标记。这就决定了商标滑稽模仿并不存在混淆的可能，因此很难将其认定为侵犯商标权的行为。但应注意的是，除了混淆的危险以外，商标滑稽模仿可能会造成对驰名商标的玷污，贬低驰名商标的声誉。例如，如果一个 T 恤衫的销售者在其商品上印有 "I like cocaine"，并且其书写风格就像可口可乐 (Coca-Cola) 的广告语。这里的问题不在

---

[1] 《法国知识产权法典》第 122-5 条 (4)。

于商品来源混淆，而是讽刺的问题，也就是说，滑稽模仿是非竞争对手，商标所使用的对象也不是竞争性商品，因此大多数消费者并不会认为可口可乐公司是该 T 恤衫的生产者或者许可人（产生混淆）。但是法院可能会因为这个滑稽模仿污损了可口可乐的商标，而使可口可乐公司获得法律救济。[1] 可见，只有在不存在混淆的可能，也不会造成对驰名商标声誉损害的情况下，商标滑稽模仿才是商标侵权行为的例外。

■思考题

1. 商标权包括的权利内容有哪些？
2. 对于未注册商标给予保护的条件是什么？商标法应如何完善对未注册商标的保护？

■参考书目

1. 张序九主编：《商标法教程》，法律出版社 1997 年版。
2. 刘春田主编：《知识产权法》，中国人民大学出版社 2000 年版。
3. 〔美〕威廉·M. 兰德斯、理查德·A. 波斯纳：《知识产权法的经济结构》，金海军译，北京大学出版社 2005 年版。

---

[1] 参见〔美〕威廉·M. 兰德斯、理查德·A. 波斯纳：《知识产权法的经济结构》，金海军译，北京大学出版社 2005 年版，第 205 页。

第二十七章 商标注册的无效

■学习目的和要求

通过本章的学习，学生应掌握导致商标注册无效的两类事由：违反绝对条件无效和违反相对条件无效，以及注册无效的效力。学生还应对宣告注册商标无效的程序有所了解。

第一节 商标注册无效的概念

商标注册的无效，是指商标不具备注册条件但取得注册的，依法定程序使其商标权归于消灭的制度。注册无效或称商标权无效是一种通行的制度，依各国法律，注册无效的事由分为两大类：①不符合显著性等绝对条件；②不符合相对性条件，如与在先权利冲突、损害驰名商标等。在宣告注册无效制度之外，撤销注册也可使商标权归于消灭，但撤销注册在请求事由、请求主体、审查机构和撤销程序以及撤销之效力方面，均与注册无效有所不同，属于两种性质不同的问题。

在2013年《商标法修正案》通过之前，我国《商标法》未区分商标权无效和商标权撤销两种制度。2013年修订后的《商标法》明确区分了商标权的无效和撤销。现行《商标法》使用商标权无效或者宣告注册无效的概念。依《商标法》第44条规定，导致注册商标无效的原因有五种：①不以使用为目的的恶意商标注册；②注册商标含有禁止使用的标志；③以不正当手段取得注册；④与在先权利冲突；⑤损害驰名商标。关于注册无效的审查机构，《商标法》规定由商标评审机关负责。如果注册无效的请求发生在商标侵权纠纷案件中，受理法院并不对商标权效力进行审查，请求人应当另向商标评审机构请求撤销涉案注册商标。除了注册无效之外，《商标法》在"商标使用的管理"一章中又规定了注册商标因不使用、违法使用而引起的撤销注册。这种撤销注册是对商标违法行为的处罚。由此可见，我国《商标法》中"注册商标撤销"既包括本属于注册无效的情形，也包括商标管理意义上的撤销注册。而对于上述不同情形均称为"撤销"，不仅造成概念表述含糊不清，不利于人们学习和掌握，而且混淆了两种性质完全不同的制度，影响了对法律的正确理解和适用。本书特使用注册商标无效的概念，从理论上对我国《商标法》第41~43条之内容加以整合，阐述注册商标无效制度。而对于商标使用管理中属于行政处罚措施的"撤销注册"，本章不予讨论。

第二节 因违反绝对条件而无效

一、违反禁止性规定

违反商标构成的禁用条款是导致注册无效的主要原因之一。商标标识包含了不得使用的文字、图形或其他标志，因而不具有合法性，这样的商标是不应当给予注册的。

《商标法》第10条列举了8项禁用标志，它们分别属于：国家及国际组织的名称或标志、官方标志、有碍于公共秩序、带有不良影响的标志。这些是商标注册的绝对条件，禁用标志既不得作为商标注册，也不得作为商标使用。已注册的商标含有其中任何一项的，其注册都应被宣告无效。

《商标法》第11条规定禁止仅有本商品的通用名称、图形、型号和仅仅直接表示商品内在因素的标志作为商标注册。但这些标志不是绝对被禁止注册，当它们经过使用取得显著特征，便于识别时，可以考虑作为商标注册。不过，由于申请注册时并不要求申请人提交商标已使用的证明，此类申请有可能被驳回、异议，因而只有在后续的复审或异议审查程序中才对该标志是否已取得了显著特征进行确认。此类标志获得商标注册后，任何人可依据《商标法》第11条的规定请求该商标注册无效。

《商标法》第12条是关于三维标志（立体商标）的规定。三维标志可以作为商标，但功能性三维标志，即仅仅是由商品自身性质产生的形状、为获得技术效果而需有的商品形状或者使商品具有实质性价值的形状，不得作为商标注册。如果上述三维标志已经被注册了，就含有被宣告无效的原因。

上述违反绝对条件的商标，由于审查人员认识水平的局限性或者技术上的原因而不当注册的，在所难免。商标无效制度存在的理由正是为了使这些本不应当注册的商标经过法定程序归于消灭，从而保障商标注册的正当性、合法性。

二、以不正当手段取得注册

以欺骗或者其他不正当手段取得注册的行为，主要表现为下述情形：

1. 虚构、隐瞒事实真相或者伪造申请文件及有关文件进行注册的。例如，申请人伪造营业执照、涂改经营范围、伪造注册所需的其他证明文件等均属虚构、隐瞒事实真相。

2. 其他以不正当手段取得注册的情形。在实践中还有其他一些不当注册的情形，商标评审委员会需要根据具体情况进行认定、评审。[1] 其中，转让不当的注册商标亦属注册不当商标。转让不当大致可以分为两种情形：转让过程中有不当行为；转让后可能产生误认、混淆或者其他不良影响。转让不当，是指转让人或者受让人伪造申请文件。例如，转让人用药品、烟草制品的注册商标的，受让人也必须具有合法的主体资格。受让人如未提供有效的证明文件，甚至其提供的卫生行政部门发给的证明文件或者国家烟草主管机关批准生产的证明文件已经失效或者伪造、涂改了有关证明文件而获准转让的注册商标，即属于转让注册不当。因转让而产生误认、混淆或者不良影

---

[1] 国家工商行政管理局商标评审委员会编著：《商标评审指南》，工商出版社1996年版，第35页。

响的，按照规定，商标注册人对其在同一种或者类似商品、服务上注册的相同或近似商标，必须一并办理转让。如仅转让部分商标，在市场上就会有两个以上的商标权利人，在相同或类似商品上使用相同或近似的商标，这就将会有可能造成消费者对商品的误认误购。

商标中含有地理标志的，易使人联想到产地。当处于异地的受让人取得该类商标之后，就会出现产地标识与商品真实来源地不符的情况，从而误导公众。此类商标的转让也可能产生转让不当的问题。

续展注册是对原注册商标权利的延续，一般说来不应当发生续展注册不当。但由于历史的原因，存在着极不规范的商标，在续展注册中亦可能因未注销这些商标的注册而出现续展注册不当的情形。

第三节　因违反相对条件而无效

注册商标损害他人合法在先权利，是导致其被宣告无效的重要原因。《商标法》第32条规定，申请商标注册不得损害他人现有的在先权利，也不得以不正当手段抢先注册他人已经使用并有一定影响的商标。该条规定没有对在先权利作出列举。概括地讲，凡是可用作商标的文字、图形、图案以及立体标志都可能成为在先权利的客体。在先权利包括但不限于著作权、外观设计专利权、商号权、原产地名称权，以及姓名权、肖像权等。此外，已经使用并有一定影响的未注册商标，尤其是驰名商标，在一定条件下可构成商标法保护的正当权益。文字图形等符号的抽象性、公共产品特性决定了它们可在同一时间里被不同主体占有利用，因而导致权利冲突。解决权利冲突的基本原则是尊重在先合法权利。据此，凡与在先合法权利抵触的注册商标，应依法被撤销。商标评审实务中，与"在先权利"冲突是撤销注册的最有力的事实依据。

一、他人的在先权利

（一）著作权

著作权的客体为作品，其中可作为商标注册的可视性标志主要是绘画、书法、摄影。从权利产生的方式看，著作权自作品创作完成之日起产生，而商标权须经注册而取得。这就决定了在同一对象物上的著作权往往先于商标权产生，成为"在先权利"。如果他人创作的作品仍处于著作权保护期内，商标注册申请人未经许可即将该对象作为商标注册，就可能会侵犯在先著作权。

（二）外观设计专利权

外观设计专利权的客体是指在中国取得外观设计专利保护的色彩、形状、图案或者其组合。外观设计本身可以成为著作权保护的作品，当其与产品相结合，成为装饰美化产品的外观并能够在工业上制造时，又可成为专利保护的对象。外观设计由于其自身性质所决定，可能和注册商标互为在先权利，将他人外观设计中的图案、形状或三维标志作为商标申请注册，就可能损害他人的专利权。

（三）肖像权、姓名权

自然人对于自己的姓名、肖像享有专属性权利，禁止他人未经许可而使用。若想用自然人的姓名、肖像作为商标注册，须获得本人的书面认可。如果未获得本人的书面授权而将其姓名、肖像作为商标注册，属于侵害姓名权、肖像权的行为，并构成商标注册不当。姓名和肖像的功能均在于标记和表彰人格，所不同的是肖像直接反映自然人的形象，与个人的生活信息乃至隐私有着密切关系。而姓名作为标示自然人的文字符号，是自由择定的结果，与所标示的人的自然状况并无直接联系。又因为用作姓名的文字多为常用字，故重名现象十分普遍。因而姓名的商标注册应当着重考虑姓名本身的独创性程度和本人的社会影响，那些重名率高的姓名、具有其他含义的姓名以及普通人的姓名，即使未得到本人许可而作为商标注册，也很难被认定为侵害姓名权。

（四）商号权

商标中的文字和企业名称中的字号相同或者近似，使他人对市场主体及其商品或者服务来源产生混淆，从而构成不正当竞争的，应当依法予以禁止。所谓混淆，指将与他人企业名称中的字号相同或近似的文字注册为商标，引起相关公众对企业名称所有人与商标注册人的误认或误解。处理商标与企业名称的混淆，应当适用维护公平竞争和保护在先合法权利人利益的原则。受保护的商号一般应当是有独创性并为公众熟知的厂商字号，若是普通的字号就难以对抗注册商标。

（五）注册商标专用权

注册商标与他人注册在先的商标相同或者近似，造成两个商标权利冲突的，根据保护在先权利的原则，在先的商标注册人可以请求撤销后注册的商标。从法律条文的逻辑看，我国《商标法》所称在先权利并不包括在先的商标权。《商标法》将两个注册商标相同或近似的情形称为"商标争议"，区别于侵犯在先权利的不当注册。然而，从商标争议的性质来看，商标权是一种民事权利，当一件在后注册的商标与在先注册的商标相同或近似，且两个商标所指定的商品或服务相同或类似时，就是两个商标权利之间的冲突。以保护已有的在先权利为本，允许注册在先的商标权人对冲突商标提出无效请求，是顺理成章的事情。

二、他人合法权益

（一）未注册的驰名商标

就相同或类似商品申请注册的商标是复制、摹仿、翻译他人驰名商标的，该驰名商标所有人可请求宣告抢注无效。复制是指与驰名商标完全相同或者基本相同，摹仿是指与驰名商标主体部分相同或基本相同，翻译是指与驰名商标语言文字不同但涵义相同。驰名商标所有人或者利害关系人认为已经注册的商标属于抢注其驰名商标的，可以向商标评审委员会提出注册无效的请求，提出请求时，应当提交其商标构成驰名商标的证据材料。驰名商标受到特殊保护，这是《巴黎公约》成员国应尽的义务，我国《商标法》第13条规定的对驰名商标的保护主要体现在排除他人注册和使用上。未注册驰名商标禁止他人注册和使用的范围限于相同或类似商品（服务），已注册驰名商标的禁止权扩大到不相同或者不类似商品（服务）上。

（二）有一定影响的未注册商标

有一些商标虽未达到驰名商标的程度，但其标志特征显著，且有一定使用历史和使用范围，为相关消费者所熟悉和认可。这样的未注册商标也可能成为某些人抢注的目标。对这类商标的保护过去一直缺少相应的法律规定，导致一些不公平竞争行为发生，2001 年修改后的《商标法》较好地解决了这个问题。《商标法》第 32 条规定，申请注册商标不得以不正当手段抢先注册他人已经使用并有一定影响的商标。这里对未注册商标的保护需满足两个条件：一个是商标自身已具有一定影响，一个是他人抢注行为是出于不正当竞争之目的。确认这两个条件会带有主观性和一定的弹性空间，需依个案中的证据材料去把握。应当注意的是，由于在我国，商标起名习惯于选用吉祥祝福词语，图形图案偏爱于风景名胜、亭台楼阁，因而造成许多近似、雷同的商标。对这种情况很难说谁抄袭、模仿谁的，也并非都是恶意抢注，不能简单凭一个商标"已经使用"就撤销另一个的注册。应当分析抢注的具体情况，从制止违反诚实信用商业道德的行为这一基本准则出发，对拥有一定市场声誉的未注册商标给予有条件的适度保护。这样才能在不动摇注册原则的基础上促进商标的合法使用，维护正常的市场竞争秩序。

（三）地理标志

地理标志主要是原产地名称，是指标示某商品来源于某地区，该商品的特定质量、信誉或者其他特征，主要由该地区的自然因素或者人文因素所决定的标志。地理标志可以作为对抗商标注册的在先权利。依照《商标法》第 3、16 条之规定，地理标志可以作为证明商标或集体商标注册，申请地理标志商标注册的团体、协会或者组织应当由来自该地理标志标示的地区范围内的成员组成。注册后，凡符合该证明商标或集体商标使用条件的人都可以要求使用该商标。上述法律规定明确了地理标志在商标法上的地位，其宗旨是禁止虚假地理标志的注册和使用，保护消费者对产品真实来源和产品特有品质的信任，使该地域的生产经营者从地域优势和历史贡献中获益。地理标志如果被不适格主体注册，将直接损害产地的声誉和当地经营者的利益，而且会给消费者利益造成影响，因此应当禁止地理标志商标的不当注册，已经注册的如属于注册不当商标，利害关系人有权提出注册无效的请求。

（四）未经授权而抢注他人商标

代理人或者代表人以自己的名义将被代理人或者被代表人的商标进行注册，也是商标抢注的一种形式。代理人基于和被代理人，即商标所有人之间存在的贸易关系，如产品加工定作关系、产品销售代理关系，而享有使用商标的权利。在没有授权的情况下，代理人以自己的名义将被代理人的商标进行注册，是一种严重违反商业道德的行为，也必然损害被代理人的利益。商标代表人，是指代表本企业办理商标注册和其他商标事务的人。在代表本企业办理有关事宜时，代表人应忠实履行职责，不能将企业交办注册的商标据为己有，注册在自己名下。对代理人和代表人的抢注行为，如果被代理人、被代表人未提出异议，商标局可予以注册；如提出异议，商标局应不予注册并禁止使用，如已取得注册的，被代理人或被代表人可以请求撤销该不当注册。

第四节　商标注册无效的程序

一、无效程序的启动

（一）申请人

以不同理由提起商标权无效申请的，申请人资格要求有所不同。因绝对条件提出的无效请求，任何人都可以作为申请人。商标局也可依照职权主动宣告不当注册的商标无效。对商标局作出的宣告注册商标无效的决定，当事人不服的，可以在收到决定通知的 15 日内向商标评审委员会申请复审。因相对条件提出无效请求的，申请人应为在先权利人或者利害关系人。凡当事人提出注册无效请求的，均由商标评审委员会进行评审裁定。但申请人对核准注册前已经提出异议并经裁定的商标，不得再以相同的事实或者理由申请裁定。

（二）时限

依据《商标法》第 44 条、第 45 条的规定，以不同理由提起商标权无效申请，时限不同。因绝对条件即违反商标禁用条款和采取不正当手段取得的注册商标，提出无效请求没有时间限制；因相对条件即侵犯他人已有的在先权利或者合法权益的不当注册，提出无效请求的期限限于自该商标核准注册之日起 5 年内。注册满 5 年之后该商标即具有不可争议的法律效力。但对恶意注册的，驰名商标所有人不受 5 年的时间限制，任何时候发现商标不当注册构成对驰名商标的侵害，都可以提出宣告无效请求。没有时限宣告无效请求应当符合两个条件：一是抢注者具有恶意；二是被抢注对象为驰名商标。抢注者的主观恶意由商标主管机关认定。恶意的构成首先应考虑的是，注册人在注册时是否已经知道或者理应知道驰名商标的存在。在已知或应知的前提之下，常见的恶意情形有：①毫无使用意图地注册且注册后并未进行任何实际使用；②注册后以高价出售，如向商标使用人转让以获取非法利益；③故意造成混淆，使人误认为注册人与驰名商标所有人之间存在某种关系；④为阻止商标所有人的注册以达到阻碍其凭借驰名商标进入相关市场的目的。被抢注的是否为驰名商标，应由撤销请求人提供证据加以证明。

（三）申请的途径

无效程序可以直接请求商标评审委员会裁定，也可以在侵权诉讼中提出无效抗辩启动商标评审程序。在商标侵权诉讼中，一旦被控侵权人对商标权的效力质疑，法院可以中止侵权诉讼，由商标行政机关对商标权的效力作出裁定后再决定侵权诉讼是否继续进行。这和专利权无效的程序并无不同之处。只是因为商标权无效抗辩在实践中不及专利权无效抗辩那么多见罢了。在商标侵权诉讼中由被告提出商标权无效抗辩的典型的案例是"PDA"商标案。该案的结果为：商标评审委员会支持了申请人（被告）

的请求，撤销了"PDA"商标的注册。法院也因此驳回了原告的诉讼请求。[1]

二、无效宣告裁定及其司法审查

（一）无效宣告裁定的性质

无效宣告的请求由商标评审委员会评审，作出维持或者撤销注册商标的裁定。商标评审活动按照商标评审规则，以书面形式进行，实行合议制和少数服从多数的原则。商标评审委员会的裁定在行政程序上是终局的。

商标评审委员会是商标行政执法机构，担负着商标无效宣告审查、商标确权复审以及商标撤销[2]复审等职能。从程序上看，商标评审工作是商标局商标注册审查、异议审查、商标撤销等程序的行政后续程序。从法律性质看，商标评审委员会对无效宣告的裁定属于具有司法性质的行政裁决。商标评审委员会作出的决定和裁定，有的属行政复议决定，有的属行政裁决，两者的性质有所区别。行政复议是行政争议的解决程序，复议对象是行政机关在行使行政职能过程中与行政相对人之间发生的争议，复议申请人为行政相对人，被申请人是做出具体行政行为的行政机关。商标评审委员会依法处理的商标争议事宜中有一部分属于此类，如申请人不服商标局驳回注册的复审案件、商标注册人不服商标局撤销注册商标的复审案件，即属于行政相对人与行政机关之间的争议。行政裁决是一种兼有行政性和司法性的行为，裁决的对象是与行政职责有关的处于平等地位的双方当事人之间的民事权益纠纷，如商标权属、商标确权纠纷等。行政裁决是行政机关以第三人身份主持裁决民事争议的活动，裁决的结果直接对当事人之间的民事权利进行分配。本来民事主体之间的民事权益之争属于司法裁判的范围，由法律将部分由司法机关管辖的事项授权行政机关处理，是为了保证迅速有效地处理专业性、技术性较强的管理事务，但并不因此而改变争议事项的民事纠纷性质。商标评审委员会对商标注册无效请求的裁定，评审的对象是双方当事人之间因注册商标专用权而产生的民事权益之争，商标评审委员会裁决者的地位相当于行政司法机构（准司法机构），评审活动属于行政裁决。属于此类行政裁决的商标评审活动还有商标异议复审。

（二）无效宣告裁定的司法审查

司法审查是指依当事人请求，由人民法院对行政机关作出的行政裁决进行合法性审查的行政诉讼活动。为了保证当事人的民事权利得到公正对待，商标法设置了司法审查制度从程序上保证实体公正。具体规定为《商标法》第 44 条第 2 款、第 3 款，当事人对商标评审委员会的裁定不服的，可以自收到通知之日起 30 日内向人民法院起诉。人民法院应当通知商标裁定程序的对方当事人作为第三人参加诉讼。这一规定设置了商标评审裁决的司法审查程序，是商标法在商标权利取得和维持上发生的最重要

---

[1] "PDA"商标的注册人为石家庄福兰德公司，该商标核定使用的商品范围为第九类计算机和数据处理装置。在原告准备将"PDA"注册为域名时，发现被告已在先注册了"pda. com. cn"域名。原告以商标侵权、不正当竞争起诉，被告抗辩的理由之一是原告的注册商标为电子记事簿产品的通用名称，不应获得注册。被告向商标评审委员会申请宣告 PDA 商标注册无效，法院中止了该案件的审理。最后"PDA"商标被撤销注册，原告的商标侵权请求也被法院驳回。

[2] 商标撤销是指因商标使用行为而导致的注册商标被撤销。

变化。司法审查的意义不只是使我国商标法更符合《知识产权协定》关于"对于行政的终局决定，程序当事人应有机会提交司法当局复审"的要求，更重要的是使以司法救济为中心的私权救济制度得到进一步的完善。

商标评审裁决接受司法审查之所以必要，是因为商标评审毕竟是行政机关在履行准司法职能，尽管有办案经验丰富、程序简便的优势，但也隐含着某些自身无法克服的弊端，主要表现在，商标评审委员会和商标局隶属同一个行政部门，实际存在的牵连关系使其难以保证作为第三者的中立地位，裁决结果的客观公正性也会因此受到影响。而设置司法监督程序，为当事人主张民事权利提供最后一道救济途径，既有助于在程序正义之中追求实体权利的公正，也有利于对行政权力进行有效监督。因此，司法审查制度既有民事权利救济的功能，也有行政权力监督的功能。

为了实现司法审查制度的目的，以有利于保护当事人的合法权利，又能够提高商标确权和争议解决的效率，司法程序的设置应当对不同性质的商标争议加以区分，分别采用行政诉讼程序和民事诉讼程序。目前的做法是，凡是由商标评审委员会作出的裁定，当事人不服的，一律采用行政诉讼模式加以审查。这样做的主要弊端在于，一些原本属于民事纠纷的商标争议案件经过两道行政审查、两道司法审查，程序冗长，不仅加重了商标确权的社会成本，也因为大大延长了审查周期而给当事人正常的生产经营活动带来不利影响。司法审查制度改革的方向应当是：对行政复议性质的司法审查适用行政诉讼模式，行政裁决性质的司法审查适用民事诉讼模式，还其民事纠纷的本来面目。具体而言，如果商标评审委员会的审查是因为行政相对人或相关人对商标局决定不服而引起的，如对驳回注册的复审，商标评审委员会的评审属于行政复议的，相对人对复审决定不服的应以作出决定的商标评审委员会为被告向法院提起行政诉讼。法院应按照行政诉讼法对有关行政决定进行审查。如果商标评审委员会评审和裁定的对象是民事纠纷，如商标权无效案件、商标异议复审案件，最终司法审查就应当实行民事诉讼。以商标权无效裁定为例，当事人一方请求宣告某一商标的注册无效，其实质是对被申请人商标专用权的质疑。商标评审委员会以中间人身份主持评审，是对当事人民事权利之争的裁决。当事人对行政裁决不服而求助于司法救济，需要解决的仍然是与对方当事人的民事权利之争，只不过是附加了一个行政裁决而已。如果将这种性质的裁决纳入行政诉讼，将居中裁决人作为被告，那么审理和裁判的对象是被诉的行政行为，而不是原程序中双方当事人之间的民事纠纷。即使行政诉讼完结了，真正需要解决的民事纠纷并没有得到解决。

为了适应知识产权审判工作的需要，法院内部审判组织的设置也应进行相应改革。值得借鉴的他国经验是，由专门审判机构集中管辖，综合处理知识产权案件。涉及知识产权的案件，无论是民事、刑事还是行政的，其诉讼标的无不与商标权、专利权、著作权这些实体权利有关，对案件事实的认定和判决所依照的法律均以知识产权法为主。因此，由专门的审判机构集中审理、合并审理，有利于审判的专业化，有利于提高专业法官的素质，也有利于加强知识产权的司法保护。

三、注册无效的效力

无效宣告具有绝对效力。被依法宣告无效的不当注册商标，其商标权视为自始即不存在，自商标注册之日起就无效。与商标使用管理中的可撤销注册不同，注册无效的商标权从一开始就带有缺陷，因此宣告无效的决定的效力具有溯及力，使不当注册恢复到原有状态。可撤销的注册不是因为商标权存在瑕疵，而是在后来的商标使用中具有违法行为。因此，撤销注册的效力不能追溯到注册之时，只能及于后来缺陷产生之时。

注册无效具有溯及力这一原则也有某些例外。《商标法》第 47 条第 2 款规定，在撤销注册商标的决定或者裁定作出之前，人民法院作出并已执行的商标侵权案件的判决、裁定、调解书，工商行政管理机关作出并已执行的商标侵权案件的处理决定，以及已经履行的商标转让或者使用许可合同，不具有溯及力。但是，因商标注册人的恶意给他人造成损失的，应当予以赔偿。

■ 思考题

1. 商标权注册不当被撤销和商标违法使用被撤销两者有何不同？
2. "在先权利"为什么会成为撤销不当注册的主要事由？

■ 参考书目

国家工商行政管理局商标评审委员会编著：《商标评审指南》，工商出版社 1996 年版。

第二十八章　商标权的利用

■学习目的和要求

　　财富的价值在于流通。财产权利的价值亦同，要使一种权利的价值得到最充分的发挥，需要有使该种权利能得到最充分流通的制度设计。商标权作为一种财产权，其价值的发挥，不仅仅限于商标权人的实际使用，更包括许可使用、转让他人、质押获得金钱等。本章内容正是从法律角度对于如何使商标权价值得到最大发挥进行的阐释。

第一节　注册商标的使用

一、商标使用的含义及意义

　　商标的使用是指将商标用于商品、商品包装或者容器以及商品交易文书上，或者为了商业目的将商标用于广告宣传、展览以及其他业务活动。

　　商标使用的范围很广泛，既包括商标直接附着于商品、商品包装或者容器上的使用，也包括商标在商业广告、产品说明书等其他商业文件中的使用。就服务商标而言，在服务场所、服务招牌、服务工具和为提供服务所使用的其他物品上使用商标，均视为使用。商标使用既可以是注册商标人的自行使用，也可以是由商标权人控制的第三人被许可使用。上述任何一种使用方式都可满足商标法对使用的要求，注册商标也就不会因不使用而被撤销注册了。

　　商标保护制度的宗旨决定了在商业活动中使用商标，使其发挥应有的经济功能，是对商标提供保护的根本理由。无论对经营者还是消费者，实际使用的商标才有价值，离开了实际使用，商标注册失去意义，也没有给予法律保护的必要。商标使用对商标保护具有重要影响，首先，它关系着商标权的维系。在大多数实行"注册原则"的国家，虽然并不要求申请商标注册时提交使用证明，但却无一例外地要求注册后的使用。各国商标法一般都规定了如无正当理由连续3年或5年未使用，便成为注册商标被撤销的理由。在实行"使用原则"的国家，如美国，"商标在贸易中使用"是取得注册的条件，并且适用于注册以后商标权的维持，商标所有人如果不继续使用注册商标，又无恢复使用的意图，便构成对商标的实际放弃；如果商标所有人由于未采取措施致使其商标失去了显著性，则推定放弃商标权。为了避免实际或推定放弃的裁决，须有实际的商标使用，而不是象征性地使用。使用的要求也体现在有关商标保护的国际公约中。《巴黎公约》第5条第3款第1项规定，"在任何国家，如果注册商标的使用是强制的，只有经过合理的期间，并且有关当事人不能证明其不能使用有正当理由的，才可以撤销注册"，"合理的期间"由国内法规定。《知识产权协定》第19条有关商标使用的规定，更加明确了合理的期间为3年。也就是说，一个商标如果没有正当理由，连续3年不使用，则可以宣布被撤销。我国实行商标注册原则和申请在先原则，但是对商标注册以后的使用有明确规定。《商标法》第49条规定，任何单位、个人可以向商标局申请撤销改注册商标。

总之，注册商标长期搁置不用，不仅使商标徒有虚名，造成商标资源的浪费，而且影响他人正常使用，所以商标的使用关系到商标权的维系。

商标的使用还会对受保护水平产生影响。依据《巴黎公约》的规定，各公约成员国乃至于国际社会都应承担给予驰名商标特别保护的义务。保护驰名商标首先要对商标是否驰名作出认定。目前已为各国达成共识的认定标准，均包括商标使用时间和范围、广告持续时间和覆盖范围、商标商品销往的地区等商标的使用情况。我国《商标法》第14条规定了认定驰名商标应考虑的因素，其中该商标使用的持续时间，该商标的任何宣传工作的持续时间、程度和地理范围，都与商标使用情况有关。上述因素都与实际使用有直接联系，反映了使用的时间、程度和广度等。由此可见，商标的使用足以决定其是否能够成为驰名商标而享受特殊保护。

二、商标的正确使用

使用商标不管是直接使用于商品，还是以促销为目的使用在商品广告、商业文书中，都应遵守法律规定，符合商业惯例并考虑到有利于商标权的保护。具体地说，应注意以下几点：

1. 注册商标的使用严格限制在核准注册的商标标识和核定使用的商品或服务上，商标注册人不得自行作出改变。否则，其使用不被视为注册商标的使用。依据我国《商标法》的规定，自行改变注册商标的，该注册商标还有被撤销的危险。

2. 使用注册商标时应尽量加注册标志。使用注册商标应当标明"注册商标"字样或者标明注册标记。在商品上不便标明的，应当在商品包装或者说明书以及其他附着物上标明。标明注册标记，有利于防止侵权行为，当发生侵权时，容易证明侵权人的主观意图，还可以防止商标变为商品通用名称。

3. 防止商标显著特征的退化。国外已有不少案例表明，商标所有人的不恰当使用有可能导致其商标演变为商品通用名称，尤其是在一种新产品问世，没有其他名称可以用来称呼产品的情况下，商标被用作商品的名称，更容易造成商标退化。防止商标退化的有效方法，一是，注意区分产品名称和商标，避免将商标作为产品名称使用。二是，应当正确使用商标，例如以特别字体使用商标，突出商标和注册标记，以标明该标记是一个商标而不是其他。此外，应注意保存商标使用的相关证据，诸如显示商标最早使用时间、商品销售量和销售额、商标广告宣传情况的发货单、销售合同等，在发生侵权或其他纠纷时，它们都可以用来作为使用的证据。

第二节　商标的使用许可

一、使用许可的概念及其意义

商标使用许可，是指注册商标所有人允许他人在一定期限内使用其注册商标。使用许可关系中商标权人为许可人，使用注册商标的人为被许可人。使用许可关系建立以后，商标权人并不丧失该注册商标专用权，被许可人只取得注册商标使用权。许可权是商标权的一项重要内容，没有这一权利，商标权作为一种"产权"是不完整的。同时它又是一项从属的权利，是从专用权派生出来的一项权利，商标权人可以行使也可以不行使。

注册商标的使用许可的重要意义主要表现在以下几个方面：

1. 有利于企业促销增利，为社会提供更好的产品。许可他人使用注册商标，是企业以无形资产扩大市场的竞争策略。对被许可人来说，使用他人已享有一定声誉的商标，实为以较先进技术和管理模式经营企业，从而减少了创业风险和产品进入市场的障碍，使短期内获得经济利益有一定保障。在使用许可过程中，为了保证许可使用商标商品的质量，许可人和被许可人在企业管理、生产技术、产品营销及售后服务各个环节互助互惠，不仅带动企业素质的全面提高，同时还可满足消费者需求，促进市场繁荣。

2. 有利于对外经济技术合作。在国际贸易尤其是国际技术转让活动中，商标使用权的流转具有附随性，即商标使用许可并非独立的合同或者在合同中并不居于支配地位，而是伴随着技术转让、合资经营等一并发生的。国内企业被许可使用外国商标，往往是引进国外技术、生产线进行产品制造加工的"副产品"，或者是定牌加工等贸易形式中所产生的结果之一。所以，商标使用许可对大企业来说是开拓国外市场、对外投资经营的一种方式；对中小企业来说，则是吸收劳动力就业，赚取外汇，创造经济效益的一条有效途径。

二、使用许可的方式和种类

（一）合同许可

以合同方式确立使用许可关系最为普遍。商标使用许可合同包括独立的许可协议，也包括在其他合同中的商标使用许可条款。如前所述，许多情况下商标许可是技术转让合同、成套设备进口合同等综合性的合同，含有知识产权其他方面内容的合同组成部分。通过技术转让合同，被许可人采用专利技术或非专利技术生产经营某项产品，因而可以使用许可方的注册商标。除了技术合同外，特许经营、连锁经营也包含着商标的使用许可。在特许经营关系中，商标使用许可是构成双方权利义务关系的基础之一，被许可方使用许可方的商标等知识产权从事经营活动，许可方向被许可方提供技术指导、人员培训、物流配送，使被许可方的产品或服务达到许可方的统一标准。此外，在定牌加工合作关系中，加工方生产并销售带有委托方注册商标的商品，也是一种商标使用许可合同关系。

根据被许可人使用权的效力范围，商标使用许可合同可分为以下几个类型：①普通许可。即许可人允许被许可方在规定的期限、地域内使用某一注册商标，同时，许可人保留自己在该地区内使用该注册商标和再授予第三人使用该注册商标的权利。②排他许可。即许可人允许被许可方在规定的期限、地域内使用某一注册商标，许可人自己可以使用该注册商标但不得另行许可他人使用该注册商标。③独占许可。即许可人允许被许可方在规定的期限、地域内独家使用某一注册商标，许可人不得使用也不得将同一注册商标再许可他人使用。

上述三类许可形式又可大致概括为独占许可和非独占许可。从合同法上看，非独占许可不禁止许可人向第三方作出新的许可或自己使用许可标的，也不禁止许可人在非独占被许可人的利益受到侵害时保持沉默。相反，独占许可为被许可人提供更多的保证。它要求许可人在许可合同的范围内抑制竞争，从而使被许可人在这一范围内对权利标的进行排他性的使用。[1] 正是基于许可证的性质，在发生注册商标专用权被侵害时，独占使用许可合同的被许可人可以向人民法院提起诉讼；排他使用许可合同的被许可人可以和商标注册人共同起诉，也可以在商标注册人不起诉的情形下，自行提起诉讼；普通使用许可的被许可人经商标注册人明确授权，可以提起诉讼。[2]

（二）其他方式的许可

合同许可是一种正常的贸易方式，实际中有的使用许可是作为争议的解决方式而产生的。例如，某家公司、企业追究一起商标侵权纠纷，向法院起诉或者向行政主管机关投诉，而最后的解决方式是双方达成协议，商标权人将商标使用权有偿许可给侵权者。当然也可以对此前未经许可的非法使用行为进行补偿。这样，原来的侵权者成为被许可人，当事人之间的关系转变为使用许可关系。

还可能有另外一种情况：商标申请人发现自己欲申请注册的商标已有人使用。该申请人可以与使用在先的企业取得联系，收购下这一商标。同时为在先使用者留下一段时间逐渐停止使用该商标。在这一期间内，双方当事人的关系实为使用许可。

商标许可使用不得强制进行。强制许可存在于专利权、著作权领域，当自愿许可交易成本过高或者在公众利益所需的特定情况下，可以对专利权、著作权实行强制许可。商标的强制许可是不允许的，这是因为商标是用来区分来源的标志，使用的商标差异越明显，区别效果越好，而强制性地让某个商标被他人使用，无论怎么说都是毫无意义的。

三、当事人的主要权利和义务

依照许可证贸易的国际惯例和我国有关法律的规定，凡包含专利技术使用权、专有技术使用权和商标使用权在内的许可证贸易，属于技术转让合同。仅仅涉及商标使用权的许可，不能视为技术转让。但不论是单独的商标使用许可合同还是包含在技术转让合同中的商标使用许可条款，其主要内容均包括以下几点：

（一）商品质量控制

商标是企业的一项无形资产，商标的价值在于它的声誉。商标声誉并非一朝一夕

---

〔1〕《最高人民法院关于审理商标民事纠纷案件适用法律若干问题的解释》第 3 条。

〔2〕［美］德雷特勒：《知识产权许可》（下），王春燕等译，清华大学出版社 2003 年版，第 692 页。

能够取得，而是商标所有人经过长期努力，投入大量资金和辛勤劳动培育而成的。许可他人使用商标即意味着把商标声誉寄附于被许可人的行为和其提供的商品之上。因此，使用许可协议中质量控制条款是最重要的一项内容，使用许可作为一项商标战略，其成败完全取决于商品质量控制。

对于许可人来说，商品质量控制就是监督被许可人保证其产品质量。为此，在授予许可使用权之前，许可人应对被许可人的法人资格、生产能力、经营管理、产品质量等进行考察、测试。达不到与自己产品水平相同的不能授予许可证。许可使用合同签订以后，许可人应密切注意被许可人的生产销售情况，防止被许可人在产品质量、销售服务中任何有损于商标信誉的现象。在整个合同期限内，许可人都有责任对被许可人的生产过程、工艺制作、产品检验和企业管理等方面提供必要的援助及实施必要的监督。

对被许可人而言，质量控制条款就是保证使用注册商标的商品质量，保证不出现因质量问题或使用商标不当损害许可人的利益。被许可人的产品若达不到许可使用的商标的商品质量，许可人有权终止合同，收回商标许可使用权。

商品质量保证是一项法定义务。《商标法》第43条第1款、第2款规定："商标注册人可以通过签订商标使用许可合同，许可他人使用其注册商标。许可人应当监督被许可人使用其注册商标的商品质量。被许可人应当保证使用该注册商标的商品质量。经许可使用他人注册商标的，必须在使用该注册商标的商品上标明被许可人的名称和商品产地。"这一规定尽管比较原则和抽象，但它明确划分了双方当事人对商品质量所负有的责任：许可人具有"监督"的权利和义务；被许可人负有"保证"的义务。这一规定对商标注册人和被许可使用人双方在商品质量方面的权利、义务及责任具有规范和指导作用。

（二）商标权的维护

该项内容主要表现为许可人的义务，即许可人有义务保证商标权的确定性，维护被许可人的使用权。具体而言，许可人应保证许可合同项下的商标权真实可靠，保证商标是经商标主管机关核准注册的商标，并且该商标仍处于法律保护的有效期限内。许可人不得在同一地区内与两个以上的人签订独占许可合同。在合同有效期间，许可人不应将该注册商标任意转让给第三人。如转让商标，应向被许可人说明情况，取得被许可人同意或者是与被许可人解除使用许可协议。许可人还应采取有效措施维系其商标权并承担所需费用。在发生商标权被侵害时，独占许可合同的被许可人可以直接向法院起诉；排他使用许可合同的被许可人可以和商标注册人共同起诉，也可以在商标注册人不起诉的情况下，自行提起诉讼；普通使用许可合同的被许可人经商标注册人明确授权，可以提起诉讼。

四、使用许可合同的管理

注册商标的使用许可是商标权人行使和实现商标权益的重要方式，并且它往往发生在具有一定影响的商标的使用上。因而如何保护商标所有人权益，维护驰名商标的信誉，防止使用商标的商品质量失控而给消费者带来损害，成为商标管理工作的一项重要任务。使用许可合同的管理主要通过备案制度来实施。

第一，许可合同的标的必须是注册商标。商标一经注册即获得专用权，受到法律保护。未注册商标不享有专有权，从理论上说，任何人可以自由使用而无须得到先使用人的许可。如果将未注册商标与他人订立使用许可协议，收取使用费，则是一种欺骗行为。

第二，使用许可合同备案。商标注册人许可他人使用其注册商标，必须签订使用许可合同，并将合同副本报送商标局备案。商标使用许可合同至少应包括下列内容：许可使用的商标及其注册证号；许可使用的期限；许可使用商标的标识提供方式；许可使用人对被许可人使用其商标的商品质量进行监督的条款；在使用许可人注册商标的商品上标明被许可人的名称和商品产地的条款。申请合同备案，应当提交下列文件：商标使用许可合同备案表；许可使用副本；许可使用商标的注册证复印件。《商标法》第43条第3款规定：许可他人使用其注册商标的，许可人应当将其商标使用许可报商标局备案，由商标局公告。商标使用许可未经备案不得对抗善意第三人。

第三节 注册商标的转让和移转

一、注册商标的转让

（一）注册商标转让的概念及方式

注册商标的转让是指注册商标所有人将其所有的注册商标转让给他人所有。通过转让，受让人成为新的商标权人，原商标权人不再拥有注册商标所有权。转让是继受取得商标权的重要途径。

商标也是商品。商标的交易，即商标权转让已经成为产权交易的一个组成部分。商标转让可能发生在因企业产品调整、企业倒闭等原因而闲置的商标上。一种新出现的情况是：商标法允许自然人注册商标，一些个人设计出商标进行注册后再拿出来出售，以此作为一种投资手段。

转让注册商标既可以是连同生产该商品的企业或企业信誉一起转让，也可以是脱离原企业和经营整体而单独转让，前者称为连同转让，后者称为单独转让。商标的单独转让曾是受限制的。当商标的功能以区别来源为主的时候不允许单独转让，而只能连同企业一同转让。《巴黎公约》第6条之四第1款规定："商标的转让只有在与其所属企业或商誉同时转让时方为有效。"现代各国商标法均允许商标的单独转让，这是因为商标已从表示商品来源的标记演进为一种重要的财产权益，商标权的转让、使用许可是商标所有人行使财产权利，满足经济利益的重要方式。从消费者角度而言，消费者更关心的是商品的质量，而不是商品的生产经营者，只要商品或者服务的质量没有发生变化，经营者即使有所变更，也同样予以认可。可以说，商标的单独转让是商标功能改变扩展的结果。《知识产权协定》承认了商标的单独转让，该协定第21条规定，成员可以决定商标的许可和转让的条件，应当理解为，不得允许商标的强制许可，且注册商标所有人应当有权将其商标与其使用商标的营业一并转让或者单独转让。我国《商标法》对转让的方式未作限制，这就意味着注册商标可以脱离原经营者而单独转让。

按照《商标法》的规定，注册商标须签订书面合同，转让人和受让人应当向商标局提交转让注册商标申请书。转让注册须经商标局核准注册，公告后才能生效。受让人自公告之日起享有商标权。

（二）转让注册商标的限制

1. 在同一种或类似商品上注册的相同或者近似商标必须一并转让。商标注册中核定使用的商品可以是两种以上，如果它们属于同种或者是类似商品，不得分割转让。如果分割转让就会出现同一商标在相同或类似商品上有两个人在使用，这样势必造成不同出处产品的混淆。所以，按照一并转让之规定，转让人继续从事类似产品的生产经营时不得再使用已转让的注册商标。

2. 联合商标必须一并转让。联合商标是指注册使用在同一种或类似商品上的两个以上的近似商标。联合商标是商标所有人为了保护已取得较高声誉的本商标而注册的防护性系列商标。我国《商标法》虽未明文规定有联合商标注册，但实务中曾认可一些企业的系列商标在相同或类似商品上注册。联合商标如果发生转让，应一起转让，否则就会产生两个商标所有人在同种商品上使用近似商标的情形，造成商品来源混淆。

3. 已经许可他人使用的商标不得随意转让。商标注册人已经许可他人使用的商标，在许可期内如果将其商标权转让给他人，必须征得被许可人的同意。转让注册核准以后，被许可人仍与受让人保持使用许可关系；如果被许可人不同意转让，就应该先解除许可使用合同，再办理转让注册。总之，不得因转让商标而损害在先被许可使用人的利益。

4. 受让人有保证注册商标商品质量的义务。首先，受让人必须具备商标注册申请人的资格，受让烟草制品、人用药品的注册商标时，必须取得有关部门准许其生产或经营的证明文件。受让人还应具备保证使用该注册商标的商品质量的能力，以维护该商标的声誉和消费者利益。

5. 禁止转让容易导致混淆或存在其他不良影响的商标。2013年《商标法》第42条新增规定，对容易导致混淆或者有其他不良影响的转让，商标局不予核准，书面通知申请人并说明理由。此规定旨在通过干预商标转让的方式，保护消费者的利益。

二、注册商标的移转

注册商标的移转是指因转让以外的其他事由发生的商标权利转移。移转有两种情况：①注册商标依继承而移转。作为商标权人的公民死亡，由其继承人按照继承法的有关规定继承其商标权。②企业合并或被兼并，其商标权由合并或兼并的新企业继受。引起注册商标移转的事由发生后，接受该注册商标权利移转的当事人应当凭有关证明文件或者法律文书到商标局办理注册商标专用权移转手续。

注册商标的移转也同样受到一并移转的限制，即注册商标专用权人在同一种或者类似商品上注册的相同或者近似商标，应当一并移转。未一并移转的，由商标局通知其限期改正；期满不改正的，视为放弃该移转注册商标的申请。

第四节　商标权质押

一、商标权质押的含义

商标专用权质押是指商标注册人以债务人或者担保人身份将自己所拥有的、依法可以转让的商标专用权作为债权的担保，当债务人不履行债务时，债权人有权依照法律规定，以该商标专用权折价或以拍卖、变卖该商标专用权的价款优先受偿。

质押是担保的一种方式，按照质押物的不同种类，可将质押分为动产质押、不动产质押及权利质押。《民法典》第440条规定了可以质押的权利，其中第5项是"可以转让的注册商标专用权、专利权、著作权等知识产权中的财产权"。因此，商标专用权的质押属于权利质押。

二、商标权质押的条件

根据《民法典》第440条的规定，对商标权进行质押需要满足的条件是"可以转让"。商标权是否可以依法转让应注意以下几个问题：

1. 出质商标应当是有效注册商标。因此应该了解清楚质押商标是否在注册有效期内，是否因被注销、撤销而丧失了商标专用权。

2. 没有"限制转让"情形存在。被人民法院查封的商标，在查封期内，人民法院限制该商标转让、许可或质押，因此不能办理质押。已办理过质押登记的商标，在其剩余价值内不足以再次质押时，也不能办理质押登记手续。在再次质押时，只能在先位质权人得到清偿后才能受偿。

3. 对同一注册人在与质押商标相同或类似商品或服务上注册的相同或近似商标应一并办理质押登记。

按照《商标法实施条例》第31条第2款的规定："转让注册商标，商标注册人对其在同一种或者类似商品上注册的相同或者近似的商标未一并转让的，由商标局通知其限期改正，期满未改正的，视为放弃转让该注册商标的申请，商标局应当书面通知申请人。"因此在办理质押登记申请时，同一注册人在与质押商标相同或类似商品或服务上注册的相同或近似商标应一并办理质押登记，以保证质押商标可以依法转让，从而保证质权人在债务人不履行债务时可以将质押物变现以优先受偿。

三、商标权质押的办理

根据《商标法》及《商标法实施条例》的规定，当事人可以直接办理商标专用权质押申请，也可以委托国家认可的具备商标代理资格的组织代理办理。由于质押申请是由双方办理的，因此委托代理时双方可以各自委托代理组织，也可以委托共同的代理组织。但在中国没有经常居所或营业所的外国人或外国企业应当委托代理组织代理办理，不能直接办理。

根据《民法典》第440条、第444条的规定，以依法可以转让的商标专用权质押的，出质人和质权人应当签订书面合同，并向其管理部门办理出质登记，质押合同自有关主管部门办理出质登记时设立。国家知识产权局制定了《注册商标专用权质押登记程序规定》，对商标专用权质押的有关问题作了明确规定。

（一）质押登记的申请

出质人和债权人应当于订立书面合同之日起 20 日内，向国家工商行政管理局商标局申请质押登记，并提交相应的文件。

登记机关应当于受理登记申请之日起 5 个工作日内，作出是否予以登记的决定。符合登记条件的，由商标局发给"商标专用权质押登记证"；对出质人不是商标专用权合法所有人、商标专用权归属不明确等不符合法律规定的，不予登记。

（二）质押登记的撤销、变更

有下列情形之一的，登记机关应当撤销登记：登记内容与事实不符的；发现有不予登记的原因的；质押合同无效的。

申请人名称、地址发生变更及因主债权债务转移或其他原因发生质押权利转移的，应当办理商标专用权质押变更登记、补充登记或重新登记。申请变更登记或补充登记，应当提交变更的证明和登记机关发给的"商标专用权质押登记证"。

■ 思考题

1. 企业在商标使用中应如何防范商标显著性的退化？
2. 商标使用许可合同的法定义务是什么？

■ 参考书目

［美］德雷特勒：《知识产权许可》（下），王春燕等译，清华大学出版社 2003 年版。

第二十九章　商标权的保护

■学习目的和要求

　　通过本章的学习，学生应该了解确定商标权利范围的两个标准，熟悉商标侵权行为的主要表现形态以及相应的法律责任。驰名商标保护制度是本章重点，应结合前面各章有关内容进一步理解驰名商标的法律意义，了解驰名商标的认定机构、认定程序及特别保护的法律规定。

第一节　商标权的保护范围

一、以制止混淆确定的保护范围

（一）混淆与商标保护

　　商标是用来区别商品来源的标志，防止混淆是商标保护的基本出发点。为了使商标能够有效而可靠地指示商品来源，必须排除第三人使用相同或近似的标志。如果容忍市场上出现可能造成混淆的冒牌商品，还不如没有商标，那样的话，消费者可以将注意力集中在商品本身，而在似是而非、以假乱真的情况下，认牌购物却往往上当受骗。正是为了避免混淆，在商标权取得过程中，与注册商标相同或者近似的标志不给予注册；在商标权的保护上，则强调专有性，商标权人以外的其他人在相同或者类似的商品上使用相同或者近似商标足以造成混淆的，即构成侵犯商标专用权。

　　无论是使用原则还是注册原则，商标保护的立足点都确定为制止混淆。各国商标法以及国际组织文件无不以此作为商标立法的出发点。世界贸易组织《知识产权协定》第16条规定，注册商标所有人有权阻止他人未经许可而在贸易活动中使用与其相同或近似的标志，以防止造成混淆的可能。我国《商标法》第57条规定，未经商标注册人的许可，不得在同一种商品或者类似商品上使用与其注册商标相同或者近似的商标。虽未直接提到制止混淆，但禁止侵权使用意在制止混淆的意图是显而易见的。

（二）混淆的含义及种类

　　"混淆"是商标保护中的核心问题，也是商标法中一个基本概念。混淆或混淆的可能，是划定商标权保护范围的基础，又是认定使用行为是否构成侵权的界限。商标法上的混淆是指，已经或可能对商品或服务的来源及有关方面发生误认。

　　混淆具有广义和狭义之分。狭义的混淆是指商业来源的混淆，即公众可能对商品或服务的出处产生错误，将假冒者的商品或服务误认为是商标权人的商品或服务。狭义混淆所说的"来源"或"出处"的混淆一般发生在同种商品之间。广义的混淆是指除了来源、出处的混淆以外，对商品或服务的其他方面产生相同性的误认。如将商标用于不相同或不类似的商品上，公众可能错误地认为两个经营者之间存有某种联系，诸如隶属关系、赞助关系、许可关系。广义的混淆一般发生在不同种商品或服务之间。传统商标法上的混淆一般是指狭义混淆。但是，随着市场经济的发展，混淆的范围扩大了，商标法上的混淆概念扩大到广义混淆。在我国司法实践中，认定侵害人是否实施了商标侵权行为，视其使用的商标是否容易使公众对商品的来源产生误认或者认为两者之间有某种联系而定，[1] 即采用广义混淆的标准。

混淆包括现实混淆和可能混淆。现实混淆，即购买者客观上已经发生了误认误购的事实。可能混淆则不要求已经产生混淆的事实，而是足以发生混淆即可。商标法上的混淆，无论狭义混淆还是广义混淆，均只要求存在混淆的可能性而不要求一定有混淆的事实。

（三）混淆的认定

对混淆的认定是司法和行政执法实践中经常遇到的问题。各国都是在实践经验的基础上总结出认定混淆的规则或标准。我国工商行政部门和人民法院在各自工作范围内对如何认定混淆总结了以下一般原则：

1. 主观标准。以相关公众的一般注意力为标准。相关公众是指与商标所标示的某类商品或者服务有关的消费者和经营者。

2. 客观标准。商标是否会引起混淆，取决于商标的相似程度和商品的类似程度。使用相同商标推定必然产生混淆，使用近似商标是否构成混淆，要结合各种因素加以考查，包括但不限于：商标之间的近似程度，商品的差异大小、等级、价格高低、知名程度等，上述因素应当给予综合考虑。[2]

是否足以产生混淆，与商标自身的显著性和知名度有关。商标越是显著，混淆的可能性越大。换句话说，显著性强的商标受保护范围较宽；显著性弱的商标，尤其是由普通词汇或通用名词构成的描述性商标，他人的商标即使与其相近似也难以认定为混淆。商标的影响力也很重要，商标越是著名，被混淆的可能性越大。当然，商标混淆是一个事实问题，每一次认定都在个案中进行。

二、以反淡化确定的权利范围

（一）淡化与商标保护

混淆是对商标权最严重的侵害，它破坏了商标的区别作用，使得商标无法发挥区别来源等传达商品信息的作用。对普通商标而言，制止混淆足以保护商标权。但是制止混淆又不能解决所有问题。现代社会商标功能扩大，尤其是驰名商标所拥有的良好声誉、特有品位和广告价值，使其成为企业进行市场竞争的重要王牌。将驰名商标用于非类似商品、无竞争关系的商品或者服务上，虽与混淆无关，但这种使用却可能减损驰名商标的影响力。因此，对驰名商标的保护不能单以制止混淆为标准，反淡化保护就是在避免混淆的基础上被提出来了。

反淡化的核心是保护商标的独特个性、广告价值和良好声誉。驰名商标与其所标

---

〔1〕《最高人民法院关于审理商标民事纠纷案件适用法律若干问题的解释》第9条。

〔2〕 参见本编"商标权的取得"一章的第四节"注册申请的审查和批准"。

示的商品或服务之间关联性强,具有公众吸引力,盗用驰名商标可以和混淆不相干,商标所有人所受到的损害也可能不再是因混淆造成顾客转移,而是商标的影响力被削弱,商标价值被减损。驰名商标要保护其知名度,就必须保护其独特性。如若人人使用驰名商标,驰名商标将不复存在。正如最早实行反淡化保护的德国法院所概括的:"之所以要给予这种反淡化保护,是因为该显著商标的所有人,完全有正当理由继续维持他花费大量时间和金钱取得的独特地位,任何可能危及他的商标的独创性和显著性,以及由此产生的广告效应的行为都应当禁止。保护的目的不在于避免任何形式的混淆,而是为了使积累的资产免遭侵害。"[1] 又如美国学者富兰克·斯凯特指出的,现代商标的价值在于其销售能力,而这种销售能力又取决于商标的独特性,这种独特性将由于被使用在相关或不相关的商品上而受到损害或削弱。美国律师协会的知识产权学者将斯凯特的理论进一步阐释为,如果容忍或放任"劳斯莱斯"餐馆、"劳斯莱斯"自助餐厅、"劳斯莱斯"裤子、"劳斯莱斯"糖果存在的话,那么不出 10 年,"劳斯莱斯"的商标所有人就不再拥有这个世界驰名的商标。可见,商标淡化不是一般的侵权,并不以商品类似,公众混淆、误认为条件。只有高度驰名且显著性强的商标才具有这种受保护的利益,因而反淡化是给予驰名商标的一种特殊保护。

最早进行商标反淡化立法的是美国。20 世纪 20 年代,斯凯特的商标反淡化理论得到理论界认同,并且由美国法院在判例中首先采用了商标淡化的理论。1947 年马萨诸塞州制定了第一个州反淡化法,此后有 20 多个州制定了州一级商标反淡化法。1996 年美国国会通过《联邦商标反淡化法》,对《兰哈姆法》(《美国商标法》)第 43 条增加了一个条款,从而成为世界上唯一一个对商标淡化制定专门法的国家。反淡化法的内容包括:赋予驰名商标所有阻止其驰名商标被淡化的权利,淡化的法律救济,驰名商标的认定标准,淡化的例外。对于商标淡化及淡化的救济,该法案规定为,"驰名商标所有人有权获得禁令救济,阻止他人在其商标或商号驰名以后商业性地使用这些标记,并导致这些标记所具有的显著性被淡化。"淡化之例外规定为:他人在比较广告或促销中标识为驰名商标所有人的竞争商品或服务而对驰名商标的合理使用;非商业性使用驰名商标;所有形式的新闻报道和新闻评论中的使用。[2] 1999 年和 2006 年,美国国会又分别对商标淡化法进行了两次修改,1999 年的修改主要解决反淡化保护运用于商标异议和商标撤销之程序中的问题。2006 年的淡化法修正案集中在对商标淡化的定义和有关淡化的救济两方面。1996 年通过的反淡化法并未明确"淡化"的定义,从字面上看淡化只是涉及冲淡而未包括玷污。2006 年修正案将淡化分为冲淡和玷污(弱化和丑化)两种类型。冲淡被定义为"由于一个商标或商号与驰名商标类似而产生的联系,这种联系将损害驰名商标的显著性";玷污被定义为"由于一个商标或商号与驰名商标类似而产生的联系,这种联系将损害驰名的声誉"。关于商标淡化可获得的救济,修正案采取了一项新的标准:驰名商标所有人有权禁止的淡化行为,"不管是否存在实际的

---

[1] 黄晖:《驰名商标和著名商标的法律保护》,法律出版社 2001 年版,第 133 页。
[2] 参见〔美〕苏珊·瑟拉德:"美国联邦商标反淡化法的立法与实践",张今译,载《外国法译评》1998年第 4 期。

或可能的混淆，也不管是否存在竞争或实际的经济损失"，只要于该商标驰名后在商业上作为商标或商号使用，可能由于弱化而冲淡或由于玷污而淡化该驰名商标。

虽然美国的商标反淡化法理论和实践影响很大，但淡化理论源于欧洲，并且欧盟商标淡化立法也早于美国联邦立法。欧盟在 1988 年 12 月通过的《欧共体商标指令》就采纳了商标淡化理论，欧盟理事会 2004 年 2 月通过的《欧洲共同体商标条例》在"共同体商标的效力"一节中体现了商标淡化理论，第 9 条第 1 款第 3 项规定，"共同体商标应赋予商标所有人对该商标的专用权。商标所有人有权阻止所有第三方未经其同意在贸易过程中使用将与共同体商标相同或近似的任何标志，使用在与共同体商标注册的商品或服务不类似的商品或服务上。如果共同体商标在共同体内享有声誉，且该标志的使用将无正当理由地利用或损害该共同体商标的显著特征或声誉"。该条被认为是商标反淡化条款。

我国商标法尚未明确承认反商标淡化。《商标法》第 13 条第 2 款规定："就相同或者类似商品申请注册的商标是复制、摹仿或者翻译他人未在中国注册的驰名商标，容易导致混淆的，不予注册并禁止使用。"第 3 款规定："就不相同或者不相类似商品申请注册的商标是复制、摹仿或者翻译他人已经在中国注册的驰名商标，误导公众，致使该驰名商标注册人的利益可能受到损害的，不予注册并禁止使用。"这一规定，尤其是第 3 款规定是为了入世的需要，履行世界贸易组织《知识产权协定》中保护驰名商标的义务，在条文表述上基本上采用了《知识产权协定》第 16 条之三的行文，该规定为，《巴黎公约》（1967 年）第 6 条之二应基本上适用于与已获得商标注册的货物或服务不相似的货物或服务，只要该商标在那些货物或服务上的使用会表明那些货物或服务与该注册商标所有人之间存在着联系，且这种使用有可能损害该注册商标所有人的利益。其中"联系"和"利益"并没有得到解释，各国立法可以将反商标淡化解释为其中的应有含义。我国《商标法实施条例》和最高人民法院关于商标法的有关司法解释在细化商标侵权行为时，毫无例外地将"产生误认""误导公众"作为认定侵权行为的必要条件。[1] 因此从现阶段商标立法看，我国并未承认反商标淡化的权利。不过，如果需要赋予商标所有人反淡化的权利，《商标法》第 13 条第 2 款之规定可以容纳商标淡化理论。

（二）淡化的含义及其表现形式

所谓淡化，根据《美国联邦反淡化法》的定义，指："减损、削弱著名商标识别性和显著能力的行为，而不管驰名商标所有人和使用人之间是否存在竞争关系，或者存在混淆或误解的可能性。"据此，商标淡化不是一般的侵权行为，对商标淡化的认定不依赖于混淆、欺骗或误认。在无混淆的情况下，为了保护驰名商标，淡化可作为独立的原因请求获得法律救济。

淡化行为产生于现代社会大量生产、大量消费、多种经营的社会背景之下，是典型的现代式商标侵权，其主要表现形式有以下两种：冲淡和玷污。冲淡指无权使用人

---

〔1〕《最高人民法院关于审理商标民事纠纷案件适用法律若干问题的解释》第 1 条。详细内容参见本章第二节之五。

将相同或近似商标使用在与驰名商标商品不相同或不类似的商品上，从而使该驰名商标与其商品之间的特定联系弱化。冲淡行为使驰名商标与其商品之间的特定联系逐渐弱化，甚至消失，侵蚀了驰名商标特有的吸引力和广告价值。冲淡的例子诸如：将"劳斯莱斯"用于自行车、口红；将"索尼"使用于糕点、巧克力等。虽然使用者在没有竞争关系的商品上使用驰名商标，但这些商品或服务领域可能是驰名商标未来的市场。在现代化生产经营中，一些知名企业往往会在人们意想不到的领域出现。例如，已经走向世界的海尔集团，其产品从最初较为单一的空调、洗衣机等家电产品发展到笔记本电脑甚至橱柜等多种家用产品。海尔集团可能还会开辟新的市场领域，它所凭借的就是"海尔"对公众的影响力。驰名商标是海尔集团最有价值的资产。因此，保护驰名商标需要保护商标所有人进入相关市场的权利，防止因其商标价值被冲淡而削弱开拓未来市场的能力。

玷污是指一个商标被用于某些服务或商品上或用于某种环境下，有可能使该商标良好信誉被贬低、毁损。例如，将一个儿童玩具上的著名商标使用在带有色情内容的网站上；将世界著名的香水商标"香奈儿"用于厕所清洗剂或杀虫剂上。这种使用行为所产生的结果可能使人对驰名商标产生不舒服、厌恶的感情，从而污染了该商标的形象。

淡化的本质是通过消费者的联想作用从他人商标声誉中不正当地获利。一个商标所具有的顾客吸引力是经过千辛万苦投入大量人力财力培育出来的，一旦商标享有声誉，就成为经营者开发相关市场，进行长远投资的无形资产。即使他人将该商标应用在不相关的商品上，即使消费者对商品不会发生混淆，商标利益仍然受到损害，这就是商标声誉受损。因此，反淡化保护的目的是禁止竞争者从他人商标声誉中不正当地获利。

淡化作为一种损害后果并不像混淆那样直接导致顾客流失、销售量下降，它的不利影响往往是间接的、潜伏的，一时难以量化。对于驰名商标而言，淡化如同恶性肿瘤，经过一段时间逐渐蔓延开来最终危及一个商标的价值，甚至导致一个商标的存废。淡化后果产生后，很可能会令该商标成为普通名词而不再受保护。因此，防止商标独特个性不被侵蚀、防止商标声誉不被损害，是驰名商标保护的着眼点。

正是由于驰名商标的特殊保护丰富了商标保护的理论，形成了以混淆为依据的保护范围和以淡化为依据的保护范围。反淡化理论在当代商标保护中正在发挥着积极的作用。

第二节　商标侵权行为

商标侵权是指未经商标所有人同意，擅自使用与注册商标相同或近似的标志，或者妨碍商标所有人使用注册商标，并可能造成消费者产生混淆的行为。

依《商标法》第 57 条规定，有下列行为之一的，均构成侵犯商标权的行为：

一、使用侵权

未经商标注册人的许可，在同一种或者类似的商品或服务上使用与注册商标相同或近似的商标。此类行为主要发生在商品生产领域，亦即制假行为，侵害人为商品制造商或服务项目提供者。使用侵权行为直接侵犯了商标权人的禁止权，是一种最典型的侵权行为，也是后面各环节侵权行为的源头。侵权使用和注册商标所有人对商标的使用方式和范围一致，包括将商标直接用于商品或服务项目上，以及在各种商业环境中使用商标。凡是对商标权人来说构成商标使用的方式，都可构成这里的侵权使用。

使用侵权行为分为四种情形：①在同一种商品上使用相同商标；②在同一种商品上使用近似商标；③在类似商品上使用相同商标；④在类似商品上使用近似商标。四种行为的第一种行为与被使用商标的注册内容完全相同，因而构成假冒注册商标行为，是一种最为严重的商标侵权行为。其余几种都对注册商标专用权有所规避，但仍然落入禁止权所排斥的范围而构成侵犯商标权的行为，属于商标或商品之间有相似性，容易造成消费者混淆，因而构成侵犯商标权的行为。

二、销售侵权

销售侵犯注册商标专用权的商品。这种侵权行为的主体一般为商品经销商。商标侵权行为人的全部目的在于牟取经济利益，侵权产品只有通过销售渠道售出后，这一目的才能实现，因而必然有销售者的参与。禁止和制裁经销侵权商品的行为，无异于在流通环节上设置一道法律屏障，使侵权人的目的难以得逞，减少侵权行为对社会造成的危害。

需要注意的是商标侵权行为的构成与侵权行为法律责任之间的关系。依《商标法》第 64 条第 2 款规定："销售不知道是侵犯注册商标专用权的商品，能证明该商品是自己合法取得并说明提供者的，不承担赔偿责任。"这就是说，非法销售行为的构成，并不以销售者在主观上是否存在"明知"或"应知"的过错为前提，只要行为人实际上销售了侵犯商标权的商品，即构成侵犯商标权的行为，应当停止继续销售。在民法理论上，"停止使用""停止销售"是物权性质的请求权，只要有侵害或有侵害的可能，权利人即可行使，而不管行为人主观状态如何。但构成侵权行为的并不一定都要负赔偿责任，承担损害赔偿责任的条件是行为人的主观过错，对于商品销售者来说，只有在明知或应知销售的商品是侵犯注册商标专用权的商品时，才须承担赔偿损失的责任。如何认定销售者"明知"或"应知"而销售侵权产品，采用过错推定的方式，即由行为人通过证明该商品是自己合法取得的并说明提供者来证明主观上不存在过错，如果不能证明的，即推定有过错。工商行政管理部门总结多年商标执法查处假冒商品的经验，对行为人具有以下情况之一的，均认定销售商主观上为"明知"或"应知"：①更换、调换经销商品上的商标而被当场查获的；②因同一违法事实受到处罚后重犯的；③事先已被警告，而不改正的；④有意采取不正当进货渠道，且价格大大低于已知正品的；⑤在发票、账目等会计凭证上弄虚作假的；⑥专业公司大规模经销假冒注册商标商品或者商标侵权商品的；⑦案发后转移、销毁物证，提供虚假证明、虚假情况的。这些经验对今后行政执法及司法审判工作中认定销售者的主观条件仍然具有一定指导意义。

三、标识侵权

标识侵权行为是指伪造、擅自制造他人注册商标标识或者销售伪造、擅自制造他人注册商标标识的行为。行为人一般为从事商标印刷的企业和个体工商户，其实施的行为专为制假售假提供条件。具体包括以下三种情况：①未经商标权人授权和委托而制造其商标标识；②虽有商标权人的授权或委托，但超出授权或委托的范围制造其注册商标标识；③销售他人注册商标标识。

按照我国商标印制管理法规的规定，商标印制单位必须是经依法登记，并经其所在地县级以上工商机关确定为"指定印制商标单位"的企业或个体工商户。印制单位在承揽商标印制业务时，应当查验商标印制委托人提供的有关证明文件。印制的商标图标应与有关证书上的商标标识一致。严格禁止买卖商标标识。印制过程中的废次商标标识必须销毁。因此，擅自制造或销售注册商标标识的，不论哪一种形式，都违反法律规定，侵犯注册商标专用权。

四、更换商标

更换商标，即未经商标注册人同意，将其注册商标撤下后换上自己或第三人商标并将该更换商标的商品又投入市场的行为。侵犯商标权的行为中前三种均属复制他人注册商标并用于产品、服务或广告中，试图将自己的产品说成是他人的产品。更换商标与上述行为的方向相反，在商品流通过程中，未经权利人同意撤下原商标换上自己或他人的商标。也就是将他人的产品说成是自己的产品。这种行为又被称为"反向假冒""产品替代"。多年前发生在北京的"枫叶"诉"鳄鱼"就是一起典型的反向假冒纠纷案。"鳄鱼"服装的经销商将其购进的北京服装厂制作的"枫叶"牌服装，撕去"枫叶"商标标识，更换上"鳄鱼"商标，再加价出售。北京服装厂因此起诉了"鳄鱼"服装经销商。乍看起来，商标反向假冒直接针对的是产品而非商标，认定为侵犯商标权的行为似有牵强之嫌。但若全面分析商标之功能、商标权之内容，就可以看到这种行为对商标权的侵害。

商标作为商品和消费者之间的联系纽带，具有几个基本功能：标明来源，指示质量、信誉、广告等。在经营者一端，商标是商品声誉和企业信誉的象征；在消费者一端，商标是辨认和选择商品的依据。经营者要使自己的产品为消费者熟悉和喜爱，必须借助商标的广告宣传作用，让消费者认可和追随商标，以防止误认误购。消费者要获得自己满意的商品须认清商标，防止误认。尽管经营者和消费者是在商品交换的两端，但在防止商标的欺骗性使用上他们却有着共同的利益。为使商标有效和可靠地发挥作用，商标所有人的商标专用权必须受到保护。这就是说，不允许他人在商品流通过程中破坏或妨碍商标的正常使用。撤换注册商标的行为，令商标与商品分离，商标指示来源、保证质量、广告宣传及信誉象征的功能因此受到影响，消费者因被蒙骗购买的是名不副实的商品；经营者使用商标的权利受到侵害，并会因此失去通过商标建立信誉获得利益的机会。

从侵权人角度看，撤换商标后以他人的产品替代自己的产品，是因为替代产品具有较好的品质，经得起消费挑选。否则，行为人也不会选中该产品。实际当中已经发生的反向假冒商标纠纷案件中的事实都证明了这一点。毫无疑问，行为人决不会愚蠢到将自己的商标与一个劣质产品捆绑在一起，成心砸掉自己牌子的地步。这正好从反面说明，撤换商标的行为无异于掠夺了商标权人使用商标的权利，迫使商标权人为他人做嫁衣。

综上所述，撤换商标的行为之所以构成商标侵权，根本原因在于该行为破坏了商标专用权的行使，妨碍了商标功能的实现。我国现行《商标法》将撤换他人注册商标列为侵犯商标专用权的行为，从法律上明确了该行为的性质，同时体现了对商标权人利益更高层次上的保护。

认定反向假冒侵权行为应当注意的是：①须是行为人未经商标所有人同意而擅自更换商标。未经许可是构成侵权的必要条件。应予排除的是自愿为他人提供产品的情况，如在定牌生产、来料加工、来样加工等贸易活动中，经营者生产加工的产品在销售时并非使用自有的商标而是许可方的商标，从许可方的角度而言，将自己的商标用于他人提供的产品上，这种经营上的互利合作关系是双方在自愿基础上建立的。②撤换商标的行为须发生在商品流通过程之中，尚未到达消费者。如果带有原商标的商品已经到达消费者手中，商标已实现其目的，商标权亦即告终。消费者对属于自己财物上的商标标识、标牌如何处置，都无损于他人利益，商标所有人自然无须过问了。

五、其他侵权行为

其他侵权行为，是指在上述侵权行为之外可能给注册商标造成损害的行为。《商标法实施条例》和最高人民法院相关的司法解释有进一步规定，从商标的受保护利益来看，这些侵权行为主要指向驰名商标。

（一）将商标作为其他商业标志使用

在同一种或类似的商品上，将商标作为非商标标识使用，并足以造成误认的。这种侵权行为与典型的商标侵权行为方式不同，是从商标使用变为商标外商业标志使用，其目的是利用他人注册商标的声誉进行不正当竞争。此种行为所导致的危害后果既可能是混淆误认，也可能是商标淡化。如将他人注册商标作为商品名称或装潢使用，可能会导致消费者对商品的来源或行为人与注册商标所有人之间的关系得出错误认识，此即混淆的后果；此外，此种行为可能会使商标与商品之间的关系变弱乃至最终演变为商品通用名称，此即商标淡化的后果。从立法宗旨看，对此种行为加以禁止可起到保护驰名商标或有一定影响的商标的效果。

（二）为商标侵权行为提供便利条件

《商标法》将原《商标法实施条例》中的"为商标侵权行为提供便利条件"纳入到商标法中，规定"故意为侵犯他人商标专用权行为提供便利条件，帮助他人实施侵犯商标专用权行为的"行为，属于商标侵权。故意为侵犯他人注册商标专用权的行为主要为提供仓储、运输、邮寄、隐匿等便利条件的，构成侵犯商标专用权的行为。随着经济的发展，制假售假活动也形成了专业化生产，而且组织起一条龙的产、供、销网络。其中仓储、运输、邮寄、隐匿等就是为整个侵权行为过程服务的不可缺少的环节。从事这些分工协作的行为人虽然不是直接侵权商品的经营者，但其行为为制假售假提供便利条件，造成了侵害商标权人权利的后果，必须追究其共同侵权人的法律责任。

（三）将企业名称作为商标使用

这里所说的企业名称侵犯商标权，是指将与他人注册商标相同或者相近似的文字作为企业的字号在相同或者类似商品上突出使用,容易使相关公众产生误认的,构成对注册商标专用权的侵害。商标所有人认为他人将其商标作为企业名称登记,可能欺骗公众或者对公众造成误解的,可以向企业名称登记主管机关申请撤销该企业名称登记,也可以向法院起诉,通过民事救济阻止他人对其商标的实际使用。

另外,商标和企业名称的冲突还表现为申请注册的商标与在先的企业名称相抵触。对于此种情况,在先权利人可根据《商标法》第32条关于申请商标注册不得损害他人现有的在先权利的规定,通过商标注册异议程序、注册无效程序阻止该商标的注册或者请求撤销已注册商标。

(四)将商标作为域名注册

域名侵犯商标权,是指将与他人注册商标相同或者近似的文字注册为域名,并且通过该域名进行相关商品交易的电子商务,容易使相关公众产生误认的,构成对注册商标专用权的侵害。域名和商标作为识别性符号具有相通之处,但它们所标示或代表的对象根本不同。鉴于商标的文字可用于域名,为了制止不正当竞争,保护驰名商标之利益,商标法对解决域名与商标冲突规定了以上规则。一般地说,构成侵犯商标权的是恶意注册行为,如何认定主观上的恶意,是一个十分关键的问题。对此,最高人民法院于2001年6月公布了《关于审理涉及计算机网络域名民事纠纷案件适用法律若干问题的解释》,明确指出,被告的行为被证明具有下列情形之一的,应当认定其具有恶意:①为商业目的将他人驰名商标注册为域名的;②为商业目的注册、使用与原告的注册商标、域名等相同或近似的域名,故意造成与原告提供的产品、服务或者原告网站的混淆,误导网络用户访问其网站或其他在线站点的;③曾要约高价出售、出租或者以其他方式转让该域名获取不正当利益的;④注册域名后自己并不使用也未准备使用,而有意阻止权利人注册该域名的;⑤具有其他恶意情形的。

除了上述侵权行为之外,实践中还有一些行为未在法律规定的列举范围之内,这些行为应该如何认定,仍需要根据商标法理具体判断。例如,商标许可合同终止后,被许可人继续销售带有许可人注册商标的商品的,北京市高级人民法院认为,在商标使用许可合同有约定或者当事人就此问题达成协议的情况下,按照当事人的约定处理;没有约定或者当事人不能达成协议的,可以根据具体情况确定它的合理销售期限。在该期限内由被许可人销售使用许可合同期限内制造的商品的,不认定为侵权;被许可人逾期销售的,构成侵权。[1]

第三节　法律责任及执法措施

一、侵权纠纷的处理方式

商标权是物权性质的财产权,属私权。当权利遭受侵害时,商标权人可以行使物权性质的请求权,即要求行为人停止使用、停止销售等。这些基于绝对权的请求权可以自力救济的方式行使,也可以通过公力救济的途径行使。也就是说,因侵犯商标权

---

[1]　参见2006年2月13日通过的《北京市高级人民法院关于审理商标民事纠纷案件若干问题的解答》。

引起纠纷的，可由当事人协商解决，不愿协商或者协商不成的，商标注册人或者利害关系人可以向人民法院起诉，也可以请求工商行政管理部门处理。与司法救济并行，因侵犯商标权引起纠纷的，先由当事人协商解决，不愿协商或者协商不成的，商标注册人或者利害关系人可以向人民法院起诉，也可以请求工商行政管理部门处理。两种解决途径的不同之处有：

1. 请求的主体不同。对侵犯商标权的，被侵权人乃至任何人都可以向工商行政管理机关控告或检举；但请求人民法院处理商标侵权纠纷的，必须是被侵权人。除此之外的其他人起诉，法院不予受理。

2. 请求的条件不同。向工商行政管理机关投诉或检举，只要当事人提供的侵权事实存在，被告不一定十分明确，工商行政管理机关进行调查发现情况属实的，应当制止侵权行为；向人民法院起诉则要求有明确的被告，否则法院不予受理。

3. 处理的主动性不同。工商行政管理机关依照职权查处假冒伪劣商品和商标侵权案件，是行政执法的组成部分；人民法院对于侵犯商标权之类的民事纠纷案件不告不理，当事人不起诉，人民法院不主动处理商标侵权纠纷。

可见，工商行政管理部门依法查处商标侵权案件和受理商标侵权纠纷案件是我国行政执法保护知识产权的一个优势。相对于司法保护，工商行政管理执法具有及时快捷和程序简化等特点。行政执法和司法救济两种解决途径由当事人自行选择。如果当事人先向法院起诉，工商行政管理机关不再就同一当事人提出的同一商标侵权纠纷立案受理；如果工商行政管理机关先于人民法院立案，或者行为人对社会经济秩序造成损害而没有受到相应处罚，或人民法院仅就侵权人损害赔偿纠纷进行审理，工商行政管理机关仍可以受理。在法律适用方面，行政执法的工商行政机关对于商标法的司法解释可以作为办案的参考，但不宜直接适用司法解释。由于商标侵权纠纷属于民事纠纷，司法救济应是解决民事权利纠纷的最终途径。所以，当事人向工商行政管理部门就商标侵权行为请求处理，又向人民法院提起侵权诉讼请求损害赔偿的，人民法院应当受理。

二、执法措施

（一）行政执法措施

工商行政管理部门处理时有权认定侵权行为，并采取执法措施责令停止侵权行为，没收、销毁侵权商品和专门用于制造侵权商品、伪造注册商标标识的工具，并可处以罚款。当事人不服责令其停止侵权行为的行政处理决定的，可依法提起行政诉讼；侵权人期满不起诉又不履行的，工商行政管理部门可以申请人民法院强制执行。对于侵权行为引起的损失赔偿这一典型的民事救济手段，工商管理部门只能应当事人的请求进行调解，调解结果没有强制力，调解不成的，或者当事人不履行调解协议的，当事人可以依法向人民法院提起民事诉讼，工商行政管理部门不应以行政命令的方式干预解决。县级以上工商行政管理部门在对涉嫌侵犯他人注册商标专用权的行为进行查处时，可以行使下述权力：

1. 现场检查。即直接进入当事人涉嫌从事侵犯他人注册商标专用权活动的场所进行现场检查。

2. 查阅、复制有关资料。县级以上工商行政管理部门在调查时，可以查阅、复制当事人有关的合同、发票、账簿以及其他有关资料。行使调查权的工商行政管理部门查阅、复制的资料如不属于违法行为证据，并涉及当事人商业秘密的，应当依法为当事人保密。

3. 向有关人员调查、了解有关情况。县级以上工商行政管理部门在检查过程中，有权向当事人的法定代表人、主要负责人、其他有关人员或者直接当事人调查、了解涉嫌从事侵权活动有关的情况。调查了解情况一般应在检查现场进行，必要时，工商行政管理部门也可以要求有关人员到工商行政管理部门接受调查，但不得限制被调查人员的人身自由。

4. 查封或扣押。县级以上工商行政管理部门对涉嫌侵权活动进行查处时，对确有根据认为是侵犯他人注册商标专用权的物品的，有采取查封或者扣押的行政强制措施的权力。

查处商标侵权行为是法律赋予工商行政管理部门的一项法定职权。工商行政管理部门在接受群众举报、权利人投诉，查处商标侵权违法行为的过程中，发现违法事实涉嫌构成犯罪，依法需追究刑事责任的，必须向公安机关移送。工商行政管理机关有行政处罚权，可对侵权行为处以罚款、没收、销毁用于侵权的工具，但是不得以行政处罚代替移送。移送涉嫌犯罪案件，已经作出行政处罚决定的，不影响行政处罚的执行。

（二）诉讼保全措施

1. 证据保全。证据保全是指为制止侵权行为，在证据可能灭失或者事后难以取证的情况下，由当事人向法院提出的保全措施。诉前证据保全需要具备一定的条件：①在起诉前存在证据可能灭失或者以后难以取得的情况。②当事人提出申请。申请人必须是商标注册人或者利害关系人，如独占排他许可合同的被许可人。③人民法院要求提供担保的，当事人已经提供了担保。该担保可以是具体的财产担保，也可以是银行担保，或者其他信用担保。

2. 诉前临时措施。诉前临时措施是指对于正在或者即将实施的侵权行为，人民法院在诉讼开始前采取的禁止侵犯商标权行为的措施。这种诉讼保全措施可称为行为保全，是 2001 年《商标法》修改后增加的一条规定。按照《知识产权协定》第 50 条规定，为停止侵权行为，以防事态扩大，司法机关有权采取迅速有效的措施，这一措施可以在作出判决以前乃至诉讼之前作出。相对于判决时颁布的禁止令，这一措施也称为诉前临时措施或临时禁止令。《商标法》第 65 条规定："商标注册人或者利害关系人有证据证明他人正在实施或者即将实施侵犯其注册商标专用权的行为，如不及时制止将会使其合法权益受到难以弥补的损害的，可以依法在起诉前向人民法院申请采取责令停止有关行为和财产保全的措施。"经过几年的司法实践总结，对于哪些行为可以认定为即将实施侵犯注册商标专用权的行为，北京市高级人民法院的意见是：①以销售为目的持有侵权商品；②以销售为目的的发布侵权商品宣传广告；③以制造或者销售侵权商品为目的，持有侵权标识或者带有侵权标识的包装物；④其他可以认定为即将实施的侵权行为。[1]

　　申请人民法院采取临时保护措施的，应符合以下条件：①申请人必须是商标注册人或者利害关系人，如独占许可合同、排他许可合同的被许可人。②申请人必须提供证据，证明他人正在实施或者即将实施侵犯其注册商标专用权的行为，并且证明这种侵权行为如不及时制止，申请人的合法权益将会受到难以弥补的损害。③要求申请人提供担保，申请人不提供担保的，人民法院应驳回其申请。人民法院接受申请后，必须在 48 小时内作出裁定；裁定采取临时措施的，应当立即开始执行。申请人在人民法院采取临时措施后，应当在 15 日内向人民法院提起诉讼，15 日内不起诉的，人民法院应当解除所采取的临时措施。④申请有错误的，申请人应当赔偿被申请人因财产保全所遭受的损失。⑤当事人对采取临时措施的裁定不服的，可以申请复议一次。复议期间不停止裁定的执行。

三、侵权行为的法律责任

（一）民事责任

　　1. 停止侵权行为。禁止使用请求权属商标权人及利害关系人拥有的物权性质的请求权，权利行使的前提是发生了侵权行为或有发生侵权行为之虞，行使权利之目的是制止侵权行为，以使商标专用权恢复至专有状态，此项请求权基于商标专用权的排他性而产生，故而不以行为人的主观过错为要件，也不论商标权利人是否受到实际经济损失。停止侵权必须有必要措施相配合，仅凭着发出禁止行为的命令而无必要措施，往往难以奏效。根据《商标法》有关规定，工商行政机关有权采取下列措施制止侵权：①没收、销毁侵权商品和专门用于制造侵权商品、伪造注册商标标识的工具；②收缴并销毁侵权商标标识；③消除现存商品上的侵权商标；④收缴直接专门用于商标侵权的模具、印板和其他作案工具；⑤采取前四项措施不足以制止侵权行为的，或者侵权商标与商品难以分离的，责令并监督销毁侵权商品。除行政执法之外，人民法院审理商标纠纷案件，应权利人请求，对属于假冒注册商标的商品，不得在仅去除假冒注册商标后进入商业渠道，除特殊情况外，责令销毁；对主要用于制造假冒注册商标的商品的材料、工具，责令销毁，且不予补偿；或者在特殊情况下，责令禁止前述材料、工具进入商业渠道，且不予补偿。考虑到商品流通的渠道特点，商标法通过将销毁和禁止进入商业渠道作为最主要的处置手段，提高侵权行为人的违法成本，更有利于保护权利人的合法权利，将商标权保护落到实处。

　　2. 赔偿损失。赔偿损失是侵权人承担民事责任的主要方式。故意或过失侵犯注册商标专用权给商标权人造成财产损失的，商标权人可以请求赔偿损失。损失赔偿请求权是债权请求权，权利行使之目的是对侵权行为造成的损害获得经济补偿。侵权损害赔偿的构成要件包括四个方面：损害事实、损害与行为之间的因果关系、行为的违法性和行为人的主观过错。与一般的侵权损害行为相比，侵犯商标权等知识产权时，证明主观过错的存在有一定困难，尤其是证明销售行为人的主观过错有很大难度，如果由权利人举证，不仅给认定侵权行为带来障碍，客观上也不利于销售商恪守合理注意

---

[1]　参见 2006 年 2 月 13 日通过的《北京市高级人民法院关于审理商标民事纠纷案件若干问题的解答》。

的义务。因此，法律对损害侵权责任实行过错推定，由行为人证明自己不存在过错。行为人不能证明的，即推定其在明知或应知的情况下实施违法行为，应当承担赔偿损失的责任。《商标法》第64款第2款规定："销售不知道是侵犯注册商标专用权的商品，能证明该商品是自己合法取得并说明提供者的，不承担赔偿责任。"该条即是以过错推定认定损失赔偿责任的法律根据。

另外，针对实践中商标侵权证据收集和举证困难，《商标法》第63条还采取了两种方式减轻权利人的举证责任：①在权利人已经尽力举证，而与侵权行为相关的账簿、资料主要由侵权人掌握的情况下，可以责令侵权人提供与侵权行为相关的账簿、资料；侵权人不提供或者提供虚假的账簿、资料的，人民法院可以参考权利人的主张和提供的证据判定赔偿数额。如此避免了权利人因无法获取侵权使用者相关账簿和资料导致难以确定赔偿数额的情况。②权利人因被侵权所受到的实际损失、侵权人因侵权所获得的利益、注册商标许可使用费难以确定的，由人民法院根据侵权行为的情节判决给予500万元以下的赔偿。此条则保证了在确实无法决定赔偿数额的情况下，法院直接根据侵权情节确定赔偿数额。

对于赔偿数额的认定，《商标法》第63条规定了以下几种计算方式：①按照权利人因被侵权所受到的实际损失确定赔偿数额；②在实际损失难以确定的前提下，可以按照侵权人因侵权所获得的利益确定；③当权利人的损失或者侵权人获得的利益都难以确定的情况下，参照该商标许可使用费的倍数合理确定。最后，《商标法》还明确规定了惩罚性赔偿，即对恶意侵犯商标专用权，情节严重的，可以在按照上述方法确定数额的1倍以上5倍以下确定赔偿数额。

《商标法》完善了被控侵权人的免责规定，《商标法》第64条规定："注册商标专用权人请求赔偿，被控侵权人以注册商标专用权人未使用注册商标提出抗辩的，人民法院可以要求注册商标专用权人提供此前三年内实际使用该注册商标的证据。注册商标专用权人不能证明此前三年内实际使用过该注册商标，也不能证明因侵权行为受到其他损失的，被控侵权人不承担赔偿责任。销售不知道是侵犯注册商标专用权的商品，能证明该商品是自己合法取得并说明提供者的，不承担赔偿责任。"可见第64条界定了两种免责事由：①注册商标专用权人不能证明此前3年内曾经实际使用过该注册商标，也不能证明因侵权行为受到其他损失的，被控侵权人不承担赔偿责任。此条为本次修订新增加的条款，意味着对于3年内未实际使用的注册商标不予赔偿。规定此条的原因主要在于与之前商标连续3年不使用可撤销的规定相衔接，既然连续3年不使用的商标可被撤销，那么对3年未使用商标则不存在损害，法院也不应支持商标权人的诉讼请求。②如果销售者不知道是侵犯注册商标专用权的商品，能证明该商品是自己合法取得并说明提供者的。此条说明商标使用人如果尽到了注意义务，且证明商品的合法来源，则不承担损害赔偿责任，但并不意味着商标使用人不用承担停止侵权行为的民事责任。

（二）行政责任

对于侵犯商标专用权的行为，尚未构成犯罪的，地方各级工商行政管理部门有权依法查处，商标权人或其他利害关系人也可以请求工商行政管理部门处理。工商行政管理部门处理时，认定侵权行为成立的，责令停止侵权，没收、销毁侵权商品和专门用于制造侵权商品、伪造注册商标标识的工具。对侵犯注册商标专用权的行为，尚未构成犯罪的，工商行政管理机关根据违法经营额或侵权情节处以罚款。对于违法经营额5万元以上的，可以处违法经营额5倍以下的罚款，没有违法经营额或者违法经营额不足5万元的，可以处25万元以下的罚款。对5年内实施两次以上商标侵权行为或者有其他严重情节的，应当从重处罚。销售不知道是侵犯注册商标专用权的商品，能证明该商品是自己合法取得并说明提供者的，由工商行政管理部门责令停止销售。

（三）假冒注册商标罪的刑事责任

假冒注册商标罪是指以非法营利为目的，故意侵犯他人商标权的行为。包括在相同商品上使用与注册商标相同的商标；销售明知是假冒注册商标的商品；伪造、擅自伪造他人注册商标标识或销售上述商标标识。

《刑法》第213～215条规定了三种侵犯商标权的犯罪及其刑事责任：

1. 假冒注册商标罪。假冒注册商标罪是指未经注册商标所有人许可，故意在同一种商品上使用与他人注册商标相同的商标，情节严重的，处3年以下有期徒刑，并处或单处罚金；情节特别严重的，处3年以上10年以下有期徒刑，并处罚金。

2. 销售假冒注册商标商品罪。如果行为人明知是假冒注册商标的商品而非法销售，违法所得数额在2万元以上或者具有上述假冒注册商标罪所列情节之一的，构成犯罪。处3年以下有期徒刑，并处或单处罚金；情节特别严重的，即销售数额巨大的，处3年以上10年以下有期徒刑，并处罚金。

3. 伪造、擅自伪造他人注册商标标识罪。此种犯罪行为包括销售非法制造的商标标识。构成犯罪的，处3年以下有期徒刑，并处或单处罚金；情节特别严重的，处3年以上10年以下有期徒刑，并处罚金。

单位犯以上罪行，对单位判处罚金，对直接负责的主管人员和其他直接责任人员，依照上述规定处罚。

第四节　驰名商标的特殊保护

一、驰名商标的概念

驰名商标是指经过长期使用，在市场上享有较高信誉并为公众熟知的商标。与普通商标相比，驰名商标具有以下两个特点：①具有较强的认知功能。识别和区分不同来源的商品，是商标的基本功能。驰名商标与其商品或服务之间的联系非常紧密，它所产生的"认牌购物""顾客吸引力"的作用能够转化为巨大的经济效益。②商品质量恒定、优良。驰名商标商品或服务的质量尽管有档次和价格的差异，但其质量水平都能保持连续性、稳定性、可靠性。正是商品或服务的良好信誉凝结为商标的知名度，对消费者来说，驰名商标即意味着可靠的商品质量和良好的企业声誉。

驰名商标并非特定的商标种类。商标法上驰名商标的意义在于其可能获得的特别保护，这是对以注册原则为基础的商标制度的补充。任何一个商标，不管是商品商标还是服务商标，集体商标还是证明商标，都可能成为驰名商标。商标的驰名是经由市场活动而形成的一种事实状态。驰名商标不是荣誉称号，更不是终生桂冠。在变幻莫测的市场竞争中，一个商标可能脱颖而出广为人知，也可能一蹶不振、销声匿迹而被人遗忘。

一个商标之所以驰名，与其在市场上的长期使用分不开。商标附着于商品，行销于市或借助广告宣传是造就商标知名度，为公众熟知的前提条件。离开商标的商业性使用和宣传，公众无法得知，更谈不上熟悉一个商标，而使用的时间、范围、广告力度则直接影响商标的知名程度。

一个商标的驰名与注册与否没有直接关系，注册与否决定能否取得注册商标专用权。对消费者来说他们并不关心一个商标是注册的还是未注册的，未注册的商标经过实际使用，照样可以很有影响。现代传媒工具所提供的信息交流方式完全可以使一个未在当地注册的商标广为人知。

二、驰名商标的意义

驰名商标的意义在于，给予未注册商标一定程度的保护。最早提出驰名商标保护的是《巴黎公约》。提出驰名商标保护的初衷是，对那些没有在请求保护国获得注册的商标也进行保护。事实上已广为人知，经过该国主管机关认定的驰名商标的所有人对在先申请或注册的相同、近似商标，可以要求拒绝注册、撤销注册、禁止使用。事实上，符合上述情形的商标多为外国企业的商标，由于受地域性限制，这些商标未在请求保护国注册或者注册申请尚未获准。这样，驰名商标的保护一开始就是一个国际问题，保护对象为外国商标。1925 年，在《巴黎公约》的海牙修订会议上，驰名商标写进第 6 条之二，构成最初的有关驰名商标的法律。《巴黎公约》第 6 条之二的内容为："凡系被成员国认定为驰名商标的，不论在请求保护的成员国注册与否，他人抢先注册的应禁止注册，已经注册的应撤销注册，并禁止使用。"尽管《巴黎公约》在驰名商标保护上开法律之先河，但仍然遗留了一些问题，例如，服务商标是否同样享受保护、驰名的范围究竟多大为宜、是否实际使用才产生知名度、给予的保护是否只限于相同类似的商品、没有混淆是否就不能制止他人对商标的使用。[1] 对于这些问题，《知识产权协议》第 16 条的规定作出了回答，从而比《巴黎公约》前进了一大步，该条规定："《巴黎公约》（1967）第 6 条之二，原则上适用于服务商标。决定一个商标是否驰名时，成员国应考虑该商标在相关公众中的知晓程度，包括在该成员国地域内因宣传商标而使公众知晓的程度。《巴黎公约》（1967）第 6 条之二原则上适用于与注册商标的商品或服务不相类似的商品或服务上，只要商标在这些商品或服务上使用将会表明这些商品或服务与商标所有人之间存在联系，以及注册商标所有人的利益可能因此种使用而受到损害。"

对照《巴黎公约》和《知识产权协定》可以看出，后者对前者进行了补充和扩大：首先，将驰名商标享有的特殊保护给予服务商标；其次，将保护范围扩大到非类似商品和服务；再其次，扩大了侵权的标准，承认混淆之外的淡化也会对商标造成侵害；最后，对于驰名商标的知名度，可以通过广告宣传而为公众知晓，而不是要求必须实

---

[1] 黄晖：《商标法》，法律出版社 2004 年版，第 248 页。

际使用。两个国际公约的历史沿革反映了商标保护制度的发展轨迹，如果说《巴黎公约》突破了注册原则的限制，使未注册商标因驰名而受到保护；《知识产权协定》则突破了商标注册范围的限制，给予驰名商标在非类似商品和服务上的保护。《巴黎公约》遵循制止混淆这一保护商标的传统理论，《知识产权协定》则更进一步，建立起以淡化为依据的现代商标保护标准。

三、驰名商标的认定

我国《商标法》和《商标法实施条例》都增加了保护驰名商标的内容，不仅规定了驰名商标的特殊保护，而且规定了驰名商标的认定。

（一）认定方式

驰名商标的认定和特殊保护密切相关，认定是实施保护的前提，保护是认定的目的。《商标法》和《商标法实施条例》按照世界贸易组织规则和国际通行做法，规定了对驰名商标的"个案认定"方式，亦即在商标确权或者商标侵权纠纷发生后，当事人认为其商标构成驰名商标，并提出商标驰名的证据的，商标行政执法机关或者人民法院将依法审查认定，涉案商标被认定为驰名商标的可给予特别保护。概括而言，驰名商标的认定是个案中查明事实，适用法律的前提，只有在案件需要并有当事人主张时，商标管理机关和人民法院才会先行作出认定。

认定驰名商标的机关是商标局和商标评审委员会或者人民法院。商标局和商标评审委员会依法行使商标注册、商标评审的职能，在依法行政过程中对所涉及的争议商标是否驰名作出认定。人民法院在审理商标纠纷案中，对涉案商标是否驰名依法认定，属于查明案件事实。不管是行政机关认定还是人民法院认定，都须有当事人的请求，当事人未主张的，商标主管机关和人民法院不予主动认定。即使当事人提出请求，行政机关和人民法院应视案件情况审查是否有必要认定，如果依据《商标法》可解决涉案商标的保护和处理商标侵权行为的，就没有必要先行认定驰名商标。如果涉案商标应当得到保护但难以根据《商标法》给予保护的，有必要先行认定该商标是否为驰名商标。涉案商标是否构成驰名商标，属于查明案件基本事实的工作，对此应由当事人提交证据加以证明。认定机关对当事人提交的证据材料依照法定程序审查判断，认为真实可靠、予以采纳的，成为诉讼证据。个案中认定的驰名商标只对该案发生法律效力。此后再发生商标侵权纠纷时，曾作为驰名商标受保护的记录可作为重新认定的参考，执法机关应根据该商标当时的状况和案件的具体情况作出判断。

（二）认定标准

驰名商标的认定应当依照有关法律、法规规定的标准进行。《商标法》第 14 条规定，认定驰名商标应当考虑下列因素：①相关公众对该商标的知晓程度。相关公众在类似商品和近似商标判断中具有重要地位，认定商标是否驰名仍需以此为主观标准。相关公众应包括使用最终消费者、经营企业和有关人员。对某些专业性商品而言，其商标的知晓范围应扩大到同该商品有接触的公众范围之外。②该商标使用的持续时间。③该商标的任何宣传工作的持续时间、程度和地理范围。④该商标作为驰名商标受保护的记录。⑤该商标驰名的其他因素。

2014 年，原国家工商行政管理总局发布的《驰名商标认定和保护规定》第 9 条也规定了更为细化的考量标准，更明确地规定当事人在请求认定驰名商标时，应当提交以下可以证明其商标驰名的材料：①证明相关公众对商标知晓程度的有关材料。②证明该商标使用持续时间的材料，如该商标使用、注册的历史和范围的材料。该商标为未注册商标的，应当提供证明其使用持续时间不少于5年的材料。该商标为注册商标的，应当提供证明其注册时间不少于3年或者持续使用时间不少于5年的材料。③证明该商标的任何宣传工作的持续时间、程度和地理范围的材料，如近3年广告宣传和促销活动的方式、地域范围、宣传媒体的种类以及广告投放量等有关材料。④证明该商标曾在中国或者其他国家和地区作为驰名商标受保护的材料。⑤证明该商标驰名的其他证据材料，包括使用该商标的主要商品近3年的销售收入、市场占有率、净利润、纳税额、销售区域等材料。需要注意的是，该规定特别指明，商标局、商标评审委员会在认定驰名商标时，应当综合考虑《商标法》第14条规定的各项因素，但不以该商标必须满足该条规定的全部因素为前提。[1]

四、驰名商标的保护

（一）保护方式

驰名商标保护方式体现在商标确权程序和商标使用管理两个方面，具体表现为：

1. 拒绝注册或撤销注册。将与他人驰名商标相同或者近似的商标申请注册，容易导致混淆或者致使该驰名商标注册人的利益受到损害的，驳回注册申请；已经注册的，自注册之日起5年内，驰名商标注册人可以请求商标评审委员会予以撤销，但恶意注册的不受5年时间的限制。

2. 禁止作为商标使用。将与他人未在中国注册的驰名商标使用在相同或者类似商品上，容易导致混淆的，禁止使用；将他人已经在中国注册的驰名商标在不相同或者不相类似商品上使用，误导公众，致使该驰名商标注册人的利益可能受到损害的，禁止使用。

3. 禁止作为商号登记。商标所有人认为他人将其驰名商标作为企业名称登记，可能欺骗公众或者对公众造成误解的，可以向企业名称登记主管机关申请撤销该企业名称登记。

4. 禁止作为域名注册。商标所有人认为他人将与其驰名商标相同或者近似的文字注册为域名，并且通过该域名进行相关商品交易的电子商务，容易使相关公众产生误认的，可以向域名注册机构申请撤销该域名注册。

（二）保护范围

驰名商标保护的特征在于特殊保护。"特殊"体现在以下方面：如果是注册的驰名商标，商品或服务的范围可扩大到不相同、不类似的商品或服务上，即跨类保护。标志的范围可延伸到商标外的其他商业标志。相比之下，普通商标的保护范围以核准注册的标志和核定使用的商品或服务为限。如果是未注册的驰名商标，特殊保护体现为给予注册商标同样的保护。

就某个商标而言，给予保护的范围究竟多宽，是跨类保护还是全类保护，是限于

---

〔1〕 黄晖：《商标法》，法律出版社2004年版，第256页。

商标还是扩展到其他商业标志，应当依该商标的显著性以及驰名程度而定。影响力强的商标要比影响力弱的商标获得的保护更多。一个商标显著性越强或影响力越大，那么该商标受侵害的可能性也越大，因而，法律保护该商标免受混淆或淡化的可能性就越大。

　　需要指出的是，生产、经营者不得将"驰名商标"字样用于商品、商品包装或者容器上，或者用于广告宣传、展览以及其他商业活动中，以便维护公平竞争的市场秩序，引导驰名商标制度回归其立法本意，防止出现制度异化，促使企业在尊重市场规则的前提下真正培育自身品牌的市场竞争力。

■思考题

1. 你认为"制止混淆"和"制止淡化"两种保护标准有何不同？
2. 驰名商标保护是怎样体现的？

■参考书目

黄晖：《商标法》，法律出版社 2004 年版。

第五编 其他知识产权制度

第三十章 反不正当竞争

■学习目的和要求

通过本章学习，了解不正当竞争行为的概念和特征，理解反不正当竞争法与知识产权法的关系，熟练掌握与知识产权有关的不正当竞争行为的特征。

第一节 不正当竞争行为的概念和特征

世界知识产权组织（WIPO）提供的一份研究报告认为，"不正当竞争"一词是1850年首先在法国出现的，但法国并不是反不正当竞争立法最早的国家。1896年德国颁布的《反不正当竞争法》，被公认为是世界上第一个专门禁止不正当竞争的法律，《巴黎公约》则是第一个对不正当竞争行为进行规定的国际条约。虽然《巴黎公约》最早于1883年在法国巴黎缔结，但公约最初并未出现反不正当竞争的专门条款，直到1900年布鲁塞尔修订文本才将公约内容拓展到反不正当竞争领域。

对于什么是不正当竞争行为，有关国际组织和各国国内立法通常都将违反"诚实信用""善良风俗"等基本伦理准则作为评判标准。《巴黎公约》第10条之二的第2项规定，"凡在工商业事务中违反诚实的习惯做法的竞争行为构成不正当竞争的行为。"[1] WIPO于1996年发布的《关于反不正当竞争保护的示范规定》第1条第1款第（a）项规定："除第2~6条提及的行为和做法之外，凡在工商业活动中违反诚实的习惯做法的行为或做法亦应构成不正当竞争行为。"[2] 不同的国家采取了诸如"诚实交易惯例"（比利时、卢森堡）、"诚信原则"（西班牙、瑞士）、"职业道德"（意大利）、"善良风俗"（德国）等作为评判标准。[3]

我国《反不正当竞争法》第2条第2款规定："本法所称的不正当竞争行为，是指

---

〔1〕 ［奥］博登浩森：《保护工业产权巴黎公约指南》，汤宗舜、段瑞林译，中国人民大学出版社2003年版，第95页。

〔2〕 郑成思主编：《知识产权研究》（第6卷），中国方正出版社1998年版，第276页。

〔3〕 谢晓尧：《竞争秩序的道德解读——反不正当竞争法研究》，法律出版社2005年版，第10页。

经营者在生产经营活动中，违反本法规定，扰乱市场竞争秩序，损害其他经营者或者消费者的合法权益的行为。"

不正当竞争行为具有下列特征：

第一，它是经营者的竞争行为。不正当竞争行为的实施主体是市场交易中的经营者。所谓经营者，指从事商品经营或者营利性服务的法人、其他经济组织和个人。既包括依法登记成立并具有法人资格的企业、事业单位、社会团体，也包括依法登记成立并不具有法人资格的合伙企业、独资企业等经济组织，还包括从事经营活动的个人合伙、个体工商户和农村村民等。

第二，它是违法的竞争行为。不正当竞争行为的本质特征是违反了反不正当竞争法的规定。不正当竞争行为的违法性应作广义理解，既指违反了我国《反不正当竞争法》第二章第5~15条的禁止性规定，也包括违反《反不正当竞争法》第2条第1款原则性规定。《反不正当竞争法》第2条第1款规定："经营者在生产经营活动中，应当遵循自愿、平等、公平、诚信的原则，遵守法律和商业道德。"这一原则性规定，与有关国际组织和主要国家的立法一样，把诚实信用原则和公认的商业道德作为评判竞争行为合法与违法的基本标准，使反不正当竞争法具有高度的灵活性和对现实生活的敏锐反应力，能对市场交易中的知识产权提供独特的补充保护或"兜底"保护作用。

第三，它是侵犯其他经营者合法权益和扰乱社会经济秩序的行为。这是不正当竞争行为从危害后果上所表现出的一种特征。不正当竞争行为会直接或间接地侵害其他经营者的知识产权、财产权、商誉权等合法权益，给其他经营者造成财产损失或名誉损害，甚至导致其严重亏损或破产倒闭。此外，不正当竞争行为还会破坏健康的市场机制和竞争机制的形成。因为竞争是市场经济的基本特征，通过正当竞争，可以优胜劣汰，充分调动经营者的生产经营积极性和创造性，优化资源配置，促进市场经济的健康发展。而不正当竞争采取的则是假冒仿冒、欺行霸市的经营方式，助长腐败商风，妨碍正常交易秩序。

第二节　反不正当竞争法

法律是道德生活的外部积淀。伯尔曼将法律视为"对人类理性所理解的道德准则的一种表达"，"习惯的派生物"。[1] 为了维护市场竞争秩序，各国纷纷通过反不正当竞争法支持和强化商业竞争领域的道德规范，制止各种违反诚实信用原则和公认商业道德的不正当竞争行为。

反不正当竞争法是指调整竞争关系的法律规范的总称。各国关于调整竞争关系的立法有两种立法体例：①统一立法模式，即将反不正当竞争、禁止限制竞争和反垄断统一规定在一部立法典中，美国为典型代表；②分立立法模式，即将反不正当竞争、禁止限制竞争和反垄断分别进行立法，德国为典型代表。

---

〔1〕〔美〕哈罗德·J. 伯尔曼：《法律与革命——西方法律传统的形成》，贺卫方等译，中国大百科全书出版社 1996 年版，第 651 页。

反不正当竞争法具有深厚的道德基础，其理论基石是被奉为"帝王"条款的诚实信用原则，其产生源自商人对诚信行为的追求，其任务在于对商业伦理的捍卫，其适用以既存的道德标准为尺度，使公认的商业伦理获得更高的权威性和强制性。这决定了反不正当竞争法具有高度的灵活性和对现实生活的敏锐反应力，有"经济宪法"的美称。它克服了传统知识产权法律难以周全地保护新技术革命和经济社会蓬勃发展产生的新兴智力成果和识别性标志的弊端，使一些未被传统知识产权法律保护的客体获得反不正当竞争法的必要保护，避免挫伤社会成员进一步开发智力成果的积极性。反不正当竞争法的灵活性体现在对不正当竞争行为的原则性规定上，如我国《反不正当竞争法》第2条第1款和德国《反不正当竞争法》第1条。法院处理案件，不仅可以援引反不正当竞争法明确列举的不正当竞争行为的有关规定，而且可以援引原则性规定。"据统计，在德国依据不正当竞争法中的两条原则条款判决的案件占全部不正当竞争案件总数的三分之二，余下三分之一的案件是援引针对各具体不正当竞争行为的条文以及附属法令处理的。"[1] 但是，反不正当竞争法的缺陷是确定性不够，对智力成果和识别性标志的保护难以像知识产权法律那样设计出一套相对成熟的、能够维持各方主体利益平衡的制度。反不正当竞争法对智力成果和识别性标志的保护相对灵活，知识产权法对智力成果的保护相对确定和成熟。

反不正当竞争法和知识产权法不是种属关系，两者并不互相包含。反不正当竞争法虽有"经济宪法"之称，但由于知识产权所调整的社会关系并非仅存于经济领域，因而反不正当竞争法不能包含知识产权法；另外，知识产权法也不能包含反不正当竞争法，因为我国反不正当竞争法是从广义的角度调整不正当竞争社会关系，其中许多法律规范与智力成果和识别性标志没有任何关联。反不正当竞争法和知识产权法实际上是一种交叉关系，互相依赖，互为补充。知识产权社会关系和不正当竞争社会关系有重合之处，如侵犯他人商标权、专利权等工业产权行为同时也符合不正当竞争行为的特征。在法律适用时，如果著作权法、专利法和商标法等知识产权法律有特别规定，通常应当援引具体的知识产权法而不应适用反不正当竞争法。反不正当竞争立法，并无取代知识产权制度之目的，仅在于后者无特别规定或不完备时，能以灵活的商业伦理规则和诚实信用这一"帝王"条款为准绳，为有关智力成果和识别性标志提供一种补充的或"兜底"的保护。正是基于反不正当竞争法可以为一些新兴智力成果和识别性标志提供必要的传统知识产权法律以外的补充保护，才使世界知识产权组织的有关国际条约对知识产权进行具体列举时，出现将"与制止不正当竞争有关的权利"列为知识产权范畴的表述，否则就会犯列举不周延的逻辑错误。有学者以《巴黎公约》和《建立世界知识产权组织公约》中有关"制止不正当竞争有关的权利"属于知识产权为由，认为反不正当竞争法全部属于知识产权法的体系，这种观点是值得商榷的。

---

[1] 韦之："论不正当竞争法与知识产权法的关系"，载《北京大学学报（哲学社会科学版）》1999年第6期。

第三节 与知识产权有关的不正当竞争

市场交易行为中违反诚实信用原则的行为是十分广泛的，并非都与知识产权有关。WIPO 于 1996 年发布的《关于反不正当竞争保护的示范规定》第 2~6 条列举了与知识产权有关的 5 种不正当竞争行为，它们分别是："对他人企业或其活动造成混淆""损害他人的商誉或名声""误导公众""损害他人企业或其活动的信用""关于秘密信息的不正当竞争"。[1] 我国《反不正当竞争法》立法是统一立法模式，在第二章规定的 11 种不正当竞争行为中，只有第 6 条、第 9~10 条规定的不正当竞争行为与知识产权保护有关。其中第 10 条规定的侵犯他人商业秘密的行为将在后面专章论述。

一、商业混同行为

商业混同行为，是指经营者采用欺骗手段从事市场交易，使自己经营的商品或服务与特定竞争对手的商品或服务相混淆，造成或足以造成购买者误认误购的不正当竞争行为。这是一种较传统的典型不正当竞争行为。即使在商品经济不发达的封建社会和早期资本主义社会，假冒他人商业标记、损害特定竞争对手利益、欺骗消费者的投机奸商也时有出现，当时的统治者也对此规定了一些制裁措施。例如，14 世纪欧洲某国王曾颁布过对伪造酒标记处以绞刑的法律。在市场竞争更趋激烈的现代社会，商业混同行为是最常见、最普遍的不正当竞争行为。这种行为不仅直接侵犯特定竞争对手的知识产权，损害竞争对手利益，而且以制售假冒伪劣商品为突出特征，侵犯消费者利益，扭曲竞争本质，破坏公平竞争秩序，被各国反不正当竞争法和有关知识产权法明令禁止。

根据《反不正当竞争法》第 6 条规定，商业混同行为有三类表现形式：

1. 假冒他人注册商标。这里的"假冒他人注册商标"应作广义理解，是指一切侵犯他人注册商标专用权的行为。[2]

2. 擅自使用知名商品特有的名称、包装、装潢，或者使用与知名商品近似的名称、包装、装潢，造成和他人的知名商品相混淆，使购买者误认为是该知名商品。知名商品是指在中国境内具有一定的市场知名度，为相关公众所知悉的商品。认定知名商品，应当考虑该商品的销售时间、销售区域、销售额和销售对象，进行任何宣传的持续时间、程度和地域范围，作为知名商品受保护的情况等因素，进行综合判断。特有的名称、包装、装潢是指具有区别商品来源的显著特征的商品名称、包装、装潢。有下列情形之一的，不认定为知名商品特有的名称、包装、装潢：①商品的通用名称、图形、型号；②仅仅直接表示商品的质量、主要原料、功能、用途、重量、数量及其他特点的商品名称；③仅由商品自身的性质产生的形状，为获得技术效果而需有的商品形状以及使商品具有实质性价值的形状；④其他缺乏显著特征的商品名称、包装、装潢。前述第 1、2、4 项规定的情形经过使用取得显著特征的，可以认定为特有的名称、包

---

〔1〕 参见郑成思主编：《知识产权研究》（第 6 卷），中国方正出版社 1998 年版，第 277~280 页。

〔2〕 参见张耕："对假冒注册商标不正当竞争行为的认定"，载《现代法学》1995 年第 6 期。

装、装潢。知名商品特有的名称、包装、装潢中含有本商品的通用名称、图形、型号，或者直接表示商品的质量、主要原料、功能、用途、重量、数量以及其他特点，或者含有地名，他人因客观叙述商品而正当使用的，不构成不正当竞争行为。由经营者营业场所的装饰、营业用具的式样、营业人员的服饰等构成的具有独特风格的整体营业形象，可以认定为"装潢"。

3. 擅自使用他人的企业名称或者姓名，引人误认为是他人的商品。这里的"企业名称"，是指企业登记主管机关依法登记注册的企业名称，以及在中国境内进行商业使用的外国（地区）企业名称。具有一定的市场知名度、为相关公众所知悉的企业名称中的字号，也可以认定为"企业名称"。这里的"姓名"，是指在商品经营中使用的自然人的姓名。具有一定的市场知名度、为相关公众所知悉的自然人的笔名、艺名等，也可以认定为"姓名"。

二、虚假质量标示行为

虚假质量标示行为，是指经营者在商品、包装、装潢或其他附着物上，对商品的质量标志、产地或其他反映商品质量状况的要素作不真实的标注，从而欺骗购买者的不正当竞争行为。这种行为和商业混同行为有相似之处。注册商标、企业名称以及知名商品特有的名称、包装、装潢，也在一定程度上反映了商品的质量状况，因而商业混同行为和虚假质量标示行为都是以弄虚作假的手段欺骗购买者的不正当竞争行为。但是，商业混同行为和虚假质量标示行为也有区别。前者冒充特定竞争对手的商品或服务，损害特定竞争对手的利益；后者并不冒充特定经营者的商品或服务，侵犯的通常是一定行业或地域的经营者的合法权益，被侵犯的经营者通常没有特定化。

三、引人误解的虚假宣传行为

引人误解的虚假宣传行为，是指在市场交易中，经营者利用广告或其他方法对商品或服务作与实际情况不符的公开宣传，导致或足以导致购买者对商品或服务产生错误认识的不正当竞争行为。在激烈的市场竞争中，以广告、商品包装、价格标签为主要形式的商品宣传活动是经营者开拓市场、促进销售的有力竞争手段。经营者既可利用这种宣传客观地向购买者传递商品信息，塑造产品形象和企业形象，促进生产和消费，也可利用它错误地传递商品信息，欺骗和误导购买者选购商品或接受服务。这种行为不仅直接损害购买者，特别是消费者的利益，而且也会损害诚实经营者的利益，破坏公平竞争秩序，因而国际社会通常明确立法禁止这种不正当竞争行为。

从立法形式上看，各国一般都对虚假宣传不正当竞争行为采用综合调整方法。不仅在反不正当竞争法中要对禁止虚假宣传行为作出明确规定，而且在广告管理法、消费者权益保护法等大量相关法律、法规中从各自不同的角度进行规定。如广告业最发达的美国，对禁止欺骗或误导性宣传行为的立法较为完备和典型，除 1914 年颁布的《联邦贸易委员会法》第 12 条规定禁止传播或导致传播虚假广告的违法行为外，还在 1911 年的《普令泰因克广告法案》、1938 年《食品、药品和化妆品法》、1966 年的《正确包装与标示法》、1968 年的《消费者信用保护法》、1969 年的《玩具安全法》等二十多项法规中作了禁止和制裁虚假宣传行为的规定。广告投资总额居世界第二位的日本也早在 1914 年由日本广告联合会制定了《广告伦理纲要》的行业规则，明令禁止欺骗性广告。1934 年《日本反不正当竞争法》第 1 条第 3~5 项规定把在商品或商品广告中以及让公众知晓的其他方法对商品内容进行虚假陈述的行为列为不正当竞争行为，营业上利益可能受损害者有权请求停止这种行为。此后，日本又制定了《广告律令》《保护消费者基本法》《药物法》《食品卫生法》《不正当赠品及不正当表示防止法》等法律，明确规定经营者不得从事欺骗性宣传行为。[1] 我国对禁止虚假宣传行为的立法与其他国家的做法基本相同，也采用综合调整方法。我国《反不正当竞争法》第 8 条规定："经营者不得对其商品的性能、功能、质量、销售状况、用户评价、曾获荣誉等作虚假或者引人误解的商业宣传，欺骗、误导消费者。经营者不得通过组织虚假交易等方式，帮助其他经营者进行虚假或者引人误解的商业宣传。"此外，我国还在《消费者权益保护法》《药品管理法》《广告法》等相关法律中从不同的角度对禁止虚假宣传行为作了专门规定。

采用何种标准认定虚假宣传不正当竞争行为十分重要。自 20 世纪 30 年代以来，美国法院曾采用"愚人标准"去判断某一广告宣传是否是虚假广告宣传。如果一位不善思考的、低于正常判断能力的人都不会被欺骗，那么该宣传就不是虚假宣传。正如美国联邦最高法院一项判决所说的那样："一个公民没有义务要对与之进行交易的人的诚实性作出判断。法律既保护谨慎小心之人，也保护轻信者。"[2]"愚人标准"充分保护了消费者利益，但对经营者和广告主要求过分苛刻，因而受到广泛批评。1983 年美国联邦贸易委员会发表了一项声明，改变了传统的"愚人标准"，只有普通购买者在合情合理的情况下对宣传内容产生了错误理解时，该宣传才能被认定为虚假宣传行为。如今，采用普通购买者的一般认识能力判断是否构成虚假宣传，已成为一项国际通行的标准。根据我国最高人民法院的司法解释，人民法院应当根据日常生活经验、相关公众一般注意力、发生误解的事实和被宣传对象的实际情况等因素，对引人误解的虚假宣传行为进行认定。经营者具有下列行为之一，足以造成相关公众误解的，可以认定为引人误解的虚假宣传行为：①对商品作片面的宣传或者对比的；②将科学上未定论的观点、现象等当作定论的事实用于商品宣传的；③以歧义性语言或者其他引人误解的方式进行商品宣传的。以明显夸张的方式宣传商品，不足以造成相关公众误解的，不属于引人误解的虚假宣传行为。

四、商业诽谤行为

商业诽谤行为，是指经营者采用捏造、散布虚伪事实的手段，损害竞争对手的商业信誉、商品声誉的不正当竞争行为。商业诽谤行为侵害的客体是商业信誉和商品声誉。商业信誉可以包含商品声誉，它是经营者在长期诚实经营劳动中逐渐形成的一种市场竞争力，是对特定经营者在商品质量、服务质量、商业道德、商品价格等方面的综合社会评价。商业信誉是诚实劳动和诚实经营的产物，是一种特殊形式的智力劳动成果。没有经营者在技术开发、宏观决策、微观管理、信息利用、营销策划、广告宣传、售后服务等方面智力劳动的投入，就不可能产生良好的商业信誉，商业信誉是经

---

〔1〕 种明钊主编：《竞争法》，法律出版社 2002 年版，第 233~234 页。

〔2〕 张文博、张圣翠、乔飞：《英美商法指南》，复旦大学出版社 1995 年版，第 182 页。

营者生存和发展的保证。商业诽谤行为的实质是通过捏造并散布虚假消息侵犯他人的商业信誉，削弱特定经营者的市场竞争力，从而不正当地获得市场份额和市场利益，属于破坏公平竞争秩序的典型不正当竞争行为。

商业诽谤行为的表现形式是利用各种手段捏造并散布能损害竞争对手的虚假信息，如通过对比性广告、声明性广告、新闻发布会、公开信等方式宣称其他经营者的商品或服务存在严重质量问题，贬低竞争对手的商业信誉、商品声誉。我国《反不正当竞争法》第 11 条规定明确禁止商业诽谤行为。违反该条规定，给经营者造成损害的，应当承担停止侵害和赔偿损失的民事责任。

■思考题

1. 什么是不正当竞争行为？其特征如何？
2. 不正当竞争法与知识产权法的关系如何？
3. 商业混同行为有哪些表现形式？

■参考书目

1. 王晓晔：《竞争法研究》，中国法制出版社 1999 年版。
2. 丁邦开等：《竞争法律环境论》，上海财经大学出版社 1999 年版。
3. 孙虹主编：《竞争法学》，中国政法大学出版社 2001 年版。
4. 徐士英：《竞争法论》，上海世界图书出版公司 2000 年版。

第三十一章 商业秘密权

■学习目的和要求

　　通过本章学习，掌握商业秘密的概念和构成要件，了解商业秘密的范围，理解商业秘密权的概念与性质，掌握商业秘密权的特征和内容，以及商业秘密权的法律保护模式。

第一节　商业秘密的界定

一、商业秘密的概念

　　商业秘密（Trade Secret）术语最先由英国提出，现已为国际社会广泛认可和使用。商业秘密法律制度源自外国，远可以追溯至古罗马时期，古罗马法禁止第三人诱使奴隶主的奴隶泄露有关主人商业事务的秘密，并明确了法律责任。作为现代意义上的商业秘密法律制度，则以 19 世纪英国衡平法为开端，[1] 现已发展为世界通行的法律制度。英国是现代商业秘密法的发源地，但迄今尚未制定成文法，有关商业秘密的界定主要体现在判例中。[2]

　　美国是世界上较早采取法律手段保护商业秘密的国家，其对商业秘密的认识也经历了一个逐渐深入的过程。1993 年《侵权行为法重述》（第一次）第 757 条注释（b）将商业秘密界定为："任何应用于某人营业上的配方、样式、方法或信息的编辑，且这些秘密使其获得比不知道或不使用该秘密的竞争者有利的机会。"[3] 1979 年美国《统一商业秘密法》中，商业秘密所包含的范围更广，即"特定信息，包括配方、样式、汇编、程序、设计、方法、技术或工艺等，其披露或使用能够带来经济价值，该信息由于不为他人所知且非采取不正当手段不能获得，因而具有实际或潜在的独立经济价值；该信息在特定情势下已尽合理保密措施"。[4] 1995 年美国《不正当竞争法重述》（第三次）基本沿袭了《统一商业秘密法》的规定，进行了概括式的定义，即"商业

---

　　〔1〕　1851 年 Morison v. Moat 一案是英国进行正式的商业秘密法律保护的具有开创性的判例。See Ramon A. Klitzke, "Trade Secrets：Important Quasi-Property Rights", *The Business Lawyer*, February 1986, p. 557. 而 1868 年的 Peabody v. Norfolk 一案被视为商业秘密法律保护在美国真正确立的标志。See Robert G. Bone, " New Look at Trade Secret Law：Doctrine in Search of Justification", *California Law Review*, March 1998, p. 301.

　　〔2〕　例如，在 Saltman Engineering v. Campbell Co. 案中，Greene 法官指出，秘密信息是一种非公共财产也非公有知识的东西。See (1948) 65 RPC 203. 在 1986 的 Faccenda Chicken v. Fowler 一案中，法官认为商业秘密已不同于仅仅是秘密的信息，商业秘密在经济上的价值应当得到体现。See (1986) ALL ER 617.

　　〔3〕　孔祥俊：《反不正当竞争法的适用与完善》，法律出版社 1998 年版，第 398 页。

　　〔4〕　Uniform Trade Secrets Act, 1985, http：//nsi. org/Library/Espionage/usta. htm.

秘密是指任何可用于工商经营的信息，其有足够的价值和秘密性，使相对于他人产生现实或潜在经济优势"。1996 年美国《反经济间谍法》的颁布，标志着美国第一部联邦商业秘密法的诞生。该法第 9 条第 3 款规定："商业秘密是指各种形式和种类的金融、商业、科学、技术、经济或工程的信息，包括模型、计划、编辑、活动设计、配方、图纸、样品、方法、技术、工艺程序、方案或密码。不论是有体的还是无体的，不论是否以及如何通过自然的、电子的、描述的、摄影的或者书面的方式储存、编辑或者记忆，必须符合下列条件：①所有人采取了合理措施保持其秘密性；②该信息的实际的或者潜在的经济价值来源于其并非众所周知以及通过正当手段不易获取。"[1]

大陆法系的商业秘密法律制度是从英美法系继受而来的。早在 1909 年《德国反不正当竞争法》中就将侵犯商业秘密作为一项不正当竞争行为予以禁止，但并未给商业秘密提供一个确切的定义。依据德国法院判例及学说，商业秘密是指任何一项与企业经营相关的、不为公众所知悉的，依企业所有人之表达出来的或可资识别的意思应予以保密的，并且企业所有人对保守秘密具有正当利益的事实。[2] 日本则在立法中明确为商业秘密下定义，根据 1993 年修订的《日本反不正当竞争法》第 2 条第 4 款的规定，商业秘密是指"作为秘密管理的生产方法、销售方法以及其他对经营活动有用的技术上或经营上未被公知的情报"。[3] 在法国，商业秘密被定义为"制造的各种方法，具有实际的或商业的利益，被用于工业中，并向公众保密"。[4] 我国台湾地区将商业秘密称为"营业秘密"，其"营业秘密法"（1996 年）第 2 条规定，营业秘密"是指方法、技术、制程、配方、程式、设计或其他可用于生产、销售或经营之资讯，唯须符合：①非一般涉及该类资讯所知者；②因其秘密性而具有实际或潜在之经济价值者；③所有人已采取适当之保护措施之要件"。[5]

鉴于各国法律对商业秘密的界定存在差异，为了适应全球经济一体化的发展趋势，世界贸易组织对"未披露信息"作了界定。《知识产权协定》第 39 条规定：在保证按《巴黎公约》（1967 年）第 10 条之二的规定为反不正当竞争提供有效保护的过程中，成员应依照本条第 2 款，保护未披露的信息；应依照本条第 3 款，保护向政府或政府的代理机构提交的数据。只要有关信息符合下列三个条件：①在一定意义上，其属于秘密，就是说，该信息作为整体或作为其中内容的确切组合，并非通常从事有关该信息工作领域的人们所普遍了解或者容易获得；②因其属于秘密而且具有商业价值；③合法控制该信息之人，为保密已经根据有关情况采取了合理的措施。[6] 世界知识产权组织制定的《反不正当竞争示范法》（1996 年）第 6 条第 3 款也规定了商业秘密的定义，该条规定是以《知识产权协定》第 39 条为基础制定的，内容基本一致，只是以

〔1〕 Economic Espionage Act, 1996, http：//www. rmarkhalligan 2. com/trade/articles. asp. id＝13.

〔2〕 邵建东：《德国反不正当竞争法研究》，中国人民大学出版社 2001 年版，第 299 页。

〔3〕 ［日］新企业法务研究会编：《详解商业秘密管理》，张玉瑞译，金城出版社 1997 年版，第 16 页。

〔4〕 吴汉东等：《知识产权基本问题研究》，中国人民大学出版社 2005 年版，第 710 页。

〔5〕 胡良荣："海峡两岸商业秘密法律保护比较研究——兼论我国大陆与台湾商业秘密立法的国际化及其完善"，载《江苏大学学报（社会科学版）》2004 年第 5 期。

〔6〕 郑成思译：《关贸总协定与世界贸易组织中的知识产权协议》，学习出版社 1994 年版，第 28 页。

"秘密信息"（Secret Information）代替了"未披露信息"。

在我国，商业秘密作为法律术语最早出现于 1991 年《民事诉讼法》，该法第 66 条规定："对涉及国家秘密、商业秘密和个人隐私的证据应当保密。"第 120 条第 2 款规定："……涉及商业秘密的案件，当事人申请不公开审理的，可以不公开审理。"但该法并未对商业秘密予以界定。1992 年 7 月 14 日最高人民法院《关于适用〈中华人民共和国民事诉讼法〉若干问题的意见》首次对商业秘密作出司法解释，其第 154 条规定，商业秘密"主要是指技术秘密、商业情报及信息等，如生产工艺、配方、贸易联系、购销渠道等当事人不愿公开的工商业秘密"。1993 年《反不正当竞争法》对商业秘密作了立法解释，该法第 10 条第 3 款规定，商业秘密"是指不为公众所知悉、能为权利人带来经济利益、具有实用性并经权利人采取保密措施的技术信息和经营信息"。

二、商业秘密的构成要件

现代社会充斥着各种信息，但并非任何与技术、经营有关的信息都是商业秘密。要成为商业秘密，必须具备相应的构成要件。

（一）秘密性

秘密性是指有关信息不为其所属领域的相关人员普遍知悉和容易获得。具有下列情形之一的，可以认定有关信息不具有秘密性：①该信息为其所属技术或者经济领域的人的一般常识或者行业惯例；②该信息仅涉及产品的尺寸、结构、材料、部件的简单组合等内容，进入市场后相关公众通过观察产品即可直接获得；③该信息已经在公开出版物或者其他媒体上公开披露；④该信息已通过公开的报告会、展览等方式公开；⑤该信息从其他公开渠道可以获得；⑥该信息无需付出一定的代价而容易获得。[1] 商业秘密的秘密性是相对的，主要体现为：

1. 知悉人员的相对性。商业秘密的秘密性并不要求信息持有人以外的其他任何人都不知道，比如负有保密义务的雇员、合同相对人，以及依法履行职务接触了商业秘密的法官、仲裁员、鉴定人、评估人、国家公务人员等，他们即使知悉了信息内容，也不会导致该信息丧失秘密性。

2. 知悉行业的相对性。秘密状态只要存在于相关行业即可，其他行业的人即使知悉某信息，该信息也会被视为该行业中的商业秘密。《知识产权协定》明确规定只要信息不为从事该信息领域的人们所知悉即可构成秘密性。相比之下，我国《反不正当竞争法》仅笼统规定"不为公众所知悉"是有明显缺陷的。这种过于宽泛的表述涵盖了非相关行业公众知悉即可破坏秘密性的情况，对秘密性的解释绝对化，不利于保护信息持有人的利益。[2]

3. 知悉地域的相对性。甲地成为公知技术的信息并不妨碍在乙地成为商业秘密，只要该信息在乙地符合商业秘密的其他要件。这个地域范围可以是全世界，也可以是一个国家或一个地区。

---

[1] 2020 年修正的《最高人民法院关于审理不正当竞争民事案件应用法律若干问题的解释》第 9 条。

[2] 张耕：《知识产权民事诉讼研究》，法律出版社 2004 年版，第 538 页。

（二）经济性

经济性是指有关信息具有现实的或者潜在的商业价值，能为权利人带来竞争优势。《知识产权协定》对此解释为"因其属于秘密而具有商业价值"。经济性仅指信息具有经济价值或商业价值，具有诸如精神价值、社会价值等其他方面的价值，不能构成商业秘密。经济性是构建商业秘密法律制度根本性的经济动因，也是商业秘密区别于国家秘密、个人隐私等信息的主要标志。

判断一项信息是否具有经济性，不应单纯从信息持有人角度出发，而应以其在社会上有无经济价值为标准。构成商业秘密的信息可以分为积极信息和消极信息。积极信息是指行为人经过实质性的研究开发或其他合法途径获得的，能直接运用于产业活动的信息；消极信息是指行为人经过实质性的研究开发或其他合法途径获得的，不能直接运用于产业活动但能给信息持有人带来竞争优势的信息，例如技术开发失败的信息、对于自身已经撤退行业、领域中的科研、生产、经营等方面的信息。积极信息可构成商业秘密自不待言，而对于消极信息，虽然对其拥有者不能产生直接效用，但若被同行业竞争者获知，竞争者便可从中得到借鉴，避免重蹈覆辙，防止人、财、物等资源及时间的无谓浪费，缩短研究开发的过程，从而强化其在市场竞争中的地位，导致该信息持有人的竞争优势被削弱或丧失。在此意义上，消极信息也可构成商业秘密。

（三）采取了合理的保密措施

作为商业秘密保护的信息，要求权利人有将信息作为商业秘密保护的主观意识，同时在客观上为防止信息泄漏采取了与其商业价值等具体情况相适应的合理保护措施。商业秘密作为一种无形财产，不能像有形财产那样通过占有、登记来公示其所有权，也不能像专利、商标那样通过国家机关的登记或注册程序确认其专有权，只能通过保密措施，将商业秘密置于自己控制之下，从而禁止他人不正当获知。权利人采取的保密措施是否合理，应当根据所涉信息载体的特性、权利人保密的意愿、保密措施的可识别程度、他人通过正当方式获得的难易程度等因素综合进行判断。具有下列情形之一，在正常情况下足以防止涉密信息泄漏的，应当认定权利人采取了保密措施：①限定涉密信息的知悉范围，只对必须知悉的相关人员告知其内容；②对于涉密信息载体采取加锁等防范措施；③在涉密信息的载体上标有保密标志；④对于涉密信息采用密码或者代码等；⑤签订保密协议；⑥对于涉密的机器、厂房、车间等场所限制来访者或者提出保密要求；⑦确保信息秘密的其他合理措施。

我国 1993 年《反不正当竞争法》第 10 条明确要求商业秘密"具有实用性"。所谓实用性，通常指商业秘密的客观有用性，即通过在商业活动中的运用，商业秘密能为持有人带来经济价值。商业秘密的构成要件是否应当包括实用性呢？诚如郑成思先生所言："在商业秘密领域，合格的受保护信息并无'实用性'要求等等，都是 Trips 明文规定的……"[1]但如果仅因为《知识产权协定》对未披露信息没有规定实用性而得出这一结论，只具形式意义。实用性之所以不是商业秘密的构成要件，原因在于商业秘密的经济性实际上可以涵盖实用性。我们不能找到有实用性而无经济性的信息，相

---

[1] 郑成思："WTO 与知识产权法研究"，载《中国法学》2000 年第 3 期。

反我们能找到不具有实用性但具有经济性的信息。比如消极信息，失败的试验数据、方法对拥有者本人而言没有实用性，但有消极意义上的经济性，属于商业秘密。2004年12月颁布的《最高人民法院关于审理技术合同纠纷案件适用法律若干问题的解释》第1条第2款规定："技术秘密，是指不为公众所知悉、具有商业价值并经权利人采取保密措施的技术信息。"该司法解释明确取消了"实用性"要求。

三、商业秘密的范围

WIPO 在 1996 年《关于反不正当竞争保护的示范规定》第 6 条规定对商业秘密作了下列解释：秘密信息（secret information）由制造的或商业的秘密组成。它包括生产方法、化学公式、图样、营销方法、分配方法、合同格式、经营计划表、价格协议细节、消费者群体、广告方案、供应者或顾客名单、计算机软件和数据库。[1] 1993 年《日本反不正当竞争法》第 2 条第 2 款和我国《反不正当竞争法》第 9 条均将商业秘密分为技术信息和经营信息两大类：

（一）技术信息

商业秘密中的技术信息也称为技术秘密、技术秘密成果、非专利技术、专有技术等。原国家科委发布的《关于加强科技人员流动中技术秘密管理的若干意见》第 2 条规定："本单位所拥有的技术秘密，是指由单位研制开发或者以其他合法方式掌握的、未公开的、能给单位带来经济利益或竞争优势，具有实用性且本单位采取了保密措施的技术信息，包括但不限于设计图纸（含草图）、试验结果和试验记录、工艺、配方、样品、数据、计算机程序等等。技术信息可以是有特定的完整的技术内容，构成一项产品、工艺、材料及其改进的技术方案，也可以是某一产品、工艺、材料等技术或产品中的部分技术要素。"该解释较准确地揭示了技术秘密的内涵和外延。这里的"技术"是从狭义角度界定的，是指根据自然科学原理和生产实践经验发展成的各种工艺操作方法与技能，而不包括社会科学及其相应技能。技术秘密是商业秘密的主要部分，从国内外的大量判例看，认定构成侵权的商业秘密绝大多数都属技术秘密范畴。

（二）经营信息

经营信息是指符合商业秘密构成要件的管理诀窍、客户名单、货源情报、财务信息、产销策略、谈判方案、招投标文件的标底、合同协商条款、投资方案、市场调研分析报告等信息。美国《侵权法重述》第 757 条规定了商业秘密包括价格表或目录中决定折扣、回扣的规则或其他让步条件，特殊顾客的名单，财务记录或经营管理的方法。美国最高法院在 Kewance Oil Co. v. Bicorn Corp. 案中，对保护经营信息的必要性发表了精辟的司法意见："很难看出公众可从公开客户名单或产品的上市宣传计划中得到什么好处。事实正好相反，使这些对象保持秘密性，可以鼓励竞争者竞相实行新的和具有个性的经营方案。比起允许将他人开拓的市场或其他信息传播给同类企业来，保护信息的秘密性会导致经营方法的更多差异性。"[2] 经营信息的范围十分广泛，必须注意与处于公有领域的普通信息的区分。认定是否属于商业秘密的经营信息，应从商

---

〔1〕　孔祥俊：《商业秘密保护法原理》，中国法制出版社 1999 年版，第 130 页。

〔2〕　张玉瑞：《商业秘密法学》，中国法制出版社 1999 年版，第 45 页。

业秘密的构成要件上分析和把握。

客户名单是经营信息中的一个重要种类，在商业秘密侵权案中最易引起纷争。由于此类案件常因员工跳槽引起，与员工择业自由权相关，同时客户名单的秘密性不高，又常处于动态变化中，内容和范围都不易确定，因而客户名单的商业秘密属性的认定在国内外商业秘密案件中都是一个难点，形成了许多正反两方面的判例。综合考察国内外判例，客户名单的商业秘密属性的判定，主要应考虑以下因素：

1. 客户名单是否容易获取，获取过程中耗费多大的人力、财力和智力。构成商业秘密的客户名单必须是不易取得的。如果容易取得，如从公开的刊物、电话簿或特定数据库中简单抽取获得，就不应当成为原告财产权的客体。但是，如果所有人通过花费相当多的人力、财力或智力才能获得，就应当对客户名单加以保护，即使这些客户名单是从公有领域信息中加工而成。英国格瑞额（Greene）勋爵在其对英国商业秘密保护具有里程碑意义的 Saltman Engineering v. Campbell Co. 一案中的判决中指出："从任何人都可以利用的资料中经过劳动所取得的工作成果，完全可以成为一种秘密文件……使其具有秘密性的是，文件的制造者业已动过脑筋，才取得了该成果，而他人只有经过这一同样的过程才能取得该成果。"英国的《（英格兰和威尔士）法律委员会信任违反法草案》第 2 条第 2 项也规定："公共领域的信息包括公共知识或公众易于取得的知识……但是，就本法而言，任何能够从公共领域（不管是文件、产品、过程还是其他任何东西）摘取的信息，如果为该摘取的信息付出了劳动、技术或金钱，就不属于公有领域的信息。"[1] 例如，在一个案件中，一个家庭清洁服务公司打了二三百个电话，才查到 8~12 家需要清洁服务，法院认为，该顾客名单不是简单地从电话簿中看到，故为商业秘密。在另一个案件中，顾客名单的所有人用 3 年时间，耗资 80 万美元的广告费及邮寄大量的传单，才找到 274 个买主，此种顾客名单应当受到保护。[2]

在美国"彼德蒙特烟花公司诉萨特克立夫案"的审理过程中，当事人对原告开发客户名单是否耗费了人力财力进行了充分辩论，法庭最终确认原告的客户名单构成商业秘密。本案原告从事烟花零售和批发业务，被告曾受雇于原告，后辞职自己开公司从事与原告竞争的烟花行业，并利用了原告的客户资源。对烟花行业来说，客户资源要靠不断地挖掘和培养，市场上不存在现成的客户。客户源的不确定性，决定了商家难以准确地获知哪些人对烟花生意感兴趣。这一行业最常见的，也是最管用的寻找客户的方法为逐户探访（cold-calling），一种耗时、成本又高的方法。经过几年的逐户探访，原告将其客户名单录入电脑，记载了每一客户的部分或全部情况，如客户名称、地址、电话、是否已订约、上次订约数量、客户指定燃放处的烟花燃放景象的感观调查以及关于今后如何提高客户烟花表演的总结性记载。被告的私人日记中也记载了他接触过的客户的详细情况。本案中，双方当事人都承认客户名单的获得花费了大量的人力物力才完成，因而法庭判决原告胜诉。[3] 我国法院判决的客户名单构成商业秘密

〔1〕 转引自孔祥俊：《商业秘密保护法原理》，中国法制出版社 1999 年版，第 147~148 页。

〔2〕 孔祥俊：《商业秘密保护法原理》，中国法制出版社 1999 年版，第 136 页。

〔3〕 彭学龙："从美国最新判例看客户名单商业秘密属性的认定"，载《知识产权》2003 年第 1 期。

的著名判例则是"中国青年旅行总社诉中国旅行总社利用其原工作人员擅自带走的客户档案进行经营活动侵犯商业秘密纠纷案"。[1]

2. 权利人采取保密措施的程度。商业秘密必须具有秘密性，并且所有人还应采取保密措施，努力保持其秘密性。权利人采取的保密措施是否合理，应依具体情势进行判断。通常情况下，只要权利人采取了一定的保密措施，并且能够为他人所识别，他人就应"望而却步"，此时权利人的保密措施就可以认定是合理的。但是，如果客户名单获取后，没有采取一定的保密措施，如没有标注秘密字样，或没有制定相应保密规则，或没有禁止雇员随意使用，而是随意公开，甚至丢弃在垃圾中，就不能认定客户名单属于商业秘密。在美国"丹福斯公司诉盖格朗侵犯商业秘密案"中，法庭就认定原告未采取合理的保密措施而判决其败诉。本案原告为康涅狄格州弥尔福特（Milford）的一家保险代理商，被告盖格朗是原告雇用的保险代理人，受雇数年后于 1999 年 6 月 21 日辞职。原告称被告离开公司时带走客户名单，侵占了其商业秘密。法院认为，客户名单可以构成商业秘密，但它必须具有足够的秘密性，以至于除非运用不正当手段，否则要获得该信息非常困难。这样，客户名单的所有者就必须采取适当的措施防止名单泄露。但证据表明原告并未采取任何措施要求员工保密，原告与其员工之间也未订立过有关保守其所宣称的"商业秘密"的协议。原告的客户名单随手可得，并不存在任何限制，一个曾经有机会使用这些名单的证人就从未听说过如原告的一个证人试图证明的"上锁的柜子"。可见，这样的客户名单即使获得时付出了劳动，也难以成为商业秘密而受到法律保护。[2]

第二节　商业秘密权

一、商业秘密权的概念与性质

商业秘密权是指商业秘密持有人依法享有的支配、使用、收益、处分商业秘密并排除他人非法侵犯的权利。

商业秘密作为一种智力成果，具有明显的财产价值，能够为权利人带来实际的或潜在的经济利益和竞争优势。商业秘密一旦被泄露或窃取，将会直接给权利人造成经济上的损失，因而商业秘密权也被看作是一种财产权。与传统财产权不同的是，商业秘密权的客体是具有创造性的无形的智力劳动成果，因而商业秘密权属于知识产权范畴。

商业秘密权从性质上属于一种特殊的知识产权，这一观点已经得到了国际社会的认可。20 世纪 60 年代，国际商会（ICC）率先将商业秘密视为知识产权。20 世纪 90 年代缔结的《知识产权协定》明确规定未披露信息的专有权属于知识产权的范畴。英美法系国家一般将商业秘密视为知识产权，典型代表是英国 1981 年《保护秘密权利法

---

〔1〕 参阅最高人民法院中国应用法学研究所编：《人民法院案例选——知识产权卷》（1992~1999 年合订本），中国法制出版社 2000 年版，第 631~634 页。

〔2〕 彭学龙："从美国最新判例看客户名单商业秘密属性的认定"，载《知识产权》2003 年第 1 期。

草案》和美国 1978 年的《统一商业秘密法》。大陆法系国家曾长期依据合同法或反不正当竞争法理论保护商业秘密，目前也逐渐承认商业秘密权的知识产权性质。如法国 2004 年修订《知识产权法典》后，明确将商业秘密保护纳入知识产权法体系。我国《刑法》分则第三章第七节"侵犯知识产权罪"中，包含了侵犯商业秘密罪，这表明我国从立法上承认了商业秘密权的知识产权性质。

二、商业秘密权的特征

商业秘密权与著作权、商标权、专利权等传统的知识产权都是人类智力劳动的产物，都具有知识产权的一般特征，即客体的非物质性、专有性和地域性等。然而，商业秘密权又与传统的知识产权有不同之处，是一种特殊的知识产权，主要体现在：

（一）权利自动获得

商业秘密权的原始取得，单纯基于权利人的智力劳动，属于自动取得，不需要履行任何手续，也不需要经过国家任何部门的审批，这一点与著作权的取得方式相同。而专利权、商标权等具有国家授予性特征，必须经过申请，报主管机关审查批准，并由国家发给有关权利证书才能予以确认。

（二）专有性较弱

商业秘密权的专有性具有极其明显的相对性。商业秘密权人无权禁止他人通过正当手段获取或者自行研制出具有相同内容的技术信息和经营信息。换言之，相同信息的商业秘密权可以由不同的多个主体分别拥有。而专利权、商标权等传统知识产权具有较强的排他性，尤其是专利权的专有性体现得最为明显，相同内容的发明创造只能授予一次专利，即使两个以上的人在同一时期或不同时期各自独立完成了相同的发明创造，专利权也只能授予最先申请的人。

（三）没有保护期限限制

对于商业秘密权，法律并未规定其保护期限，只要不泄密，商业秘密权就可以一直存在。由此可知，商业秘密权并无固定时间限制。而著作权、专利权等权利有固定时间限制，期限届满，该专有权利不再受到法律保护，进而成为社会公共财富，任何人都可以任意无偿使用。

三、商业秘密权的内容

（一）控制权

商业秘密控制权是指商业秘密权利人依法对该商业秘密进行事实上的管领和支配的权利。基于控制权，权利人可以采取一定的保密措施来防止他人通过不正当手段获取、泄露、使用商业秘密，也可以对侵犯其商业秘密权的行为依法请求停止侵害。

（二）使用权

商业秘密使用权是指商业秘密权利人依法享有的在商业活动中自己使用或许可他人使用其商业秘密的权利。他人未经许可不得擅自使用该商业秘密。

（三）收益权

商业秘密收益权是指商业秘密权利人依法享有的使用和处分商业秘密而获得经济利益的权利。商业秘密权人可以自己使用或许可他人使用来获取经济利益，也可以转让商业秘密权获取转让费，还可以将该商业秘密投资入股来获取经济利益等。

（四）处分权

商业秘密处分权是指商业秘密权利人依法享有的对商业秘密进行处置并决定其商业秘密命运的权利。基于处分权，商业秘密权利人可以放弃对商业秘密的占有和使用，将其公之于众，使其丧失秘密性而进入公有领域，可以转让该商业秘密，可以将其用于投资、出质、赠与等，还可以将自己的技术秘密申请专利。

四、商业秘密权的限制

任何知识产权和其他民事权利一样，都应受到相应的限制，商业秘密权也不例外。这些限制是商业秘密侵权诉讼中被告方常见的抗辩事由。在我国《反不正当竞争法》中，虽然未明确规定商业秘密权的限制内容，但司法审判实践和理论界都承认商业秘密权应当受到限制。

（一）反向工程

反向工程是指通过技术手段对从公开渠道取得的产品进行拆卸、测绘、分析等而获得该产品的有关技术信息。反向工程是各国商业秘密立法和司法实践都公认的一种合法抗辩事由，商业秘密权利人不得将通过反向工程获得商业秘密的行为指控为侵权行为。但是，法律、行政法规对于某些客体，如计算机软件禁止反向工程的，应当依照法律或者行政法规的规定处理。

反向工程必须同时具备以下条件：①合法取得产品，即用于分析研究的产品必须通过购买、接受赠与、继承等方式合法取得所有权，或通过租赁、保管、承揽等有效合同取得占有权。②不违反"黑箱封闭"条款。民事主体合法获得商业秘密附着物所有权的，自然可以将它拆开或分解而从中获取商业秘密。但是，如果未获得商业秘密附着物的所有权，而只是合法占有了该物，并且根据与权利人的明示或默示约定不得将该物拆开或分解，则不能通过这种手段获取商业秘密，这就是"黑箱封闭"。[1] 以违反"黑箱封闭"条款手段获取商业秘密不仅构成违约行为，也构成侵犯商业秘密的行为。③符合"净室程序"（Clean Room Procedure）。所谓"净室"，指在开发某种产品或研究某种方法时，研制者应该与他人被商业秘密法或版权法所保护的信息相隔绝。如果参与反向工程或独立开发的一人或数人，已经接触并且知悉他人的商业秘密，此种反向工程或独立开发的过程本身是受到"污染"的，故是不合法的。[2] 这里的"已经接触并且知悉他人的商业秘密"，既包括合法接触并知悉他人商业秘密，也包括通过不正当手段接触并知悉他人商业秘密。

（二）独立开发

独立开发是一种通过自己的创造性智力劳动获得与他人商业秘密相同信息的行为，是经营者诚实劳动、合法竞争的重要形式。独立开发出与商业秘密相同的信息后，如果开发者采取保密措施，也可成为商业秘密权利人。以独立开发作为侵权抗辩事由的，也必须符合"净室程序"。

〔1〕　张耕编著：《商业秘密法律保护研究》，重庆出版社 2002 年版，第 174 页。
〔2〕　张广良：《知识产权侵权民事救济》，法律出版社 2003 年版，第 117~118 页。

（三）公权限制

国家行政机关或司法机关可以根据法律的明确规定在执行职务过程中强制获取当事人包括商业秘密在内的信息。例如在环境监督管理中，依法行使环境监督管理权的环境保护局等国家机关有权依照环境保护法的明确规定行使现场检查权，责令排污单位提供或披露有关排放污染物的种类、数量、浓度、生产工艺、治理技术等技术资料或业务资料，有关单位不得以保护商业秘密为由予以拒绝。[1] 对商业秘密权的公权限制是维护公共秩序或公共利益所必须的，但适用时必须慎重，应当符合以下条件：①必须有法律的明文规定；②以执行职务所必须为限，即国家机关只能在行政执法的合理限度内获得或知悉权利人一定范围的商业秘密；③国家机关及其工作人员因依法执行职务获得商业秘密后负有保密义务。

（四）强制披露

这是适用于上市公司的一种商业秘密权限制制度。上市公司在证券发行和交易过程中，依法负有公开、公平、及时地向全体股东公布一切有关公司重要信息的义务。这些信息中包括了公司的若干经营信息，如公司财务报告和经营情况，公司的经营方针和经营范围的重大变化，公司的重大投资行为和重大购置财产的决定，公司订立可能对其资产、负债、权益和经营成果产生重要影响的合同，公司减资、合并、分立、解散的决定等。这些经营信息完全可以成为公司的经营秘密，受到商业秘密法的保护，然而因为证券交易信息披露制度的存在，实际上对公司的某些涉及经营秘密的商业秘密权进行了限制。有关上市公司不得以保护商业秘密为由拒绝披露有关信息。与公权限制一样，对商业秘密的强制披露也是基于维护公共利益的需要。所不同的是，被要求强制披露后的经营信息将丧失商业秘密属性，成为公知信息；而公权限制中的法定机关负有保密义务，披露后的有关信息仍属于商业秘密。

第三节　商业秘密权的法律保护

一、侵犯商业秘密的行为

根据我国《反不正当竞争法》第9条的规定，侵犯商业秘密的行为主要有以下几种表现形式：

（一）不正当获取商业秘密

不正当获取是指以盗窃、利诱、胁迫或者其他不正当手段获取权利人的商业秘密的行为。不正当获取他人商业秘密行为本身是一种独立的侵权行为，不管行为人是否有进一步地披露、使用或允许他人使用通过不正当手段获取的商业秘密，均不影响不正当获取行为自身违法性的构成。不正当手段是指违反诚实信用原则和公认的商业道德的手段。我国《反不正当竞争法》第9条第1款主要列举了盗窃、贿赂、欺诈、胁迫、电子侵入或者其他不正当手段获取权利人的商业秘密的行为构成不正当手段。

1. 盗窃。即在权利人不知情的情形下，以复印、照相、监听、取走等秘密方式窃

---

[1]　参见我国《环境保护法》第24条、《水污染防治法》第30条、《大气污染防治法》第29条。

取权利人的商业秘密。商业秘密在本质上是一种信息，因而盗窃他人商业秘密的本质特征也是秘密窃取他人属于商业秘密的信息。这种信息的窃取可以和有形载体相分离，即在不侵犯有形载体物权的情况下获取信息，如偷阅权利人的商业秘密，再凭借大脑记忆，将商业秘密再现出来，或窃听他人商业秘密等。在现代社会，以各种手段窃取他人商业秘密的经济间谍现象十分普遍，我国举世闻名的宣纸技术、景泰蓝技术、龙须草席技术就已被外国人窃取。世界知识产权组织在《关于反不正当竞争保护的示范规定》第6条第2款中把"工业或商业间谍行为"列为侵犯商业秘密的不正当竞争行为之首。

2. 胁迫。即对商业秘密权利人或对知悉商业秘密的雇员，以生命、健康、名誉、财产等进行威胁或要挟，形成精神上的强制，迫使其披露商业秘密或交出有关商业秘密的文件或其他载体。

除盗窃、胁迫外，采用其他不正当手段获取他人商业秘密也构成侵权行为。美国《侵权法重述》第757条评论指出：列出不正当手段的完整目录是不可能的，总的来说，不正当手段指违反普遍接受的商业道德和合理行为标准的手段。

（二）披露或使用非法获取的商业秘密

这是指行为人披露、使用或者允许他人使用以不正当手段获取的权利人的商业秘密行为。这类侵犯行为是前述不正当获取他人商业秘密的进一步延伸，危害后果更甚。如果行为人仅仅不正当获取他人商业秘密，未必会造成严重影响和后果，而非法披露或使用则会直接导致权利人的商业秘密被公开或在市场竞争中丧失优势。

"披露"是指行为人以口头、书面或者其他方法将商业秘密向他人传播。披露的后果是否导致商业秘密的秘密性丧失并不影响此行为的构成。[1] 披露商业秘密通常有三种情形：①向特定的人公开，特定人可能并未继续传播，保守了商业秘密，但特定人已非法知悉了商业秘密，造成了商业秘密权利人竞争优势的丧失，因而披露行为本身也违法；②向相关行业不特定的少部分公开，由于这些不特定的少数人已构成法律意义上的公众，因而这种披露会导致商业秘密的秘密性丧失；③通过报刊、杂志、电视、广播、因特网等手段向社会公开传播。

"使用"是指行为人自己或许可他人将采用不正当手段获取的商业秘密运用于生产经营活动中。许可他人使用，可以是有偿的，如与他人签订技术实施许可合同或软件使用许可合同，从中收取使用费；也可以是无偿的，如基于朋友、亲戚、商务关系或其他关系，将商业秘密无偿提供给他人使用。

（三）非法披露或使用合法知悉的商业秘密

这是指行为人违反约定或者权利人有关保守商业秘密的要求，披露、使用或者允许他人使用其所掌握的商业秘密。[2] 认定这种侵权行为的关键在于行为人是否负有明示或默示的保密义务。所谓明示的保密义务，指权利人与他人订有保密合同，或对他

---

〔1〕 有学者认为披露的后果是"使商业秘密丧失秘密性"，这种观点值得商榷。参见赵秉志主编：《侵犯知识产权罪疑难问题司法对策》，吉林人民出版社2000年版，第407页。

〔2〕 典型判例如"佛山高连电缆有限公司、陈灿等五人诉广东电缆附件厂商业秘密侵权上诉案"。参见邱文宽主编：《广东知识产权案例精选》，法律出版社2002年版，第275~309页。

人提出保密要求；所谓默示的保密义务，指根据法律关系、习惯、事实等原因决定，即使与权利人之间没有明示的保密合同，相对人也应承担保密和不使用义务。[1] 在存在明示或默示保密义务的前提下，行为人违反义务披露、使用或允许他人使用商业秘密，构成侵权行为。

明示保密义务通常容易判断，而行为人是否对商业秘密权利人存在默示保密义务，主要根据双方法律关系性质、交易习惯等因素进行综合判定。在有的法律关系中，国家法律、法规直接规定了行为人对商业秘密权利人负有保密义务，在双方无明示合同条款约定情况下，这种保密义务就是一种默示保密义务。如我国《律师法》第 38 条第 1 款规定："律师应当保守在执业活动中知悉的国家秘密、商业秘密，不得泄露当事人的隐私。"即使在当事人聘请律师的代理合同中没有约定保密条款，律师也应因《律师法》的规定而对商业秘密权利人承担默示保密义务。我国法律法规明确规定有关行为主体对商业秘密权利人承担保密义务的情形主要有：律师、会计师、技术鉴定人员等社会中介服务人员对当事人应承担保密义务；[2] 工商、税务、公安、环保等国家机关工作人员对依法执行职务而知悉的商业秘密承担保密义务；[3] 企业管理人员或其他员工对在工作中知悉的用人单位的商业秘密承担保密义务；[4] 法官、检察官、仲裁员对在司法或仲裁过程中知悉的商业秘密承担保密义务；[5] 当事人在订立合同过程中知悉对方的商业秘密不论合同关系是否成立均应承担保守对方商业秘密的义务。[6] 除法定保密条款构成默示保密义务外，行为规则、交易习惯也可在当事人间产生默示保密义务。[7] 这种默示保密义务的理论基础是诚实信用原则。判断是否存在这种默示保密义务，也应主要根据诚实信用原则和公认的商业道德进行。由于我国市场经济发展的时间不长，市场竞争规则和公认的商业道德还未完全形成体系，因而企业最好使用明示保密条款保护其商业秘密。

（四）第三人的侵权行为

第三人是指直接获得权利人商业秘密的行为人以外的人。在侵犯商业秘密行为中，商业秘密权利人为第一人；而直接获得商业秘密的行为人为第二人，第二人包括以不正当手段获取、使用或者允许他人使用的行为人，以及虽通过正当途径获得商业秘密但违反保密约定或要求而披露、使用或允许他人使用其所掌握的商业秘密的行为人。第三人有恶意第三人与善意第三人之分。

1. 恶意第三人的侵权行为。这种行为是指第三人明知或者应知第二人实施了违反《反不正当竞争法》第 9 条第 1 款的违法行为，仍获取、使用或者披露他人商业秘密的行为。恶意第三人的行为的社会危害性实质上同第二人的行为一样，也是对权利人商

〔1〕 张玉瑞：《商业秘密法学》，中国法制出版社 1999 年版，第 523 页。
〔2〕 参见《注册会计师法》第 19 条。
〔3〕 参见《税收征收管理法》第 8 条、《环境保护法》第 24 条等。
〔4〕 参见《公司法》第 148 条。
〔5〕 参见《法官法》第 10 条第 5 款、《检察官法》第 10 条第 5 款。
〔6〕 参见《民法典》第 501 条和国际统一私法协会制订的《国际商事合同通则》第 2.16 条。
〔7〕 方龙华："商业秘密保护中的默示保密义务"，载《人民司法》1997 年第 6 期。

业秘密的侵犯，根据我国《反不正当竞争法》第 9 条第 4 款规定，第三人明知或者应知商业秘密权利人的员工、前员工或者其他单位、个人实施本条第 1 款所列违法行为，仍获取、披露、使用或者允许他人使用该商业秘密的，视为侵犯商业秘密。

恶意第三人侵权行为的构成要件包括两个方面：

（1）主观要件，即第三人对第二人的违法行为"明知或应知"。明知是一种故意状态，应知是一种过失的主观状态。在私法理论上，过失与故意产生相同的法律后果，因此，《反不正当竞争法》将恶意第三人的明知行为和应知行为同等对待，以侵犯商业秘密行为论。过失是指欠缺善良管理人的注意。[1]《美国侵权法重述》第 757 条专门讨论第三人"应该知道"是什么样的主观状态：所谓行为人应该知道，指一个有理智的人从其掌握的信息可以推论出该事实；或一个有理智的人在特定情势下会产生疑问，根据疑问其以合理的智力和注意力，将会知道该事实。《美国侵权法重述》第 757 条还指出，"应该知道"包括两方面的内容，即商业秘密的秘密性和违反义务披露：依本条所述规则，行为人只有同时意识到有关信息是秘密的事实，和第三人的披露违反其义务的事实，才承担法律责任。但是，这两个事实经常相互依存，注意到一个就同时注意了另一个。因此，如果行为人知道某人提供给他的是其他人的商业秘密，行为人就应该对某人是否有披露该信息的授权产生疑问。只要商业秘密的收受者知道存在违反保密义务或不正当获取手段，知道意外或事故导致泄露，就应该知道自己的收受行为构成侵权。[2]从我国《反不正当竞争法》第 9 条第 4 款的规定来看，如果行为人不是"被动"地接受他人违法行为的结果，而是积极促成、唆使他人盗窃、利诱、胁迫或以其他不正当手段获得权利人的商业秘密，那么行为人应该是"第二人"，而不应该是"第三人"。这一认识与《知识产权协定》及美国《侵权法重述》的精神相一致。

（2）客观要件，即第三人自己客观上实施了违法行为，包括从第二人那里获取商业秘密，使用或允许他人使用该商业秘密，披露该商业秘密。

2. 善意第三人的行为。这种行为是指第三人不知且不应该知道第二人实施了违反《反不正当竞争法》第 9 条第 4 款的违法行为而获取、使用或者披露他人的商业秘密的行为。善意第三人不知且不应该知道第二人的行为违法，因此善意第三人获取、使用、披露他人商业秘密的行为主观上没有过错，通常不应承担法律责任，但自其知悉行为人的违法行为后，继续使用应当经权利人的同意，并向权利人支付相应的使用费。

二、侵犯商业秘密的法律责任

我国《反不正当竞争法》第 20 条、第 25 条，《刑法》第 219 条以及 1998 年 12 月 3 日《国家工商行政管理局关于禁止侵犯商业秘密行为的若干规定》第 7 条，规定了侵犯商业秘密的民事、行政和刑事责任。

（一）民事责任

依据违反义务的性质是法定还是约定，侵犯商业秘密的民事责任包括违约责任和侵权责任。承担违约责任的主要方式是停止违约行为、支付违约金或者赔偿损失等；

---

〔1〕　史尚宽：《债法总论》，中国政法大学出版社 2000 年版，第 122 页。

〔2〕　张玉瑞：《商业秘密法学》，中国法制出版社 1999 年版，第 543 页。

承担侵权责任的方式主要是停止侵权行为、赔偿损失、返还商业秘密附着物；因侵权行为给权利人造成不良影响的，还应消除影响、赔礼道歉。人民法院对于侵犯商业秘密行为判决停止侵害的民事责任时，停止侵害的时间一般持续到该项商业秘密已为公众知悉时为止。依据前述规定判决停止侵害的时间如果明显不合理的，可以在依法保护权利人该项商业秘密竞争优势的情况下，判决侵权人在一定期限或者范围内停止使用该项商业秘密。

确定侵犯商业秘密行为的损害赔偿额，可以参照确定侵犯专利权的损害赔偿额的方法进行。因侵权行为导致商业秘密已为公众所知悉的，应当根据该项商业秘密的商业价值确定损害赔偿额。商业秘密的商业价值，根据其研究开发成本、实施该项商业秘密的收益、可得利益、可保持竞争优势的时间等因素确定。

对于侵犯商业秘密行为，商业秘密独占使用许可合同的被许可人提起诉讼的，人民法院应当依法受理。排他使用许可合同的被许可人和权利人共同提起诉讼，或者在权利人不起诉的情况下，自行提起诉讼，人民法院应当依法受理。普通使用许可合同的被许可人和权利人共同提起诉讼，或者经权利人书面授权，单独提起诉讼的，人民法院应当依法受理。侵犯商业秘密案件，一般由中级人民法院管辖。各高级人民法院根据本辖区的实际情况，经最高人民法院批准，可以确定若干基层人民法院受理第一审案件。

（二）行政责任

对侵犯商业秘密者进行行政处罚，其目的在于通过惩罚侵犯商业秘密的行为人，以维护行政管理秩序和公平的竞争秩序。我国《反不正当竞争法》和国家工商行政管理局《关于禁止侵犯商业秘密行为的若干规定》确立的侵犯商业秘密行为的主要行政救济方式是责令停止违法行为和罚款。对于侵害商业秘密的行为，工商行政管理机关应当责令停止违法行为，并可根据情节对侵害商业秘密的侵权人处以 1 万元以上 20 万元以下的罚款。

（三）刑事责任

根据我国《刑法》第 219 条的规定，具有侵犯商业秘密行为，情节严重的，处 3 年以下有期徒刑，并处或者单处罚金；情节特别严重的，处 3 年以上 10 年以下有期徒刑，并处罚金。给商业秘密的权利人造成损失数额在 50 万元以上的，属于"给商业秘密的权利人造成重大损失"。

■ 思考题

1. 简述商业秘密的概念和特征。
2. 试比较商业秘密权与专利权的异同。
3. 简述商业秘密侵权行为的表现形式。

■ 参考书目

1. ［美］罗伯特·P. 墨杰斯等：《新技术时代的知识产权法》，齐筠等译，中国政法大学出版社 2003 年版。

2. 谢铭洋等：《营业秘密法解读》，中国政法大学出版社 2003 年版。

第三十二章　厂商名称权

■学习目的和要求

　　通过本章的学习，要求掌握厂商名称的概念和构成要素，理解厂商名称权的性质、取得方式及权利内容，掌握厂商名称权的法律保护方式。

第一节　厂商名称的概念和构成要素

　　厂商名称（trade name），又称商号、企业名称或商业名称，是商事主体之间相互区别而使用的具有显著特征的文字标志。它是一种识别性商业标志，被广泛使用于商品、包装、装潢及广告宣传媒体上，发挥着区别商品或服务不同经营者的作用。经营者在法律上是独立的经济实体，具有独立的法律人格，只有使用区别于其他经营者的名称，才能使自己特定化，才能以自己的名义享有民事权利，承担民事义务，所以经营者都必须有自己的厂商名称。厂商名称代表了经营者的形象，凝集着经营者的信誉。历史悠久的厂商名称就像驰名商标那样，享有盛誉，能给经营者带来竞争优势和巨大的经济利益，是经营者巨大的无形资产。

　　厂商名称的起源可以追溯到中世纪，当时意大利及地中海沿岸的其他城市国家，商业经济的繁荣过程中出现了多种多样的从事商业经营的组织形式。为了商事交易的方便，同时也为了明示其所有人，就需要给这些商事组织取一个名称，这就是现代意义商号的始祖。[1] 18 世纪末期开始，厂商名称开始受到法律的保护。1794 年普鲁士的普通法和 1807 年的《法国商法典》，率先以法律的形式确立了厂商名称权的排他性。[2] 此后，各国陆续通过商法典、民法典或单行立法的方式保护厂商名称。

　　我国目前还缺乏对厂商名称权进行保护的系统性专门规定。现行的厂商名称权保护制度是由《民法典》《反不正当竞争法》《产品质量法》《公司法》《商标法》《公司登记管理条例》《企业名称登记管理规定》《企业名称登记管理实施办法》以及原国家工商行政管理总局颁发的其他与企业名称有关的规定构成。除《企业名称登记管理规定》《企业名称登记管理实施办法》外，其他法律大多只是在个别条款中有所提及。《产品质量法》第 5 条规定："……禁止伪造产品的产地，伪造或者冒用他人的厂名、厂址……"第 30、37 条规定，生产者、销售者不得伪造产地，不得伪造或者冒用他人

---

　　〔1〕　席建林："商号若干问题研究"，载《北京商学院学报》1994 年第 5 期。
　　〔2〕　吴汉东主编：《知识产权法》，中国政法大学出版社 2002 年版，第 309 页。

的厂名、厂址。《反不正当竞争法》第 6 条第 2 项将"擅自使用他人有一定影响的企业名称（包括简称、字号等）、社会组织名称（包括简称等）、姓名"界定为不正当竞争行为之一。从整体上看，我国现行厂商名称权保护的法律制度不完备，主要是通过对企业名称的保护，间接实现对厂商名称权的保护。不过，值得注意的是，我国某些省开始通过颁发地方性法规的方式，加强对厂商名称，特别是知名厂商名称的保护，如 2006 年 11 月 30 日通过的《浙江省企业商号管理和保护规定》就是国内首部保护企业厂商名称的地方性法规。

厂商名称应当由行政区划、字号行业或者经营特点、组织形式构成，其中字号是区别不同企业的主要标志。字号由两个以上的、具有显著特征的文字组成。这里的显著特征是指组成厂商名称的文字能够使不同的商事主体得以区别开来，起到识别的作用。根据《企业名称登记管理实施办法》和《企业名称登记管理规定》，厂商名称应当使用符合国家规范的汉字，民族自治地方的企业名称可以同时使用本民族自治区地方用的民族文字。并且，可以使用自然人投资人的姓名作厂商名称。企业有正当理由可以使用本地或者异地名称作字号，但不得使用县级以上行政区划名称作字号。需译成外文使用的，由企业依据文字翻译原则自行翻译使用，不需报工商行政管理机关核准登记。在华的外商独资企业、外方控股的外商投资企业，可以使用外国（地区）出资企业的厂商名称。但企业使用外文厂商名称的，其外文厂商名称应当与中文厂商名称相一致，并报登记主管机关登记注册。

厂商名称不得含有下列内容和文字：①有损于国家、社会公共利益的；②可能对公众造成欺骗或者误解的；③外国国家（地区）名称、国际组织名称；④政党名称、党政军机关名称、群众组织名称、社会团体及部队编号；⑤使用汉语拼音字母、阿拉伯数字作为厂商名称；⑥使用行政区划作为厂商名称，但县级以上行政区划的地名具有其他含义的除外；⑦明示或者暗示有超越其经营范围的业务；⑧与同一工商行政管理机关核准或者登记注册的同行业企业名称字号相同，有投资关系的除外；⑨与同一工商行政管理机关核准或者登记注册的符合《企业名称登记管理实施办法》第 18 条的企业名称字号相同，有投资关系的除外；⑩与其他企业变更名称未满 1 年的原名称相同；⑪与注销登记或者被吊销营业执照未满 3 年的企业名称相同或近似；⑫与被撤销未满 3 年的企业的企业名称相同或近似；⑬侵犯他人合法权益的；⑭商标重点文字和企业名称中的字号相同或者近似，使他人对市场主体及其商品或者服务的来源产生混淆（包括混淆的可能性），从而构成不正当竞争的；⑮其他法律、行政法规规定禁止使用的情形。

第二节　厂商名称权

一、厂商名称权的概念和性质

厂商名称权，是指商事主体对其在产业活动中使用的名称或姓名依法在一定地域范围内享有的独占权。厂商名称是商事主体商业信誉和商品声誉的载体，是能产生市场竞争力的无形资产。授予特定经营者对其厂商名称的独占使用权，禁止他人假冒或仿冒，是保护经营者和消费者利益的需要，也是制止不正当竞争、维护社会正常经济秩序的需要。《巴黎公约》第 1 条将厂商名称同专利、实用新型、工业外观设计、商标、服务商标、货源标记或原产地名称以及制止不正当竞争并列为工业产权的保护对象，并在第 8~10 条中明确规定了公约成员国应当采取的保护厂商名称的立法措施。

关于厂商名称权的性质，我国理论界主要有三种学说：

1. 人格权说。该学说认为，商业名称即商业主体在营业上表明自己所选用的名称，因此商业名称专用权，不外乎是商业主体人格权的象征或延伸。另外，厂商名称权系使用商号的权利，对使用相同或类似商号者可以排除其使用，与财产权无关，不属于财产权。而非财产权，即为人身权。此又非因身份而产生，因而仅能谓之人格权。[1]有学者主张的姓名权说，[2] 实际上也属于人格权说范畴。

2. 财产权说。这种观点认为，厂商名称权可以转让、继承，具备财产权的一般特征，是一项可以获得收益的财产，因而属于财产权范畴，是财产权的一种。[3]

3. 双重性质说。该观点认为，一方面，厂商名称权是法律赋予商事主体本身固有的权利，它是商事主体具有独立人格所必须的权利。没有厂商名称权，商事主体就不能从事经营活动，因而厂商名称权具有较强的人格权属性。另一方面，厂商名称是可以转让、许可、继承并能获得经济利益的无形资产，因而厂商名称权又具有财产权的属性。[4] 第三种观点更科学地揭示了厂商名称权的属性。

二、厂商名称权的取得

厂商名称权的取得，主要有两种立法模式：

（1）登记取得主义。德国和日本为典型代表。《德国商法典》第 17、29 条等规定，商人以商号的名义签订合同、起诉和应诉，必须在商事登记簿登记其商号。只有那些已经登记，或者可以登记的商人，才能拥有商号。[5] 德国对厂商名称的登记要求最为严格，未经登记的厂商名称不仅不能享有排他效力，而且不能使用。《日本商法典》第 20 条规定："已进行商号登记者，可以不正当竞争的目的为由，对同一或类似商号的使用人提出停止其商号的使用的请求。但不妨碍提出损害赔偿的请求。"[6] 未经登记的厂商名称在日本可以使用，但不具有排他效力，不能产生专用权。

（2）使用取得主义。法国和美国为典型代表。这种立法模式强调，厂商名称是否登记，并不影响厂商名称权的法律属性，都同样受到法律保护，都具有专属的排他性效力。这种立法模式受到国际公约的肯定。《巴黎公约》第 8 条规定："厂商名称应在本联盟一切国家受到保护，没有申请或注册的义务。"[7]

---

〔1〕 吴光陆："商号权之性质"，载《法令月刊》1989 年第 5 期。

〔2〕 孟玉：《人身权的民法保护》，北京出版社 1988 年版，第 8 页。

〔3〕 转引自吴汉东主编：《知识产权法》，中国政法大学出版社 2002 年版，第 111 页。

〔4〕 赵万一主编：《商法学》，法律出版社 2001 年版，第 195 页。

〔5〕 ［德］罗伯特·霍恩、海因·科茨、汉斯·G. 莱塞：《德国民商法导论》，楚建译，中国大百科全书出版社 1996 年版，第 241 页。

〔6〕 肖榕主编：《世界著名法典选编·民法卷》，中国民主法制出版社 1998 年版，第 623 页。

〔7〕 ［奥］博登浩森：《保护工业产权巴黎公约指南》，汤宗舜、段瑞林译，中国人民大学出版社 2003 年版，第 89 页。

以上两种立法模式各有利弊。使用取得主义体现了古典自然法思想，最符合法律的公平价值。但其突出弊端是发生纠纷时难以取证认定谁是真正的权利人，厂商名称权处于不稳定状态中，通常要耗费更多的社会成本解决纠纷。登记取得主义便于管理，权属关系相对稳定，不必耗费过多的社会成本处理权属纠纷，最符合法律的效益价值。我国厂商名称权的取得主要实行登记取得主义。在我国，厂商名称登记机关是原国家工商行政管理总局和地方各级工商行政管理局，实行分级登记管理制度。原国家工商行政管理总局主管全国企业名称登记管理工作，并负责核准下列企业名称：①冠以"中国""中华""全国""国家""国际"等字样的；②在名称中间使用"中国""中华""全国""国家"等字样的；③不含行政区划的。除上述企业外的其他企业，由所在地的省、市、县工商行政管理局核准登记。由于我国是《巴黎公约》的成员国，该公约规定的使用取得主义对我国具有约束力，因而我国原国家工商行政管理总局发布的《企业名称登记管理实施办法》第 34 条规定，外国（地区）企业名称，依据《保护工业产权巴黎公约》有关规定予以保护。

三、厂商名称权的内容

厂商名称权的内容是指商事主体对其厂商名称依法享有的各种具体权利。根据《企业名称登记管理规定》等法规的规定，厂商名称权主要包括以下内容：

（一）使用权

使用权是指商事主体在处理内部事务或外部事务过程中，依法享有自由使用其厂商名称的权利。商事主体可以在住所处、企业的印章、银行账户、信笺、法律文书、广告宣传、商品包装、牌匾等方面使用其厂商名称。从事商业、公共饮食、服务等行业的企业名称牌匾可适当简化，但应当报登记主管机关备案。

为维护正常的市场经济秩序，我国对厂商名称权人使用厂商名称的行为进行了一定程度的限制。主要内容包括：①预先核准的厂商名称在有效期内，不得用于经营活动，不得转让；②企业变更名称，在其登记机关核准变更登记前，不得使用《企业名称变更核准通知书》上核准变更的厂商名称从事经营活动，也不得转让；③企业的印章、银行账户、信笺、法律文书上所使用的厂商名称，应当与该企业营业执照上的厂商名称相同；④企业应当在住所处标明其企业名称；⑤在使用过程中，应当遵循诚实信用的原则。

（二）转让权

转让权是指商事主体享有依法按照一定程序和规则转让其厂商名称的权利。厂商名称在本行政区域内，可以随企业或企业的一部分一并转让给另一企业。厂商名称只能转让给一户企业。转让方和受让方应签订书面合同，报原登记机关核准，转让自登记之日起生效。转让后，转让方不得继续使用已转让的厂商名称。

（三）许可权

许可权是指商事主体享有将其厂商名称依法许可他人使用的权利。厂商名称的许可使用通常发生在特许经营中。特许经营也称加盟经营，自 20 世纪中期在美国出现后迅速在世界各地发展。麦当劳、肯德基、麦克汉姆、假日酒店等国际著名商号的特许经营也先后在我国发展起来。在特许经营关系中，特许人通常通过书面合同的方式，将自己的商号、商标、专利和商业秘密等授予被特许人使用，被特许人按照合同约定投资，在特许人统一的模式下自主经营，并向特许人支付使用费。

（四）禁止权

禁止权是指商事主体有权在特定的地域和行业范围内禁止其他商事主体使用与其相同或近似的厂商名称。厂商名称权的禁止权通常只及于核准登记机关管辖的行政地域范围和行业范围。超出该地域和行业范围，厂商名称权人不享有禁止他人使用相同或类似厂商名称的权利。

第三节　厂商名称权的法律保护

一、侵犯厂商名称权的行为

侵犯厂商名称权的行为主要有以下表现形式：

（1）擅自使用与同一登记机关已经登记注册的同行业企业的厂商名称相同或者近似的厂商名称。

（2）违反诚实信用原则，将与他人厂商名称中的字号相同或者近似的文字注册为商标，引起相关公众对企业名称所有人与商标注册人的误认或者误解。

（3）违反诚实信用原则，将与他人厂商名称中的字号相同或者近似的文字注册为域名，引起相关公众的误认或者误解。2001年，北京市第二中级人民法院审理了"弗兰卡（鹤山）厨具有限公司诉佛山市现代装饰材料公司在计算机网络域名中侵犯其企业名称权纠纷案"，一审判决佛山装饰材料公司注销侵犯弗兰卡公司企业名称的域名。这是全国首例网络域名侵犯企业商号权益案。[1]

（4）违反诚实信用原则，将与他人厂商名称中的字号作为商品名称或装潢突出使用，造成或足以造成消费者混淆的。

（5）其他侵害厂商名称权的行为。

二、对侵犯厂商名称权行为的处理

各级工商行政管理机关对在本机关管辖地域内从事活动的企业使用厂商名称的行为，依法进行监督管理。

对于擅自使用他人已经登记注册的厂商名称或者有其他侵犯他人厂商名称权行为的，被侵权人可以向侵权人所在地登记主管机关要求处理。登记主管机关有权责令侵权人停止侵权行为，赔偿被侵权人因该侵权行为所遭受的损失，没收非法所得并处以5000元以上、5万元以下罚款。被侵权人也可以直接向人民法院起诉，要求侵权人承担停止侵害、消除影响、赔礼道歉、赔偿损失等相应的民事法律责任。

已经登记注册的厂商名称，在使用中对公众造成欺骗或者误解的，或者损害他人合法权益的，应当认定为不适宜的厂商名称并予以纠正。

对于在自己生产或销售的产品上伪造或假冒其他企业的厂商名称的行为，应责令改正，没收违法生产、销售的产品，并处违法生产、销售产品货值金额等值以下的罚

---

[1]　参见王范武、邵明艳："域名侵犯商号 法院判令注销"，载《中华商标》2001年第10期。

款；有违法所得的，并处没收违法所得；情节严重的，吊销营业执照。[1]

我国《商标法》第9条第1款规定："申请注册的商标，应当有显著特征，便于识别，并不得与他人在先取得的合法权利相冲突。"其中，他人在先获得的厂商名称权是"他人在先取得的合法权利"之一。对于将他人在先登记、使用的厂商名称申请注册为自己的商标的行为，商标局不予注册。即使侥幸注册成功，厂商名称权人可请求商标评审委员会裁定撤销该注册商标。

外国（地区）企业的厂商名称权保护，依据我国参加的国际公约、协定、条约等有关规定予以保护。

■思考题

1. 厂商名称的概念和构成要素是什么？
2. 厂商名称权的权利内容有哪些？

■参考书目

1. 沈达明编著：《知识产权法》，对外经济贸易大学出版社1998年版。
2. 程合红：《商事人格权论——人格权的经济利益内涵及其实现与保护》，中国人民大学出版社2002年版。

---

[1]　参见《产品质量法》第53条。

第三十三章　地理标志权

■学习目的和要求

　　通过本章的学习，要求掌握地理标志的定义，分析地理标志的各种保护模式，掌握地理标志权的概念、性质和内容。

第一节　地理标志之界定

　　商品的质量或特色与出产地域的自然条件、地理环境、技术优势、传统工艺常常有紧密的联系。如果商品的质量、信誉或其他特征主要是由于气候、土质、水质、天然原材料等自然因素，或当地的技术条件、传统工艺等人文因素形成的，那么出产该商品的一定地域的地理名称或其他标志就构成了地理标志（geographical indication）。

　　我国《商标法》第16条第2款规定："前款所称的地理标志，是指标示某商品来源于某地区，该商品的特定质量、信誉或者其他特征，主要由该地区的自然因素或者人文因素所决定的标志。"

　　地理标志与原产地名称、货源标记三个概念极易混同。对于三者之间的关系，理论界主要形成了三种不同的认识：第一种观点认为，地理标志包含货源标记和原产地名称。换言之，地理标志是由货源标记及原产地名称共同组成的；[1] 第二种观点认为，货源标记包含地理标志和原产地名称，地理标志又包含原产地名称；[2] 第三种观点认为，货源标记包含原产地名称，地理标志和原产地名称同义。[3]

　　从《知识产权协定》和我国《商标法》所界定的地理标志与所标示的商品质量、信誉与其他特征紧密相关的这一特点看，前述第二种观点较准确地揭示了三者之间的关系。货源标记（indications of source）又称为货源标识、来源地标识、产地标识。货源标记有广义和狭义两种解释，广义的货源标记是指可以表明产品或服务来源地域的所有标志或表达方式，其外延可以包含地理标志和原产地名称。狭义的货源标记是指除地理标志、原产地名称以外的指示商品或服务出产地域的标志，该标志与商品的质量、信誉或其他特征没有联系。如大多数商品上标明的"中国制造""上海制造"等字

---

　　〔1〕　董炳和：《地理标志知识产权制度研究——构建以利益分享为基础的权利体系》，中国政法大学出版社2005年版，第67页。

　　〔2〕　吴春岐："地理标志及原产地名称等相关概念的探究"，载《山东大学学报（哲学社会科学版）》2003年第4期。

　　〔3〕　范长军、郑友德："论我国原产地名称法之制定"，载《华中理工大学学报（社会科学版）》2000年第2期。

样都仅为狭义的货源标记。货源标记与地理标志、原产地名称的相同之处在于，它们的基本功能是指明商品的出产地域，标示商品的最初来源地。但它们存在着以下重要区别：

第一，货源标记只是表示商品或服务出处的标志；地理标志和原产地名称除能表示商品或服务出处外，还具有表示和保证商品质量、信誉或其他特征的作用，表明该商品与该地自然因素或人文因素这些使其质量驰名的因素有关。

第二，地理标志和原产地名称是与真实存在的地理名称有关的标志。有的学者认为，货源标记不一定仅限于实际存在的地理名称，也可使用商号、商标等创造性标志。[1]

第三，地理标志和原产地名称具有财产权属性，注册人享有专有权，可授权符合使用条件的该地域范围的经营者使用。冒用地理标志将侵犯特定经营者的知识产权。货源标记不具有财产权的性质，不能被特定的主体注册。伪造货源标记通常被视为制造市场混乱的不正当竞争行为，不具有侵犯特定人知识产权的性质。

第四，地理标志和原产地名称都与商品的质量、信誉或其他特点有关。所有的原产地名称都是地理标志，但地理标志又不仅限于原产地名称，两者不能等同。地理标志的范围比原产地名称的范围更为广泛。

第二节　地理标志的立法保护

地理标志是能产生信誉和市场竞争力的商业标志，凝聚着经营者的智慧和辛勤劳动成果。禁止地理标志的虚假标注，保护地理标志权利人利益和消费者利益，是制止不正当竞争、维护正常国际贸易秩序的需要，因而地理标志和商标、厂商名称等商业标志一样，成为国际知识产权保护条约的重要保护对象。

《巴黎公约》第10条规定，有人直接或间接使用虚假的产地标志时，适用该公约第9条的规定，各成员可以采取在进口时扣押商品、在国内扣押或禁止进口等措施。该公约还规定，凡从事该项商品的生产、制造或销售的生产者、制造者或经销者，无论为自然人或法人，如在被假冒的原产地或原产地所属地区或被假冒的原产国或使用该假冒标志的国有营业所，皆为利害关系人，有权要求取缔伪造产地的行为。此外，《马德里协定》和《里斯本协定》也是保护地理标志的重要国际公约。《知识产权协定》第22条规定，各成员有义务提供法律措施以使利害关系人阻止各种形式的伪造地理标志行为。鉴于酒类商品利润大，其品质与地理标志密切相关，伪造酒类商品地理标志行为又较为普遍等因素，该协议第23条对葡萄酒与白酒地理标志保护作了特别规定，要求"各成员均应为利害关系人提供法律措施，以制止用地理标志去标示并非来源于该标志所指的地方的葡萄酒或白酒，即使在这种场合也标出了商品的真正来源地，即使该地理标志使用的是翻译文字或即使伴有某某'种'、某某'型'、某某'式'、

---

〔1〕　〔日〕纹谷畅男编：《商标法50讲》，魏启学译，法律出版社1987年版，第47页。

某某'类'，或相同的表达方式，也均在制止之列"。[1] 例如，在湖北产的白酒上标出"泸州型白酒"（即使标出了产地为"湖北"），在中国产的葡萄酒上标上"法国式葡萄酒"（即使标出了产地为"中国"），这些表达方式同样会误导消费者，损害该类商品真正来源地的经营者的利益，为该协议所禁止。可见，《知识产权协定》对地理标志特别是酒类商品的地理标志的法律保护向各成员提出了很高的要求，对地理标志的保护水平高于此前的相关国际条约。

除上述多边知识产权国际条约外，一些区域性的工业产权保护协定和有关国家之间的双边协议也在调整和规范地理标志方面发挥着重要作用，如《保护工业产权中美洲协定》《保护工业产权安第斯条约》《班吉协定》等，在促进和加强中美洲、拉丁美洲和非洲有关国家工业产权立法的同时，也对地理标志的保护作了专门规定。

保护地理标志已成为世界性共识，而有关国际条约对地理标志保护的规定又仅是原则性或协调性的，因而对地理标志的具体保护还有赖于各国国内相关法律制度的建立和完善。目前，各国对地理标志保护的法律形式有所不同，主要形成了三种立法模式：

（一）特别法模式

法国为这种立法模式的典型代表。法国于1919年5月颁布《原产地名称法》，以后又多次适时地进行了修改，最近一次修订是在1996年。[2] 1935年7月法国又颁布《关于受控葡萄酒原产地名称法令》，该法令的适用范围从最初的葡萄酒和奶酪逐步扩大到农产品、食品和手工制品和工业制品，[3] 明确规定了使用原产地名称的注册登记制以及保护原产地名称的行政和司法程序。这种立法模式的优点是充分考虑到了原产地名称权作为一项特殊工业产权的特点，并赋予了产地范围内特定团体或经营者对原产地名称的专属使用权（积极权利）和禁止他人使用权（消极权利）。法国的地理标志保护制度以行政手段管理和保护原产地名称为主要特征，因而不少学者认为法国的原产地名称权是"公权"而非"私权"。[4]

（二）商标法模式

即通过商标法中的证明商标或集体商标保护地理标志的模式。美国、中国、英国、德国、澳大利亚、意大利等100多个国家和地区采用此种保护模式。这种立法体例又分为三种类型：

1. 美国和中国模式。允许申请人自由选择将地理标志注册为证明商标或者集体商标。如我国《商标法实施条例》第4条第1款规定："商标法第16条规定的地理标志，可以依照商标法和本条例的规定，作为证明商标或者集体商标申请注册。"《美国商标法》第4条规定："集体商标和证明商标，包括原产地标记应根据本法由对申请注册的

---

〔1〕 郑成思译：《关贸总协定与世界贸易组织中的知识产权协议》，学习出版社1994年版，第2f1008页。

〔2〕 王素敏："论我国地理标志的保护模式"，载《华北水利水电学院学报（社会科学版）》2005年第1期。

〔3〕 董炳和：《地理标志知识产权制度研究——构建以利益分享为基础的权利体系》，中国政法大学出版社2005年版，第98~99页。

〔4〕 严永和："论传统知识的地理标志保护"，载《科技与法律》2005年第2期。

商标的合法权利人选择。"〔1〕 此外，英国、伊朗、以色列、土耳其和部分欧洲国家也采用此模式。

2. 加拿大模式。规定地理标志只能注册为证明商标。加拿大商标法中只有证明商标而无集体商标的专门规定，松散性集团可以注册证明商标供下属成员使用，以证明其成员资格。〔2〕 此外，约旦、冰岛以及一些英联邦国家商标法中也只有证明商标的规定。

3. 德国模式。德国商标法与加拿大相反，只有集体商标而无证明商标的规定，因而地理标志只能注册为集体商标受到保护。如德国《商标和其他标志保护法》第99条规定："不受第8条第（2）款第2项所述规定影响的，在商业中可以标明商品或服务地理来源的标志或标记可以构成集体商标。"〔3〕 此外，匈牙利、波兰、阿尔及利亚、巴西、古巴、黎巴嫩、摩洛哥、菲律宾、罗马尼亚、斯里兰卡、叙利亚以及非洲知识产权组织的成员国也采用此模式。

（三）反不正当竞争法模式

即通过反不正当竞争法对地理标志实施法律保护。例如，瑞典将侵犯原产地名称权的行为作为不正当竞争行为的一种予以禁止。〔4〕 日本也是这种立法模式的典型代表，如日本于1934年3月27日颁布的《不正当竞争防止法》第1条规定将假冒商品原产地标志的行为和使用使人误认商品出处标志的行为作为使人产生混淆或误认的行为而加以禁止。此外，日本《关税法》《进出口交易法》以及《禁止不正当赠品和使用不正当标志法》也从不同角度规定了对原产地名称的保护措施。〔5〕 这种立法模式强调了假冒地理标志不正当竞争的行为性质，侧重于从维护市场秩序和消费者利益的角度保护地理标志，利害关系人无需进行任何登记程序就能获得法律保护，但此模式对地理标志的知识产权积极权利性质有所忽略，特定产地范围内的经营者无法获得一项明确、具体和积极的专用权，其立法缺陷较为明显。

以上模式各有利弊，各国可以根据自己的具体情况选择适用。很少有国家只单独采用一种立法保护模式，通常都是几种立法方式混合使用。如德国除采用商标法中的集体商标保护地理标志外，还在《商标法》中第六部分专门规定了"地理来源标志"的保护；〔6〕 此外，《德国反不正当竞争法》第13条第2款也从制止不正当竞争的角度规定了地理标志的保护。在西班牙，当事人可以选择以商标法保护原产地名称，也可以选择原产地名称的专门立法保护。我国的地理标志保护立法也是属于以《商标法》为主体，《产品质量管理法》《反不正当竞争法》《消费者权益保护法》和《地理标志

---

〔1〕 王素敏："论我国地理标志的保护模式"，载《华北水利水电学院学报（社会科学版）》2005年第1期。
〔2〕 参见《加拿大商标和反不正当竞争法》第23条第4项规定。
〔3〕 国家工商行政管理局商标局编著：《中华人民共和国商标法律法规最新汇编》，工商出版社1999年版，第560页。
〔4〕 任自力："TRIPS协议与中国工业产权制度——原产地名称保护略探"，载《河北法学》1997年第4期。
〔5〕 ［日］纹谷畅男编：《商标法50讲》，魏启学译，法律出版社1987年版，第51~52页。
〔6〕 国家工商行政管理局商标局编著：《中华人民共和国商标法律法规最新汇编》，工商出版社1999年版，第572~577页。

产品保护规定》等法律法规密切配合的综合立法体例。相比较而言，商标法体系下保护地理标志的模式应居于核心地位，具有更多优势，可以充分利用保护商标的现行国际公约和成熟的国际、国内注册体系对地理标志实施高水平保护。我国在商标法体系外还建立了一套国家质量监督检验检疫总局行政管理体制控制下的原产地域保护体系，使我国的地理标志保护立法体例又类似于西班牙的综合立法模式。

第三节　地理标志权

一、地理标志权的概念

地理标志权是指特定地域的经营者对地理标志依法享有的排他使用权。地理标志是产品具有一定质量特色或信誉的标志，是产地范围内相关经营者的无形资产。《巴黎公约》和《知识产权协定》等国际公约都明确规定了有关利害关系人可以请求行政机关或司法机关制止他人擅自使用地理标志的行为，从而使地理标志具有知识产权的排他属性。

二、地理标志权的集体权利性质

从地理标志的知名度和财产价值的形成过程看，特定地区内的生产者在长期的生产实践中，利用当地独特的自然条件，不断总结经验，推陈出新，形成制作和生产某种产品比较成熟的工艺流程和技术规则，从而为保证质量提供技术上的支持。这种工艺流程和技术规则的形成过程，同时也是特定地域内特定产品的独特品质和质量逐渐定型并获得市场认可的过程，也是特定地域内数量众多的生产者长期遵循共同的生产工艺和流程、实施特定质量控制的过程。地理标志是特定地理区域内生产者共同劳动和集体智慧的结晶，是该地区内生产者集体的财产。因此，地理标志的权利主体具有集体性。[1] 美国学者米勒和戴维斯就指出："证明商标的所有权不像通常那样是个人的专有权利；相反，这些权利必须是公众集体所有。"[2] 他们还指出："从商标指示来源角度上讲，集体商标也指明其成员的来源，因而集体商标属于传统商标；但从商标的所有权不是属于商品生产者或服务提供者个体所有，而是属于团体共同所有的角度上讲，集体商标又不属于传统商标。"[3] 在法国原产地名称保护单独立法的情况下，原产地名称权也被认为是一项集体性财产权。[4] 原产地名称权可以由法院进行司法认定。"判决同时界定受保护的名称以及保护的地带、行政地区。判决对争执地区的所有

---

[1] 严永和："论传统知识的地理标志保护"，载《科技与法律》2005 年第 2 期。

[2] ［美］米勒、戴维斯：《知识产权法——专利、商标和版权》，宋建华、郑小敏注，汤树梅校，中国人民大学出版社 2004 年版。

[3] ［美］米勒、戴维斯：《知识产权法——专利、商标和版权》，宋建华、郑小敏注，汤树梅校，中国人民大学出版社 2004 年版。

[4] ［法］多米尼克·菲莉奥："原产地名称"，熊芳译，载欧万雄、董葆霖主编：《企业商标的战略和策略——中法商标法律讲座选编》，经济管理出版社 1991 年版，第 268 页。

生产者、制造者和收获者都生效。"[1] 只在极少数情况下，地理标志可以被个人注册。如在德国，地理标志可以注册为个体商标受商标法保护，其条件为：在某个地方只有唯一一家企业有权使用该地方的名称，而且并没有明显的迹象表明这一状况将在可预见到的未来发生什么变化。例如，某镇只有一个矿泉水水源，目前只有一家企业有权开采和经销这种矿泉水；某村只有一处山坡可以种植葡萄，只有该山坡地的所有权人在酿造葡萄酒。在这种情况下，交易中并不存在现实的或未来的其他主体使用该地理标志的需要。这样，企业所有人可以将地理标志作为个体商标申请注册。[2]

三、地理标志权的权利内容

地理标志权的内容主要有以下几项：

（一）许可使用权

"许可是在不转让财产所有权的条件下让渡财产中的权利。"[3] 普通商标的使用许可，通常是由于商标权人自身不具备最大限度地利用该商标获得经济利益的资源和条件，因而常常要通过签订许可协议的方式转让商标的使用权；而集体商标和证明商标的使用许可，则是基于法律的强制性规定。注册人和实际使用人的强制分离，是集体商标和证明商标的共同特征，也是它们与普通商标最重要的区别之一。

（二）转让权

地理标志注册为集体商标或证明商标后，具有了财产权的属性，通常可以依法转让。但集体商标和证明商标与特定的地域或身份有关，能否和普通商标一样进行转移，立法规定不一。有的国家或地区明确禁止集体商标或证明商标转让，或对转让进行严格的限制。俄罗斯联邦《商品商标、服务商标和商品原产地名称法》第 20 条第 2 款规定："集体商标及其使用权不得转让他人。"日本《商标法》第 31 条之二第 2 款规定："集体商标权不得移转。"[4] 法国《知识产权法典》第 715 条第 2 款第 4 项规定："集体证明商标不得转让，抵押或作为任何强制执行的标的；但是，作为所有人的法人解散的，该商标得依行政法院政令移转其他法人。"[5] 我国台湾地区"商标法"第 75 条规定："证明标章或团体标章专用权不得转移、授权他人使用，或作为质权标的物。但其转移或授权他人使用，无损害消费者利益及违反公平竞争之虞，经商标主管机关核准者，不在此限。"在理论界，我国也有学者认为地理标志不得转让。[6]

我国 2003 年修订的《集体商标、证明商标注册和管理办法》开放了对证明商标和集体商标的转让，允许证明商标和集体商标转让给具备相应的主体资格的受让人。这实际上是允许地理标志注册的集体商标或证明商标可以有条件地转让。受让人应当具备的主体资格条件应当包括：①具备特定商品或服务的质量监督管理能力；②具备管

〔1〕 沈达明编著：《知识产权法》，对外经济贸易大学出版社 1998 年版，第 344 页。

〔2〕 邵建东：《德国反不正当竞争法研究》，中国人民大学出版社 2001 年版，第 278 页。

〔3〕 ［美］德雷特勒：《知识产权许可》（上册），王春燕等译，清华大学出版社 2003 年版，第 1 页。

〔4〕 杨和义：《商标法选论》，重庆出版社 2003 年版，第 319 页。

〔5〕 《法国知识产权法典》（法律部分），黄晖译，商务印书馆 1999 年版，第 143 页。

〔6〕 李冬梅："地理标志知识产权性质分析及法律对策"，载《大连海事大学学报（社会科学版）》2003 年第 1 期。

理和控制集体商标或证明商标进行规范、合理使用的能力；③遵守原注册人制定的集体商标或证明商标使用管理规则；④属于依法登记或依法批准成立的团体、协会或其他组织。地理标志集体商标或证明商标的实际使用人必须限定在原地理标志集体商标或证明商标确定的地域范围内，但商标权的受让人是否必须在该地域内则不应强制要求。

（三）禁止权

禁止权在性质上属于请求权范畴，其实现的基本方式是依法向有关行政管理部门或人民法院提出责令行为人停止侵害的请求。禁止权的内容主要有：请求禁止将虚假地理标志进行商标注册的权利，请求禁止进口使用虚假地理标志商品的权利，请求停止非法使用地理标志行为的权利和请求损害赔偿的权利等。

作为地理标志权利内容的禁止权的权利主体只限于集体商标或证明商标的注册人。集体商标或证明商标的使用人通常只是依照合同享有普通使用权的被许可人，虽然根据《知识产权协定》第22条第3款和我国《商标法》第41条之规定可以作为"利害关系人"请求撤销使用误导公众的地理标志的注册商标，但不享有诉权。[1] 并且在通常情况下也不必作为无独立请求权的第三人加入诉讼，除非许可协议中有相反的约定。《日本商标法》第36条的规定也排除了普通被许可人的起诉权。《德国商标法》第101条则规定，"有权使用集体商标的人只有在所有人同意的情况下，才可以提起集体商标侵权诉讼"[2]。

■思考题

1. 地理标志的定义是什么？
2. 地理标志权的概念、性质和内容是什么？

■参考书目

1. 吴汉东等：《知识产权基本问题研究》，中国人民大学出版社2005年版。
2. 董炳和：《地理标志知识产权制度研究——构建以利益分享为基础的权利体系》，中国政法大学出版社2005年版。
3. 王连峰：《商标法》，法律出版社2003年版。

---

〔1〕　参见《最高人民法院关于诉前停止侵犯注册商标专用权行为和保全证据适用法律问题的解释》第1条第2款和第13条的规定。

〔2〕　国家工商行政管理局商标局编：《中华人民共和国商标法律法规最新汇编》，工商出版社1999年版，第560页。

第三十四章　集成电路布图设计权

■**学习目的和要求**

　　通过本章的学习，要求掌握集成电路布图设计的概念和特征，理解集成电路布图设计的立法保护模式，掌握集成电路布图设计权的概念、内容、限制及保护模式。

第一节　集成电路布图设计的概念和特征

　　集成电路属于微电子技术的范畴，是现代信息产业的核心与基础，是当代世界新科技革命的先导。集成电路工业是当前发展最快的高科技产业之一，已成为衡量一个国家经济、技术水平的重要标志。据统计，发达国家国民生产总值的增值部分 65% 与集成电路有关。[1] 我国的集成电路产业起步于 20 世纪 60 年代中期，经过 40 多年的发展，现在已经初具规模，成为全球集成电路产业发展最快的地区之一。

　　集成电路可以分为半导体集成电路、薄膜集成电路、厚膜集成电路和混合集成电路。按照 1989 年 5 月世界知识产权组织在美国华盛顿通过的《关于集成电路的知识产权条约》（以下简称《华盛顿条约》）的规定，集成电路（Integrated Circuits）是指"一种产品，包括最终形态和中间形态，是将多个元件，其中至少有一个是有源元件，和部分或全部互连集成在一块半导体材料之中或之上，以执行某种电子功能的中间产品或者最终产品"。我国《集成电路布图设计保护条例》第 2 条也规定，集成电路，是指半导体集成电路，即以半导体材料为基片，将有一个是有源元件的两个以上元件和部分或者全部互连线路集成在基片之中或者基片之上，以执行某种电子功能的中间产品或者最终产品。

　　集成电路布图设计在不同的国家有不同的称谓，美国称之为掩膜作品（mask work），日本称为线路布局（circuit layout），欧盟国家（如法国、德国、丹麦、西班牙、意大利等国）因欧共体指令而称之为拓扑图（topology），中国、瑞典、韩国、俄罗斯等国则称之为布图设计（layout-design），我国台湾地区则称为电路布局。根据我国《集成电路布图设计保护条例》的规定，集成电路布图设计（以下简称布图设计）是指集成电路中有一个是有源元件的 2 个以上元件和部分或者全部互连线路的三维配置，或者为制造集成电路而准备的上述三维配置。

　　集成电路布图设计具有以下特征：①原创性。《华盛顿条约》第 3 条第 2 款规定：

---

〔1〕　李顺德："集成电路产业的发展和知识产权保护"，载《电子知识产权》2011 年第 10 期。

"（A）第1款（A）项所述的义务适用于具有原创性的布图设计（拓扑图），即该布图设计（拓扑图）是其创作者自己的智力劳动成果，并且在其创作时在布图设计（拓扑图）创作者和集成电路制造者中不是常规的设计。（B）由常规的多个元件和互联组合而成的布图设计（拓扑图），只有在其组合作为一个整体符合（A）项所述的条件时才应受到保护。"我国《集成电路布图设计保护条例》第4条对此也作了明确规定："受保护的布图设计应当具有独创性，即该布图设计是创作者自己的智力劳动成果，并且在其创作时该布图设计在布图设计创作者和集成电路制造者中不是公认的常规设计。受保护的由常规设计组成的布图设计，其组合作为整体应当符合前款规定的条件。"②无形性。布图设计是集成电路中所有元器件之间的一种配置方式，这种"配置方式"本身是抽象的、无形的，以一种信息状态而存在，不占据任何空间。③可复制性。当布图设计的载体为掩膜时，布图设计就以图形方式存在于掩膜版上，这时，只需对全套掩膜版加以翻拍，即可复制出全部的布图设计。当布图设计以磁盘或磁带为载体时，同样可以用通常的磁带或磁盘拷贝方法复制布图设计。当布图设计被"固化"到已制成的集成电路产品中时，复制过程相对复杂些，但仍可以通过解剖产品、显微照相、逐层腐蚀、微量分析，获得全部布图设计。随着技术的发展，还会有新的复制方法出现。④工业实用性。集成电路的作用就是实现电子电路的功能。通过电子的流通与截止、元件的开与关，实现信息的传递与处理。换言之，布图设计就是为了集成电路的制造而存在，能够应用于产业活动。

第二节　集成电路布图设计的立法保护

集成电路布图设计是艺术创造力与精密的电子工程技术融合的产物。要完成布图设计，创作人必须付出艰辛的劳动并投入大量的资金。为保护开发集成电路布图设计人员的积极性，防止他人非法复制，需要采用立法形式保护集成电路布图设计。世界各国对于布图设计的保护主要采取三种模式，即著作权法保护模式、专利法保护模式和专门立法模式。

一、著作权法保护模式

人们最初曾寄希望于版权法保护布图设计。1979年美国伊利诺斯州北区联邦法院及第七巡回上诉法院在审理一个仿制集成电路芯片设计的案件时，法官以为能在版权法中找到判决的依据，但结果未能找到。[1] 这意味着版权法难以对集成电路布图设计提供有效的保护。主要原因在于：①版权法只对作品提供保护。而集成电路布图设计是由一系列电子元件及连接这些元件的导线所组成，以执行某种电子功能的立体布局，不论对各国立法及有关版权条约中的作品作多么广泛的解释，均无法包括集成电路布图设计。[2] ②在芯片开发过程中，技术人员通常需要采用反向工程的方法来了解其他厂商的产品性能和技术水平，从而开发出与已有芯片兼容或者性能更优越的产品。然

〔1〕 郑成思：《计算机、软件与数据的法律保护》，法律出版社1987年版，第91页。
〔2〕 唐广良、董炳和、刘广三：《计算机法》，中国社会科学出版社1993年版，第92页。

而，按照著作权法，在原作基础上进行演绎属于作者的权利，他人要对该布图设计进行改进就必须经过原作者的许可，这显然不利于集成电路产业的发展和技术的进步。③著作权保护期限太长也是该模式的另一个弊端。集成电路技术更新换代很快，过长的保护期容易造成技术的垄断，影响了集成电路技术的交流与共享。

二、专利法保护模式

集成电路作为工业技术领域内的智力劳动成果，自产生以来，各国依据专利法就集成电路产品及其相关技术授予了一些专利。集成电路的发明人 J. 基尔比和 B. N. 诺伊斯就分别拥有 16 项和 50 项关于集成电路的专利权。我国授予专利权的电学领域的发明创造中也不乏关于集成电路的发明创造。[1] 然而，专利法保护布图设计存在着许多障碍。首先，专利法要求所保护的对象应具备新颖性、创造性和实用性，对于集成电路布图设计来说，大部分是难以达到的。因为集成电路无论规模多大，布图设计的中心思想都是为了实现集成电路的功能。为此目的，布图设计将电路图中的多个元器件合理地分布在多个叠层中，并使其互连，形成三维配置。对于同类集成电路而言，其布图的设计方案不会有多大变化，各设计者只不过是在提高集成度、节约材料、降低能耗上下功夫。而集成度高低、性能好坏，很大程度上取决于特征线条的宽窄和硅片上大面积图形的好坏，这在很大程度上又取决于工艺、材料、设备、计算机辅助设备和布图设备是否先进。其次，专利保护的范围要由设计人提出的权利要求书来决定。复杂的布图设计即使能够达到专利法的"三性"的要求，设计人也很难按照法律的要求用简洁的文字写出适当的权利要求，法院认定起来非常困难。最后，专利权的授权程序长，集成电路研制周期和更新换代的周期相当短，不利于集成电路及时获得法律保护。此外，布图设计仅仅是产品的一种中间形态，没有独立的产品功能，不同于专利法中的技术方案。

三、专门立法模式

鉴于专利法和著作权法保护模式的弊端，越来越多的国家倾向于通过专门的立法来保护布图设计。美国是当今世界上集成电路工业最发达的国家之一，也是对集成电路布图设计予以专门立法保护最早的国家。1984 年 11 月 8 日美国颁布《半导体芯片保护法》，开启了对布图设计予以专门保护的先河，对于今后各国的立法及国际集成电路保护制度的创立具有深远的历史意义。在美国的影响下，日本、瑞士、英国、荷兰、德国、法国、丹麦、西班牙、奥地利、卢森堡、意大利、葡萄牙、比利时、澳大利亚、俄罗斯、韩国、匈牙利、加拿大等 20 多个国家和地区纷纷制定了相关法律法规来保护布图设计。1989 年《华盛顿条约》的缔结，成为集成电路领域知识产权保护的第一个国际条约，标志着布图设计的国际保护体系基本形成。《知识产权协定》不仅规定成员必须遵守《华盛顿条约》的大部分条款，而且规定了更高的保护标准，在第 36 条中将布图设计权的效力延伸到含有集成电路的物品。

我国在充分考虑我国半导体集成电路产业创新的需要，参考有关国际条约和国外立法的基础上，由国务院于 2001 年 4 月 2 日颁布了《集成电路布图设计保护条例》，

---

〔1〕 郭禾："半导体集成电路知识产权的法律保护"，载《中国人民大学学报》2004 年第 1 期。

与国家知识产权局制定的《集成电路布图设计保护条例实施细则》同时施行，初步建立了布图设计保护制度。

第三节　集成电路布图设计专有权

一、布图设计专有权的概念

集成电路布图设计专有权，是指权利人依法对布图设计享有的复制和进行商业利用的专有权利。布图设计是人类智力劳动的成果，兼具著作权和专利权特征的一种新型独立知识产权，有学者将其归入"特殊工业版权"或"工业版权"的范畴。[1]

二、布图设计专有权的主体

布图设计专有权的主体又称为布图设计权利人，是指对布图设计享有专有权的自然人、法人或者其他组织。《华盛顿条约》和《知识产权协定》采用了"权利持有人"的说法。布图设计专有权主体的特点是共同主体多、单位主体多。

自然人、法人或者其他组织创作的布图设计，布图设计专有权属于布图设计创作者。由自然人创作的布图设计，该自然人是创作者。由法人或者其他组织主持，依据法人或者其他组织的意志而创作，并由法人或者其他组织承担责任的布图设计，该法人或者其他组织是创作者。外国人创作的布图设计首先在中国境内投入商业利用的，或者外国人创作的布图设计，其创作者所属国同中国签订有关布图设计保护协议或者与中国共同参加有关布图设计保护国际条约的，享有布图设计专有权。两个以上自然人、法人或者其他组织合作创作的布图设计，其专有权的归属由合作者约定；未作约定或者约定不明的，其专有权由合作者共同享有。受委托创作的布图设计，其专有权的归属由委托人和受托人双方约定；未作约定或者约定不明的，其专有权由受托人享有。

三、布图设计专有权的取得

从世界各国布图设计保护的立法来看，主要有三种布图设计专有权的取得方式：

（1）自然取得制。就是布图设计一经创作完成，就自动取得布图设计权，而不需要任何程序或手续。这种制度类似于版权的自动取得制，目前，仅英国、瑞典等少数国家采此种模式。

（2）登记取得制。就是指图设计创作完成以后，创作人及有关欲对此布图设计主张权利的人，只有向有关部门申请登记，经核准办理了登记手续后，才能取得该布图设计的权利保护。法国、德国、日本、韩国、中国等多数国家采用了登记取得制。如《欧共体指令》第4条第1款规定："成员国可以规定，除非拓扑图自其首次被商业利用之日起2年内向公共机构提出了正式申请，否则按照第2条授予的半导体产品拓扑图的专有权就不能生效或不再适用。"

（3）有限的使用取得与登记取得相结合制。布图设计权应通过登记取得，但对未登记的布图设计，在其首次商业利用后的一段时间内，仍予以保护，超出此期间仍不

---

〔1〕　郑成思：《知识产权法》，法律出版社1997年版，第41页。

登记的，不再予以保护。美国、荷兰等国采用了此种方式。

我国实行登记制。布图设计专有权经国务院知识产权行政部门登记产生。未经登记的布图设计不受法律保护。申请布图设计登记，应当向国务院知识产权行政部门即国家知识产权局提出，国家知识产权局根据《集成电路布图设计保护条例》和《集成电路布图设计保护条例实施细则》对布图设计申请进行审查。布图设计登记申请经初步审查，未发现驳回理由的，由国务院知识产权行政部门予以登记，颁发布图设计登记证书，并在国家知识产权局互联网站和《中国知识产权报》上予以公告。布图设计专有权自申请日起生效。国家知识产权局专利复审委员会负责对国家知识产权局驳回布图设计登记申请决定不服而提出的复审请求的审查，以及负责对布图设计专有权撤销案件的审查。布图设计登记申请人对国务院知识产权行政部门驳回其登记申请的决定不服的，可以自收到通知之日起3个月内，向国务院知识产权行政部门请求复审。国务院知识产权行政部门复审后，作出决定，并通知布图设计登记申请人。布图设计登记申请人对国务院知识产权行政部门的复审决定仍不服的，可以自收到通知之日起3个月内向人民法院起诉。

布图设计获准登记后，国务院知识产权行政部门发现该登记不符合条例规定的，应当予以撤销，通知布图设计权利人，并予以公告。布图设计权利人对国务院知识产权行政部门撤销布图设计登记的决定不服的，可以自收到通知之日起3个月内向人民法院起诉。被撤销的布图设计专有权视为自始即不存在。

四、布图设计专有权的内容

布图设计专有权的权利内容是指布图设计权人依法享有的具体权利，主要包括复制权和商业利用权。

（一）复制权

复制权是指布图设计权人依法享有的对布图设计的全部或者其中任何具有独创性的部分进行复制的权利。复制权是布图设计权人所享有的一项重要的专有权利，也是禁止他人进行非法复制的依据。对布图设计的复制不同于著作权法上的复制，它是指重复制作布图设计或者含有该布图设计的集成电路的行为。

（二）商业利用权

商业利用权是指布图设计权人享有的为商业目的而利用布图设计或者含有布图设计的集成电路的权利。所谓商业利用，指为商业目的进口、销售或者以其他方式提供受保护的布图设计、含有该布图设计的集成电路或者含有该集成电路的物品的行为。

五、布图设计专有权的行使、期限与限制

（一）布图设计专有权的行使

布图设计专有权的行使方式主要有三种，即布图设计权利人自己使用、转让或者许可他人使用。转让布图设计专有权的，当事人应当订立书面合同，并向国务院知识产权行政部门登记，由国务院知识产权行政部门予以公告。布图设计专有权的转让自登记之日起生效。许可他人使用其布图设计的，当事人应当订立书面合同。

（二）布图设计专有权的期限

布图设计专有权的保护期为10年，自布图设计登记申请之日或者在世界任何地方首次投入商业利用之日起计算，以较早日期为准。但是，无论是否登记或者投入商业利用，布图设计自创作完成之日起 15 年后，不再受保护。

（三）布图设计专有权的限制

与其他知识产权一样，为了平衡权利人同社会公众之间的利益，布图设计专有权也要受到一定的限制。

1. 合理使用。为个人目的或者单纯为评价、分析、研究、教学等目的而复制受保护的布图设计的，可以不经布图设计权利人许可，不向其支付报酬。

2. 反向工程。在依据评价、分析受保护的布图设计的基础上，创作出具有独创性的布图设计的，可以不经布图设计权利人许可，不向其支付报酬。

3. 独立创作。对自己独立创作的与他人相同的布图设计进行复制或者将其投入商业利用的，可以不经布图设计权利人许可，不向其支付报酬。

4. 权利穷竭。受保护的布图设计、含有该布图设计的集成电路或者含有该集成电路的物品，由布图设计权利人或者经其许可投放市场后，他人再次商业利用的，可以不经布图设计权利人许可，不向其支付报酬。

5. 善意侵权。在获得含有受保护的布图设计的集成电路或者含有该集成电路的物品时，不知道也没有合理理由应当知道其中含有非法复制的布图设计，而将其投入商业利用的，不视为侵权。行为人得到其中含有非法复制的布图设计的明确通知后，可以继续将现有的存货或者此前的订货投入商业利用，但应当向布图设计权利人支付合理的报酬。

6. 非自愿许可。国家出现紧急状态或者非常情况时，或者为了公共利益的目的，或者经人民法院、不正当竞争行为监督检查部门依法认定布图设计权利人有不正当竞争行为而需要给予补救时，国务院知识产权行政部门可以给予使用其布图设计的非自愿许可。非自愿许可的范围应当限于为公共目的非商业性使用，或者限于经人民法院、不正当竞争行为监督检查部门依法认定布图设计权利人有不正当竞争行为而需要给予的补救。非自愿许可的理由消除并不再发生时，国务院知识产权行政部门应当根据布图设计权利人的请求，经审查后作出终止使用布图设计非自愿许可的决定。取得使用布图设计非自愿许可的自然人、法人或者其他组织不享有独占的使用权，无权允许他人使用，并且应当向布图设计权利人支付合理的报酬，其数额由双方协商；双方不能达成协议的，由国务院知识产权行政部门裁决。布图设计权利人或利害关系人对于非自愿许可的决定或报酬的裁决不服的，可以自收到通知之日起 3 个月内向人民法院起诉。

六、侵犯布图设计专有权的行为

侵犯布图设计专有权的行为是指未经布图设计权人许可，也没有法定理由，使用该布图设计依法应当承担法律责任的行为。其表现形式主要有两种：①未经布图设计权利人许可，复制受保护的布图设计的全部或者其中任何具有独创性的部分的；②为商业目的进口、销售或者以其他方式提供受保护的布图设计、含有该布图设计的集成电路或者含有该集成电路的物品的。

侵犯集成电路布图设计专有权的，应当承担民事责任或行政责任。民事责任包括停止侵权行为和赔偿损失。侵犯布图设计专有权的赔偿数额，为侵权人所获得的利益或者被侵权人所受到的损失，包括被侵权人为制止侵权行为所支付的合理开支。对于行政责任，国务院知识产权行政部门认定侵权行为成立的，可以责令侵权人立即停止侵权行为，没收、销毁侵权产品或者物品。当事人不服的，可以自收到处理通知之日起15日内依照《行政诉讼法》向人民法院起诉；侵权人期满不起诉又不停止侵权行为的，国务院知识产权行政部门可以请求人民法院强制执行。此外，布图设计权利人或者利害关系人有证据证明他人正在实施或者即将实施侵犯其专有权的行为，如不及时制止将会使其合法权益受到难以弥补的损害的，可以在起诉前依法向人民法院申请采取责令停止有关行为和财产保全的措施。

■思考题

1. 集成电路布图设计的概念和特征是什么？
2. 简述集成电路布图设计权的概念和内容。

■参考书目

1. 郑胜利："集成电路布图设计保护法比较研究"，载郑胜利主编：《北大知识产权评论》，法律出版社2002年版。

2. 刘文："集成电路布图设计的知识产权性质和特点"，载《法商研究》2001年第5期。

第三十五章 植物新品种权

■学习目的和要求

通过本章学习，要求掌握植物新品种的概念，了解植物新品种权的授权条件，植物新品种权的权利内容、限制及保护方式。

第一节 植物新品种保护制度概述

植物新品种，是指经过人工培育的或者对发现的野生植物加以开发，具备新颖性、特异性、一致性和稳定性并有适当命名的植物品种。我国的植物新品种包括农业植物新品种和林业植物新品种两类。农业植物新品种包括粮食、棉花、油料、麻类、糖料、蔬菜（含西甜瓜）、烟草、桑树、茶树、果树（干果除外）、观赏植物（木本除外）、草类、绿肥、草本药材、食用菌等植物以及橡胶等热带作物的新品种；林业植物新品种的范围包括林木、竹、木质藤本、木本观赏植物（包括木本花卉）、果树（干果部分）及木本油料、饮料、调料、木本药材等植物品种。

植物不仅是自然界的基本构成要素之一，也是人类赖以生存、发展的最重要的基础。不论是粮食作物、水果、蔬菜，还是树木、花卉、药草，它们都属于植物的范畴，与农、林业有着天然而紧密的联系。正是基于植物的重要性，人类很早就开始通过优化、培育、筛选等方式有意识地获取具有优良性状的植物新品种。特别是进入近代以后，人口问题、粮食问题、环境资源问题日益突显。在任何一个国家，粮食短缺所引发的饥饿问题都可能会导致政治动荡，粮食安全直接与国家安全相关。因此，一个优良的植物新品种不仅蕴藏着极大的经济价值，更蕴藏着巨大的社会效益。然而，一个植物新品种的育成往往需要耗费大量的时间、人力、物力，为促使育种者收回研发成本并从中获取适当的利益，刺激育种者进行育种研发的热情，越来越多的国家开始给予植物新品种以知识产权保护。其中，植物新品种权是各国广泛使用的形式之一。

1930 年 5 月，美国国会通过《植物专利法案》，对无性繁殖植物（除块茎繁殖物或在非栽培状态下发现的植物以外）予以保护。它是一种特殊专利制度，也是世界上第一个对植物新品种予以保护的立法。1942 年，荷兰颁布《植物品种保护法规》。1953 年，德国颁布《保护植物品种和栽培种子法》，开始对育种者权利进行专门立法。1957 年，在法国召开第一次植物新品种保护外交大会，并在此基础上，成立国际植物新品种保护联盟（UPOV）。1961 年，《保护植物新品种国际公约》（即《UPOV 公约》）讨论通过，并于 1968 年正式生效。此后，该公约分别于 1972 年、1978 年、1991 年进行过修改。其中，以 1991 年文本的保护水平最高、保护力度最强。

《知识产权协定》第二部分第五节第 27 条第 3 款规定："……各成员应规定通过专利或一种有效的特殊制度或通过这两者的组合来保护植物新品种。"因此，包括中国在内的许多发展中国家加入到 UPOV，并在国内建立起相应的植物新品种权制度。只是，鉴于各国或地区加入《UPOV 公约》文本的不同，在保护力度、保护水平上各有差异。同时，一些未加入 UPOV 的国家或地区，如印度、泰国、非洲联盟等也在本国或本地区中建立起一定的植物新品种权制度。随着包括转基因技术在内的现代生物科技越来越多地应用到育种研发中，以美国为开端，包括欧盟、日本、新西兰、澳大利亚等在内的绝大多数发达国家均已开放了对植物的可专利性，即赋予植物新品种以发明专利权的保护。

我国国务院于 1997 年 3 月颁布了《植物新品种保护条例》，1999 年 4 月 23 日加入《UPOV 公约》1978 年文本，1999 年 6 月农业部颁布《植物新品种保护条例实施细则（农业部分）》，1999 年 8 月林业部颁布《植物新品种保护条例实施细则（林业部分）》，2001 年 2 月最高人民法院发布《关于审理植物新品种纠纷案件若干问题的解释》，2007 年 1 月最高人民法院发布《关于审理侵犯植物新品种权纠纷案件具体应用法律问题的若干规定》，建立起一个比较系统的植物新品种权保护法规体系。

第二节　植物新品种权及其保护

一、植物新品种权的概念

植物新品种权（以下简称为品种权），是指育种者依法享有的对植物新品种在一定期限内享有的独占权。它是一种类似专利权的一种新型独立知识产权。依法授予育种者对其育成的品种享有排他的独占权，目的在于鼓励育种者对新品种进行研究开发、投资的积极性，促进农业、园艺和林业的发展。

二、植物新品种权的授权条件

申请品种权的植物新品种，应当属于国家植物新品种保护名录中列举的属或者种，并应当具备以下条件：①新颖性，即申请植物新品种权的植物新品种在申请日前该品种繁殖材料未被销售，或者经育种者许可，在中国境内销售该品种繁殖材料未超过 1 年；在中国境外销售藤本植物、林木、果树和观赏树木品种繁殖材料未超过 6 年，销售其他植物品种繁殖材料未超过 4 年。②特异性，即申请植物新品种权的植物新品种应当明显区别于在递交申请以前已知的植物品种。③一致性，即申请品种权的植物新品种经过繁殖，除可以预见的变异外，其相关的特征或者特性一致。④稳定性，即申请品种权的植物新品种经过反复繁殖后或者在特定繁殖周期结束时，相关的特征或者特性保持不变。⑤有适当的命名，授予品种权的植物新品种应当具备适当的名称，并与相同或者相近的植物属或者种中已知品种的名称相区别。该名称经注册登记后即成为该植物新品种的通用名称。

下列名称不得作为植物新品种的命名：①仅以数字组成的；②违反国家法律或者社会公德或者带有民族歧视性的；③对植物新品种的特征、特性或者育种者的身份等容易引起误解的；④以国家名称命名的；⑤以县级以上行政区划的地名或者公众知晓的外国地名命名的；⑥同政府间国际组织或者其他国际国内知名组织及标识名称相同或者近似的；⑦夸大宣传的；⑧与相同或者相近的植物属或者种中已知品种的名称相同的。

三、植物新品种权的归属

执行本单位任务或者主要是利用本单位的物质条件所完成的植物育种，属于职务育种，植物新品种的申请权属于该单位。执行本单位的任务所完成的职务育种是指：①在本职工作中完成的育种；②履行本单位交付的本职工作之外的任务所完成的育种；③退职、退休或者调动工作后，3年内完成的与其在原单位承担的工作或者原单位分配的任务有关的育种。本单位的物质条件是指本单位的资金、仪器设备、试验场地以及单位所有或者持有的尚未允许公开的育种材料和技术资料等。对于非职务育种，在品种权申请被授权后，植物新品种权属于完成新品种培育的个人。

委托育种的品种权的归属由当事人在合同中约定；如没有合同约定，在品种权申请被授权后，植物新品种权属于受委托方，即完成育种的单位或个人。合作育种的品种权的归属由当事人在合同中约定；没有合同约定的，在品种权申请被授权后，品种权属于共同完成育种的单位或个人。

不同的申请人就同一植物新品种提出要求授予植物新品种权的申请，品种权授予最先申请的单位或个人。如果不同申请人同时提出申请，则品种权授予最先完成该植物新品种育种的单位或个人。

四、植物新品种权的内容

植物新品种权的内容是指植物新品种权人依法对其授权品种享有的具体权利。主要包括以下内容：①生产权，即植物新品种权人享有为商业目的独占生产授权品种的繁殖材料的权利。②销售权，即植物新品种权人享有为商业目的独占销售授权品种的繁殖材料的权利。③使用权，即植物新品种权人享有为商业目的将授权品种的繁殖材料重复使用于生产另一品种的繁殖材料的权利。使用权涉及在授权品种作为原始品种的情形下，后续品种的育种者、生产者、使用者不得为商业目的将该授权品种的繁殖材料重复用于生产后续品种的繁殖材料。④转让权，即植物新品种权人有权将其所获得的品种权依法转让与他人。对于农业植物新品种，中国单位或者个人就其在国内培育的植物新品种向外国人转让品种申请权或者品种权时，属于职务育种的，需经省级人民政府农业行政部门审核同意（中央单位需经主管部门审核同意）后报农业部审批；属于非职务育种的，直接报农业部审批。国有单位在国内转让品种申请权或者品种权的，由其隶属的上级主管部门批准。转让品种申请权或者品种权的，由农业部公告，并自公告之日起生效。对于林业植物新品种，中国的单位或者个人就其在国内培育的植物新品种向外国转让申请权或者品种权的，应当报国家林业局批准。国有单位在国内转让植物新品种申请权或者品种权的，由其上级行政主管部门批准。转让申请权或者品种权的，当事人应当订立书面合同，向国家林业局登记，并由国家林业局予以公告。转让自登记之日起生效。

五、植物新品种权的限制

在下列情况下使用授权品种的，可以不经品种权人同意，不向其支付报酬：①利用授权品种进行育种及其他科研活动；②农民自繁、自使用授权品种的繁殖材料。

为了国家利益或公共利益的考虑，植物新品种权的审批机关可以对某一授权品种作出强制许可的决定，并予以登记和公告。取得实施强制许可的单位或者个人应当付给品种权人合理的使用费。其数额由双方商定，双方不能达成协议的，由审批机关裁决。品种权人对强制许可决定或者强制许可使用费的裁决不服的，可以自收到通知之日起 3 个月内向人民法院提出诉讼。

六、植物新品种权的取得和丧失

植物新品种权的取得，需要育种人向指定的法定机关提出申请，并由该机关按照一定标准进行严格的审查。植物新品种权的审批机关是农业部和国家林业局，前者负责审批农业植物新品种权，后者负责审批林业植物新品种权。二者均下设了相应的植物新品种保护办公室负责处理品种权申请的受理、审查、组织有关的测试和保藏等具体工作以及管理其他有关事务。在受理品种权申请之后，审批机关应当自申请日起 6 个月内完成初步审查。初步审查合格后，审批机关予以公告，并通知申请人在 3 个月内缴纳审查费。申请人缴纳审查费后，审批机关将对申请品种的新颖性、一致性、特异性、稳定性进行实质审查。实质审查合格后，审批机关应当作出授予植物新品种权的决定，颁发植物新品种权证书，并予以登记和公告。

植物新品种权的保护期限，自授权之日起，藤本植物、林木、果树和观赏树木为 20 年，其他植物为 15 年。品种权人应当自被授权的当年开始缴纳年费，并按照审批机关的要求提供用于检测的该授权品种的繁殖材料。有下列情形之一的，品种权在其保护期限届满前终止：①品种权人以书面放弃品种权的，自声明之日起终止；②品种权人未按照规定缴纳年费的，自补缴年费期限届满之日起终止；③品种权人未按照审批机关的要求提供检测需要的该授权品种的繁殖材料的，自审批机关登记之日起终止；④经检测该授权品种不再符合被授予品种权时的特征和特性的，自审批机关登记之日起终止。

在我国，任何个人或者单位都可依据下列理由，书面请求植物新品种复审委员会宣告某一品种权无效：①被授予品种权的新品种不属于国家植物新品种保护名录范围内的植物；②被授予品种权的新品种属重复授权的；③被授予品种权的新品种属可能危害公共利益、生态环境的品种；④被授予品种权的新品种不符合新颖性、特异性、一致性、稳定性的要求。

品种权无效宣告的审查决定，审批机关除通知当事人外，应当予以登记和公告。若无效宣告请求人在规定的期限内向人民法院起诉的，待人民法院作出的判决生效后再予以登记和公告。被宣告无效的品种权视为自始不存在。品种权被宣告无效后，对宣告前人民法院作出并已执行的植物新品种侵权的判决、裁定，省级以上人民政府农业、林业行政部门作出并已执行的植物新品种侵权处理决定，以及已经履行的植物新品种实施许可合同和植物新品种权转让合同，不具有追溯力；但是，因品种权人的恶意给他人造成损失的，应当给予合理的赔偿。对植物新品种复审委员会作出的宣告品种权无效的决定不服的，当事人可以自收到通知之日起 3 个月内向人民法院提起诉讼。

七、对侵犯植物新品种权行为的处理

侵犯植物新品种权的行为，是指未经品种权人许可，为商业目的生产或销售授权品种的繁殖材料，或者为商业目的将授权品种的繁殖材料重复使用于生产另一品种的繁殖材料的行为。被控侵权物的特征、特性与授权品种的特征、特性相同，或者特征、特性的不同是因非遗传变异所致的，一般应当认定被控侵权物属于商业目的生产或者销售授权品种的繁殖材料。被控侵权人重复以授权品种的繁殖材料为亲本与其他亲本另行繁殖的，一般应当认定属于商业目的将授权品种的繁殖材料重复使用于生产另一品种的繁殖材料。

对于侵犯植物品种权的行为，品种权人或者利害关系人可以请求省级以上人民政府农业、林业行政部门依据各自的职权进行处理，也可以直接向人民法院提起诉讼。这里的利害关系人，包括植物新品种实施许可合同的被许可人、品种权财产权利的合法继承人等。独占实施许可合同的被许可人可以单独向人民法院提起诉讼；排他实施许可合同的被许可人可以和品种权人共同起诉，也可以在品种权人不起诉时，自行提起诉讼；普通实施许可合同的被许可人经品种权人明确授权，可以提起诉讼。

省级以上人民政府农业、林业行政部门依据各自的职权，根据当事人自愿的原则，对侵权所造成的损害赔偿可以进行调解。调解达成协议的，当事人应当履行；调解未达成协议的，品种权人或者利害关系人可以依照民事诉讼程序向人民法院提起诉讼。但人民法院在审理过程中，被告在答辩期间内向植物新品种复审委员会请求宣告该植物新品种权无效的，人民法院一般不中止诉讼。

人民法院审理侵犯植物新品种权纠纷案件，应当依照《民法典》第179条的规定，结合案件具体情况，判决侵权人承担停止侵害、赔偿损失等民事责任。人民法院可以根据被侵权人的请求，按照被侵权人因侵权所受损失或者侵权人因侵权所得利益确定赔偿数额。被侵权人请求按照植物新品种实施许可费确定赔偿数额的，人民法院可以根据植物新品种实施许可的种类、时间、范围等因素，参照该植物新品种实施许可费合理确定赔偿数额。依照前述规定难以确定赔偿数额的，人民法院可以综合考虑侵权的性质、期间、后果，植物新品种实施许可费的数额，植物新品种实施许可的种类、时间、范围及被侵权人调查、制止侵权所支付的合理费用等因素，在50万元以下确定赔偿数额。以农业或者林业种植为业的个人、农村承包经营户接受他人委托代为繁殖侵犯品种权的繁殖材料，不知道代繁物是侵犯品种权的繁殖材料并说明委托人的，不承担赔偿责任。

被侵权人和侵权人均同意将侵权物折价抵扣被侵权人所受损失的，人民法院应当准许。被侵权人或者侵权人不同意折价抵扣的，人民法院依照当事人的请求，责令侵权人对侵权物作消灭活性等使其不能再被用作繁殖材料的处理。侵权物正处于生长期或者销毁侵权物将导致重大不利后果的，人民法院可以不采取责令销毁侵权物的方法，但法律、行政法规另有规定的除外。

■ 思考题

1. 植物新品种的概念是什么？

2. 植物新品种权的授权条件和权利内容是什么?

■参考书目

1. 王汝锋、崔野韩："国际植物新品种保护的起源、现状与发展趋势"，载《中国种业》2003 年第 1 期。

2.《保护植物新品种国际公约》（1961 年 12 月 2 日制定，1972 年 11 月 10 日、1978 年 10 月 23 日、1991 年 3 月 19 日修订）。

第六编　知识产权国际保护

第三十六章　知识产权国际保护概述

■学习目的和要求

　　本章要求学生了解知识产权国际保护制度产生的背景，理解知识产权国际保护制度的变革与发展的趋势，熟悉知识产权国际保护的途径。

第一节　知识产权国际保护制度的产生

当人类社会进入 19 世纪后，随着国际贸易的大发展，逐渐产生了知识产权在他国受到法律保护的问题，这最终导致了知识产权国际保护制度的形成。

就知识产权的特性而言，地域性特征是知识产权发展所遗留下来的一个封建烙印。早在知识产权保护初期，地域性的特点就与它紧密相连。在欧洲封建社会时期，原始的知识产权是以封建君主恩赐的特许权的形式出现的。因此，这种权利只能在君主的管辖地域内行使，其效力仅限于本国境内。随着近代资产阶级法律制度的发展，知识产权才最终脱离封建特许权的形式，成为法定的产权。但是，资产阶级国家按照国家主权的原则，只对依本国法取得的知识产权加以保护，不承认根据外国法设定的权利。因此地域性作为知识产权的主要特点被继续保留下来。

19 世纪下半叶，欧洲大多数国家逐步走上了资本主义的发展道路，随着科学技术的日益进步和工业生产的迅速发展，在国际商业贸易不断扩大的同时，知识产权贸易市场也开始形成。许多知识产品打破一国界限流入其他国度，成为人类的共同财富，促进了各国之间的文化交往。这样，知识产权的地域性限制与人类对文化、科学知识的国际性需求之间出现了巨大的矛盾。由于各国的知识产权法只能保护在本国取得的权利，无法保护在外国出版的作品、注册的商标等知识产品，所以，一国的知识产权往往在他国遭到严重的侵权。一国的优秀作品被他国大量翻译、翻印的情况日趋严重。例如，当时的比利时就有许多出版商专门翻印法国的图书，美国、加拿大一些出版商大量复制英国的图书，其结果是英法等国的某些出版商因无力与廉价盗版书竞争而破产。[1] 有鉴于此，在当时比较发达的资本主义国家的推动下，各主要欧洲国家开始寻求建立知识产权国际保护体系，先后签订了一些保护知识产权的国际公约，成立了一些全球性或地域性的国际组织，因而在世界范围内形成了一整套国际知识产权保护制度。这些公约主要有：1883 年的《保护工业产权巴黎公约》、1886 年的《保护文学艺术作品伯尔尼公约》、1952 年的《世界版权公约》、1961 年《保护表演者、音像制品制作者和广播组织的公约》、1974 年《人造卫星播送载有节目信号公约》（即《卫星公约》）等。上述公约的缔结与施行，表现了国际知识产权保护体系不断走向完善与深化，也反映了不同国家不同地区因知识产权利益而进行的斗争和妥协。与此同时，国际上也建立了一系列保护知识产权的国际组织，如 1883 年的保护工业产权巴黎联盟、1886 年的伯尔尼联盟、1967 年的世界知识产权组织等。

第二节　知识产权国际保护制度的发展与变革

进入 20 世纪 60 年代以来，知识产权国际保护进入了一个新的历史阶段，这主要表现在：新的国际经济贸易体制的形成，加速了知识产权立法一体化的进程，知识产权国际保护在各缔约国间采取了统一标准；新的科学技术的出现，加快了知识产权立法现代化的步伐，知识产权国际保护实施了许多重大的制度创新与变革。

一、国际经贸体制的形成对知识产权国际保护的影响

自 20 世纪下半叶以来，世界经济出现了经济全球化和地区经济一体化的历史潮流。在推动经济全球化进程方面，关贸总协定及其后继组织——世界贸易组织扮演着重要角色。关贸总协定的基本目标是，通过关税无条件的最惠国待遇，削减乃至取消关税和其他贸易壁垒，促使贸易自由化，以便充分利用世界资源和扩大商品的生产和交换。与其他国际公约和国际组织不同，关贸总协定将知识产权保护纳入国际贸易体系之中。按照美国、日本、欧洲共同体在乌拉圭回合谈判中一份文件的说法，在关贸总协定框架内解决知识产权问题，不是知识产权法的协调，而应是消除由于一些国家未能将其知识保护制度提高到国际标准而造成的贸易扭曲现象。[2] 发达国家和发展中国家之间在知识产权方面享有的利益很不平衡，因而在国际磋商与对话中所持立场和既定目标也相距甚远。西方国家将注意力转向关贸总协定，其目标是要在关贸总协定内建立一套新的知识产权保护体系，利用关贸总协定关于争议解决机制中的报复手段，维护自己的知识产权利益。发展中国家则对此持慎重态度，认为要求发展中国家采取过高的保护标准会给其造成沉重的财政和行政负担。可以说，关贸总协定是知识产权国际保护的重要平台，东西方国家围绕着知识产权问题所展开的斗争与妥协，将会制约与影响知识产权的发展。

《知识产权协定》的生效，使知识产权从科学、文化领域正式进入国际贸易领域，

---

〔1〕　陈昌柏编著：《国际知识产权贸易》，东南大学出版社 1994 年版，第 343 页。
〔2〕　李小伟："知识产权国际保护体制的变化及其影响"，载《复印报刊资料·台、港、澳及海外法学》1996年第 6 期。

标志着知识产权制度进入了统一标准的新阶段，它在推动协调各国立法和司法活动方面起着重要的作用。随着知识产权保护与关贸总协定的结合，世界知识产权组织单独左右知识产权国际保护体制的局面已被打破。毋庸置疑，取代关贸总协定的世界贸易组织，将会在知识产权保护问题上发挥重要影响。《知识产权协定》的生效，使知识产权从文化领域正式进入国际贸易领域，知识产权问题第一次直接同国际贸易发展挂钩，同时也标志着知识产权制度进入了统一标准的新阶段，它在推动协调各国知识产权立法和司法活动方面起着重要作用。知识产权保护进入国际统一标准的新阶段，将是知识产权法未来发展的一个显著特点。

二、现代科学技术的发展对知识产权保护的影响

早在 20 世纪下半叶，以微电子技术、生物工程技术与新材料技术为代表的新技术革命，就对社会发展特别是经济成长带来巨大的影响，从而给知识产权领域包括其国际保护体系带来许多新的问题。20 世纪末、21 世纪初正在兴起的第四次技术革命，将会深刻地改变人类社会生活的现状，并对现行的法律制度构成挑战，其中最有代表性、最具影响力的时代技术当属网络技术和基因技术。

作为信息技术革命产物的因特网，其所组成的"虚拟空间"（Cyberspace）是一个无中心的全球信息媒体，它不但改变了人类的生活方式，而且会影响当代的法律制度与法律秩序。就知识产权制度而言，主要有如下问题：①"网络版权"。当代著作权制度必须解决的核心问题，就是如何让专有权利有效地"覆盖"作品在网络上的传播，具言之，即是数字化作品的权利保护、保密技术措施的法律保护以及数据库的权利保护这三大问题。[1] ②"网络标记"。经营标记以数字化的形式出现在网络空间，既涉及传统商标制度的变革（例如商标权地域性与因特网国际性的冲突，商标分类保护与网上商标权排他性效力的矛盾，网上商标侵权形式的变化与侵权责任的认定等），又涉及域名保护制度的创新（主要问题有域名登记与审查、域名权的性质与内容、域名权与其他在先权利的冲突、域名权的保护与域名纠纷的处理等）。③"网络不正当竞争"。当代竞争法需要解决网络传播及电子商务出现的诸多问题，如屏幕显示和网站界面的商业包装、对网上商业秘密采取的保密措施，网上虚假宣传等。[2] 与网络技术相媲美，基因技术被认为是 21 世纪最伟大的技术之一，人类"可能正处在基因可以解释和决定一切的时代的开端"。[3] 诸如"基因食物""基因药品""基因疗法"，以及对动植物基因乃至对人类基因的其他开发、利用，将会导致人类本身以及与人类生存环境相关的一系列变化。尽管对基因技术存在着民族习俗、社会道德以及宗教等方面的争议，但许多国家趋于对这一新兴技术给予专利与其他知识产权的保护。基因专利涉及两大问题：①界定基因专利保护范围，包括基因方法、基因产品、转基因动植物新品种、转基因微生物以及"脱离人体或通过技术方法获得"的基因本身；②明确基因专利的排除领域，特别是克隆人的方法、对胚胎商业利用的方法以及基因序列的简单发

---

〔1〕 薛虹：《网络时代的知识产权法》，法律出版社 2000 年版，第 8 页。

〔2〕 张平：《网络知识产权及相关法律问题透析》，广州出版社 2000 年版，第 149~150 页。

〔3〕 高建伟、须建楚："论基因的专利法律保护"，载《政法论坛》2000 年第 4 期。

现等。上述问题势必在制度创新与变革上作出回应，即在全球范围内建立新的知识产权保护机制，包括制定或修改知识产权国际公约，推动缔约国实现相关立法的现代化。

第三节 知识产权国际保护的主要途径

知识产权国际保护，是指一国缔结或参加多边公约或双边条约，以国内法在不违反国际公约所规定最低限度情况下保护他国的知识产权。目前国际上知识产权保护的途径有：

第一，以一国立法单方保护外国的知识产权。如1852年3月28日法国颁布法令，将版权保护扩大至一切作品，而不问作品的出版地与作者的国籍。但法国在1964年的《版权法》中已取消了这一单方保护规定，其他当年一些效仿法国的国家亦已取消了这种规定。严格地说，在当今国际社会，此种保护途径已不再采用，至多是实践中被个别地区所保留。

第二，互惠保护。由于本国知识产权立法差异或滞后，某些国家根据互惠原则保护他国知识产权。作为附条件的保护，即外国若承认并保护依一国本国法确认的知识产权，本国亦承认且保护依外国法确认的知识产权。如中国于参加《巴黎公约》前，曾分别与许多国家在商标保护上实行互惠原则。

第三，双边条约保护。即双方通过签订双边保护协定的方式，相互保护对方的知识产权。通常双方是指两个国际法主体，但是不排除缔约方中一方是一个国际法主体，而另一方是多个国际法主体。此保护方式在当代仍被广泛采用，但由于其对第三国无拘束力的局限性，多数国家都转向缔结或参加多边保护公约。

第四，多边公约保护。即多国之间通过缔结多边国际公约来解决知识产权在多国范围内的保护问题，这种保护途径可以使知识产权在更大范围内得到保护，且保护标准相对较高。因此，从19世纪中晚期开始，产生了一系列国际知识产权保护公约，目前，世界上多数国家都加入了《巴黎公约》《伯尔尼公约》等重要公约。这些国际公约的缔结，既扩大了知识产权的保护范围，也大大提高了知识产权的保护标准。多边公约保护是目前知识产权国际保护的主要途径。

■ 思考题

1. 知识产权国际保护制度目前有哪些变化？
2. 知识产权国际保护的主要途径有哪些？

■ 参考书目

1. 郑成思：《世界贸易组织与贸易有关的知识产权》，中国人民大学出版社1996年版。
2. 世界知识产权组织编著：《知识产权纵横谈》，张寅虎等译，世界知识出版社1992年版。

第三十七章 知识产权保护的主要国际组织

第一节 世界知识产权组织

一、概述

世界知识产权组织（World Intellectual Property Organization，简称 WIPO），是根据 1967 年 7 月 14 日签订、1970 年 4 月 26 日生效的《建立世界知识产权组织公约》设立的。到 2012 年 4 月止，该公约有 185 个成员。我国于 1980 年 3 月正式加入世界知识产权组织，成为其正式成员。

世界知识产权组织是知识产权国际保护制度发展的产物。早在 19 世纪 80 年代，世界上先后诞生了两个保护知识产权的国际公约：1883 年的《巴黎公约》和 1886 年的《伯尔尼公约》。在两公约之下，分别成立了巴黎联盟和伯尔尼联盟，并设立了各自的国际局或秘书处作为执行机构。最初，这两个公约由瑞士政府代为管理。后来，两公约的国际局于 1893 年进行了合并，组成了保护知识产权联合国际局，这是世界知识产权组织的前身。

1967 年，保护知识产权联合国际局提议建立世界知识产权组织。同年 7 月，召开了有 51 个国家的代表参加的斯德哥尔摩会议，通过了《建立世界知识产权组织公约》，世界知识产权组织随即成立。1974 年，世界知识产权组织成为联合国的专门机构。

二、世界知识产权组织的宗旨和职能

（一）世界知识产权组织的宗旨

世界知识产权组织的宗旨是：通过国家之间的合作，并在适当情况下，与其他国际组织进行合作，以促进在全世界范围内保护知识产权，并保护知识产权组织各联盟之间的行政合作。

（二）世界知识产权组织的职能

根据《建立世界知识产权组织公约》规定，世界知识产权组织具有以下八项职能：①促进旨在便利全世界对知识产权的有效保护和协调各国在该领域内立法的措施的发展；②执行巴黎联盟、与该联盟有联系的各专门联盟以及伯尔尼联盟的行政任务；③可以同意担任或参加任何其他旨在促进保护知识产权的国际协定的行政事务；④鼓励缔结旨在促进保护知识产权的国际协定；⑤对于在知识产权领域内请求法律—技术援助的国家给予合作；⑥收集并传播有关保护知识产权的情报，从事并促进该领域内

的研究，并公布这些研究的成果；⑦维持有助于知识产权国际保护的服务机构，在适当情况下，提供这方面的注册以及有关注册的公开资料；⑧采取一切其他的适当行动。

三、世界知识产权组织的机构和成员资格

（一）世界知识产权组织的机构

世界知识产权组织由四个机构组成，分别是：大会、成员国会议、协调委员会和国际局。

1. 大会。大会是世界知识产权组织的最高权力机构，由成员中参加巴黎联盟和伯尔尼联盟的国家组成。每个成员国政府派代表一名，行使大会上一票之表决权。一个代表只能代表一个国家，以一个国家的名义投票。大会例会每 3 年举行一次，由总干事召集。大会特别会议应由总干事根据协调委员会或大会 1/4 成员国的请求召开。大会成员国的半数应构成法定人数，大会应通过自己的议事规则。

2. 成员国会议。成员国会议由全体成员国组成，讨论当前国际知识产权保护领域内所共同关心的问题，并讨论通过制定法律技术计划和计划的 3 年财政预算。每一国政府应有一名代表，可辅以若干副代表、顾问和专家。每一个成员国在本会议中应有一票表决权。一名代表只能代表一个国家。成员国的 1/3 构成法定人数。

3. 协调委员会。协调委员会由巴黎联盟和伯尔尼联盟执行委员会的成员组成。该委员会既是解答问题的咨询机构，又是大会和成员国会议的执行机构。协调委员会每年举行例会一次，由总干事召集，在正常情况下应在本组织总部举行。一名代表只能代表一个国家。协调委员会应按投票简单多数发表意见和做出决议。本组织任何成员国，不属协调委员会成员者，得派观察员参加本委员会的会议，有权参加辩论，但无表决权。协调委员会应制定自己的议事规则。协调委员会委员的半数构成法定人数。协调委员会的职责为：①就一切有关行政财务问题提出意见，拟定大会的议程草案；②提出总干事若干候选人名单。

4. 国际局。国际局是世界知识产权组织的常设办事机构，即秘书处。该局负责人为总干事，是世界知识产权组织的行政首脑，此外设有两个以上副总干事。该局全部工作人员的职责是纯国际性的，其工作不应受制或求助于他国政府或组织以外任何机关的意见或指示。国际局的职责为：①负责组织有关会议，准备有关文件和报告；②收集由各国提供的知识产权情报，出版有关刊物，办理国际注册等事项。

（二）世界知识产权组织的成员资格

根据《建立世界知识产权组织公约》的规定：①凡属第二条第（vii）款所规定的任一联盟的成员的任何国家都可以成为本组织的成员国。②不属于任一联盟成员的任何国家，具备以下条件者，同样也可成为本组织的成员国：联合国成员国、与联合国有关系的任何专门机构的成员国、国际原子能机构的成员国或国际法院规约的当事国，或应大会邀请成为本公约当事国。

四、世界知识产权组织的法律地位

根据《建立世界知识产权组织公约》第 12 条的规定：①本组织在各成员国领土上，在符合各该国家的法律条件下，应享有为完成本组织宗旨和行使其职权所必需的权利能力。②本组织应与瑞士联邦，以及任何总部今后可能设在的其他国家缔结一项

总部协定。③本组织可与其他成员国缔结双边或多边协定，使本组织、其官员以及一切成员国的代表享有为完成本组织宗旨和行使其职权所必需的特权与豁免。④总干事可以谈判上述第 2 款、第 3 款所指的协定；并经协调委员会批准后代表本组织缔结和签订这种协定。

第二节　世界贸易组织

一、概述

1993 年底，持续了 8 年的关贸总协定（GATT）乌拉圭回合谈判结束。除就各项谈判议题达成协议外，决定结束关贸总协定的临时适用状态，成立世界贸易组织（World Trade Organization，简称 WTO）。1994 年 4 月 15 日，包括《建立世界贸易组织协定》在内的乌拉圭回合谈判最后文件在摩纳哥的马拉喀什签署。1994 年 12 月，《世界贸易组织协定》执行会议在日内瓦决定，世界贸易组织于 1995 年 1 月 1 日成立。截至 2022 年 1 月，世界贸易组织共有 164 个成员。中国于 2001 年 12 月 11 日成为该组织的正式成员。

《建立世界贸易组织协定》规定了世界贸易组织的五项职能：①WTO 应便利本协定和多边贸易协定的实施、管理和运用，并促进其目标的实现，还应为诸边贸易协定提供实施、管理和运用的体制。②WTO 在根据本协定附件所列协定处理的事项方面，应为其成员间就多边贸易关系进行的谈判提供场所。WTO 还可按部长级会议可能作出的决定，为其成员间就它们多边贸易关系的进一步谈判提供场所，并提供实施此类谈判结果的体制。③WTO 应管理本协定附件 2 所列《关于争端解决规则与程序的谅解》（下称“《争端解决谅解》”或“DSU”）。④WTO 应管理本协定附件 3 规定的《贸易政策审议机制》（下称“TPRM”）。⑤为实现全球经济决策的更大一致性，WTO 应酌情与国际货币基金组织和国际复兴开发银行及其附属机构进行合作。

世界贸易组织的职能由其主要机构部长会议和总理事会行使。部长会议由各成员方贸易部长参加，每两年举行一次会议。经成员方要求，“部长会议有权依本协定及有关多边贸易协议关于决策的具体规定，对任何多边贸易协议规定事项作出决定”。部长会议下设贸易与发展委员会，定期调查和了解最不发达国家的状况，并向世界贸易组织提议采取相应措施予以帮助。总理事会是部长会议休会期间履行部长会议职能的常设机构，由各成员方常驻代表组成，可随时开会处理日常事务。总理事会下设货物贸易理事会、服务贸易理事会和知识产权理事会，分别监督《WTO 协定》的附件 1A《货物贸易多边协定》、附件 1B《服务贸易总协定》（GATS）和附件 1C《知识产权协定》的执行。

二、世界贸易组织有关知识产权保护的机制

（一）知识产权理事会

知识产权理事会在世界贸易组织的知识产权保护机制中处于核心的地位，负责监督《知识产权协定》的运作。TRIPs 理事会按照《知识产权协定》规定的职责和总理事会指定的职责进行工作。《知识产权协定》第 68 条规定了 TRIPs 理事会的职能。依

该条规定，TRIPs 理事会具有以下六项职能：①监督《知识产权协定》的实施，尤其是对成员国履行本协定规定的义务进行监督；②就与贸易有关的知识产权问题为成员国提供协商的机会；③成员国指定的其他任务；④应成员国的请求就争端解决程序为成员国提供援助；⑤与有关各方进行协商并向其求得必要的信息；⑥与世界知识产权组织进行协商并签订协定。

（二）有关知识产权问题争端的解决

世界贸易组织有关争端解决的机制为实施世界贸易组织框架内的协定提供了可靠的保障。根据《知识产权协定》第 64 条规定，就《知识产权协定》而产生的争端适用《关于争端解决的规则和程序的谅解协定》。

根据前述谅解协定的规定，与《知识产权协定》有关的争端一般按下列程序进行解决：协商、斡旋、调停、调解及仲裁，专家组审理，报告或建议的通过与实施。其中，斡旋、调停、调解及仲裁属于可自愿选择的程序，而协商和专家组审理则是强制性的，居于核心的地位是专家组审理程序。专家组的裁定或建议首先由争端有关当事方实施，如果在合理时间内未得到实施，控诉方可申请授权采取补偿和中止其减让义务或其他义务的措施。

（三）与世界知识产权组织的合作

世界知识产权组织是专门致力于知识产权国际保护的国际组织，在知识产权国际保护领域起着举足轻重的作用。《知识产权协定》第 68 条要求 TRIPs 理事会在其第一次会议之后的 1 年内寻求与世界知识产权组织合作的适当安排。经 TRIPs 理事会与世界知识产权组织的共同努力，《世界知识产权组织与世界贸易组织间协定》于 1995 年 12 月 22 日签订，并于 1996 年 1 月 1 日生效。协定共 5 条，分别涉及缩略语、法律与规章、为《知识产权协定》之目的而实施《巴黎公约》第 6 条之三、法律技术协助与技术合作、最后条款。世界贸易组织已在协定规定的各个领域内与世界知识产权组织开展了广泛的合作。

■思考题

1. 世界知识产权组织的职能有哪些？
2. 世界贸易组织的职能有哪些？该组织有关知识产权保护的机制如何？

■参考书目

1. 郑成思：《世界贸易组织与贸易有关的知识产权》，中国人民大学出版社 1996 年版。
2. 世界知识产权组织编著：《知识产权纵横谈》，张寅虎等译，世界知识出版社 1992 年版。

第三十八章　知识产权国际保护的主要公约

第一节　《保护工业产权巴黎公约》

　　《巴黎公约》自 1883 年制定、1884 年生效以来，已历经数次修订，形成了若干个文本，最新的文本是 1967 年斯德哥尔摩文本。虽然此前的三个文本仍然有效，但一般情况下，《巴黎公约》仅指 1967 年斯德哥尔摩文本。

　　截至 2022 年 1 月，《巴黎公约》的成员国共有 178 个。中国于 1984 年 12 月 19 日向世界知识产权组织总干事交存了《巴黎公约》（1967 年斯德哥尔摩文本）的加入书，同时对公约第 28 条第 1 款的规定提出保留。《巴黎公约》（1967 年斯德哥尔摩文本）于 1985 年 3 月 19 日起对中国生效。

　　《巴黎公约》是目前工业产权保护领域最重要的国际条约，确定了各成员国在保护工业产权方面必须遵守的基本原则、规则及最低标准。

一、《巴黎公约》的基本原则

（一）国民待遇原则

　　在《巴黎公约》中，国民待遇包括两个方面的含义：①在工业产权的保护中，各成员必须在法律上给予其他成员国以本国国民能够享受的同等待遇；②非成员国国民，只要其在成员国领土内有永久性住所或真实有效的工商营业所，也应享受与成员国国民同样的待遇。

（二）优先权原则

　　公约规定，享有国民待遇的人，就一项发明首先在某一成员国提出专利申请，或者就一项商标提出注册申请，自该申请提出之日起一定期限内（发明或实用新型专利 12 个月，商标或外观设计 6 个月），又就同样的申请向其他成员国提出的，该其他成员国必须以第一个申请日作为本国的申请日。这就是通常所说的"国际优先权"。

（三）专利权、商标权独立原则

　　专利权独立原则，是指享有国民待遇的人就其同一发明而在不同成员国内申请及享有的专利权，彼此独立，互不影响。这一原则具体包括三个方面的内容：①一成员国批准的一项专利，并不能决定或影响其他成员国是否就相同发明的申请案批准专利；②一成员国驳回一项专利申请，不影响其他成员国就相同的发明批准其专利；③一成员国撤销一项专利，或宣布一项专利为无效，不影响就相同技术在其他成员国的专利继续有效。

商标权的独立原则，是指如果一个商标没有能够在本国获得注册，或者在本国的注册被撤销，不影响其在其他成员国的注册申请。不过，商标独立原则有一个重要例外，即如果一个商标在其本国获得了注册，在一般情况下，其他成员国不应当拒绝注册申请。

（四）临时性保护

《巴黎公约》规定，各成员国应按其本国法律，对于在任何一个成员国领土上举办的官方的或经官方认可的国际展览会展出的商品可申请专利的发明、实用新型、工业品外观设计和商标，给予临时保护。其保护期限不得延展优先权规定的期限。

二、工业产权保护的最低标准

（一）专利中发明人的署名权

发明人有权要求在专利证书上写明发明人的姓名，这是为保护发明人的"精神权利"而做出的规定。

（二）对驳回专利申请和撤销专利的限制

这些限制包括三项：①如果某成员国的法律禁止或限制销售某些商品，则该成员国不得以此为理由驳回就生产这类商品的发明所提出的专利申请，或宣布已取得的专利权为无效；②专利权人本人（或经其同意）将专利产品从某成员国输入批准该专利的另一成员国，不应成为后一国家宣布该专利为无效的理由，以保证专利产品的销售活动不至于影响专利本身的效力；③只有在颁布了强制许可证仍不足以防止专利权人滥用专利权的情况下，才可以宣布该专利权无效，并且应在颁发第一个强制许可证之日起2年之后。

（三）颁发专利强制许可证的限制条件

《巴黎公约》具体地规定了一国专利管理机关颁发专利强制许可证的限制条件，包括：①专利权人在申请专利之日起4年内或核准专利权之日起3年内（取其到期日期最晚者）未实施或者未充分实施该专利；②强制许可证是非独占许可；③强制许可证不得转让；④被许可方应向专利权人支付合理的使用费。

（四）不得因商品的性质而影响商标的注册

在任何情况下，成员国都不得以商品的性质为由，拒绝给有关商品所使用的商标注册，以避免因商品的销售活动而影响工业产权的获得。

（五）对驰名商标的特殊保护

所有成员国都应在国内法中规定，禁止使用与成员国中的任何驰名商标相同或近似的标记，并拒绝这种标记的注册。如已经获得注册，则应予以撤销。

（六）商标标识的禁用性规定

公约要求所有成员国必须一致禁止使用的标记有两种：①外国（仅指成员国）国家的国徽、国旗或其他象征国家的标志；②政府（仅指成员国）间国际组织的旗帜、徽记、名称及缩写。

（七）宽展期的规定

公约要求成员国撤销一项工业产权时，应给予一定的宽限期。未按时缴纳专利年费，或注册商标期满未及时申请续展的，得给予 6 个月的宽展期。注册商标只有在连续 3 年或 5 年不使用的情况下才可以撤销。

第二节　《保护文学艺术作品伯尔尼公约》

《伯尔尼公约》是著作权保护领域最重要的国际公约。自 1886 年缔结以来，历经多次修改与增补，形成了多个文本。到目前为止，仍然有效的文本包括："1928 年罗马文本""1948 年布鲁塞尔文本""1967 年斯德哥尔摩文本"和"1971 年巴黎文本"，但绝大多数国家接受的是"1971 年巴黎文本"。因此，除非特别说明，凡称《伯尔尼公约》，皆指"1971 年巴黎文本"。截至 2022 年 1 月，《伯尔尼公约》共有 180 个成员国。中国于 1992 年 10 月 15 日成为公约的成员国，适用"1971 年巴黎文本"。

《伯尔尼公约》的正文有 38 条，另有 1 个附录。其中第 1~21 条为实体规定，主要包括四个方面的内容：基本原则、受保护的作品、最低限度保护的规定、对发展中国家的特殊规定。

一、《伯尔尼公约》的基本原则

（一）国民待遇原则

国民待遇原则在各主要知识产权保护国际条约中处在首要位置，《伯尔尼公约》也不例外。国民待遇原则体现在公约的大部分实体条款中，主要内容包括：①有资格享受国民待遇的人有权享受公约各成员国依其本国法对本国国民所提供的版权保护；②他们有权享有公约所要求的最低限度保护。

按公约规定，有资格享受国民待遇的人包括：①《伯尔尼公约》所有成员国的国民，不论其作品是否出版；②非成员国的国民，只要其作品的首次出版发生在任何成员国内，或者与非成员国同时出版；③在成员国有惯常居所的非成员国的国民；④其制片人的总部或惯常居住地在某一成员国中的电影作品的作者；⑤位于成员国境内的建筑作品的作者，或构成位于成员国境内之建筑中的艺术作品的作者。

（二）自动保护原则

公约规定，享有及行使依国民待遇所提供的有关权利时，不需要履行任何手续。按照这一原则，凡享有国民待遇的人，其作品自创作完成时起，自动享有版权；非成员国国民，在成员国又无惯常居住地的，自其作品首先在成员国出版时即享有版权，而无须履行任何手续，包括不必注册或登记，不必交存样书，也无需在作品上加注版权保留登记。

（三）版权独立原则

公约规定，享有国民待遇的作者在任何成员国所得到的版权保护，不依赖其作品的来源国所受到的保护。在满足公约最低保护要求的前提下，该作者所能享受的版权保护水平及司法救济的手段，完全适用提供保护的那个国家的法律。

二、受保护的作品

《伯尔尼公约》第 2 条对受保护的作品作了具体规定，"文学艺术作品"一词包括科学和文学艺术领域内的一切作品，而不论其表现方式或形式如何。

（一）作品的范围

《伯尔尼公约》第2条第1款对受保护的作品进行了列举，包括：书籍、小册子及其他文学作品；讲课、演讲、讲道及其他同类性质作品；戏剧或音乐戏剧作品；舞蹈艺术作品及哑剧；配词或未配词的乐曲；电影作品和以类似摄制电影的方法表现的作品；图画、油画、建筑、雕塑、雕刻及版画作品；摄影作品及以类似摄影的方法表现的作品；实用艺术作品；与地理、地形、建筑或科学有关的插图、地图、设计图、草图和立体作品。

（二）演绎作品

公约规定，文学艺术作品的翻译、改编，乐曲的改写，以及用其他方式改变了原作而形成的作品，在不损害原作版权的情况下，同原作一样受保护。

（三）汇编作品

公约规定，文学艺术作品的汇编，诸如百科全书、文选，由于其内容的选择与编排而构成智力创作的，在其本身不损害构成它的各个作品的版权的情况下，同样受到保护。

（四）法律和官方文件

对于立法条文、行政及法律性质的官方文件，以及这些作品的官方译本的版权保护问题，公约规定由各缔约国国内立法自行决定。

（五）实用美术作品、工业品外观设计和模型

公约规定，各成员国可自行以立法决定本国法律对实用艺术品、工业品平面与立体外观设计等的适用程度，以及这些艺术作品、工业品平面与立体外观设计的受保护条件。

三、最低保护标准

（一）经济权利

公约要求各成员国必须给予作品的权利人以下各项经济权利：翻译权、复制权、公演权、广播权、朗诵权、改编权、录制权、制片权。

另外，公约还有关于艺术作品的"追续权"规定，但它不是最低保护要求，任由各成员国自行决定。

（二）精神权利

《伯尔尼公约》第6条规定了4项精神权利：发表权、署名权、保护作品完整权以及收回权。其中，署名权和保护作品完整权是所有成员国必须提供的精神权利，也是公约关于精神权利的最低保护要求。

公约所规定的作者的上述精神权利，不依赖其经济权利而独立。经济权利转让后，精神权利仍由作者享有。

（三）经济权利的保护期限

公约规定，一般作品保护期限不得少于作者终身加死后50年；电影作品自公映起不少于50年；匿名作品或假名作品不得少于出版后50年；摄影作品及实用艺术作品自完成后不得少于50年；合作作品，包括视为共同作品的其他作品（如电影），不得少于最后一个作者死后50年。

（四）关于权利限制的规定

各国著作权法都不同程度地对著作权人的权利作了限制，公约对此提出了一些基本要求。公约将下列行为列入"合理使用"的范围：①以提供信息为目的，未经作者许可，将其讲演、授课等公开发表的口头作品，以印刷、广播的方式复制并传播；②未经作者许可而摘录其已发表的作品（摘录须限于合理范围并须注明原作者及作品出处）；③为教学目的，以讲解的形式，使用已发表的作品（须注明原作者及作品出处）；④以时事报道为目的而在广播中使用已发表的相关的时事性文章（须注明原作者及作品出处）；⑤官方档案机关长期保存有关录制品。

在一般情况下，公约允许成员国对版权中的"广播权"及音乐作品的"录制权"实行强制许可，但不能损害作者的精神权利，不能损害作者获得公平的经济收入的权利。

四、关于发展中国家的特别规定

公约规定，被联合国确认为属"发展中国家"的成员国，可以根据公约所规定的优惠条件，颁发强制许可证。但是，这类强制许可的客体，仅限于外国作品中的印刷出版物，以及仅为系统教学所用的视听作品。可颁发强制许可证的类型，仅限于"翻译许可""翻译广播许可""复制许可"三种，并且在具体适用的条件和程序上，公约作了严格的限制。

第三节 《保护表演者、音像制品制作者和广播组织的公约》

一、概述

《保护表演者、音像制品制作者和广播组织的公约》（以下简称《罗马公约》）是世界上第一个关于邻接权国际保护的国际公约，故又称《邻接权公约》，由联合国世界劳工组织、教科文组织和世界知识产权组织共同发起，于1961年在罗马缔结，故又称《罗马公约》。它的管理机构是上述三个组织。

截至2022年1月，《罗马公约》共有96个成员国。公约共34条，其中第1~15条为实体性规定，第16~34条为行政性条款。

二、《罗马公约》的主要内容

（一）国民待遇原则

按公约规定，符合下列三个条件之一的表演者，可在任何成员国享受国民待遇：①表演活动发生在《罗马公约》的成员国中；②表演过程已被录制在受《罗马公约》保护的录制品上；③表演活动虽未被录制，但在《罗马公约》所保护的广播节目中播放。

符合下列三个条件之一的录音制品制作者，可在任何成员国享受国民待遇：①该录制者系《罗马公约》成员国国民；②录音制品系首先在《罗马公约》成员国中录制；③录音制品系首先在《罗马公约》成员国中发行。

符合下列两个条件之一的广播组织，可在任何成员国享受国民待遇：①该广播组织的总部设在《罗马公约》成员国中；②有关的广播节目首先从成员国的发射台播出。

（二）受保护的权利

1. 表演者权。公约规定，表演者应享有制止以下三种行为的可能性：①向公众广播或转播其现场表演（专为广播目的而演出或自己录音录像者除外）；②录制其未被录制过的现场表演；③以录音录像的形式复制其原始录音制品或超出表演者所许可的复制范围。

2. 录音制品制作者权。公约规定，录音制品制作者应享有制止他人以直接或间接的方式复制其录音制品的权利。

3. 广播组织权。公约规定，广播组织享有制止以下三种行为的可能性：①转播其广播节目；②复制该组织的节目录制品；③就其商业性演出的节目公开播放。

（三）保护期限

公约第 14 条规定，成员国对表演者权、录音制品制作者权和广播组织权的保护期限不得少于 20 年。录音制品或录制于录音制品中的表演的保护期限，自录制年份的 12 月 31 日起计算；未录制于录音制品中的表演，自表演活动发生年份的 12 月 31 日起计算；广播节目自播出年份的 12 月 31 日起计算。

（四）权利限制

公约规定下列四种情况下的使用，无需给付费用：①私人使用；②在时事报道中的少量引用；③广播组织为了编排自己的广播节目利用自己的设备暂时录制；④仅为教学和科研目的的使用。

（五）对著作权的保护

公约第 1 条明文规定：本公约对表演者权、唱片制作者和广播组织的权利的保护将不更动也决不影响文学和艺术作品的版权保护。因此，对公约的条款不得作出任何妨碍版权保护的解释。

（六）非自动保护

公约不实行自动保护。按公约要求，受保护的录音制品的一切复制件上必须标有"录制品邻接权保留"符号、首次发行年份和主要表演者及权利人姓名。

第四节　《世界版权公约》

《伯尔尼公约》缔结之后，美国联合一些美洲国家，一方面拒绝参加《伯尔尼公约》，另一方面谋求美洲国家间在版权保护方面的统一。于是，从 19 世纪末期开始，出现了一系列保护水平远低于《伯尔尼公约》的泛美版权条约。随着美国在国际政治、经济、科技以及文化等方面的地位和作用的不断提高和增强，许多《伯尔尼公约》成员国希望将美国等国拉到一个统一的版权保护国际体系中来。为此，由联合国教科文组织主持，1952 年 9 月 6 日在瑞士日内瓦缔结了《世界版权公约》。公约于 1955 年生效，1971 年联合国教科文组织在巴黎对公约进行了修订。我国于 1992 年 10 月加入该公约，成为该公约成员国。

《世界版权公约》的条文和内容都比《伯尔尼公约》简单得多，其对版权保护的整体水平也低于《伯尔尼公约》。公约主文共21条，其中第1~7条为实体条文，第8~21条为行政条文。

一、《世界版权公约》的基本原则

（一）国民待遇原则

《世界版权公约》第2条规定：任何缔约国国民出版的作品或在缔约国首先出版的作品，均享有其他缔约国给予其本国国民首次出版之作品同等保护；任何缔约国国民未出版的作品，亦享有其他缔约国给予其本国国民未出版作品的同等保护。

公约在关于"国民"和相关规定上比《伯尔尼公约》要宽泛一些。《伯尔尼公约》要求，被视为本国国民的外国人须在本国有惯常的居所地或真实的工商营业场所。

（二）有条件的自动保护原则

《世界版权公约》第3条规定：对于根据本公约加以保护并在该国领土以外首次出版而其作者又非本国国民的一切作品，只要经作者或版权所有者授权出版的作品的所有名册，自首次出版之日起，标有C的符号，并注明版权所有者之姓名、首次出版年份等，其标注的方式和位置应使人注意到版权的要求，才可以获得版权的保护。

享有国民待遇的各成员国国民未出版的作品，无须履行任何手续即可获得版权保护。

（三）版权独立保护原则

其内容与《伯尔尼公约》规定的"版权独立保护原则"基本相同，即：享有国民待遇的作者，或其他版权所有人，在公约任何成员国所得到的版权保护，不依赖其作品的来源国所受到的保护；在满足公约规定的最低保护要求的前提下，该作者或版权所有人所能受到的版权保护水平，完全适用提供保护的那个国家的法律。

二、《世界版权公约》的主要内容

（一）版权主体

公约规定，受保护的主体有作者及其他版权所有者，并将雇佣作品的雇主包括影视作品的制片人纳入版权所有者范畴。

（二）受保护的作品

公约对此仅作了概括性的规定，即保护文学、科学及艺术领域的作品，包括文字作品、音乐作品、戏剧作品、电影、电视作品及绘画、雕塑、雕刻作品。

（三）授予的权利

公约只规定了作者的经济权利，包括以任何方式复制、公演及广播等专有权利。公约对作者或其他版权所有人的精神权利未作强制性规定。

（四）版权的保护期限

公约对作品的保护期限规定如下：①一般作品的保护期限不低于作者终身加死后25年，从作品首次出版之日或出版前登记日起计算；②摄影作品或实用美术作品的保护期限不少于10年。

第五节　其他保护知识产权的国际公约

一、《专利合作条约》

《专利合作条约》（PCT）是在《巴黎公约》的原则指导下于 1970 年在美国华盛顿缔结的，后于 1979 年和 1984 年分别进行了修正和修改。《专利合作条约》是一个程序性公约，对专利申请的受理及审查程序作了统一规定。该条约不是一个开放性条约，只有《巴黎公约》的成员国才有资格参加。截至 2022 年 1 月，共有 154 个成员国。我国于 1993 年加入该条约，1994 年 1 月条约对我国生效。

该条约的宗旨是：通过简化国际专利申请的手续和程序，加快技术信息的传递和利用，强化对发明创造的法律保护，以促进各缔约国的科学技术进步和发展。

《专利合作条约》规定的国际专利申请程序如下：①申请。根据公约，在一个地方（即受理局），采用一种语言，使用一种格式文件，支付一种货币的费用，提交一份申请，即可在其他成员国取得相当于受理局国家专利申请的效力。②审查。国际专利申请的审查分为国际和国内两个阶段。国际阶段处理专利申请的受理、公布、检索和初步审查，即由国际检索单位对申请进行检索后提出国际检索报告，并由世界知识产权组织国际局在一定期限内公布申请及报告，并将该申请连同报告递交指定国专利局。国内阶段进入实质审查，即由指定国专利局依本国法律对该专利申请进行审查，符合授予条件的即授予专利。在此过程中，申请人可以委托指定国的代理人，提交申请译文，向指定国缴纳申请费用。

二、《工业品外观设计国际备案海牙协议》

《工业品外观设计国际备案海牙协议》（以下简称《海牙协议》），于 1925 年 11 月 6 日在荷兰海牙缔结。参加该协议的国家必须是《巴黎公约》的成员国。截至 2022 年 1 月，共有 76 个成员国。

该协议的宗旨是：为避免同一工业品外观设计在各国专利局重复保存登记所增加的申请费用的支出，规定一件工业品外观设计在其他成员国保护的手续。申请人若需在所有成员国获得工业品外观设计专利的保护，只需在世界知识产权组织国际局进行一次保存，即可取得在各指定国分别保存的同等效力。

三、《国际承认用于专利程序的微生物保存布达佩斯条约》

《国际承认用于专利程序的微生物保存布达佩斯条约》（以下简称《布达佩斯条约》），于 1977 年 4 月 28 日在匈牙利首都布达佩斯签署，参加国必须是《巴黎公约》成员国。截至 2022 年 1 月，共有 85 个成员国。我国于 1995 年 3 月 30 日正式向世界知识产权组织递交申请加入书，同年 7 月 1 日成为公约成员国。

《布达佩斯条约》主要内容是：根据条约及实施条例所要求的条件，向"国际微生物备案机构"备案的微生物活标本，条约成员国必须承认，申请受理国不能再要求有关申请人向本国另交标本；负责备案的国际机构必须对收到的标本进行审查，对不符合要求的应拒绝接受备案；微生物专利申请人只要在任何一个被认可的"国际微生物备案机构"中备案，交付一次手续费，就可以在其他成员国得到承认；任何一个成员国专利局为审查"微生物发明"专利申请的需要，都可以向"国际微生物备案机构"索取有关标本，但任何第三方无权自由索取。

四、《商标国际注册马德里协定》

《商标国际注册马德里协定》（以下简称《马德里协定》），于 1891 年 4 月 14 日在西班牙首都马德里签订。该协定是关于商标国际注册的程序性规定，参加国必须是《巴黎公约》成员国。截至 2022 年 1 月，该协定共有 126 个成员。我国于 1989 年 10 月 4 日正式加入该协定。

《马德里协定》规定，凡成员国国民，须在本国注册商标后，才可以向总部设在日内瓦的世界知识产权组织国际局申请国际注册。注册经批准后，由国际局公布，并通知申请人要求保护的那些成员国。成员国可在一年内声明是否对该商标予以保护；若不予以保护，应说明理由，申请人可就此向该国主管机关或法院提出申诉。如果一年内该国未作上述声明，则国际注册就在该国具有国内注册的效力。国际注册的有效期限为 20 年。在国际注册 5 年内，原先国内注册予以撤销的，即可导致国际注册的撤销。申请人在其所属国办理了某一商标的注册后，只需要用一种语言向国际局提出一次申请并缴纳一次费用，即可在所有成员国范围内受到保护。

■思考题

1. 《保护工业产权巴黎公约》的主要内容有哪些？
2. 《保护文学艺术作品伯尔尼公约》的主要内容有哪些？

■参考书目

1. 刘春田主编：《知识产权法教程》，中国人民大学出版社 1995 年版。
2. 郑成思：《世界贸易组织与贸易有关的知识产权》，中国人民大学出版社 1996 年版。

第三十九章　知识产权国际保护的新制度

■**学习目的和要求**

　　本章要求掌握《知识产权协定》的主要内容，了解世界知识产权组织"因特网条约"的基本规定。

第一节　世界贸易组织的《知识产权协定》

一、概述

　　在乌拉圭回合之前，作为世界贸易组织的前身——关贸总协定在知识产权国际保护领域基本上没有发挥过作用。乌拉圭回合将与贸易有关的知识产权问题作为三个新议题之一，并经过长期艰苦的谈判最终达成了协议。随着乌拉圭回合最后文件的签署，《知识产权协定》成为最后文件的一部分（附件1C）。

　　《知识产权协定》共73条，分为7部分：总则和基本原则，有关知识产权的有效性、范围和使用的标准，知识产权的行使，知识产权的取得与维持及有关程序，争端的防止以及解决，过渡安排，惯例安排和最后条款。

二、知识产权的范围

　　按协定第1条规定，知识产权包括：①版权与邻接权；②商标权；③地理标志权；④工业品外观设计权；⑤专利权；⑥集成电路布图设计权；⑦未披露信息权。不过，协定所规定的知识产权并不是全部知识产权问题，而只是"与贸易有关的"知识产权问题。所谓"贸易"，也不指一般意义上的贸易，专指有形货物贸易，不包括技术贸易和服务贸易在内。另外，这里的"贸易"，既包括合法贸易，也包括假冒商品的违法贸易。

三、《知识产权协定》规定的基本原则

（一）国民待遇原则

　　协定在第3条第1款中规定了国民待遇原则。不过，协定同时又专门提及了允许成员国在特殊场合下以"互惠原则"取代"国民待遇原则"的《伯尔尼公约》第6条和《罗马公约》第16条第1款（b）项。这意味着，协定允许成员方在特殊情况下以互惠原则取代国民待遇原则。

（二）最惠国待遇原则

　　最惠国待遇原则被称为世界贸易组织的"基石"，在所有协定中都处于重要地位，TRIPs协定也不例外。《知识产权协定》第4条要求，在知识产权保护上，一个成员给予任何其他国家国民的利益、优惠、特权或豁免，应立即无条件地给予所有其他成员

的国民。最惠国待遇的引入将对知识产权国际保护产生重要而深远的影响。

不过，按协定规定，最惠国待遇并不是绝对的，也存在着若干例外。

四、知识产权保护的标准

（一）版权及邻接权

1. 版权。协定要求，所有成员应遵守《伯尔尼公约》（1971 年）第 1~21 条及其附录的规定。但是，对于《伯尔尼公约》所规定的精神权利，协定规定，各成员在本协定项下不享有权利或义务。

协定规定，版权保护应及于表达，而不及于思想、工序、操作方法或数学概念本身。

协定要求，计算机程序，无论是源代码还是目标代码，应作为《伯尔尼公约》项下的文字作品加以保护；数据或其他材料的汇编，无论机器可读还是其他形式，只要由于对其内容的选取或编排而构成智力创作，即应作为智力创作加以保护。

2. 邻接权。《知识产权协定》第 14 条分别规定了表演者权、录音制品制作者权和广播组织权。

关于表演者权，协定规定，就将其表演固定在录音制品上而言，表演者应有可能防止下列未经其授权的行为：固定其未曾固定的表演和复制该录制品。表演者还应有可能阻止下列未经其授权的行为：以无线广播方式播出和向大众传播其现场表演。

关于录音制品制作者权，协定规定，录音制品制作者应享有准许或禁止直接或间接复制其录音制品的权利。

关于广播组织权，协定规定，广播组织有权禁止下列未经其授权的行为：录制、复制录制品，以无线广播方式转播以及将其电视广播向公众传播。协定同时规定，如果各成员未授权广播组织此类权利，则在遵守《伯尔尼公约》规定的前提下，应给予广播的客体的版权所有人阻止上述行为的可能性。

3. 版权与邻接权的保护期限。《知识产权协定》第 12 条规定，除摄影作品或实用艺术作品外，只要一作品的保护期限不以自然人的生命为基础计算，则该期限自作品经授权出版的日历年年底计算即不得少于 50 年，或如果该作品在创作后 50 年内未经授权出版，则为自作品完成的日历年年底起计算的 50 年。协定的上述规定，是在保留《伯尔尼公约》有关规定的基础上作出的。因此，《伯尔尼公约》的有关规定应适用于协定之下的版权及邻接权保护。

（二）商标

1. 可保护的客体。按《知识产权协定》第 15 条的规定，任何标记或标记的组合，只要能够将一企业的货物和服务区别于其他企业的货物或服务，即可作为商标。不过，协定允许成员国将可注册商标限定为视觉可感知的商标。协定同时规定，如果一个标记缺乏识别性，成员方可以根据通过实用而获得的识别性来确定商标的可注册性。

2. 注册商标专用权的范围。对于普通商标，《知识产权协定》第 16 条第 1 款规定，注册商标所有人享有专有权利，以禁止任何第三方未经其许可在商业活动中在相同或类似商品或服务上使用与其注册商标相同或近似的商标，从而避免造成混淆的可能。

对于驰名商标，协定则扩展了《巴黎公约》第 6 条之二的适用范围，使驰名商标的特殊保护从相同或类似的商品或服务扩大到不相类似的商品或服务，只要该商标的使用暗示这些货物或服务与已注册的驰名商标所有人之间存在着联系，且此类使用有可能损害该注册商标所有人的利益。

3. 商标的许可与转让。在承认各成员方有权对商标的许可和转让规定条件的同时，协定禁止各成员方对商标实施强制许可，并且规定，注册商标所有人有权将商标与该商标所属业务同时或不同时转让。

（三）地理标志

1. 地理标志的保护。所谓地理标志，指能够确定一种商品来源于一成员领域或该领域内的一个地区或地方，而该商品的特定品质、声誉或其他特征实质上又有赖于其地理来源的一种标志。

协定要求成员为有关利益方提供法律手段以制止下列行为：①以任何方式在商品的名称或描述中使用地理标志，以至于明示或暗示出该商品来源于某个并非其真实来源地的地理区域，在该商品的地理来源方面对公众产生误导；②构成《巴黎公约》第10条之二所规定的不正当竞争行为的任何使用。

将地理标志作为商标或商标中包含有地理标志，而该商品又不是来源于该地理标志所指示的地域，如果在该成员将此种商标使用于商品上使公众对于真实产地产生误导，成员应于其法律允许的情况下以其职权或应有关利益方的请求，拒绝对该商标进行注册或使注册无效。

虽然商品确系来源于地理标志在文字上所指示的领域、地区或地方，但错误地使公众以为该商品来源于另一个领域的，亦在应禁止之列。

2. 对葡萄酒与白酒的地理标志的补充保护。对于葡萄酒和白酒的地理标志，除了上述规定之外，即使在使用某个地理标志时标示出了有关商品的真实产地标示，或者以翻译的方式或以附加"类""式""风格"诸如此类的描述，均在应禁止之列。对于由地理标志构成或包含有地理标志的葡萄酒或白酒的商标，亦应按前述有关规定处理。

（四）工业品外观设计

1. 工业品外观设计保护的要求。协定规定，受保护的工业品外观设计必须符合以下两个条件：①必须是作者"独立创作"的；②必须是"新颖的或独创的"。

协定还规定，成员可以不保护那些实质上受技术或功能因素支配的外观设计。协议对成员对纺织品外观设计可能提出的要求作了限制。

2. 对工业品外观设计的保护。根据《知识产权协定》第26条第1款的规定，受保护的工业品外观设计的所有人应有权制止第三人未经其同意而出于商业目的实施下列行为：制造带有或含有作为受保护的外观设计的复制品或实质上构成复制品的设计的物品；销售上述物品；进口上述物品。

对于工业品外观设计的上述权利，成员可以选择工业品外观设计法或版权法进行保护。保护期不少于10年。成员可以规定有限的例外，但这种例外不得与受保护的工业品外观设计的正常利用相冲突，且不得不合理地损害受保护的外观设计所有人的合法利益。

（五）专利

1. 可获专利的主题。根据《知识产权协定》第 27 条第 1 款的规定，除了下述两种例外，所有技术领域内的一切发明，不论是产品还是方法，只要具有新颖性、创造性和工业实用性，即可申请获得专利。这两种例外是：①成员可将某些发明排除在可获得专利的范围之外，在其域内制止这种发明的商业性开发，以此保护公共秩序或道德（包括保护人类、动物和植物的生命和健康或避免严重的环境损害）。但不得仅仅以该国法律禁止利用某发明为理由将该发明排除在可获专利的范围之外。②成员还可将下列发明排除在可获专利的范围之外：人类或动物疾病的诊断、治疗和手术的方法；除了微生物之外的植物、动物，以及生产植物或动物的生物方法。但成员应以适当的方式对植物新品种提供法律保护。

在符合协定有关规定的条件下，专利及专利权不得因发明的地点、技术领域、产品系进口还是在本地制造等而受歧视。

2. 授予的权利。协定规定了专利所有人的两种不同性质的权利：专利权和对专利处置权。

专利所有人享有的专利权因产品专利和方法专利的不同而有所不同。对产品专利，专利所有人享有制止第三人未经其许可而制造、使用、提供销售、销售专利产品，以及为上述目的而进口该产品的专有权利。对于方法专利，专利所有人享有制止第三人未经其许可使用该方法以及使用、提供销售、销售以及至少为上述目的而进口直接用该方法获得的产品的专有权利。

专利所有人的专利处置权主要包括两项：转让权和许可权。协定规定专利所有人专利处置权，与协定序言中提出的"知识产权是私权"的原则是一致的。

3. 对申请人的要求。《知识产权协定》第 29 条第 1 款规定，成员应要求专利申请人以足够清晰完整的方式披露发明。该条第 2 款规定，成员得要求专利申请人提供有关申请人的相关外国申请和授予的信息。

4. 专利权的例外。《知识产权协定》第 30 条规定，考虑到第三人的合法利益，成员可对所授予的专有权规定有限的例外，但此种例外不得不合理地与专利的正常利用相冲突，也不得不合理地损害专利所有人的合法利益。

5. 未经权利人许可的其他使用。《知识产权协定》第 31 条所称"其他使用"不包括上述第 30 条所规定的例外，实际上主要是指专利的强制许可。

协定对授权其他使用规定了 12 项条件，实际上是对各国授予强制许可进行了严格限制。

6. 专利的撤销与无效。《知识产权协定》第 32 条并未规定专利撤销与宣布无效的具体规则，只是要求成员在做出撤销或宣布无效的决定时，应提供司法审查的机会。

7. 保护的期限。《知识产权协定》第 33 条规定，专利的保护期最少应为自申请日起 20 年。

8. 专利方法的举证责任。协定规定，在下述两种情况下，如无相反证据，应推定是该专利方法而获得：①如果使用该专利方法获得的产品是新产品；②如果相同产品极可能使用该方法制造，而专利所有人虽经合理努力也未能确定实际使用的方法。任何成员得自由规定，只有在满足上述第一种情况所规定的条件或第二种情况所规定的条件的情况下可才要求被控侵权者承担举证责任。在引用相反证据时，应考虑被告在保护其制造和营业秘密方面的合法利益。

（六）集成电路布图设计

对于集成电路布图设计，各成员同意按照《集成电路知识产权条约》第2~7条（第6条第3款除外）、第12条和第16条第3款的规定进行保护。除了按照《集成电路知识产权条约》的有关规定保护集成电路布图设计之外，协定还要求成员必须遵守以下规定：

1. 保护的范围。《知识产权协定》第36条规定，除了第37条第1款另有规定外，成员应将未经权利人授权而实施的下列行为视为非法：进口、销售或以其他方式为商业目的而分发受保护的布图设计、含有受保护的布图设计的集成电路以及使用了持续含有非法复制的布图设计的此种集成电路的物品。

2. 无需获得权利人许可的行为。《知识产权协定》第37条第1款规定，尽管有第36条的规定，一个人在获得集成电路或含有此种集成电路的物品时并不知道，而且也没有合理理由知道其中含有非法复制的布图设计的，他对该含有非法复制的布图设计的集成电路或含有此种集成电路的物品所正在实施的或预定实施的第36条所规定的行为，任何成员不得视为非法。

关于强制许可，协定要求适用第31条第1~11项所规定的条件。需要注意的是，协定已明确将《集成电路知识产权条约》中关于强制许可的内容排除在外。

（七）未披露信息的保护

1. 未披露信息受保护的条件。协定规定了未披露信息受保护的三个条件：①未披露信息是秘密的，即该信息作为一个整体或作为其各个构成部分的精确构造或组合未被通常从事该信息所属领域工作的人普遍了解或轻易接触；②由于其属于保密状态而具有了商业价值；③合法控制信息的人根据有关情况采取了合理措施以保持其秘密状态。

2. 未披露信息持有人的权利。对于符合上述三个条件的未披露信息，协定规定，合法控制该信息的自然人与法人均应享有防止他人以违背诚实信用的商业习惯的方式在未经其同意的情况下披露、获得或使用有关信息的可能性。这里所谓的"以违背诚实信用的商业习惯的方式"，至少应包括如违约、违反信任以及诱导他人违约或违反信任，也包括第三方在已经知道或应当知道但由于重大过失而未能知道其所取得的未披露信息是他人以上述方式获得的。

3. 对有关数据的保护。在许多国家，法律要求当事人向有关主管当局提交未披露过的实验数据或其他数据，作为批准采用新化学成分的医用或农用化工产品上市的条件。在此情况下，协定要求，如果该数据的最初取得付出了相当的努力，成员应保护此种数据以防止不公正的商业利用。另外，协定还要求，成员应采取措施保护这些数据以防止被披露，除非此种披露是为了保护社会公众所必需的，或已经采取了措施确保数据不被不公正地投入商业利用。

五、关于知识产权保护的实施

（一）一般义务

《知识产权协定》第41条对于实施知识产权的程序提出了四个方面的总体要求：

1. 成员应保证本部分所规定的实施程序在其法律之下可被利用，以便于对知识产权侵权行为采取有效的行动，包括采取及时防止侵权的救济和制止进一步侵权的救济。协定要求，这些程序不应为合法贸易造成障碍，亦不得被滥用。

2. 知识产权的实施程序应公平公正，不得过于复杂或花费过高，不得有不合理的时间限制或无保障的拖延。

3. 就个案作出的裁决最好采取书面形式并说明理由。裁决应及时送达有关当事人。个案裁决仅应基于各方有机会对其陈述意见的证据做出。

4. 程序的当事人应有机会要求对最终行政裁决进行司法审查，以及在符合成员法律对重要案件的司法管辖权的规定的条件下，至少可以要求对个案在初审司法裁决中的法律问题进行司法审查。但是，对刑事案件中的宣告无罪，成员没有义务提供审查的机会。

（二）行政和民事程序及救济

1. 民事程序。知识产权实施和保护中的民事程序由各国民事诉讼法来决定，协定只是就有关知识产权问题的民事程序提出了一些基本的要求：①保障被告的诉讼权利。被告应及时得到书面的通知，该通知中应包含有足够的细节，包括原告提出的请求的依据。②允许律师参与诉讼，不得强制当事人出庭。③保证当事人的证明权。④对秘密信息进行识别和保护。

2. 证据。《知识产权协定》第43条第1款规定，如果一方当事人已提交了有关证据支持其主张而且指出了处于对方控制之下的证明其主张的证据，司法当局应有权要求对方当事人提供该证据，但应对秘密信息提供保护。

《知识产权协定》第43条第2款规定，如果诉讼一方当事人在合理期间内无正当理由故意不允许他人获得必要的信息或者不提供必要的信息，或者严重阻碍了诉讼程序，成员得授权司法当局根据有关方面向其提供的信息，包括因该当事人不允许他人获得必要的信息而受不利影响的一方当事人所提交的诉状或指控书，作出肯定或否定的初步判决或最终判决。但是，应向各方当事人提供对指控或证据进行陈述的机会。

3. 救济。协定对民事程序中可以采用的救济作了原则性的规定。这些救济主要包括：①禁令。协定规定，成员司法当局应有权要求当事人停止侵权，但停止侵权的救济不适用于强制许可。②损害赔偿。对于明知或有合理理由知道其行为后果而实施侵权行为的侵权人，司法当局应有权要求侵权人赔偿受害人的损失，包括律师费。对不知或没有合理理由知道其行为后果而实施侵权行为的侵权人，在适当情况下亦可要求其返还所得利润或支付法定赔偿，或二者并处。③其他救济。除了上述救济外，协定还规定了诸如将侵权物品排除出商业渠道、销毁侵权物品、去掉侵权商标等各种其他救济。④获得信息。协定规定，在与侵权行为的严重程度相当的情况下，司法当局可有权要求侵权行为人向权利人提供有关生产和销售侵权产品或提供侵权服务的第三人的身份以及销售渠道的信息。

4. 对被告的赔偿。如果一方当事人在其所要求的措施得以实施的情况下滥用实施程序，使另一方当事人错误地遭到禁止或限制，则司法当局应有权命令该当事人向另一方当事人赔偿因其滥用实施程序而给另一方当事人造成的损失。司法当局亦应有权命令原告支付被告的费用，包括适当的律师费。

就执行有关知识产权权利保护和实施的任何法律而言，成员仅得在公共机构和官员在执行该法律的过程中出于善意而采取或意欲采取行动时方可免除公共机构和官员对适当的赔偿措施的责任。

5. 行政程序。在以行政程序来确定民事救济时，该行政程序应符合本节所规定的原则。

（三）临时措施

《知识产权协定》第50条规定了有关知识产权保护方面的临时措施。这里所谓的临时措施，指在民事诉讼程序或行政程序开始之前一方当事人请求司法机关或行政机关采取的保全措施。协定关于临时措施的规定主要包括以下几个方面：

1. 临时措施的目的。《知识产权协定》第50条第1款规定了采取临时措施的两个目的：防止侵害任何知识产权的行为的发生，尤其防止货物包括海关结关之后立即进口的货物在其管辖范围内进入商业渠道；保存与被指控的侵权活动有关的证据。

2. 临时措施的采取。根据《知识产权协定》第50条第2款的规定，在司法当局认为必要时，有权依照一方当事人的请求，在开庭前采取临时措施，尤其是在一旦有任何迟延则很可能给权利持有人造成不可弥补的损害的情况下，或在有关证据显然有被销毁的危险的情况下。

3. 证据与担保。按照《知识产权协定》第50条第3款的要求，决定采取临时措施时，司法当局应有权要求申请人向司法当局提供一些有价值的证据，证明申请人就是权利持有人，证明申请人的权利正在受侵害，或者这种侵害即将发生。为了保护被告和防止滥用权利，司法当局应有权命令申请人提供保证金或与之相当的担保。

4. 通知与复审。协定要求，如果开庭前就已经采取临时措施，至少应在实施临时措施之后毫不迟延地通知受影响的一方。应被告的请求，应在将此等措施通知被告之后的合理期限内进行复审，并听取被告的陈述，以决定此等措施是否应被修改、撤销或确定。

5. 其他必要信息。协定规定，为了确定有关商品，将要执行临时措施的当局可以要求申请人提供其他的必要信息。

6. 起诉期限。在采取临时措施之后，申请人应在一定期限内提起诉讼。如果在规定的期限内未提出诉讼，协定规定，可应被告的请求撤销或暂停执行临时措施。

7. 赔偿责任。协定规定，在临时措施被撤销或因申请人的任何行为与疏忽而导致无效的情况下，以及在事后发现根本不存在对知识产权的侵害或侵害的威胁的情况下，应被告的请求，司法当局应有权责令申请人赔偿被告因采取临时措施而遭受的损失。

（四）有关边境措施的特别要求

为了防止侵权物品和盗版物品的进口，协定第三部分第四节对成员应采取的边境措施提出了特别的要求。这些特别要求主要包括十个方面：海关当局中止放行、申请、保证金或与之相当的担保、中止放行、中止放行的期限、对进口人及商品所有人的赔偿、检查权及获得信息权、依职权的行为、救济、可忽略不计的进口。

从协定的具体规定看，边境措施实质上属于对尚在海关监管之下货物所采取的临时措施。因此，对边境措施的特别要求实际上也是对临时措施要求的具体化。有关内容在此不作详细介绍。

（五）刑事程序

《知识产权协定》第61条要求，各成员应采取刑事程序及刑事处罚制止对知识产权的侵犯，起码应对商业规模的故意假冒商标和盗版活动规定刑事程序和刑事处罚。由于刑事程序及刑事处罚通常涉及国家的主权，协定只提出了笼统的要求而没有作具体的规定。

第二节 世界知识产权组织的"因特网条约"

为解决国际互联网络环境下应用数字技术而产生的版权保护新问题，世界知识产权组织于1996年12月在日内瓦主持召开了有120多个国家代表参加的"版权及邻接权若干问题外交会议"。会上讨论了有关版权和邻接权的若干问题，通过了《世界知识产权组织版权条约》和《世界知识产权组织表演和录音制品条约》。两条约分别于2002年3月6日和5月22日生效，中国已于2007年3月6日递交加入书，两公约于同年6月9日在我国生效。

一、《世界知识产权组织版权条约》

《世界知识产权组织版权条约》（以下简称《版权条约》）共25条，另有1个简短的序言。其中，第1~14条为实体部分，第15~25条为行政条款。

（一）对《伯尔尼公约》的保护及适用

1. 与《伯尔尼公约》的关系。根据《版权条约》第1条第1款规定，对于《伯尔尼公约》的成员国而言，本条约是《伯尔尼公约》第20条含义下的一个特别协定。不过，对于非《伯尔尼公约》成员国而言，条约与《伯尔尼公约》在法律上是独立的。

《版权条约》第1条第2款规定，本条约中的任何规定均不得减损缔约方根据《保护文学艺术作品伯尔尼公约》应相互承担的现存义务。

《版权条约》第1条第4款规定，各缔约方应遵守《伯尔尼公约》第1~21条和附件的规定。

2. 对《伯尔尼公约》有关条款的适用。从《版权条约》的条文表面上，我们看不到有关版权保护的对象、主体、基本原则等重要问题的规定。条约不是没有规定这些问题，而是在这些问题上直接援用了《伯尔尼公约》的规定。《版权条约》第3条规定："对于本条约所提供的保护，各缔约方原则上应适用《伯尔尼公约》第2~6条的规定。"

对于条约在时间上的适用范围，《版权条约》第13条规定："缔约方应将《伯尔尼公约》第18条的规定适用于本条约所提供的所有保护。"这意味着，本条约适用于在其生效之日在来源国尚未因保护期届满而进入公有领域的一切作品；直到作品的保护期届满为止；但如果作品在此之前保护期已届满而进入公有领域，则不得重新受到保护。

（二）版权保护的范围

《版权条约》第2条规定："版权保护及于表达而不及于思想、过程、操作方法或数学概念本身。"这项规定与《知识产权协定》第9条第2款的内容基本相同，只是删去了"及于"之前的"应（shall）"字。

（三）计算机程序与数据汇编（数据库）

《版权条约》第4条规定："计算机程序作为《伯尔尼公约》第2条含义中的文字作品受保护。此种保护适用于计算机程序，而不论其以何种方式或形式表达出来。"

《版权条约》第5条规定："数据或其他材料的汇编，不论何种形式，由于其内容的选择和安排而构成智力成果，得受同等保护。此种保护不及于数据或其他材料本身，且不得减损汇编中所包含的数据或其他材料所享有的任何版权。"

（四）发行权、出租权与公共传输权

1. 发行权及其穷竭。《版权条约》第6条第1款规定："文学和艺术作品的作者享有专有权，以授权通过出售或其他转让所有权的方式使其作品的原件或复制件可为公众利用。"

《版权条约》第6条第2款对发行权的穷竭问题进行了规定。该款规定："本条约中的任何规定，均不影响缔约方在可能的情况下确定第（1）款的权利在作品的原件或一份复制件经作者授权而首次出售或以其他方式转让所有权之后穷竭所适用的条件的自由。"

2. 出租权。《版权条约》第7条第1款规定，计算机程序、电影作品以及缔约方国内法所确定的录音制品中包含的作品的作者享有专有权，以授权将其作品的原件或复制件向公众进行商业性出租。

《版权条约》第7条第2款规定，对于计算机程序而言，如果程序本身并不是出租的实质的标的，则不适用上述第1款的规定；对于电影作品而言，除非商业出租已导致对该作品的大规模复制从而实质上影响了复制专有权，上述第1款的规定应不予适用。

根据《版权条约》第7条第3款的规定，尽管有上述第1款的规定，如果一缔约方在1994年4月15日已经建立并继续实施了一项制度，要求为出租录音制品中所包含的作品的复制件而向作者支付合理补偿，则可保留该项制度，除非对录音制品中所包含的作品的商业出租对作者的复制专有权产生实质性损害。

3. 公共传输权。公共传输权是《版权条约》针对网络传输等新的作品传播方式和手段而规定的一项权利。《版权条约》第8条规定："在不损害《伯尔尼公约》第11条第（1）款第（Ⅱ）目、第11条之二第（1）款第（Ⅰ）和（Ⅱ）目、第11条之三第（1）款第（Ⅱ）目、第14条第（1）款第（Ⅱ）目和第14条之二第（1）款的规定的情况下，文学和艺术作品的作者应享有专有权，以授权将其作品以有线或无线方式向公众传播。包括将其作品向公众提供，使公众中的成员在个人选定的地点和时间可获得这些作品。"

虽然《伯尔尼公约》对作者控制作品公共传播的权利作出了规定，但《版权条约》所规定的公共传播权却被认为是一项新的权利。公共传播权之"新"，主要表现在以下三个方面：①公共传播权是一项独立的权利，是与复制权、发行权、表演权、改编权等处于同一水平的基本版权权利；②公共传播权适用于所有类型的作品，而不限于某种类型的作品；③公共传播权适用于任何传播手段和传播方式。传统的公共传播、网络传输以及将来可能出现的一切新的传播方式（如网络电视），都适用公共传播权。

（五）摄影作品的保护期

《版权条约》第9条规定："对于摄影作品而言，缔约方不得适用《伯尔尼公约》第7条第（4）款的规定。"《版权条约》将摄影作品的保护期予以延长，同一般作品的保护期相同。

（六）限制与例外

《版权条约》第10条分两种不同情况规定了版权保护的限制与例外：条约保护的限制与例外和《伯尔尼公约》保护的限制与例外。

1. 条约保护的限制与例外。《版权条约》第10条第1款规定，对于本条约授予文学艺术作品的作者的权利，缔约方得在其国内法中规定某些特殊情况下的限制或例外，但不得与作品的正常使用相冲突，也不得不合理地损害作者的合法利益。

2. 《伯尔尼公约》保护的限制与例外。依《版权条约》第10条第2款规定，在适用《伯尔尼公约》时，缔约方应将公约规定的限制与例外限定于某些特殊情况，不得与作品的正常利用相冲突，也不得不合理地损害作者的合法利益。

（七）有关技术措施和权利管理信息的义务

《版权条约》第11条规定，缔约方应提供充分的法律保护和有效的法律救济，以反对那些破坏作者为行使本条约或《伯尔尼公约》规定的权利或为限制那些未经有关作者同意或法律准许的与作品有关的行为而采取的技术措施的行为。

《版权条约》第12条规定，缔约方应提供充分的法律保护和有效的法律救济，以制止任何人明知或有合理理由知道其行为将导致、促使、便利或隐藏侵犯本条约或《伯尔尼公约》所规定的权利而故意实施下列行为：未经授权移走或改变任何电子权利管理信息；未经授权发行、为发行而进口、广播或向公众传播明知电子权利管理信息；未经授权向公众传播明知已被移走或改变的作品或作品的复制件。

（八）权利实施的规定

关于权利实施的规定是条约的一项重要内容，关系到条约所规定的版权保护能否真正实现。根据《版权条约》第14条第1款，缔约方承诺，根据其法律制度，采取必要措施保证本条约的实施。实施条约所规定的版权保护的关键在于两个方面：一是有适当的、便捷的诉讼或相关程序；二是有充分的法律救济。《版权条约》第14条第2款从这两个方面规定了缔约方的义务。

依《版权条约》第14条第2款规定，缔约方应保证其实施程序能够对任何侵权行为提起有效的法律诉讼，包括为制止侵权行为而规定及时高效的救济和足以对进一步的侵权起威慑作用的救济。

二、《世界知识产权组织表演和录音制品条约》

《世界知识产权组织表演和录音制品条约》（以下简称《表演和录音制品条约》）共5章33条，第一章为"总则"，第二章为"表演者权利"，第三章为"录音制品制作者权利"，第四章为"一般性规定"，第五章为"行政及最后条款"。

（一）与其他公约的关系

条约首先对《罗马公约》进行了保护。《表演和录音制品条约》第1条第1款规定，本条约的任何内容均不得减损缔约方相互之间依照于1961年10月26日在罗马签订的《罗马公约》已承担的现有义务。

由于表演者权与录音制品制作者权的保护通常涉及以录音制品体现出来的作品的版权，因此，《表演和录音制品条约》第1条第2款规定，依本条约授予的保护不得触动或以任何方式影响对文学和艺术作品版权的保护。关于《表演和录音制品条约》第1条第2款的议定声明指出："不言而喻，第1条第2款澄清本条约规定的对录音制品的权利与以录音制品体现的作品的版权之间的关系。在需要以录音制品体现的作品的作者与对录音制品持有权利的表演者或制作者许可的情况下，获得作者许可的需要并非因同时还需获得表演者或制作者的许可而不复存在，反之亦然。"

条约既不是《罗马公约》框架内的协定或条约，也不是《伯尔尼公约》框架内的协定或条约，因此，《表演和录音制品条约》第1条第3款明确规定，本条约不得与任何其他条约有任何关联，亦不得损害依任何其他条约的任何权利和义务。

（二）受保护的受益人及国民待遇

《表演和录音制品条约》第3条第1款要求，缔约各方应将依本条约规定的保护给予系其他缔约方国民的表演者和录音制品制作者。

（三）表演者的权利

1. 表演者的精神权利。《表演和录音制品条约》第5条第1款规定，不依赖于表演者的经济权利，甚至在这些权利转让之后，表演者仍应对于其现场有声表演或以录音制品录制的表演有权要求承认其系表演的表演者，除非使用表演的方式决定可省略不提其系表演者；并有权反对任何对其表演进行将有损其名声的歪曲、篡改或其他修改。

表演者精神权利在表演者死亡之后应继续保留，至少到其经济权利期满为止，并应可由被要求提供保护的缔约方立法所授权的个人或机构行使。如果缔约方在批准或加入条约时其立法尚未规定在表演者死亡后保护上述全部精神权利的，可规定其中部分权利在表演者死亡之后不再保留。

2. 表演者对其尚未录制的表演的经济权利。《表演和录音制品条约》第6条规定，对于尚未录制的表演，表演者享有下列专有权：①广播和向公众传播其尚未录制的表演，除非该表演本身已广播表演；②录制其尚未录制的表演。

3. 表演者的复制权。《表演和录音制品条约》第7条规定，表演者应享有授权以任何方式或形式对其以录音制品录制的表演直接或间接地进行复制的专有权。这里所讲的复制，根据议定声明，在电子媒体中以数字形式存储受保护的表演或录音制品，构成这些条款意义下的复制。

4. 表演者的发行权。《表演和录音制品条约》第8条规定，表演者应享有授权通过销售或其他所有权转让形式向公众提供其以录音制品录制的表演的原件或复制品的专有权。

对于在已录制的表演的原件或复制品经表演者授权被首次销售或其他所有权转让之后适用本条第 1 款中权利的用尽所依据的条件（如有此种条件），本条约的任何内容均不得影响缔约各方确定该条件的自由。这里的"复制品"和"原件和复制品"，专指可作为有形物品投放流通的固定的复制品。

5. 表演者的出租权。《表演和录音制品条约》第 9 条规定，表演者应按缔约各方国内法中的规定享有授权将其以录音制品录制的表演的原件和复制品向公众进行商业性出租的专有权，即使该原件或复制品已由表演者发行或根据表演者的授权发行。

6. 表演者提供已录制表演的权利。《表演和录音制品条约》第 10 条规定，表演者应享有专有权，以授权通过有线或无线的方式向公众提供其以录音制品录制的表演，使该表演可为公众中的成员在其个人选定的地点和时间获得。

（四）录音制品制作者的权利

《表演和录音制品条约》专门授予了录音制品制作者四项基本权利：复制权、发行权、出租权和提供录音制品的权利。

1. 复制权。《表演和录音制品条约》第 11 条规定，录音制品制作者应享有授权以任何方式或形式对其录音制品直接或间接地进行复制的专有权。

2. 发行权。《表演和录音制品条约》第 12 条规定，录音制品制作者应享有授权通过销售或其他所有权转让形式向公众提供其录音制品的原件或复制品的专有权。该条同时规定，对于在录音制品的原件或复制品经录音制品的制作者授权被首次销售或其他所有权转让之后适用本条第 1 款中权利用尽所依据的条件（如有此种条件），本条约的任何内容均不得影响缔约各方确定该条件的自由。

3. 出租权。《表演和录音制品条约》第 13 条规定，录音制品制作者应享有授权对其录音制品的原件和复制品向公众进行商业性出租的专有权，即使该原件或复制品已由录音制品制作者发行或根据录音制品制作者的授权发行。

4. 提供录音制品的权利。《表演和录音制品条约》第 14 条规定，录音制品制作者应享有专有权，以授权通过有线或无线的方式向公众提供其录音制品，使该录音制品可为公众中的成员在其个人选定的地点和时间获得。

（五）共同条款

1. 因广播和向公众传播获得报酬的权利。《表演和录音制品条约》第 15 条规定，对于将为商业目的发行的录音制品直接或间接地用于广播或用于对公众的任何传播，表演者和录音制品制作者应享有获得一次性合理报酬的权利。

2. 限制与例外。《表演和录音制品条约》第 16 条规定，缔约各方在其国内立法中，可在对表演者和录音制品制作者的保护方面规定与其国内立法中对文学和艺术作品的版权保护所规定的相同种类的限制或例外。

不过，条约同时要求，缔约各方应将对本条约所规定权利的任何限制或例外限于某些不与录音制品的正常利用相抵触，也不无理地损害表演者或录音制品制作者合法利益的特殊情况。

3. 保护期。条约对表演者的保护期规定为至少 50 年，应自表演以录音制品录制之年年终算起。

对录音制品制作者的保护期，应自该录音制品发行之年年终算起，至少持续到 50 年期满为止；或如果录音制品自录制完成起 50 年内未被发行，则保护期应自录制完成之年年终起至少持续 50 年。

4. 关于技术措施与权利管理信息的义务。《表演和录音制品条约》第 18、19 条分别规定了关于技术措施与权利管理信息的义务，其内容与《世界知识产权组织版权条约》第 11、12 条只有个别文字上的差别。

5. 手续。《表演和录音制品条约》第 20 条规定，享有和行使本条约所规定的权利无须履行任何手续。这意味着条约实行的是自动保护原则。

6. 关于权利行使的条款。《表演和录音制品条约》第 23 条要求，缔约各方承诺根据其法律制度采取必要的措施，以确保本条约的适用。

缔约各方应确保依照其法律可以提供执法程序，以便能采取制止对本条约所涵盖权利的任何侵犯行为的有效行动，包括防止侵权的快速补救和为遏制进一步侵权的补救。

■思考题

1. 《知识产权协定》的基本原则有哪些？
2. 世界知识产权"因特网条约"的规定是如何适应网络环境下著作权保护的要求的？

■参考书目

1. 吴汉东主编：《知识产权法》，中国政法大学出版社 1999 年版。
2. 郑成思主编：《知识产权法教程》，法律出版社 1993 年版。
3. 郑成思：《知识产权论》，法律出版社 1998 年版。
4. 刘春田主编：《知识产权法教程》，中国人民大学出版社 1995 年版。
5. 郑成思：《世界贸易组织与贸易有关的知识产权》，中国人民大学出版社 1996 年版。
6. 世界知识产权组织编著：《知识产权纵横谈》，张寅虎等译，世界知识出版社 1992 年版。
7. 张今：《知识产权新视野》，中国政法大学出版社 2000 年版。
8. 刘春茂主编：《中国民法学·知识产权》，中国人民公安大学出版社 1997 年版。
9. 黄勤南主编：《新编知识产权法教程》，中国政法大学出版社 1996 年版。
10. 吴汉东等：《西方诸国著作权制度研究》，中国政法大学出版社 1998 年版。
11. 陈传夫编著：《著作权概论》，武汉大学出版社 1993 年版。
12. 张静：《著作权法评析》，台湾水牛图书出版事业公司 1983 年版。
13. 薛虹：《网络时代的知识产权法》，法律出版社 2000 年版。
14. 汤宗舜：《专利法教程》，法律出版社 1996 年版。
15. 张序九主编：《商标法教程》，法律出版社 1994 年版。
16. 杨崇森：《著作权法论丛》，台湾华欣文化事业中心 1983 年版。
17. 李茂堂：《商标法之理论与实务》，台北立信印刷公司 1978 年版。
18. 方彬彬：《产地标识之保护》，台湾三民书局 1995 年版。
19. 何孝元：《工业所有权之研究》，台湾三民书局 1981 年版。

20. 曾陈明汝:《专利商标法选论》,中亨打字印刷行 1977 年版。

21. 〔日〕中山信弘:《多媒体与著作权》,张玉瑞译,专利文献出版社 1997 年版。

22. 〔日〕吉藤幸朔:《专利法概论》,宋永林、魏启学译,专利文献出版社 1990 年版。

23. 〔日〕半田正夫、纹谷畅男编:《著作权法 50 讲》,魏启学译,法律出版社 1990 年版。

24. 〔美〕阿瑟·R. 米勒、迈克尔·H. 戴维斯:《知识产权法概要》,周林、孙建红、张灏译,中国社会科学出版社 1998 年版。